VOCA PLANNER

저자
신문섭
안세정
황우연

수능 필수

신문섭   혜화여자고등학교 교사
서울대학교 사범대학 영어교육과 졸업

안세정   중경고등학교 교사
서울대학교 사범대학 영어교육과 졸업

황우연   잠일고등학교 교사
서울대학교 사범대학 영어교육과 졸업

VOCA PLANNER 수능필수

지은이 신문섭, 안세정, 황우연
펴낸이 정규도
펴낸곳 (주)다락원

초판 1쇄 발행 2019년 2월 11일
초판 6쇄 발행 2024년 12월 27일

편집 김민주, 정연순, 정지인, 서민정
디자인 박나래
영문 감수 Michael A. Putlack

다락원 경기도 파주시 문발로 211
내용 문의 (02)736-2031 내선 501
구입 문의 (02)736-2031 내선 250~252
Fax (02)732-2037
출판 등록 1977년 9월 16일 제406-2008-000007호

ISBN 978-89-277-0844-5 54740
      978-89-277-0840-7 54740 (set)

http://www.darakwon.co.kr

다락원 홈페이지를 방문하시면 상세한 출판 정보와 함께 MP3 자료
등의 다양한 어학 정보를 얻으실 수 있습니다.

인사말

★ 주제별로 핵심 어휘만 쏙쏙 뽑은 VOCA PLANNER ★

VOCA PLANNER 시리즈는 최신 2015년 개정 교육과정 초·중·고 권장 어휘와 주요 중·고등 교과서 및 수능 기출, 모의평가, 학력평가에 나온 어휘들을 철저히 분석하여 중·고등학생이 꼭 알아야 할 필수 어휘들을 각 레벨에 맞게 선정하여 주제별로 분류했습니다. **VOCA PLANNER** 시리즈는 〈중등 필수〉, 〈중등 심화〉, 〈고등 필수〉, 〈수능 필수〉 단계로 총 4권으로 구성되어 있습니다. 각 권 사이의 단어 중복률은 10~20%로, 다음 단계의 책으로 넘어가더라도 중요 어휘는 한 번 더 점검할 수 있도록 했습니다.

또한 단순히 큰 주제별로 단어 수십 개씩을 모아놓은 것이 아니라, 소주제로 주제를 세분화하여 어휘의 뜻을 주제에 맞게 연상하여 학습할 수 있도록 했습니다. 주제에 맞는 유용한 예문과 다양한 팁, 생생한 사진 등을 보며 흥미 있게 어휘를 학습할 수 있을 것입니다.

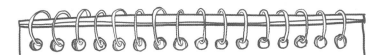

VOCA PLANNER 단계

중등 필수
» 어휘 1,000개 수록
» 대상 중1~중2 ㅣ 중학생이 기본적으로 알아야 할 초·중급 어휘

중등 심화
» 어휘 1,000개 수록
» 대상 중3~예비고 ㅣ 중학 고급 ~ 예비고 수준의 어휘

고등 필수
» 어휘 1,500개 수록
» 대상 고1~고2 ㅣ 고등학생이 꼭 알아야 할 고등 기본 어휘

수능 필수
» 어휘 1,500개 수록
» 대상 고3~수능 대비 ㅣ 수능 및 모평에 자주 등장하는 필수 어휘

VOCA PLANNER 특징 및 활용법

VOCA PLANNER 수능 필수 는 최신 2015년 개정 교육과정 권장 어휘와 수능·모의평가·학력평가에 나온 어휘를 철저히 분석하여 수험생이 꼭 알아야 할 기본 필수 어휘들로 구성했습니다.

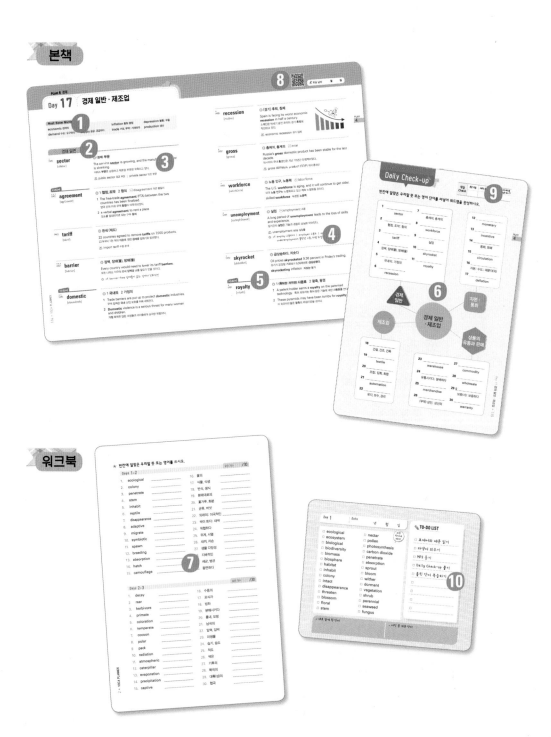

본책

워크북

VOCA PLANNER 100% 활용하기!

❶ Must-Know Words

수능 레벨에서 이미 알고 있어야 하는 어휘들이 제시됩니다. 어휘의 뜻을 알고 있는지 확인하면서 자신의 실력을 점검하세요. 만약 모르는 어휘가 많다면 아래 단계부터 차근차근 학습하기를 권합니다.

❷ 세분화한 소주제에 관련된 표제어를 묶어서 효과적으로 암기

소주제로 묶여 서로 연관된 어휘들의 뜻을 연상하면서 암기합니다.

❸ 표제어의 뜻을 잘 보여주는 최적의 예문 수록

어휘의 뜻을 잘 보여주는 예문을 읽어보며 어휘의 쓰임을 익힙니다.

❹ 어휘 학습에 도움을 주는 다양한 팁 제공

혼동하기 쉬운 어휘, 영영 풀이, 어원, 동·반의어, 파생어 등 다양한 팁을 읽어 보며 어휘를 확실하게 익힙니다.

❺ 수능에서 중요한 다의어는 특별 관리

다의어의 경우, 여러 의미를 알고 있어야 수능에서 좋은 결과를 얻을 수 있습니다. 각각의 뜻에 대한 어구와 예문을 보며 다의어를 정복합니다. 해당 주제에 맞는 뜻에는 노란색 표시가 되어 있습니다.

❻ 워드맵으로 그날그날 복습

소주제에 맞춰 구성한 워드맵을 채우며 그날 학습한 어휘를 철저하게 복습합니다.

❼ 매일매일 누적테스트

Days 1-2, Days 2-3 방식으로 하루씩 누적한 테스트로 앞에 학습한 단어도 누적하여 복습합니다.

❽ 매 Day별 MP3 음원을 QR 코드로 찍어 바로 듣기

〈표제어 듣기〉, 〈표제어+우리말 뜻 듣기〉, 〈표제어+우리말 뜻+예문 듣기〉 다양한 버전의 MP3를 제공합니다. 표제어만 들어보며 뜻을 떠올려보고, 〈표제어+우리말 뜻 듣기〉로 뜻 확인 후, 예문까지 모두 들으며 어휘의 쓰임과 발음을 확실하게 학습합니다.

이래서 나만의 VOCA PLANNER!

❾ Day별 학습 진도 체크 표

하루하루 해야 할 학습 진도표에 학습했는지 여부를 체크하면서 학습하세요!

❿ 나만의 어휘 학습 플래너

매일 매일 나만의 어휘 학습 계획을 세워 체크하고, 외운 단어와 외우지 못한 단어 등을 한 번 더 체크해 볼 수 있어요.

온라인 부가자료 (www.darakwon.co.kr)

- 다락원 홈페이지에서 무료로 다양한 부가자료를 다운로드 하거나 웹에서 이용할 수 있습니다.
  ✓ 단어테스트지 제공
  ✓ 다양한 문제 유형으로 구성된 Review Test
- 받아쓰기, 동·반의어, 어구 완성, 다의어, 문장 빈칸 완성의 5가지 유형의 문제를 통해 매 PLAN마다 핵심 어휘들을 최종으로 한 번 더 점검합니다.
  ✓ 4가지 버전의 MP3 듣기 파일
- 표제어 전체 듣기 | 표제어 개별 듣기 | 표제어와 우리말 뜻 듣기 | 표제어+우리말 뜻+예문 듣기
  ✓ 5가지 유형의 문제 출제가 가능한 문제출제프로그램 제공
- 영어 단어 쓰기 | 우리말 뜻 쓰기 | 영영 풀이를 보고 단어 쓰기 | 문장이나 어구 빈칸 채우기
  | 음성 받아쓰기(단어를 듣고 단어와 우리말 뜻 쓰기)

학습하기 전 알아두기

ⓝ 명사 | ⓥ 동사 | ⓐ 형용사 | ⓪ 부사 | prep 전치사 | conj 접속사

✿ 어원과 팁 표시 | ♨ 예문의 핵심 표현 및 어구 | 영영 영영 풀이 표시 | ➕ 파생어 표시

VOCA PLANNER 수능 필수 목차

VOCA PLANNER 학습 계획표

매일매일 계획을 세워 Day별로 날짜를 쓰면서 단어를 외워보세요. 한 책을 다 학습한 후 2회독하면 더욱 더 수능 필수 어휘를 내 것으로 만들 수 있어요.

		1회독			2회독		
PLAN 1	Day 1	년	월	일	년	월	일
	Day 2	년	월	일	년	월	일
	Day 3	년	월	일	년	월	일
	Day 4	년	월	일	년	월	일
	Day 5	년	월	일	년	월	일
PLAN 2	Day 6	년	월	일	년	월	일
	Day 7	년	월	일	년	월	일
	Day 8	년	월	일	년	월	일
	Day 9	년	월	일	년	월	일
	Day 10	년	월	일	년	월	일
PLAN 3	Day 11	년	월	일	년	월	일
	Day 12	년	월	일	년	월	일
	Day 13	년	월	일	년	월	일
	Day 14	년	월	일	년	월	일
	Day 15	년	월	일	년	월	일
PLAN 4	Day 16	년	월	일	년	월	일
	Day 17	년	월	일	년	월	일
	Day 18	년	월	일	년	월	일
	Day 19	년	월	일	년	월	일
	Day 20	년	월	일	년	월	일
PLAN 5	Day 21	년	월	일	년	월	일
	Day 22	년	월	일	년	월	일
	Day 23	년	월	일	년	월	일
	Day 24	년	월	일	년	월	일
	Day 25	년	월	일	년	월	일

		1회독			2회독		
PLAN 6	Day 26	년	월	일	년	월	일
	Day 27	년	월	일	년	월	일
	Day 28	년	월	일	년	월	일
	Day 29	년	월	일	년	월	일
	Day 30	년	월	일	년	월	일
PLAN 7	Day 31	년	월	일	년	월	일
	Day 32	년	월	일	년	월	일
	Day 33	년	월	일	년	월	일
	Day 34	년	월	일	년	월	일
	Day 35	년	월	일	년	월	일
PLAN 8	Day 36	년	월	일	년	월	일
	Day 37	년	월	일	년	월	일
	Day 38	년	월	일	년	월	일
	Day 39	년	월	일	년	월	일
	Day 40	년	월	일	년	월	일
PLAN 9	Day 41	년	월	일	년	월	일
	Day 42	년	월	일	년	월	일
	Day 43	년	월	일	년	월	일
	Day 44	년	월	일	년	월	일
	Day 45	년	월	일	년	월	일
PLAN 10	Day 46	년	월	일	년	월	일
	Day 47	년	월	일	년	월	일
	Day 48	년	월	일	년	월	일
	Day 49	년	월	일	년	월	일
	Day 50	년	월	일	년	월	일

PLAN 1

자연

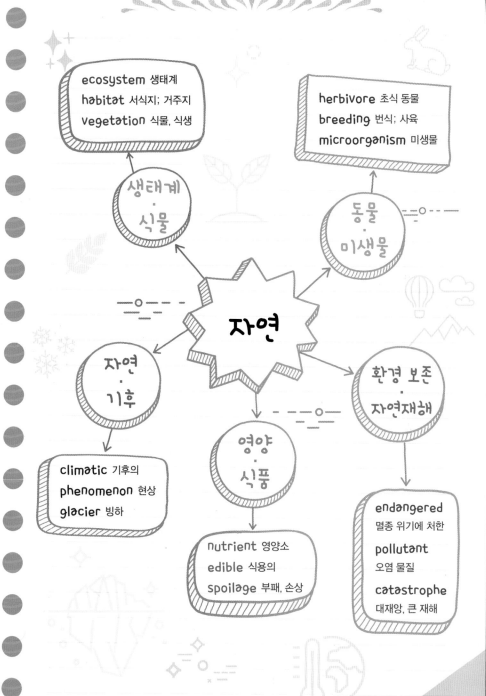

ecosystem 생태계
habitat 서식지; 거주지
vegetation 식물, 식생

herbivore 초식 동물
breeding 번식; 사육
microorganism 미생물

생태계
·
식물

동물
·
미생물

자연

자연
·
기후

영양
·
식품

환경 보존
·
자연재해

climatic 기후의
phenomenon 현상
glacier 빙하

nutrient 영양소
edible 식용의
spoilage 부패, 손상

endangered
멸종 위기에 처한
pollutant
오염 물질
catastrophe
대재앙, 큰 재해

Day 1 : 생태계 · 식물

생태계

0001 ★★
ecological
[ìkəláedʒikəl]

ⓐ 생태학의, 생태계의

Many human activities have caused **ecological** damage.
많은 인간 활동이 **생태계의** 손상을 야기해 왔다.

the **ecological** balance **생태학적** 균형

⊕ ecology ⓝ 생태학 | ecologically ⓐd 생태학적으로

0002 ★★★
ecosystem
[í:kousìstəm]

ⓝ 생태계

The **ecosystem** provides both clean air and fresh water.
생태계는 깨끗한 공기와 신선한 물 모두를 제공한다.

✪ eco-(환경, 생태) + system(계)

0003 ★★★
biological
[bàiəláedʒikəl]

ⓐ 생물학의, 생물학적인

Sleep is a **biological** function that is essential to life.
수면은 생명에 필수적인 **생물학적** 기능이다.

♺ biological science 생물 과학

⊕ biology ⓝ 생물학 | biologist ⓝ 생물학자

0004 ★★
biodiversity
[bàioudivə́:rsəti / -dai-]

ⓝ 생물 다양성

Biodiversity is the basis for an ecosystem's health and functioning.
생물 다양성은 생태계의 건강과 기능을 위한 토대이다.

✪ bio-(생물) + diversity(다양성)

0005
biomass
[báioumæs]

ⓝ 생물 자원; 생물량

Biomass like wood can be used to produce electricity.
나무와 같은 **생물 자원**은 전기를 생산하는 데 사용될 수 있다.

✪ bio-(생물) + mass(덩어리, 질량)

★
0006 **biosphere**

[báiəsfiər]

ⓝ 생물권

The **biosphere** consists of all living organisms on the Earth.
생물권은 지구상의 모든 살아 있는 유기체로 구성된다.

영영 the part of the world where there are living things

어원 bio-(생물) + sphere(권, 영역) cf. atmosphere 대기권

★★★
0007 **habitat**

[hǽbətæt]

ⓝ (동식물의) 서식지; 거주지

Forests are natural **habitats** for wildlife species.
숲은 야생 생물 종들의 자연 **서식지**이다.

Habitat for Humanity 서민에게 집 지어주기[해비타트] 운동

★★
0008 **inhabit**

[inhǽbit]

ⓥ 서식하다; 거주하다

Many kinds of snakes **inhabit** desert areas.
많은 종류의 뱀이 사막 지역에 **서식한다**.

People have **inhabited** this island for 50,000 years.
사람들이 이 섬에 5만 년 동안 **거주해** 왔다.

➕ inhabitant ⓝ 서식 동물; 거주자

다의어

★★★
0009 **colony**

[kάləni]

ⓝ 1 군체, 군집　2 식민지

1　Ant **colonies** cannot survive without a queen ant.
　 개미 **군체**는 여왕개미가 없으면 생존할 수 없다.

2　Madagascar is a former French **colony**.
　 마다가스카르는 프랑스의 이전 **식민지**이다.

➕ colonize ⓥ 식민화하다 ｜ colonial ⓐ 식민지의

★
0010 **intact**

[intǽkt]

ⓐ 본래대로의, 손대지 않은

Can we humans just leave the environment **intact**?
우리 인간은 그저 환경을 **본래대로** 놔둘 수 없는가?

어원 in(= not) + tact(= touch) → 건드리지 않은

★★
0011 **disappearance**

[dìsəpíərəns]

ⓝ 소멸, 사라짐　↔ appearance 출현, 등장

The **disappearance** of one species can impact a whole
ecosystem.　한 종의 **소멸**이 전체 생태계에 영향을 미칠 수 있다.

➕ disappear ⓥ 소멸되다, 사라지다

★★★
0012 **threaten**

[θrétn]

ⓥ 위협하다, 협박하다

Global warming is **threatening** the future of the planet.
지구 온난화가 행성의 미래를 **위협하고** 있다.

➕ threat ⓝ 위협, 협박

0013 blossom
[blásəm]

🄝 (특히 과수의) 꽃; 개화, 만발　🄥 꽃을 피우다

It is a lovely garden, especially when the magnolia comes into **blossom**.
그곳은 특히 목련이 **꽃**을 피울 때 아름다운 정원이다.

Trees **blossom**, and bees buzz around the flowers.
나무들이 **꽃을 피우고** 벌들이 꽃 주위에서 윙윙거린다.

0014 floral
[flɔ́:rəl]

🄰 꽃의, 꽃 같은

Essential oils from **floral** crops are used in perfumery.
꽃을 피우는 작물에서 나는 정유가 향수에 사용된다.

a dress with **floral** patterns　**꽃**무늬 드레스

➕ florist 🄝 꽃집 주인, 꽃 가꾸는 사람
🌠 cf. flora 식물(군) | fauna 동물(군)

다의어

0015 stem
[stem]

🄝 (풀·나무의) 줄기, 대　🟰 stalk
🄥 유래하다, 일어나다, 생기다(from)

n. Branches grow from the **stem**, and leaves grow from the branches.
가지는 **줄기**에서 자라나고 잎은 가지에서 자라난다.

v. The word "religion" **stems** from the word *religare* (to tie).
'종교'라는 말은 'religare(결속하다)'라는 말에서 **유래한다**.

0016 nectar
[néktər]

🄝 화밀, 꿀

Almost all flowers produce **nectar** to attract bees.
거의 모든 꽃이 꿀벌을 유인하기 위해 **화밀**을 만든다.

0017 pollen
[pálən]

🄝 꽃가루, 화분

On hot and windy days, **pollen** is carried by the wind.
덥고 바람 부는 날에는 **꽃가루**가 바람에 의해 운반된다.

식물의 성장과 활동

0018 photosynthesis
[fòutousínθəsis]

🄝 광합성

Plants produce oxygen through **photosynthesis**.
식물은 **광합성**을 통해 산소를 생산한다.

➕ photosynthesize 🄥 광합성을 하다
🌠 photo-(빛) + synthesis(합성)

0019 ★

carbon dioxide

[kàːrbən daiáksaid]

n 이산화탄소

Carbon dioxide is the major cause of the greenhouse effect.
이산화탄소는 온실 효과의 주원인이다.

carbon(탄소) + dioxide(이산화물)
cf. nitrogen 질소 | monoxide 일산화물 | carbon monoxide 일산화탄소

0020 ★

penetrate

[pénətrèit]

v 침투하다, 관통하다

Roots **penetrate** into the soil to take in water and minerals.
뿌리는 물과 미네랄을 취하기 위해 흙 속으로 **침투한다**.

penetration **n** 침투, 관통

다의어

0021 ★

absorption

[æbsɔ́ːrpʃən / -zɔ́ːrp-]

n 1 흡수 2 몰두, 열중

1 The **absorption** of water is the primary function of roots.
물의 **흡수**는 뿌리의 가장 중요한 기능이다.

2 a state of **absorption** in one's work 자신의 일에 **몰두**한 상태

absorb **v** 흡수하다, 빨아들이다

0022

sprout

[spraut]

v 싹이 트다, 발아하다   **n** 새싹

Will any of these fallen seeds **sprout** next year?
이 떨어진 씨앗들 중 어느 것이라도 내년에 **싹이 틀**까요?

a bean **sprout** 콩 새싹

0023 ★★

bloom

[bluːm]

v (꽃이) 피다   **n** (꽃의) 만발

Some flowers **bloom** in winter, such as camellias.
동백 같은 일부 꽃은 겨울에 **핀다**.

be in full bloom 꽃이 만발하다

0024 ★

wither

[wíðər]

v 시들다, 말라[시들어] 죽다

Autumn flowers **wither** after the first frost.
가을꽃들은 첫 서리가 내린 후에 **시든다**.

Many plants **withered** away from a lack of care.
많은 식물이 돌보지 않아 **말라 죽었다**.

0025 **dormant**
[dɔ́ːrmənt]

ⓐ 휴면하는, 잠복의 ↔ active 활동하는

Seeds stay **dormant** until put in the right environment.
씨앗은 올바른 환경에 놓일 때까지 **휴면한다.**

🌋 a dormant volcano 휴화산
➕ dormancy ⓝ 휴면, 비활동 상태

식물의 종류

★★
0026 **vegetation**
[vèdʒətéiʃən]

ⓝ (집합적) 식물, 식생

A region's **vegetation** is strongly affected by the climate.
한 지역의 **식물**은 기후에 의해 강하게 영향받는다.

영영 plants in general

0027 **shrub**
[ʃrʌb]

ⓝ 키 작은 나무, 관목

Trees grow up to the top of the forest, and **shrubs** grow under the trees.
나무들은 숲의 위쪽까지 자라고 **관목**들은 그 나무들 아래에서 자란다.

⭐ cf. bush 덤불, 수풀

다의어

★
0028 **perennial**
[pəréniəl]

ⓝ 다년생 식물 ⓐ 1 오랫동안 지속되는 2 다년생의

n. Nearly all forest plants are **perennials**, including trees and shrubs.
나무와 관목을 포함하여 거의 모든 숲의 식물은 **다년생 식물**이다.

a. 1 a **perennial** problem **오랫동안 지속되는** 문제

⭐ cf. annual 1년생 식물(의)

★
0029 **seaweed**
[síːwìːd]

ⓝ 해초

About 150 species of **seaweed** are used as food worldwide.
전 세계적으로 약 150종의 **해초**가 음식으로 사용된다.

⭐ sea(바다) + weed(잡초)

★
0030 **fungus**
[fʌ́ŋgəs]

ⓝ 균류, 버섯 (pl. fungi)

Fungi are not plants but can resemble them rather closely.
균류는 식물이 아니지만 식물과 아주 흡사할 수 있다.

⭐ cf. mushroom 버섯(균류의 하나) | alga 조류(물속에 사는 하등 식물)

빈칸에 알맞은 우리말 뜻 또는 영어 단어를 써넣어 워드맵을 완성하시오.

1 _____
생태학의, 생태계의

2 _____
ecosystem

3 _____
생물학의, 생물학적인

4 _____
생물 다양성

5 _____
biomass

6 _____
biosphere

7 _____
서식지; 거주지

8 _____
inhabit

9 _____
군체, 군집; 식민지

10 _____
intact

11 _____
disappearance

12 _____
위협하다, 협박하다

13 _____
blossom

14 _____
꽃의, 꽃 같은

15 _____
stem

16 _____
nectar

17 _____
꽃가루, 화분

식물의 구성 요소

생태계

생태계 · 식물

식물의 종류

식물의 성장과 활동

18 _____
광합성

19 _____
carbon dioxide

20 _____
침투하다, 관통하다

21 _____
absorption

22 _____
sprout

23 _____
bloom

24 _____
시들다, 말라 죽다

25 _____
dormant

26 _____
vegetation

27 _____
shrub

28 _____
perennial

29 _____
해초

30 _____
fungus

Day 2 | 동물 · 미생물

mammal 포유류	prey 먹이	survive 생존하다	organism 유기체, 생물
male 수컷의; 남성의	female 암컷의; 여성의	mate 짝; 짝짓기하다	bacteria 박테리아, 세균

동물의 종류

0031 reptile
[réptail / réptl]

ⓝ 파충류

The world's smallest **reptile** is the mini-meleon.
세상에서 가장 작은 **파충류**는 미니 멜레온이다.

➕ reptilian ⓐ 파충류의
ⓠ cf. amphibian 양서류

0032 herbivore
[hárbəvɔ̀:r]

ⓝ 초식 동물

Herbivores' teeth are specialized for eating plants.
초식 동물의 이빨은 식물을 먹도록 특화되었다.

➕ herbivorous ⓐ 초식성의
ⓠ cf. carnivore 육식 동물 | insectivore 식충 동물[식물]
omnivore 잡식(성) 동물

★★★ 0033 predator
[prédətər]

ⓝ 포식자, 육식 동물

Predators like lions hunt in groups.
사자와 같은 **포식자**는 집단으로 사냥한다.

ⓠ cf. prey 먹이

★ 0034 aquatic
[əkwǽtik]

ⓐ 수중의, 수생의

Algae play an important role in **aquatic** ecosystems.
조류는 **수중** 생태계에서 중요한 역할을 한다.

➕ aquarium ⓝ 수족관

★ 0035 primate
[práimit]

ⓝ 영장류

Monkeys are **primates**, just like humans.
원숭이는 인간과 마찬가지로 **영장류**이다.

ⓠ cf. ape 유인원

동물의 행동

PLAN 1

0036 dominant [dάmənənt]
ⓐ 지배적인, 우세한
When a herd moves, the **dominant** male leads.
무리가 이동할 때는 **지배적인** 수컷이 이끈다.
＋ dominate ⓥ 지배하다 | dominance ⓝ 지배, 우세

0037 hierarchy [háiərὰːrki]
ⓝ 위계, 서열
There is a social **hierarchy** in animal groups.
동물 집단에는 사회적 **위계**가 있다.
＋ hierarchical ⓐ 위계의, 서열의

0038 adaptive [ədǽptiv]
ⓐ 적응하는, 적응을 돕는
Forming groups is an **adaptive** strategy seen in many animal species.
집단을 형성하는 것은 많은 동물 종에서 나타나는 **적응** 전략이다.
Many animals form groups as an **adaptive** strategy.
많은 동물들이 **적응** 전략으로 집단을 형성한다.
＋ adapt ⓥ 적응하다 | adaptation ⓝ 적응 | adaptability ⓝ 적응성

0039 camouflage [kǽmuflὰːʒ]
ⓥ 위장하다 ⓝ 위장
Zebras' stripes **camouflage** them from predators.
얼룩말의 줄무늬는 포식자로부터 그것들을 **위장시킨다**.
Predators as well as prey animals use **camouflage**.
먹이가 되는 동물뿐 아니라 포식자도 **위장**을 사용한다.

0040 mimicry [mímikri]
ⓝ 흉내, 모방
Mimicry of leaves by insects is an adaptation for avoiding predators. 곤충의 나뭇잎 **흉내**는 포식자를 피하기 위한 적응이다.
＋ mimic ⓥ 흉내 내다(= imitate)

0041 coloration [kʌ̀ləréiʃən]
ⓝ (생물의) 천연색
Protective **coloration** helps animals survive.
천연 보호색은 동물들이 생존하는 데 도움을 준다.
🔍 cf. coloring 색소; 채색

Day 2 애멜·미셀멜 * 19

0042 hibernate
[háibərnèit]

v 동면하다

Animals **hibernate** to survive low temperatures.
동물들은 저온에서 생존하기 위해 **동면한다**.

➕ hibernation ⓝ 동면

0043 symbiotic
[sìmbaiátik / -bi-]

a 공생의, 공생하는

Bacteria in the soil form a **symbiotic** relationship with plants.
토양 속의 박테리아는 식물과 **공생** 관계를 형성한다.

➕ symbiosis ⓝ 공생, 공동 생활

★★ 0044 exotic
[igzátik]

a 외래의; 이국적인

Exotic species are nonnative plant and animal species.
외래종은 토종이 아닌 동식물 종이다.

exotic views of high snow-covered peaks
눈으로 덮인 높은 산봉우리들의 **이국적인** 풍경

다의어

0045 captive
[kǽptiv]

a (동물이) 우리에 갇힌, 사로잡힌   **n** 포로

a. **Captive** animals in zoos are exposed to various types of stress.
동물원의 **우리에 갇힌** 동물들은 다양한 유형의 스트레스에 노출된다.

n. More than one hundred U.S. soldiers were taken as **captives**.
100명 이상의 미군이 **포로**로 붙잡혔다.

➕ captivity ⓝ 사로잡힘

★★ 0046 migrate
[máigreit]

v 이동하다; 이주하다

Birds **migrate** south for the winter.
새들은 겨울을 나기 위해 남쪽으로 **이동한다**.

migrate to look for jobs in big cities
대도시에서 일자리를 구하기 위해 **이주하다**

➕ migration ⓝ 이동; 이주
migrant ⓐ 이동하는(= migratory) ⓝ 이동하는 동물; 이주자

다의어

★★★ 0047 pack
[pæk]

n 1 한 무리[떼]   2 묶음, 꾸러미   **v** 꾸리다, 묶다

n. 1 A **pack** of wolves consists of parents and their cubs.
늑대 **무리**는 부모와 새끼들로 구성된다.

2 buy a **pack** of postcards   우편엽서 한 **묶음**을 사다

v. **pack** a suitcase for a business trip
출장을 가려고 여행 가방을 **꾸리다**

⭐ cf. flock 새의 떼 | herd 초식 동물의 떼 | school 물고기의 떼

0048 spawn
[spɔ:n]

ⓥ 알을 낳다, 산란하다　ⓝ (물고기, 개구리의) 알

Salmon migrate to fresh water to **spawn**.
연어는 알을 **낳기** 위해 민물로 이동한다.

★★ 0049 hatch
[hætʃ]

ⓥ 부화하다; 부화시키다　ⓝ 부화

It takes 15-19 days for pigeons to **hatch** from eggs.
비둘기가 알에서 **부화되는** 데 15~19일이 걸린다.

★★ 0050 breeding
[bríːdiŋ]

ⓝ 번식; 사육

Penguins travel to **breeding** grounds to have babies.
펭귄은 새끼를 낳기 위해 **번식**지로 이동한다.

➕ breed ⓥ 새끼를 낳다, 기르다; 사육하다

★★ 0051 reproduction
[rìːprədʌ́kʃən]

ⓝ 번식, 생식

Without **reproduction**, species could not continue.
번식이 없으면 종은 지속될 수 없을 것이다.

➕ reproduce ⓥ 번식[생식]하다

★ 0052 offspring
[ɔ́(ː)fsprìŋ]

ⓝ 새끼, 자손　＝young

Kangaroos carry their **offspring** in a pouch.
캥거루는 **새끼**를 주머니에 넣고 다닌다.

다의어

★ 0053 rear
[riər]

ⓥ 기르다; 사육[재배]하다　＝raise
ⓐ 후방의, 뒤의　ⓝ 뒤, 후면　↔front 앞(의)

v. Some species of fish **rear** their young in their mouths.
　일부 어류 종은 새끼를 입 속에서 **기른다**.

a. the **rear** entrance　후문

n. The garage is in the **rear** of the house.
　차고는 집 **뒤**에 있다.

0054 cocoon
[kəkúːn]

ⓝ 고치

Silk comes from the **cocoons** of silkworms.
비단은 누에의 **고치**에서 나온다.

🔍 cf. larva 애벌레, 유충 (pl. larvae)
　　pupa 번데기 (pl. pupae)

★★★
0055 **caterpillar**

[kǽtərpìlər]

ⓝ (나비 등의) 유충, 애벌레

Caterpillars provide food for birds in the spring.
애벌레는 봄에 새들의 먹이가 된다.

미생물

★
0056 **microorganism**

[màikrouɔ́:rgənìzm]

ⓝ 미생물 ⊟microbe

Microorganisms cannot be seen with the naked eye.
미생물은 육안으로는 보이지 않는다.

🔄 micro-(작은) + organism(생물)

★
0057 **germ**

[dʒə:rm]

ⓝ 세균, 병균

Most food poisoning is caused by **germs**.
대부분은 식중독은 **세균**에 의해 야기된다.

0058 **decompose**

[dì:kəmpóuz]

ⓥ 분해시키다 ⊟break down

Bacteria and fungi **decompose** plants and animals.
박테리아와 균류가 식물과 동물을 **분해시킨다**.

➕ decomposition ⓝ 분해 | decomposer ⓝ 분해자(박테리아·균류 등)
🔄 de-(분리, 제거) + compose(구성하다)

0059 **rotten**

[rɑ́tn]

ⓐ 썩은, 부패한

Rotten leaves are a feast to earthworms.
썩은 나뭇잎은 지렁이에게 진수성찬이다.

➕ rot ⓥ 썩다, 부패하다 ⓝ 썩음, 부패

★
0060 **decay**

[dikéi]

ⓥ 부패[부식]하다, 썩다 ⊟rot ⓝ 부패, 부식

Fallen leaves **decay** and enrich the soil.
낙엽은 **부패하여** 토양을 비옥하게 한다.

🔖 tooth decay 충치

Daily Check-up

빈칸에 알맞은 우리말 뜻 또는 영어 단어를 써넣어 워드맵을 완성하시오.

PLAN
1

1 _____
파충류

2 _____
herbivore

3 _____
포식자, 육식 동물

4 _____
aquatic

5 _____
primate

6 _____
dominant

7 _____
hierarchy

8 _____
adaptive

9 _____
camouflage

10 _____
mimicry

11 _____
coloration

12 _____
hibernate

13 _____
symbiotic

14 _____
외래의; 이국적인

15 _____
captive

16 _____
이동하다; 이주하다

17 _____
pack

동물의
종류

동물의
행동

동물·미생물

미생물

번식과
양육

18 _____
spawn

19 _____
부화하다[시키다]; 부화

20 _____
breeding

21 _____
reproduction

22 _____
새끼, 자손

23 _____
rear

24 _____
cocoon

25 _____
caterpillar

26 _____
미생물

27 _____
germ

28 _____
decompose

29 _____
썩은, 부패한

30 _____
decay

Day **3** | 자연 · 기후

Must-Know Words

climate 기후   temperature 온도, 기온   rainfall 강우   forecast 예측, 예보; 예측하다
atmosphere 대기   continent 대륙, 육지   valley 계곡, 골짜기   coast 해안

날씨와 기후

★★
0061 **climatic**
[klaimǽtik]

ⓐ 기후의

The Canary Islands are in the tropical **climatic** zone.
카나리아 제도는 열대 **기후**대에 있다.

➕ climate ⓝ 기후

★
0062 **moisture**
[mɔ́istʃər]

ⓝ 수분, 습기

A lack of **moisture** in the soil is as harmful as too much water.
토양의 **수분** 부족은 너무 물이 많은 것만큼 해롭다.

➕ moist ⓐ 촉촉한, 습기 있는

★
0063 **humidity**
[hjuːmídəti]

ⓝ 습기, 습도

The rainy season is characterized by high **humidity**.
우기는 특징적으로 높은 **습도**를 보인다.

➕ humid ⓐ 습한, 눅눅한

★★★
0064 **pressure**
[préʃər]

ⓝ 압력, 압박

Storms occur when air **pressure** differences cause rapid air movement.
폭풍은 기압 차가 급속한 공기 이동을 야기할 때 발생한다.
 air pressure 기압

High blood **pressure** is a risk factor for people with heart conditions.
고혈압은 심장 질환이 있는 사람들에게 위험 요인이다.

➕ press ⓥ 누르다, 압박하다

★
0065 **evaporation**
[ivæpəréiʃən]

ⓝ (수분의) 증발, 발산

The water **evaporation** rate varies with the temperature.
물 **증발** 속도는 온도에 따라 다르다.

➕ evaporate ⓥ 증발하다, 발산하다

0066 **atmospheric**
[ǽtməsférik]

ⓐ 대기의, 기압의

Ozone is an **atmospheric** gas that surrounds the planet.
오존은 행성을 둘러싸고 있는 **대기의** 기체이다.

⌘ high/low atmospheric pressure 고기압/저기압
➊ atmosphere ⓝ 1 대기　2 분위기

★★★
0067 **phenomenon**
[finάmənὰn]

ⓝ 현상 (*pl.* phenomena)

An aurora is a natural **phenomenon** of light in the sky.
오로라는 하늘에 빛이 나타나는 자연 **현상**이다.

⌘ a natural phenomenon 자연 현상

★
0068 **centigrade**
[séntəgrèid]

ⓐ 섭씨의(℃)　🟰 Celsius

The normal body temperature is 36.5 to 37.2 degrees **centigrade**.
정상 체온은 **섭씨** 36.5에서 37.2도이다.

🟡 cf. Fahrenheit 화씨의(℉)

★
0069 **precipitation**
[prisìpətéiʃən]

ⓝ 강수(량), 강우(량)

Precipitation is an important factor in agriculture.
강수량은 농업에서 중요한 요소이다.

★
0070 **radiation**
[rèidiéiʃən]

ⓝ (빛·열 등의) 방사(선), 복사(열, 에너지)

radiation therapy　**방사선** 치료
Solar energy is produced from solar **radiation** by solar cells.
태양 에너지는 태양광 전지에 의해 태양 **복사 에너지**로부터 생산된다.

➊ radiate ⓥ (빛·열 등을) 방사하다

★★
0071 **ultraviolet**
[ʌ̀ltrəváiəlet]

ⓝ 자외선　ⓐ 자외선의　🟰 UV

Most of the sun's **ultraviolet** rays are absorbed by ozone.
대부분의 태양 **자외**선은 오존에 의해 흡수된다.

⌘ ultraviolet[UV] rays 자외선
🟡 ultra-(beyond) + violet(보라색) → 자외선
　cf. infrared 적외선(의)

0072 latitude
[lǽtətjùːd]

① 위도; (특정 위도의) 지방

Temperatures get cooler as the **latitude** increases.
기온은 **위도**가 높아질수록 더 차가워진다.

➊ latitudinal ⓐ 위도(상)의

0073 longitude
[lɑ́ndʒətjùːd]

① 경도

On average, time zones are a **longitude** of 15 degrees wide.
평균적으로 시간대는 **경도** 15도의 폭이다.

➊ longitudinal ⓐ 1 경도의   2 장기적인

0074 equator
[ikwéitər]

① 적도

The Sahara Desert is located near the **equator**.
사하라 사막은 **적도** 근처에 위치한다.

➊ equatorial ⓐ 적도의, 적도 부근의

0075 tropical
[trɑ́pikəl]

ⓐ 열대(성)의, 열대 지방의

Tropical regions are close to the equator.
열대 지방은 적도와 가깝다.

tropical rainforests in Indonesia 인도네시아의 **열대** 우림
📖 tropical rainforests 열대 우림

다의어

0076 temperate
[témpərit]

ⓐ 1 온대(성)의   2 온화한   3 온건한, 절제하는

1 **Temperate** forests account for about a quarter of global forests. 온대림은 지구 삼림의 약 4분의 1을 차지한다.
   📖 temperate zone 온대 지역

2 With a **temperate** climate, Ireland has natural advantages for farming.
   온화한 기후로 아일랜드는 농경을 위한 자연적 이점을 가지고 있다.

3 be **temperate** in behavior and speech
   행동과 말이 **온건하다**

0077 arctic
[ɑ́ːrktik]

ⓐ (종종 A-) 북극의, 북극 지방의

The **Arctic** areas are already experiencing the effects of climate change.
북극 지역은 이미 기후 변화의 영향을 경험하고 있다.

📖 the Arctic Ocean 북극해

0078 antarctic
[æntáːrktik]

ⓐ (A-) 남극의, 남극 지방의 ⓝ (the -) 남극 지역

Perhaps **Antarctic** species are best represented by penguins.
아마도 **남극 지방의** 종은 펭귄으로 가장 잘 대표될 것이다.

➕ Antarctica ⓝ 남극 대륙

★★ 0079 polar
[póulər]

ⓐ 극지의, 남극[북극]의

The **polar** regions are the coldest places on the Earth.
극지방은 지구상에서 가장 추운 곳이다.

📖 polar bear 흰곰, 북극곰(= white bear)

육지

★★ 0080 continental
[kàntənéntl]

ⓐ 대륙(성)의

The **continental** climate is marked by cold winters and hot summers. **대륙성** 기후의 특징은 추운 겨울철과 더운 여름철이다.

📖 continental drift theory 대륙 이동설
➕ continent ⓝ 대륙

다의어

0081 terrestrial
[təréstriəl]

ⓐ 1 육생의, 지상의 2 지구(상)의 ↔ extraterrestrial 외계의

1 **Terrestrial** plants produce roots that grow into the soil.
육생 식물은 땅속으로 자라 들어가는 뿌리를 만든다.

2 **terrestrial** life **지구상의** 생명체

💬 cf. aquatic 수생의 | marine 해양의, 바다에 사는

★ 0082 erosion
[iróuʒən]

ⓝ 침식 (작용), 부식

Soil **erosion** is caused by many factors, including the overuse of land.
토양 **침식**은 토지의 과용을 비롯한 많은 요인들에 의해 야기된다.

📖 soil erosion 토양 침식
➕ erode ⓥ 침식하다, 부식하다

★ 0083 canyon
[kǽnjən]

ⓝ 협곡

Canyons are formed by erosion, especially running water.
협곡은 침식, 특히 흐르는 물에 의해 형성된다.

📖 the Grand Canyon 그랜드 캐니언(애리조나 주 북부에 위치한 대협곡)

★ 0084 terrain
[təréin]

ⓝ 지대; 지형, 지세

Of the world's population, 10% live in mountainous **terrain**.
세계 인구 중 10퍼센트가 산악 **지대**에 살고 있다.

0085 ★★ marine
[məríːn]

@ 해양의, 바다의

Dolphins are **marine** mammals closely related to whales.
돌고래는 고래와 밀접하게 관련된 **해양** 포유류이다.

📛 marine life 해양 생물

다의어

0086 ★ strait
[streit]

🔵 1 해협 ⊜channel 2 (pl.) 쪼들림, 궁핍

1 The **Strait** of Dover touches France at its northernmost tip. 도버 **해협**은 프랑스에 최북단에 닿아 있다.
2 be in **straits** for money 돈에 **쪼들리다**

💬 straight(똑바른)와 혼동하지 않도록 주의할 것.

0087 ★ peninsula
[pinínsələ]

🔵 반도

A **peninsula** is almost entirely surrounded by water.
반도는 거의 전부 물로 둘러싸여 있다.

📛 the Korean Peninsula 한반도

0088 ★ tidal
[táidl]

@ 조수의

Tidal power plants make use of **tidal** force on the sea's surface.
조력 발전소는 바다 표면의 **조수의** 힘을 이용한다.

➕ tide ⓝ 조수
💬 cf. tidal wave 해일

다의어

0089 ★★★ current
[kə́ːrənt]

🔵 1 해류, 기류 2 물살, 물의 흐름 @ 최근의, 현재의

n. 1 Ocean **currents** play a key role in the Earth's climate.
해류는 지구의 기후에서 핵심적인 역할을 한다.

2 strong **currents** due to a heavy downpour
폭우로 인한 거센 **물살**

a. get **current** event news from Internet news networks
인터넷의 뉴스 네트워크로부터 **최근** 행사 소식을 접하다

📛 ocean[sea] current 해류 | air current 기류 | tidal current 조류

0090 ★★★ glacier
[gléiʃər]

🔵 빙하

Since temperatures are rising, icecaps and **glaciers** are melting.
기온이 상승하고 있어서 만년설과 **빙하**가 녹고 있다.

➕ glacial @ 빙하의
💬 cf. iceberg 빙산 | icecap 만년설

Daily Check-up

빈칸에 알맞은 우리말 뜻 또는 영어 단어를 써넣어 워드맵을 완성하시오.

PLAN
1

1 _____
기후의

2 _____
moisture

3 _____
humidity

4 _____
압력, 압박

5 _____
evaporation

6 _____
atmospheric

7 _____
현상

8 _____
centigrade

9 _____
강수(량), 강우(량)

10 _____
radiation

11 _____
자외선(의)

12 _____
위도; (특정 위도의) 지방

13 _____
longitude

14 _____
equator

15 _____
열대(성)의, 열대 지방의

16 _____
temperate

17 _____
북극의, 북극 지방의

18 _____
antarctic

19 _____
극지의, 남극[북극]의

날씨와
기후

자연·기후

지도
용어

육지

해양

20 _____
대륙(성)의

21 _____
terrestrial

22 _____
침식 (작용), 부식

23 _____
canyon

24 _____
terrain

25 _____
marine

26 _____
strait

27 _____
반도

28 _____
조수의

29 _____
current

30 _____
빙하

Day 4 | 환경 보존 · 자연재해

resource 자원　　　　pollution 오염, 공해　　　destruction 파괴　　　eco-friendly 친환경적인

fossil fuel 화석 연료　　disaster 재해, 재난　　　volcanic 화산의　　　flood 홍수

환경 보존

★★
0091
conserve
[kənsə́:rv]

ⓥ 보존하다, 보호하다; 절약하다

Great efforts have been made to **conserve** natural habitats.
자연 서식지를 **보존하기** 위해 커다란 노력이 기울여져 왔다.

conserve energy and resources　에너지와 자원을 **절약하다**

➕ conservation ⓝ 보존, 보호; 절약

다의어

★★★
0092
preserve
[prizə́:rv]

ⓥ 보존하다, 보전하다　ⓝ (pl.) 자연 보호 구역

v. We should try to **preserve** the environment as it is.
우리는 환경을 있는 그대로 **보전하려고** 노력해야 한다.

preserve food in nearly its original state
식품을 거의 본래의 상태로 **보존하다**

n. wildlife **preserves** in Kenya　케냐의 야생 생물 **보호 구역**

➕ preservation ⓝ 보존, 저장 | preservative ⓝ 방부제

★
0093
sustainable
[səstéinəbl]

ⓐ (환경 파괴 없이) 지속 가능한

Eco-innovation boosts a more **sustainable** way of life.
환경 혁신이 더 **환경 파괴 없이 지속 가능한** 삶의 방식을 북돋는다.

➕ sustain ⓥ 살아가게 하다, 지속시키다 | sustainability ⓝ 지속 가능성

🔍 sustain(지속시키다) + able(~할 수 있는)

★★
0094
renewable
[rinjú:əbl]

ⓐ 재생할 수 있는; 갱신 가능한

We should use **renewable** energy instead of fossil fuels.
우리는 화석 연료 대신에 **재생할 수 있는** 에너지를 써야 한다.

Your passport is **renewable**.　귀하의 여권은 **갱신 가능합니다.**

➕ renew ⓥ 새롭게 하다, 갱신하다 | renewal ⓝ 갱신

🔍 renew(새롭게 하다) + able(~할 수 있는)

★
0095
harness
[há:rnis]

ⓥ (자연력을) 이용하다, 동력화하다

The blades on windmills **harness** the energy of the wind.
풍차의 날개는 바람의 에너지를 **이용한다.**

✎ 학습 날짜　　월　　일

0096 reclaim
[rikléim]

ⓥ 1 되찾다　2 (폐물을) 재생하다, 재활용하다

1 China **reclaimed** Hong Kong from Britain in 1997.
중국은 1997년에 영국으로부터 **되찾았다**.

2 Many **reclaimed** materials are used in new building projects. 많은 **재생** 자재가 새로운 건축 프로젝트에 사용된다.

➕ reclamation ⓝ (폐물의) 재생, 재활용

0097 alternative
[ɔːltə́ːrnətiv]

ⓝ 1 대안　2 양자택일　ⓐ 1 대체의, 대안의　2 양자택일의

n. 1 wind power as an **alternative** for nonrenewable energy sources 비재생 에너지원의 **대안**으로서의 풍력

2 The **alternatives** are death or glory.
죽음이냐 영광이냐의 **양자택일**이다.

a. 1 Solar energy is one of the clean **alternative** sources of energy. 태양 에너지는 청정 **대체** 에너지원 중 하나이다.

2 the **alternative** courses of life or death
생사를 가르는 **양자택일의** 길

자연 파괴

0098 endangered
[indéindʒərd]

ⓐ 멸종 위기에 처한

Polar bears are becoming an **endangered** species due to climate change.
북극곰은 기후 변화로 인해 **멸종 위기에 처한** 종이 되어 가고 있다.

➕ endanger ⓥ 위태롭게 하다, 위험에 빠뜨리다

0099 extinction
[ikstíŋkʃən]

ⓝ 멸종, 사멸, 절멸

Have you ever imagined what led to the **extinction** of the dinosaurs? 무엇이 공룡의 **멸종**으로 이어졌는지 상상해 보았는가?

➕ extinct ⓐ 멸종한, 사멸한 │ extinguish ⓥ 섬멸시키다; 불을 끄다

Ⓠ cf. die out 절멸하다

0100 alien
[éiljən]

ⓐ 1 외래의, 이국의　⊜ exotic　2 지구 밖의
ⓝ 1 외국인 체류자　2 외계인

a. 1 **Alien** plants often lack natural enemies in the introduced ranges. **외래** 식물은 흔히 유입된 서식지에 천적이 없다.

2 **alien** beings from another planet 다른 행성에서 온 **외계인들**

n. 1 illegal **aliens** 불법 **외국인 체류자들**

2 Do you believe in **aliens**? 너는 **외계인의** 존재를 믿니?

[★]0101 **invasion**
[invéiʒən]

ⓝ 침입, 침략; 침해

The **invasion** of alien species poses a serious threat to biodiversity.
외래종의 **침입**은 생물 다양성에 심각한 위협을 제기한다.

invasion of privacy 사생활 **침해**

➕ invade ⓥ 침입[침략]하다; 침해하다

[★]0102 **disrupt**
[disrʌ́pt]

ⓥ 붕괴[분열]시키다; 혼란시키다, 방해하다

We fear that species loss may **disrupt** the balance of nature.
우리는 종 상실이 자연의 균형을 **붕괴시킬까** 봐 두렵다.

A phone call **disrupted** my sleep last night.
어젯밤에 전화 한 통이 내 잠을 **방해했다**.

➕ disruptive ⓐ 붕괴[분열]시키는 | disruption ⓝ 붕괴, 분열, 와해

[★]0103 **deforestation**
[difɔ̀:ristéiʃən]

ⓝ 삼림 벌채

Every year, 130,000 km² of forests are lost due to **deforestation**.
해마다 130,000km²의 숲이 **삼림 벌채**로 사라진다.

➕ deforest ⓥ 삼림을 벌채하다

🔍 cf. de-(제거, 분리) + forestation(삼림 조성)

0104 **desertification**
[dizə̀:rtəfikéiʃən]

ⓝ 사막화

Climate change and **desertification** are closely linked.
기후 변화와 **사막화**는 밀접하게 연결되어 있다.

0105 **deteriorate**
[ditíəriərèit]

ⓥ 악화되다, 저하되다

Greenhouse gas emissions make the environment **deteriorate**.
온실가스 배출은 환경이 **악화되게** 만든다.

영영 to become worse

➕ deterioration ⓝ 악화, 저하

다의어

0106 **degradation**
[dègrədéiʃən]

ⓝ 1 굴욕, 수모 2 **악화, 저하**

1 feel disgrace and **degradation** 수치와 **굴욕**을 느끼다
2 Environmental **degradation** leads to less and less food production. 환경 **악화**는 식량 생산이 점점 더 줄어들게 한다.

➕ degrade ⓥ 악화[저하]시키다

0107 **discard**
[diská:rd]

ⓥ 폐기[처분]하다, 버리다 ⊜ throw away

50 million metric tons of e-waste are **discarded** every year.
해마다 5억 미터 톤(1,000kg)의 전자 쓰레기가 **폐기된다**.

0108 **disposable**
[dispóuzəbl]

ⓐ 1회용의, 사용 후 버릴 수 있는

Let's use mugs instead of **disposable** paper cups.
1회용 종이컵 대신에 머그잔을 사용하도록 하자.

➊ dispose ⓥ 처리[처분]하다 | disposal ⓝ 처리, 처분

0109 **pollutant**
[pəlú:tənt]

ⓝ 오염 물질

Do you know cooking produces indoor air **pollutants**?
여러분은 요리가 실내 공기 **오염 물질**을 배출한다는 것을 아는가?

👐 air / water pollutant 대기/수질 오염 물질
➊ pollute ⓥ 오염시키다 | pollution ⓝ 오염

0110 **detergent**
[ditə́:rdʒənt]

ⓝ (합성) 세제

Detergents cause more water pollution than soap.
세제는 비누보다 더 많은 수질 오염을 야기한다.

👐 laundry detergent 세탁 세제

0111 **landfill**
[lǽndfil]

ⓝ 쓰레기 매립지

Some **landfills** are causing groundwater pollution.
일부 **쓰레기 매립지**는 지하수 오염을 야기하고 있다.

⚙ cf. incinerator (쓰레기) 소각로

0112 **contaminate**
[kəntǽmənèit]

ⓥ 오염시키다, (접촉하여) 더럽히다

The lake was **contaminated** by heavy metals, such as copper and zinc.
그 호수는 구리와 아연 같은 중금속에 **오염되었다**.

➊ contamination ⓝ 오염

0113 **emission**
[imíʃən]

ⓝ 배출; 배기가스, 배출물

Many human activities result in the **emission** of greenhouse gases. 많은 인간 활동이 온실가스 **배출**이라는 결과를 낳는다.

the amount of CO_2 **emissions** 이산화탄소 **배출량**

vehicle **emissions** 차량 배기가스

➊ emit ⓥ 배출하다, 내뿜다

0114 **disastrous**
[dizǽstrəs]

ⓐ 재난의; 불길한

Earthquakes are one of the most **disastrous** nature threats.
지진은 가장 커다란 **재난을 낳는** 자연의 위협 중 하나이다.

the **disastrous** signs of global warming
지구 온난화의 **불길한** 징후들

➊ disaster ⓝ 재난, 재해

0115 **catastrophe**
[kətǽstrəfi]

ⓝ 대재앙, 큰 재해

A tsunami is capable of causing a **catastrophe** along the shore. 지진 해일은 해안에 **대재앙**을 일으킬 수 있다.

➊ catastrophic ⓐ 대재앙의

0116 **erupt**
[irʌ́pt]

ⓥ 분화하다, 분출하다

The Kilauea volcano **erupted** after a series of earthquakes.
킬라우에아 화산이 일련의 지진 후에 **분화하였다.**

➊ eruption ⓝ 분화, 분출

다의어

0117 **avalanche**
[ǽvəlæntʃ]

ⓝ 1 눈사태 2 (질문 등의) 쇄도, 공세

1 Most **avalanches** occur on slopes between 35 and 45 degrees.
대부분의 **눈사태**는 35에서 45도 사이의 경사면에서 발생한다.

2 an **avalanche** of questions 질문의 **쇄도**

0118 **drought**
[draut]

ⓝ 가뭄, 한발

The skies opened up, and it finally rained after a long **drought**.
하늘이 열리고 오랜 **가뭄** 끝에 마침내 비가 내렸다.

0119 **devastate**
[dévəstèit]

ⓥ 황폐화시키다

Many villages were **devastated** by floods during the rainy season.
많은 마을이 장마철 동안 홍수로 **황폐화되었다.**

➊ devastation ⓝ 황폐화, 유린

다의어

0120 **casualty**
[kǽʒuəlti]

ⓝ 1 재해, 사고, 재난 2 사상자 수

1 The government designated this year "zero wildfire **casualty** year."
정부는 올해를 '산불 **재해** 제로'의 해로 지정했다.

2 total **casualties** of the war 그 전쟁의 총 **사상자 수**

빈칸에 알맞은 우리말 뜻 또는 영어 단어를 써넣어 워드맵을 완성하시오.

1 _____
conserve

2 _____
preserve

3 _____
sustainable

4 _____
renewable

5 _____
harness

6 _____
reclaim

7 _____
대안(의); 양자택일(의)

환경 보존

환경 보존 · 자연재해

8 _____
멸종 위기에 처한

9 _____
멸종, 사멸, 절멸

10 _____
alien

11 _____
침입, 침략; 침해

12 _____
disrupt

13 _____
deforestation

14 _____
desertification

자연 파괴

환경 오염

자연 재해

15 _____
deteriorate

16 _____
degradation

17 _____
폐기[처분]하다, 버리다

18 _____
disposable

19 _____
오염 물질

20 _____
detergent

21 _____
landfill

22 _____
contaminate

23 _____
배출; 배기가스, 배출물

24 _____
재난의; 불길한

25 _____
catastrophe

26 _____
분화하다, 분출하다

27 _____
avalanche

28 _____
가뭄, 한발

29 _____
devastate

30 _____
casualty

Day 5 영양 · 식품

Must-Know Words

nutrition 영양   organic 유기농의   protein 단백질   digest 소화시키다

grocery 식료품 (가게)   dairy 유제품의   diet 식사, 식단; 다이어트   consume 소비하다, 섭취하다

영양

0121
nutritious
[nuːtríʃəs]

ⓐ 영양분이 풍부한[있는]

Even a cup of milk can be a **nutritious** snack.
한 잔의 우유도 **영양분이 풍부한** 간식이 될 수 있다.

a highly **nutritious** food **영양분이** 매우 **풍부한** 음식

➕ nutrition ⓝ 영양 | nutritional ⓐ 영양의
nutritive ⓐ 영양의, 영양에 관한

0122
nutrient
[núːtriənt]

ⓝ 영양소

Sadly, our standard diet lacks many vital **nutrients**.
슬프게도, 우리의 표준 식단은 많은 중요한 **영양소**가 부족하다.

be rich in **nutrients** **영양소**가 풍부하다

다의어

0123
nourish
[nə́ːriʃ]

ⓥ 1 자양분을 주다   2 육성하다

1 Breast milk **nourishes** babies and protects them from illness. 모유는 아기에게 **자양분을 주고** 질병으로부터 보호한다.
2 **nourish** one's hopes and dreams 희망과 꿈을 **육성하다**

➕ nourishment ⓝ 1 자양물, 음식물 2 육성, 조성
well-nourished ⓐ 영양 상태가 좋은

0124
malnutrition
[mæ̀lnjuːtríʃən]

ⓝ 영양실조, 영양 부족

Globally, half of child deaths are due to **malnutrition**.
세계적으로 아동 사망의 절반은 **영양실조**에 기인한다.

⭐ mal-(나쁜, 잘못된) + nutrition(영양)

0125
carbohydrate
[kàːrbouháidreit]

ⓝ 탄수화물

Stored **carbohydrates** are used for energy during exercise.
저장된 **탄수화물**은 운동하는 동안 에너지에 사용된다.

⭐ cf. fat 지방(= lipid) | protein 단백질

학습 날짜 　월　　일

PLAN
1

다의어

0126 **saturated**
[sǽtʃərèitid]

ⓐ 1 흠뻑 젖은 ＝soaked
2 **포화의, 포화 상태의** ↔unsaturated 불포화의

1 be **saturated** with rain 비로 **흠뻑 젖다**
2 Dairy products contain more **saturated** than unsaturated fat. 유제품은 불포화 지방보다 **포화** 지방을 더 많이 함유한다.
　saturated fat 포화 지방

➕ saturate ⓥ 포화시키다 | saturation ⓝ 포화

★
0127 **supplement**
ⓝ [sʌ́pləmənt]
ⓥ [sʌ́pləmènt]

ⓝ 보충(제), 추가(물) ⓥ 보충하다, 추가하다

Try herbs for vitamins instead of **supplements**.
비타민 섭취를 위해 **보충제** 대신에 약초를 먹어 보세요.

Vegetarians need to **supplement** their diets with vitamin B12. 채식주의자들은 비타민 B12로 식단을 **보충할** 필요가 있다.

★
0128 **substitute**
[sʌ́bstitjùːt]

ⓥ 대용하다, 바꾸다 ⓝ 대체(물), 대용(품)

You can **substitute** beans for meat in your diet.
식단에서 고기 대신 콩을 **대용할** 수 있다.
　substitute A for B: A로 B를 대체하다

There is no **substitute** for good health.
좋은 건강을 **대체할 것**은 아무것도 없다.

다의어

0129 **wholesome**
[hóulsəm]

ⓐ 1 건강에 좋은 2 건전한, 유익한 3 신중한, 조심스러운

1 Consume more **wholesome** foods, like fruits and vegetables. 과일과 채소 같은 **건강에 좋은** 음식을 더 많이 섭취하세요.
2 provide children a safe, **wholesome** environment
아이들에게 안전하고 **건전한** 환경을 제공하다
3 **wholesome** decisions from leaders 지도자들의 **신중한** 판단

🔎 cf. processed 가공 처리한 | processed food 가공 식품

음식 · 요리

★★
0130 **dietary**
[dáiətèri / -təri]

ⓐ 식사의, 음식의, 식이의

Lifestyle and **dietary** habits influence a person's health.
생활 양식과 **식습관**은 사람의 건강에 영향을 미친다.

dietary fiber in vegetables 채소에 있는 **식이** 섬유

➕ diet ⓝ 식사, 식단; 다이어트

0131 ★★ edible
[édəbl]

ⓐ 식용의　↔ inedible 식용으로 적합하지 않은

Lavender is an **edible** flower which is beneficial to health.
라벤더는 건강에 이로운 **식용** 식물이다.

0132 foodstuff
[fú:dstʌf]

ⓝ 식품, 식량

For Malaysians, rice is considered a staple **foodstuff**.
말레이시아 사람들에게, 쌀은 기본 **식품**으로 여겨진다.

0133 ★ refreshment
[rifréʃmənt]

ⓝ 1 (*pl.*) 다과, 가벼운 음식　2 원기 회복

1 Free drinks and **refreshments** will be provided.
　무료 음료와 **다과**가 제공될 것입니다.

2 We need some rest and **refreshment**.
　우리는 휴식과 **원기 회복**이 필요하다.

➕ refresh ⓥ 기운 나게 하다

0134 ★★ cuisine
[kwizíːn]

ⓝ 요리(법), 요리 솜씨

French **cuisine** is famous around the world.
프랑스 **요리**는 전 세계적으로 유명하다.

the traditional **cuisine** of Greece　그리스의 전통 **요리(법)**

0135 ★★★ ingredient
[ingríːdiənt]

ⓝ 1 성분, 원료, 재료　2 구성 요소, 요인

1 The **ingredients** must be included on the label on the package.　**성분[재료]**은 포장의 라벨에 반드시 포함되어야 한다.
　📷 the main ingredient 주재료

2 the **ingredients** of financial success　재정적 성공의 **요인**

0136 ★★★ recipe
[résəpìː]

ⓝ 1 (요리) 만드는 방법, 조리법　2 비법, 비결

1 There are a million **recipes** for potato salad.
　감자 샐러드를 **만드는 방법**은 백만 가지가 있다.

2 the **recipe** for success and happiness　성공과 행복의 **비결**

0137 ★ seasoning
[síːzəniŋ]

ⓝ 조미(료), 양념

Salt is the oldest **seasoning** and preservative known to man.
소금은 인류가 알고 있는 가장 오래된 **조미료**이자 방부제이다.

add **seasoning**　양념을 넣다

➕ season ⓥ 조미[양념]하다

0138
★★
intake
[íntèik]

ⓝ 섭취

Food **intake** influences the availability of fuel for exercise.
음식 **섭취**는 운동을 위한 에너지의 이용 가능성에 영향을 미친다.

🔍 cf. take in 섭취하다

0139
★
devour
[diváuər]

ⓥ 게걸스럽게 먹다; 집어삼키다

I **devoured** the entire plate of cookies in just a couple of minutes.
나는 1~2분 만에 과자 한 접시 전부를 **게걸스럽게 먹었다**.

The angry waves **devoured** the ship.
성난 파도가 그 배를 **집어삼켰다**.

다의어

0140
★★
texture
[tékstʃər]

ⓝ 1 직물, 천 2 식감, 질감

1 natural **textures** such as silk and wool
   비단과 모직 같은 천연 **직물**

2 The **texture** of this fruit is similar to that of the kiwi.
   이 과일의 **식감**이 키위와 비슷하다.

➕ textural ⓐ 1 직물의 2 질감의

0141
★
bland
[blænd]

ⓐ (맛이) 밍밍한, 특별한 맛이 나지 않는

My rule for cooking: if it tastes **bland**, add salt.
나의 조리 원칙: 맛이 **밍밍하면**, 소금을 넣어라.

0142
★
crisp
[krisp]

ⓐ 아삭아삭한; 신선한

The vegetables are **crisp**, but the sauce is a bit bland.
채소는 **아삭아삭한데** 소스는 다소 밍밍하다.

0143
★
spicy
[spáisi]

ⓐ 매운; 양념 맛이 강한

The chili sauce was so **spicy** that I had tears in my eyes.
칠리 소스가 너무 **매워서** 나는 눈에 눈물이 났다.

➕ spice ⓝ 향신료, 양념

0144
★
stale
[steil]

ⓐ (음식 따위가) 상한; 신선하지 않은

Without preservatives, bread goes **stale** in a day or two.
방부제가 없으면 식빵은 하루 이틀 사이에 **상한다**.

👄 go stale 상하다

0145 **gourmet**
[ɡúərmei / ɡuərméi]

🔵 미식가 🅰 미식가를 위한, 고급의

New York City is full of fancy restaurants for **gourmets**.
뉴욕 시에는 **미식가들**을 위한 고급 식당이 즐비하다.

a **gourmet** restaurant 고급 음식점

식품의 가공과 보관

0146 **refrigerate**
[rifrídʒərèit]

🆅 냉장하다, 냉동하다

Within two hours after cooking, **refrigerate** the food.
조리 후 두 시간 이내에 음식을 **냉장하시오**.

➕ refrigeration ⓝ 냉장, 냉동 | refrigerator ⓝ 냉장고
🔍 cf. freeze 얼다; 냉동하다 | freezer 냉동고, 냉동실

0147 **additive**
[ǽdətiv]

🔵 첨가물, 첨가제

Color **additives** make food more appealing.
색상 **첨가제**는 음식을 더 매력적으로 보이게 한다.

artificial **additives** 인공 **첨가물**

➕ add ⓥ 추가[첨가]하다 | addition ⓝ 추가, 첨가; 덧셈
🔍 cf. preservative 방부제

0148 **ferment**
[fəːrmént]

🆅 발효시키다

Yogurt is a **fermented** food made from milk.
요구르트는 우유에서 만들어진 **발효** 식품이다.

➕ fermentation ⓝ 발효 (작용)

다의어

0149 **expiration**
[èkspəréiʃən]

🔵 1 만기, 만료 2 호기, 숨을 내쉼 ↔ inspiration 흡기, 숨을 들이쉼

1 The **expiration** date must be marked on the outside of
the container. 유통 **(만료)** 기한이 용기 외부에 표시되어야 한다.

2 Oxygen enters the lungs during inspiration, and carbon
dioxide exits with **expiration.**
산소는 흡기 동안에 폐로 들어오고, 이산화탄소는 **호기**와 더불어 배출된다.

➕ expire ⓥ 1 만기가 되다 2 숨을 내쉬다

0150 **spoilage**
[spɔ́ilidʒ]

🔵 부패, 손상 = decay

Salt has been used for thousands of years to prevent food
spoilage. 소금은 수천 년 동안 식품 **부패**를 막기 위해 사용되어 왔다.

➕ spoil ⓥ 음식물을 상하게 하다; 망치다

Daily Check-up

빈칸에 알맞은 우리말 뜻 또는 영어 단어를 써넣어 워드맵을 완성하시오.

PLAN
1

1 _____
　영양분이 풍부한[있는]

2 _____
　nutrient

3 _____
　nourish

4 _____
　malnutrition

5 _____
　carbohydrate

6 _____
　saturated

7 _____
　보충(제); 보충하다

8 _____
　substitute

9 _____
　wholesome

10 _____
　식사의, 음식의, 식이의

11 _____
　식용의

12 _____
　foodstuff

13 _____
　refreshment(s)

14 _____
　cuisine

15 _____
　ingredient

16 _____
　조리법; 비법

17 _____
　조미(료), 양념

영양

음식·요리

영양·식품

**식품의
가공과
보관**

**음식의
섭취와 맛**

18 _____
　섭취

19 _____
　devour

20 _____
　texture

21 _____
　bland

22 _____
　아삭아삭한; 신선한

23 _____
　매운; 양념 맛이 강한

24 _____
　stale

25 _____
　gourmet

26 _____
　냉장[냉동]하다

27 _____
　additive

28 _____
　ferment

29 _____
　expiration

30 _____
　부패, 손상

PLAN 2

학문

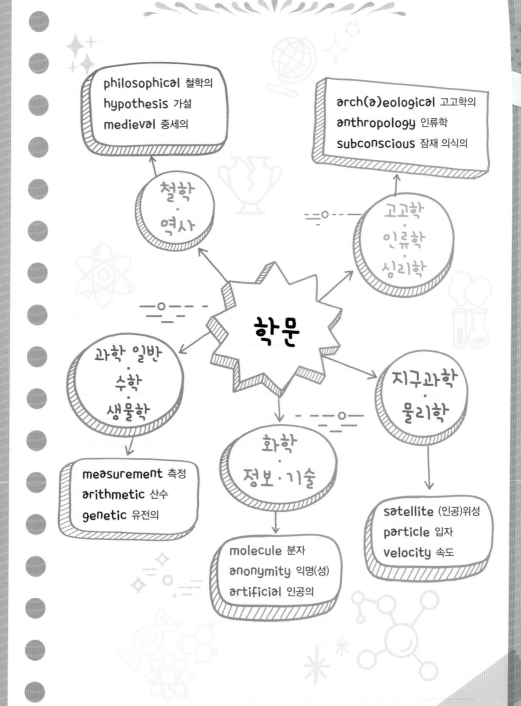

philosophical 철학의
hypothesis 가설
medieval 중세의

arch(a)eological 고고학의
anthropology 인류학
subconscious 잠재 의식의

철학
·
역사

고고학
·
인류학
·
심리학

학문

과학 일반
·
수학
·
생물학

지구과학
·
물리학

화학
·
정보·기술

measurement 측정
arithmetic 산수
genetic 유전의

molecule 분자
anonymity 익명(성)
artificial 인공의

satellite (인공)위성
particle 입자
velocity 속도

Day 6 철학 · 역사

Must-Know Words

philosophy 철학   theory 이론   reasonable 합리적인   logical 논리적인

historical 역사적인   historian 역사학자   civilization 문명   ancient 고대의

철학적 사고

0151 philosophical
[fìləsáfikəl]

ⓐ 철학의, 철학적인, 철학에 관한

Free will is one of the oldest **philosophical** questions.
자유 의지는 가장 오래된 **철학적** 질문 중 하나이다.

the Western **philosophical** tradition   서구의 **철학** 전통

➊ philosophy ⓝ 철학 | philosopher ⓝ 철학자

0152 theoretical
[θìːərétikəl]

ⓐ 이론의, 이론적인

More **theoretical** study is needed to understand such a phenomenon.
그러한 현상을 이해하려면 더 많은 **이론적** 연구가 필요하다.

➊ theory ⓝ 이론 | theorize ⓥ 이론을 세우다

0153 framework
[fréimwəːrk]

ⓝ (이론 등의) 뼈대, 체제

A theoretical **framework** provides guidance to research.
이론적 **뼈대**는 연구의 지침을 제공한다.

Law is the basic **framework** of society.
법은 사회의 기본 **체제**이다.

다의어

0154 proposition
[prὰpəzíʃən]

ⓝ 1 명제, 진술   2 제안, 제의

1 Choice theory begins with the **proposition** that our behavior is our choice.
선택 이론은 우리의 행동이 우리의 선택이라는 **명제**로 시작한다.

2 a very attractive **proposition**   대단히 매력적인 **제안**

➊ propose ⓥ 제안하다

0155 premise
[prémis]

ⓝ 전제

Human rights laws are based on the **premise** that everyone is equal.
인권법은 모두가 평등하다는 **전제**를 기반으로 한다.

0156 conceptual
[kənséptʃuəl]

ⓐ 개념의, 개념상의

It is effective to use visual aids to provide **conceptual** explanations.
개념 설명을 제공하기 위해 시각 보조 교재를 이용하는 것은 효과적이다.

➕ concept ⓝ 개념

다의어

0157 idealism
[aidíːəlìzm]

ⓝ 1 이상주의　↔realism 현실주의
　 2 관념[유심]론; 관념주의　↔materialism 유물론

1 **Idealism** has played an important role in the history of Western thought.
이상주의는 서구 사상의 역사에서 중요한 역할을 해 왔다.

2 **Idealism** is the opposite of materialism.
관념론은 유물론의 정반대이다.

➕ ideal ⓐ 이상적인　ⓝ 이상 | idealist ⓝ 이상주의자

다의어

0158 establish
[istǽbliʃ]

ⓥ 1 정립하다, 세우다　2 설립하다　3 수립하다　4 확립하다

1 Who was the scientist that first **established** the theory of evolution?　최초로 진화론을 **정립한** 과학자는 누구였는가?

2 The company was **established** in 1992.
그 회사는 1992년에 **설립되었다.**

3 **establish** a friendly relationship　우호적 관계를 **수립하다**

4 **establish** one's fame in the fashion world
패션계에서 명성을 **확립하다**

➕ establishment ⓝ 1 정립　2 설립　3 수립　4 확립　5 시설물

추론과 오류

0159 reasoning
[ríːzəniŋ]

ⓝ 추론, 추리, 논법

Reasoning requires well-organized knowledge.
추론은 잘 체계화된 지식을 필요로 한다.

➕ reason ⓥ 추론하다　ⓝ 1 이성　2 이유

0160 rationale
[ræ̀ʃənǽl]

ⓝ 이론적 근거[설명]

What is the **rationale** for your research?
귀하의 연구에 대한 **이론적 근거**는 무엇입니까?

➕ rationality ⓝ 합리성, 순리성

★★
0161 **hypothesis** ⓝ 가설, 가정
[haipάθəsis]

Every theory was a **hypothesis** at some point.
모든 이론은 어느 시점에서는 **가설**이었다.

➕ hypothesize ⓥ 가설을 세우다

0162 **inductive** ⓐ 귀납적인, 추리의 ⟷ deductive 추리의, 연역적인
[indʌ́ktiv]

Inductive reasoning moves from specific to general.
귀납적 추론은 특정한 것(정보)에서 일반적인 것(일반화)으로 나아간다.

➕ induction ⓝ 귀납법, 귀납 추리(⟷ deduction 연역법, 연역 추리)

★
0163 **fallacy** ⓝ 오류, 허위, 잘못된 생각 ≡ misconception, flaw
[fǽləsi]

Logical **fallacies** are often used in advertising to fool
consumers. 논리적 **오류**는 소비자들을 속이기 위해 광고에서 흔히 사용된다.

0164 **arbitrary** ⓐ 임의적인, 멋대로의
[ά:rbitrὲri / -rəri]

Arbitrary reasoning will lead to a logical fallacy.
임의적인 추론은 논리적 오류로 귀착될 것이다.

an **arbitrary** decision **멋대로 내린** 결정

🔍 cf. random 무작위의

존재와 윤리

★★★
0165 **existence** ⓝ 존재, 실존; 현존
[igzístəns]

Kant was a philosopher who provided arguments against the
existence of God.
칸트는 신의 **존재**를 부인하는 주장을 펼친 철학자였다.

➕ exist ⓥ 존재하다 | existing ⓐ 기존의

★★
0166 **presence** ⓝ 1 존재, 실재 2 출석, 참석 ⟷ absence 부재; 결석
[prézəns]

1 Any theory cannot be successful without the **presence** of
evidence. 증거의 **존재** 없이는 어떤 이론도 성공할 수 없다.
2 Your **presence** is requested. 꼭 **참석**해 주시기 바랍니다.

➕ present ⓐ 1 현재의 2 참석한 ⓝ 1 선물 2 현재

★★
0167 **ethical** ⓐ 윤리적인, 도덕상의
[éθikəl]

Can intelligent robots make **ethical** decisions?
지능을 갖춘 로봇이 **윤리적** 결정을 내릴 수 있을까?

➕ ethics ⓝ 윤리학

0168 ★★
morality
[mɔ(ː)rǽləti]

ⓝ 도덕(성), 도의(성)

Some philosophers agree that **morality** is a human invention.
일부 철학자들은 **도덕성**이 인간의 발명품이라는 것에 동의한다.

➕ moral ⓐ 도덕적인 ⓝ 1 (*pl.*) 도덕 2 교훈

0169 ★★
paradox
[pǽrədὰks]

ⓝ 역설, 패러독스

A **paradox** refers to a situation that seems strange or
impossible. **역설**이란 이상하거나 불가능해 보이는 상황을 일컫는다.

➕ paradoxical ⓐ 역설적인

0170 ★★
dilemma
[dilémə]

ⓝ 딜레마, 진퇴양난, 궁지

The **dilemma** is that neither theory works well.
딜레마는 어느 이론도 제대로 적용되지 않는다는 것이다.

have a **dilemma** regarding choosing love or a career
사랑과 일 중 하나를 택해야 하는 **진퇴양난**에 빠지다

역사

0171
epoch
[épək]

ⓝ 시대, 시기 ⊜ era

The revolution marked a new **epoch** in world history.
그 혁명은 세계 역사의 새로운 **시대**를 열었다.

0172
chronicle
[krάnikl]

ⓝ 연대기, 역사

The **chronicle** deals with historical events year by year.
그 **연대기**는 연도별로 역사적 사건을 다룬다.

➕ chronological ⓐ 연대기(순)의

0173
antiquity
[æntíkwəti]

ⓝ 고대, (고대) 유물

From **antiquity**, humans have used microbes to produce
foods. **고대**로부터 인간은 식량을 생산하는 데 미생물을 사용했다.

➕ antique ⓝ 골동품 ⓐ 골동품의

0174 ★
prehistoric
[prìːhistɔ́ːrik]

ⓐ 유사 이전의, 선사 시대의

Many **prehistoric** people were hunter-gatherers.
많은 **유사 이전의** 사람들은 수렵 채집인이었다.

➕ prehistory ⓝ 유사 이전
🔖 pre-(이전의) + historic(역사의)

★★★
0175 primitive
[prímətiv]

ⓐ 원시의, 원시 시대의, 야만의

Some **primitive** tribes are still food gatherers and firewood collectors. 일부 **원시** 부족들은 여전히 식량을 채집하고 장작을 모은다.

★
0176 medieval
[mìːdiíːvəl]

ⓐ 중세의; 중세 풍의

There are many well-preserved **medieval** castles in England.
잉글랜드에는 잘 보존된 **중세의** 성들이 많다.

영영 connected with the Middle Ages

cf. primeval 원시의, 원시 시대의(= prehistoric, primitive)

0177 imperial
[impíəriəl]

ⓐ 제국의, 제국주의의

The European **imperial** powers acquired colonies in Asia.
유럽 **제국주의** 열강들이 아시아에서 식민지를 획득했다.

➕ imperialism ⓝ 제국주의 ｜ empire ⓝ 제국 ｜ emperor ⓝ 황제

cf. feudal 봉건의, 봉건제의 ｜ feudalism 봉건 제도

다의어

★★★
0178 contemporary
[kəntémpərèri / -rəri]

ⓐ 1 현대의 2 동시대의   ⓝ 동시대인

a. 1 The art museum houses 2,000 works of **contemporary** art. 그 미술관은 2,000점의 **현대** 미술 작품을 소장하고 있다.

2 Buddhism's spread into East Asia was **contemporary** with the fall of the Han Dynasty.
불교가 동아시아로 전파된 것은 한나라의 몰락과 **동시대의** 일이었다.

n. It is said that Darwin was greatly respected by his **contemporaries**.
다윈은 **동시대인들**로부터 대단히 존경받았다고 한다.

★
0179 causal
[kɔ́ːzəl]

ⓐ 원인의; 인과의

There is a **causal** relationship between the two historical events.
그 두 역사적 사건 사이에는 **인과** 관계가 있다.

➕ cause ⓝ 원인 ⓥ 일으키다 ｜ causality ⓝ 인과 관계, 인과율

★
0180 monument
[mánjəmənt]

ⓝ 유적, (역사적) 기념물; 기념비

Pyramids are ancient **monuments** found all over the world.
피라미드는 전 세계에서 발견되는 고대 **유적**이다.

Daily Check-up

빈칸에 알맞은 우리말 뜻 또는 영어 단어를 써넣어 워드맵을 완성하시오.

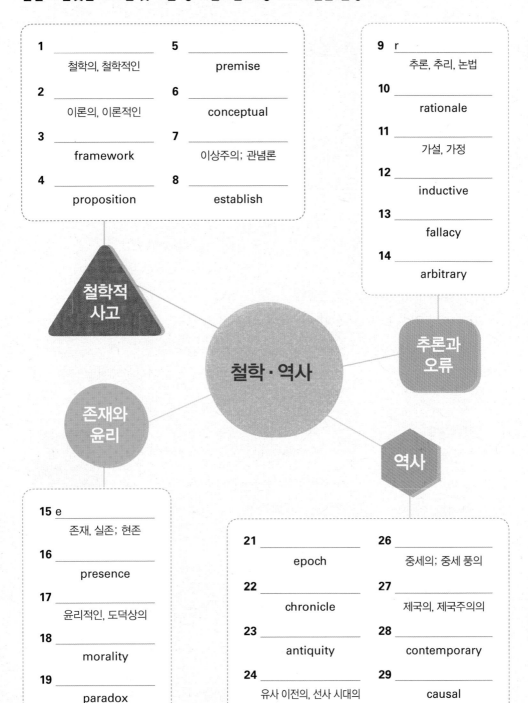

1 _____ 철학의, 철학적인
2 _____ 이론의, 이론적인
3 _____ framework
4 _____ proposition
5 _____ premise
6 _____ conceptual
7 _____ 이상주의; 관념론
8 _____ establish

9 r_____ 추론, 추리, 논법
10 _____ rationale
11 _____ 가설, 가정
12 _____ inductive
13 _____ fallacy
14 _____ arbitrary

철학적 사고

철학·역사

추론과 오류

존재와 윤리

역사

15 e_____ 존재, 실존; 현존
16 _____ presence
17 _____ 윤리적인, 도덕상의
18 _____ morality
19 _____ paradox
20 _____ 딜레마, 진퇴양난, 궁지

21 _____ epoch
22 _____ chronicle
23 _____ antiquity
24 _____ 유사 이전의, 선사 시대의
25 _____ primitive

26 _____ 중세의; 중세 풍의
27 _____ 제국의, 제국주의의
28 _____ contemporary
29 _____ causal
30 _____ monument

Day 7 고고학 · 인류학 · 심리학

고고학 · 인류학

0181 **arch(a)eological**
[àːrkiəládʒikəl]

ⓐ 고고학의

The museum houses **archaeological** remains from ancient Rome.
그 박물관은 고대 로마의 **고고학** 유물을 소장하고 있다.

➕ arch(a)eology ⓝ 고고학 | arch(a)eologist ⓝ 고고학자

★★
0182 **anthropology**
[ænθrəpáladʒi]

ⓝ 인류학

Anthropology covers the cultural and biological diversity of humans.
인류학은 인류의 문화적, 생물학적 다양성을 다룬다.

➕ anthropological ⓐ 인류학적인 | anthropologist ⓝ 인류학자

★★
0183 **artifact**
[áːrtəfækt]

ⓝ 유물 ⊜ artefact

Many **artifacts** are found at archaeological sites.
많은 **유물들**이 고고학 발굴 현장에서 발견된다.

⭐ cf. relic 유물, 유적

★
0184 **excavate**
[ékskəvèit]

ⓥ 발굴하다

Hundreds of Neolithic sites have been **excavated** all over China.
수백 곳의 신석기 시대 유적이 중국 전역에서 **발굴되었다**.

➕ excavation ⓝ 발굴

★★
0185 **indigenous**
[indídʒənəs]

ⓐ 토착의, 원산의 ⊜ native

Tourism offers chances to preserve **indigenous** culture.
관광 산업은 **토착** 문화를 보존할 기회를 제공한다.

indigenous plants 토착 식물

PLAN
2

0186 ★
aboriginal
[æbərídʒənəl]

ⓐ (호주) 원주민의, 토착민의

About 500 **aboriginal** tribes once inhabited Australia.
약 500개의 **원주민** 부족이 한때 호주에 거주했다.

➕ aborigine ⓝ 호주 원주민

0187 ★
remnant
[rémnənt]

ⓝ 잔재, 잔존물

Some historical buildings in this country are **remnants** of colonial rule. 이 나라의 몇몇 유서 깊은 건물은 식민 통치의 **잔재**이다.

의식과 무의식

0188 ★★
cognitive
[kάgnətiv]

ⓐ 인지의, 인식의

Memorizing is one of the most important **cognitive** skills.
암기는 가장 중요한 **인지** 기술 중 하나이다.

➕ cognition ⓝ 인지, 인식

0189 ★★★
perception
[pərsépʃən]

ⓝ 지각 (작용), 인식, 인지

The **perception** of pain occurs in the central nervous system.
고통의 **지각**은 중추 신경계에서 일어난다.

➕ perceive ⓥ 지각[인식, 인지]하다 | perceptive ⓐ 지각[감지]하는

0190 ★★
subconscious
[sʌbkάnʃəs]

ⓐ 잠재 의식의

Humans have **subconscious** urges to eat more during winter.
인간은 겨울철 동안 더 많이 먹으려는 **잠재 의식적인** 욕구가 있다.

🔑 sub-(아래) + conscious(의식의)
　　cf. unconscious 의식이 없는; 무의식적인

0191 ★★
uncover
[ʌnkʌ́vər]

ⓥ 밝히다, 폭로하다 🟰 reveal

Psychologists **uncovered** the role of the non-cognitive part of intelligence. 심리학자들은 지능의 비인지적 부분의 역할을 **밝혀냈다**.

🔑 un-(반대) + cover(덮다, 가리다)

0192 ★
contextual
[kəntékstʃuəl]

ⓐ 상황적인; 문맥상의

Subtle **contextual** factors influence our sense of right and wrong. 미묘한 **상황적** 요인이 옳고 그름에 대한 우리의 인식에 영향을 미친다.

➕ context ⓝ 상황; 문맥, 맥락

0193 manipulate
★★★
[mənípjəlèit]

ⓥ 조작하다, 조종하다

Some marketing techniques **manipulate** human psychology.
일부 마케팅 기법은 인간 심리를 **조종한다**.

manipulate prices by controlling the supply
공급 통제를 통해 가격을 **조작하다**

➕ manipulation ⓝ 조작, 조종 | manipulative ⓐ 사람을 조종[이용]하는

0194 reinforce
★★★
[rì:infɔ́:rs]

ⓥ 강화하다, 보강하다

Offering a reward **reinforces** a desired behavior.
보상을 제공하는 것은 바람직한 행동을 **강화한다**.

reinforce a fence with bricks 담장을 벽돌로 **보강하다**

➕ reinforcement ⓝ 강화

0195 motivation
★★★
[mòutəvéiʃən]

ⓝ 동기 (부여); 욕구

A lack of **motivation** leads to a lack of effort and ultimately a lack of success.
동기 부족은 노력 부족, 궁극적으로는 성공의 결여로 이어진다.

➕ motivate ⓥ 동기를 부여하다 | motivational ⓐ 동기를 부여하는

0196 stimulus
★★
[stímjələs]

ⓝ 자극(물) (*pl.* stimuli [-lài])

Stronger **stimuli** produce stronger reactions from organisms.
더 강한 **자극**은 유기체로부터 더 강한 반응을 낳는다.

➕ stimulate ⓥ 자극하다 | stimulation ⓝ 자극

0197 persuasive
★★
[pərswéisiv]

ⓐ 설득적인, 설득력 있는

Persuasive speech requires a creative approach and a serious attitude.
설득적인 연설은 창의적 접근법과 진지한 태도를 요한다.

➕ persuade ⓥ 설득하다 | persuasion ⓝ 설득

0198 ambivalent
[æmbívələnt]

ⓐ (태도, 의미 등이) 양면적인

An **ambivalent** attitude results in psychological discomfort.
양면적인 태도는 심리적 불편함을 가져온다.

영영 having two different feelings about someone or something at the same time

➕ ambivalence ⓝ 양면 가치, 양의성

0199
★★

instinctive
[instíŋktiv]

ⓐ 본능적인, 직감적인

An **instinctive** reaction to criticism is to defend.
비판에 대한 **본능적인** 반응은 방어하는 것이다.

➕ instinct ⓝ 본능, 직감

0200
★★

innate
[inéit]

ⓐ 타고난 🟰 inborn

Self-preservation is one of the strongest **innate** instincts.
자기 보존은 가장 강력한 **타고난** 본능 중 하나이다.

Humans have the **innate** ability to learn language.
인간은 언어를 학습하는 **타고난** 능력을 가지고 있다.

0201
★★

inherent
[inhíərənt]

ⓐ 내재하는, 본래의

The ability to love is **inherent** in human nature.
사랑하는 능력은 인간 본성에 **내재한다**.

inherent weaknesses **내재된** 약점

➕ inherently ⓐⓓ 본래

0202
★★

intuition
[ìntjuíʃən]

ⓝ 직관(력), 직감, 육감

Sometimes **intuition** is more useful than reason.
때로는 **직관**이 이성보다 더 유용하다.

feminine **intuition** 여자의 **직관[직감]**

➕ intuitive ⓐ 직감에 의한, 직관적인

0203
★★

extrinsic
[ekstrínsik / -zik]

ⓐ 외적인, 비본질적인

A monetary payment is an **extrinsic** reward.
금전적 지불은 **외적** 보상이다.

📖 an extrinsic reward 외적 보상

0204
★★

intrinsic
[intrínsik / -zik]

ⓐ 내적인, 본질적인

Intrinsic motivation is more beneficial to learning than extrinsic motivation.
내적 동기가 외적 동기보다 학습에 더 이롭다.

the **intrinsic** beauty of mathematics 수학의 **내적** 아름다움

0205 assimilate
[əsíməlèit]

ⓥ 1 동화되다, 흡수되다 2 받아들이다, 흡수하다 =absorb

1 We help newcomers **assimilate** into our society.
우리는 새로 온 사람들이 우리 사회에 **동화되도록** 돕습니다.

2 **assimilate** new ideas 새로운 사상을 **흡수하다**

➕ assimilation ⓝ 1 동화 2 흡수

★★
0206 socialization
[sòuʃəlaizéiʃən / sòuʃələ-]

ⓝ 사회화

Socialization occurs when one interacts with other people.
사회화는 한 사람이 다른 사람들과 상호 작용을 할 때 일어난다.

➕ socialize ⓥ 사회화하다

★
0207 internalize
[intə́:rnəlàiz]

ⓥ 내면화하다

We **internalize** our social norms through the process of socialization.
우리는 사회화 과정을 통해 사회 규범을 **내면화한다**.

➕ internal ⓐ 내부의(↔ external 외부의) | internalization ⓝ 내면화

★
0208 attachment
[ətǽtʃmənt]

ⓝ 1 애착, 집착 2 부착(물), 접착 3 첨부(물)

1 When a child is born, he has a natural **attachment** to his mother.
태어났을 때 아이는 어머니에 대한 타고난 **애착**이 있다.

2 the **attachment** of accessories to a vehicle
차량에의 장식물 **부착**

3 **attachment** files to an email 이메일 **첨부** 파일

➕ attach ⓥ 1 붙이다 2 첨부하다 3 사모하게 하다

★★
0209 affection
[əfékʃən]

ⓝ 애정

A lack of **affection** in childhood leaves a life-long emotional wound.
유년기의 **애정** 결핍은 평생 지속되는 감정적 상처를 남긴다.

➕ affectionate ⓐ 애정 어린, 다정한

★★
0210 self-esteem
[sèlf istí:m]

ⓝ 자긍심, 자존감

High **self-esteem** increases self-confidence.
높은 **자긍심**은 자신감을 증가시킨다.

➕ esteem ⓥ 존경하다 ⓝ 존경, 존중

Daily Check-up

빈칸에 알맞은 우리말 뜻 또는 영어 단어를 써넣어 워드맵을 완성하시오.

PLAN 2

3 _____
artifact

4 _____
발굴하다

5 _____
indigenous

6 _____
aboriginal

7 _____
remnant

8 _____
cognitive

9 _____
지각 (작용), 인식, 인지

10 _____
subconscious

11 _____
밝히다, 폭로하다

12 _____
contextual

1 _____
archaeological

2 _____
인류학

고고학·인류학

고고학·인류학·심리학

의식과 무의식

심리작용

본능과 사회화

13 _____
조작하다, 조종하다

14 _____
reinforce

15 _____
motivation

16 _____
자극(물)

17 _____
설득적인, 설득력 있는

18 _____
ambivalent

19 _____
본능적인, 직감적인

20 _____
innate

21 _____
inherent

22 _____
직관(력), 직감, 육감

23 _____
extrinsic

24 _____
intrinsic

25 _____
동화되다; 흡수하다

26 _____
socialization

27 _____
internalize

28 _____
attachment

29 _____
애정

30 _____
자긍심, 자존감

Day 8 과학 일반 · 수학 · 생물학

Must-Know Words

research 연구(하다)　　experiment 실험(하다)　　observation 관찰　　principle 원리, 원칙
accurate 정확한　　mathematics 수학　　evolution 진화　　gene 유전자

과학 일반

0211 ★★
empirical
[empírikəl]

ⓐ 실험·관찰에 의한, 경험적인

Empirical evidence is obtained by observation alone.
경험적 증거는 관찰에 의해서만 획득된다.

➕ empiricism ⓝ 경험주의

다의어

0212 ★★★
objective
[əbdʒéktiv]

ⓐ 객관적인 ⟷ subjective 주관적인　ⓝ 목적, 목표

a. It's often difficult to take an **objective** viewpoint on your own situation.
스스로의 상황에 대해 **객관적인** 견해를 갖는 것은 흔히 어렵다.

n. The **objective** of education is to draw out the best in the child. 교육의 **목표**는 아동에게서 최선을 이끌어내는 것이다.

➕ objectivity ⓝ 객관성(⟷ subjectivity 주관성)

0213 ★
variable
[véəriəbəl]

ⓐ 변하기 쉬운, 일정치 않은　ⓝ 변수

March is a month of **variable** weather in the Northeast.
3월은 북동부에서 날씨 **변화가 심한** 달이다.

In an experiment, only one **variable** is allowed to change at a time. 실험에서는 한 번에 오직 하나의 **변수**만 바꾸도록 허용된다.

➕ variability ⓝ 가변성 ｜ vary ⓥ 달라지다

0214 ★★★
constant
[kɑ́nstənt]

ⓐ 변하지 않는, 일정한; 부단한　ⓝ 상수

move at a **constant** speed **일정한** 속도로 움직이다
Constants are basically variables whose values can't change.
상수는 기본적으로 값이 변할 수 없는 변수이다.

➕ constancy ⓝ 불변성 ｜ constantly ⓐⓓ 끊임없이, 항상

0215 ★★
simulation
[sìmjəléiʃən]

ⓝ 모의 실험[훈련]

Medical **simulations** are used for pre-operative planning.
의료 **모의 실험**은 수술 전의 계획을 위해 사용된다.

➕ simulate ⓥ 모의 실험[훈련]을 하다

★★
0216

probe
[proub]

ⓥ 조사하다; 탐사하다   ⓝ 우주 탐사선

Some scientists **probe** possible comet strikes on the Earth.
몇몇 과학자들은 혜성의 지구 충돌 가능성을 **조사한다**.

Two space **probes** reached Mars in the fall of 2014.
두 대의 **우주 탐사선**이 2014년 가을에 화성에 도달했다.

다의어

★★★
0217

investigate
[invéstəgèit]

ⓥ 1 연구하다   2 조사하다; 수사하다

1   Cell biologists have **investigated** the organization of cells.
세포 생물학자들은 세포의 구성을 **연구해** 왔다.

2   **investigate** the cause of the explosion   폭발 원인을 **조사하다**

➕ investigation ⓝ 1 연구   2 조사; 수사

★★
0218

measurement
[méʒərmənt]

ⓝ 측정(법), 측량

The gram is a basic unit of **measurement** of weight.
그램은 무게 **측정**의 기본 단위이다.

➕ measure ⓥ 측정하다   ⓝ 1 치수   2 기준   3 수단, 방책

수학

★
0219

arithmetic
[əríθmətik]

ⓝ 셈, 산수, 산술   ⓐ 셈의, 산수의

Arithmetic skills are necessary life tools that children must learn.   **셈법**은 아이들이 반드시 배워야 할 필요한 생활 도구이다.

★★★
0220

calculate
[kǽlkjəlèit]

ⓥ 계산하다; 평가하다

This app will help you **calculate** your daily calories.
이 응용 프로그램은 일일 칼로리 섭취량 **계산**을 돕는다.

➕ calculation ⓝ 계산, 견적 | calculator ⓝ 계산기

★
0221

subtract
[səbtrǽkt]

ⓥ 빼다, 뺄셈하다   ⟷ add 더하다

If we **subtract** 5 from 9, we get 4.   9에서 5를 **빼면**, 4가 남는다.

➕ subtraction ⓝ 빼기, 뺄셈(⟷ addition 덧셈)

다의어

★★
0222

division
[divíʒən]

ⓝ 1 **나눗셈**   ⟷ multiplication 곱셈   2 분할, 분열

1   Do you know about the history of the **division** symbol ÷?
여러분은 **나눗셈** 기호 ÷의 역사에 대해 아는가?

2   **division** of labor   분업

➕ divide ⓥ 나누다(⟷ multiply 곱하다)

0223 fraction
[frǽkʃən]

ⓝ 1 (수학) 분수 2 조각, 파편 3 소량

1 4th graders begin to learn **fraction** multiplication.
4학년 학생들은 **분수** 곱셈을 배우기 시작한다.

2 The small country was divided into smaller **fractions**.
그 작은 나라는 더 작은 **조각들로** 나뉘었다.

3 at a **fraction** of the original cost 원가보다 **훨씬 싸게**

★★★ 0224 function
[fʌ́ŋkʃən]

ⓝ 1 기능 2 함수 3 행사 ⓥ 기능하다 ≡ operate

n. 1 perform a **function** **기능**을 수행하다

2 A person's salary is a **function** of his or her education level. 한 사람의 급여는 그 사람의 학력 수준과 **함수** 관계에 있다.

3 a school **function** 학교 **행사**(학예 발표회)

v. After the surgery, his brain started to **function** normally again. 수술 후에 그의 뇌는 다시 정상적으로 **기능하기** 시작했다.

➕ functional ⓐ 1 기능의 2 함수의

✪ cf. calculus 미적분학

★ 0225 geometric(al)
[dʒìːəmétrik(əl)]

ⓐ 기하학의, 기하학적 도형의

The circle is a **geometric** shape without angles.
원은 각이 없는 **기하학적** 형태이다.

➕ geometry ⓝ 기하학

✪ cf. algebra 대수학

0226 symmetry
[símətri]

ⓝ 대칭 ↔ asymmetry 비대칭, 부조화

A butterfly's wings exhibit an appealing **symmetry**.
나비의 날개는 매력적인 **대칭**을 보인다.

➕ symmetrical ⓐ 대칭의(↔ asymmetrical 비대칭의)

★★ 0227 vertical
[və́ːrtikəl]

ⓐ 수직의, 세로의 ↔ horizontal 수평의, 가로의

A **vertical** line divides the visual field of each eye into two halves. **수직선**은 양쪽 눈의 시계를 절반으로 나눈다.

a vertical line 수직선

✪ cf. diagonal 대각선의, 사선의

★ 0228 diameter
[daiǽmitər]

ⓝ 지름, 직경

The moon's **diameter** is 3,474 kilometers.
달의 **지름**은 3,474킬로미터이다.

✪ cf. radius 반지름

★★
0229 **statistics**
[stətístiks]

ⓝ 통계(학), 통계 자료

Statistics show that people are having fewer children these days. 통계는 요즘 사람들이 자녀를 덜 갖고 있다는 것을 보여 준다.

➕ statistical ⓐ 통계(학)상의

★
0230 **probability**
[prὰbəbíləti]

ⓝ 확률; 있음직함, 가망; 개연성

I would say the **probability** of success is almost 0.
나는 성공 확률이 거의 제로라고 말하겠다.

The **probability** is that the two have the same birthday.
아마도 그 둘은 생일이 같은 것 같다.

🔖 in all probability 아마, 십중팔구는
➕ probable ⓐ 있음직한, 개연적인

★
0231 **diagram**
[dáiəgræm]

ⓝ 도식, 도해

This **diagram** shows the cycle of water from rainfall to usable water.
이 도식은 강우부터 용수까지의 물의 순환을 보여 준다.

[다의어]

★★★
0232 **figure**
[fígjər]

ⓝ 1 숫자 2 도형, 모양 3 (삽화 등의) 그림
　 4 몸매; 사람의 모습 5 인물
ⓥ 1 생각하다 2 계산하다

n. 1 These **figures** indicate the number of visitors to the museum. 이 숫자들은 박물관 관람객 수를 나타낸다.

2 There are two **figures**: a triangle and a rectangle.
두 개의 도형이 있는데, 삼각형과 직사각형이다.

3 **Figure** 3 shows a diagram of the control system.
그림 3은 제어 시스템에 대한 도식을 보여 준다.

4 She has a slender **figure**. 그녀의 몸매는 호리호리하다.

5 a prominent **figure** 저명인사

v. 1 I **figure** she will be back in the office around 4.
나는 그녀가 4시경에 사무실에 돌아올 것으로 생각한다.

2 **figure** the expenses 비용을 계산하다

🔖 figure out 이해하다

★★
0233 **converge**
[kənvə́:rdʒ]

ⓥ 1 수렴하다 2 (의견 등이) 한데 모아지다, 집중되다

1 The share of coal mining in GDP will **converge** into zero.
탄광 산업이 국내 총생산에서 차지하는 몫은 0으로 수렴될 것이다.

2 Efforts should **converge** on stronger growth and more jobs. 더 강력한 성장과 더 많은 일자리에 노력이 모아져야 한다.

➕ convergence ⓝ 1 수렴, 일치 2 합쳐짐, 합류

0234 ★★★
genetic(al)
[dʒənétik(əl)]

ⓐ 유전(자)의, 유전학적인

Chimps' **genetic** makeup is very similar to that of humans.
침팬지의 **유전자** 구성은 인간의 것과 매우 유사하다.

genetic engineering 유전 공학

➕ gene ⓝ 유전자 | genetics ⓝ 유전학
genome ⓝ 게놈(세포나 생명체의 유전자 총체)

0235
heredity
[hərédəti]

ⓝ (형질) 유전

Heredity explains the similarity between parents and offspring. 유전은 부모 자식 간의 유사성을 설명해 준다.

➕ hereditary ⓐ 유전의

다의어

0236 ★★★
modify
[mádəfài]

ⓥ 1 수정하다, 변경하다 2 수식하다

1 A genetically **modified** organism (GMO) is made in a laboratory. 유전자 **변형[조작]** 유기체는 실험실에서 만들어진다.
2 Adjectives **modify** nouns. 형용사는 명사를 **수식한다**.

➕ modification ⓝ 1 수정, 변경 2 수식 | modifier ⓝ 수식 어구

0237
zoological
[zòuəládʒikəl]

ⓐ 동물학의

Zoological studies show that it is very rare to see old animals in nature.
동물학 연구는 자연에서 늙은 동물을 보는 일이 매우 드물다는 것을 보여 준다.

➕ zoology ⓝ 동물학

0238
botany
[bátəni]

ⓝ 식물학

The scope of **botany** has enlarged to cover 550,000 species.
식물학의 범위는 55만 종을 다룰 만큼 확대되었다.

➕ botanical ⓐ 식물학의
⭐ cf. botanical garden 식물원

0239
degenerate
[didʒénərèit]

ⓥ 퇴화하다; 나빠지다

Unused muscles quickly **degenerate**.
사용되지 않는 근육은 급속하게 **퇴화한다**.

➕ degeneration ⓝ 퇴화, 악화, 퇴보

0240
mutate
[mjú:teit]

ⓥ 돌연변이를 하다, 변화하다

The same genes may **mutate** when exposed to different factors.
동일한 유전자는 상이한 요인에 노출될 때 **돌연변이를 할** 수 있다.

➕ mutation ⓝ 돌연변이, 변종 | mutant ⓝ 돌연변이체 ⓐ 돌연변이의

빈칸에 알맞은 우리말 뜻 또는 영어 단어를 써넣어 워드맵을 완성하시오.

1 _____
empirical

2 _____
객관적인; 목적, 목표

3 _____
variable

4 _____
constant

5 _____
simulation

6 _____
probe

7 _____
investigate

8 _____
측정(법), 측량

24 _____
유전(자)의, 유전학적인

25 _____
heredity

26 _____
modify

27 _____
동물학의

28 _____
식물학

29 _____
degenerate

30 _____
mutate

과학 일반

과학 일반·
수학·생물학

수학

생물학

19 _____
통계(학), 통계 자료

14 _____
function

9 _____
arithmetic

10 _____
계산하다; 평가하다

11 _____
빼다, 뺄셈하다

12 _____
division

13 _____
fraction

15 _____
geometric(al)

16 _____
대칭

17 _____
수직의, 세로의

18 _____
지름, 직경

20 _____
probability

21 _____
diagram

22 _____
figure

23 _____
converge

Day 9 지구과학 · 물리학

Must-Know Words

geology 지질학	astronomy 천문학	solar 태양의	eclipse (해·달의) 식
physics 물리학	magnetic 자석의, 자기의	mass 질량; 덩어리	force 힘

천체와 지구

★★
0241
geological
[dʒìːəládʒikəl]

ⓐ 지질학의; 지질의

Geological data comes from research on solid Earth materials.
지질학 자료는 지구의 고형 물질에 대한 연구에서 나온다.

➕ geology ⓝ 지질학 | geologist ⓝ 지질학자

다의어

★★★
0242
astronomical
[æstrənámikəl]

ⓐ 1 **천문학의** 2 (숫자·거리 등이) **천문학적인**

1 A shooting star is an **astronomical** phenomenon.
유성은 **천문학** 현상이다.
2 the **astronomical** cost of the First World War
제1차 세계대전에 들어간 **천문학적인** 비용

➕ astronomy ⓝ 천문학 | astronomer ⓝ 천문학자

0243
constellation
[kànstəléiʃən]

ⓝ 별자리

Why were the **constellations** named after Greek gods?
왜 **별자리들**은 그리스 신들을 따서 이름 지어졌나?

➕ constellate ⓥ 별자리를 이루다

★
0244
celestial
[səléstʃəl]

ⓐ 하늘의; 천체의 ↔ terrestrial 지구(상)의

The moon is our closest **celestial** neighbor.
달은 우리의 가장 가까운 **하늘의** 이웃이다.

★
0245
lunar
[lúːnər]

ⓐ 달의

Lunar calendars are still used in parts of the Middle East.
음력이 중동의 일부 지역에서 여전히 사용된다.

📚 a lunar calendar 음력 | lunar eclipse 월식
➕ lunatic ⓝ 미치광이 ⓐ 미친
🔎 cf. solar 태양의

0246
extraterrestrial
[èkstrətəréstriəl]

ⓐ 지구 밖의, 외계의　ⓝ 외계 생물, 외계인

No evidence of the existence of **extraterrestrial** life has been found.　**외계** 생명체에 대한 어떠한 증거도 발견되지 않았다.

⭐ extra-(~ 외의, ~을 넘어선) + terrestrial((지구의)

0247 ★★
observatory
[əbzə́ːrvətɔ̀ːri]

ⓝ 천문대, 기상[관상]대, 관측소

The Arecibo **Observatory** has the world's largest radio telescope.
아레시보 **천문대**는 세계에서 가장 큰 전파 망원경을 보유하고 있다.

➕ observe ⓥ 관찰하다　|　observation ⓝ 관찰, 관측

0248 ★
orbit
[ɔ́ːrbit]

ⓝ 궤도　ⓥ (다른 천체의) 궤도를 돌다

The **orbit** of a planet around the sun is not a perfect circle.
태양 주위를 도는 행성의 **궤도**는 완벽한 원이 아니다.

Mercury takes 88 days to **orbit** the sun.
수성은 태양의 **궤도를 도는** 데 88일이 걸린다.

➕ orbital ⓐ 궤도의

다의어

0249 ★★
satellite
[sǽtəlàit]

ⓝ 1 인공위성　2 (행성의) 위성

1 There are over 2,000 communications **satellites** in orbit around the Earth.　지구 주위의 궤도에는 2천 개가 넘는 통신 **위성**이 있다.
2 Jupiter has 67 known **satellites**, the largest of which is Ganymede.
목성의 **위성**은 알려진 것만도 67개인데, 그 중 가장 큰 것은 가니메데이다.

0250 ★
rotation
[routéiʃən]

ⓝ (지구의) 자전; 회전　⊜ revolution

It's the **rotation** of the Earth that causes day and night.
낮과 밤이 생기게 하는 것은 지구의 **자전**이다.

the **rotation** of a wheel around an axis
축을 중심으로 한 바퀴의 **회전**

➕ rotate ⓥ 회전하다(= revolve)

다의어

0251 ★★★
revolution
[rèvəlúːʃən]

ⓝ 1 혁명　2 공전　3 회전

1 the Industrial **Revolution** in England　영국의 산업 **혁명**
2 Why is the **revolution** of planets around the sun in the same direction? 왜 태양을 중심으로 한 행성들의 **공전**은 같은 방향인가?
3 **revolutions** per minute (RPM)　(자동차 엔진 등의) 분당 **회전수**

➕ revolve ⓥ 회전하다; 공전하다

0252 particle
[pάːrtikl]
★★

ⓝ 입자, 미립자; 극히 작은 조각

We cannot say that light is waves or **particles**.
우리는 빛이 파동인지 **입자**인지 말할 수 없다.

dust **particles** 먼지 **입자**, 분진

There was not a **particle** of evidence.
티끌 만한 증거도 없었다.

🏫 elementary particle (양자·중성자 따위의) 기본 입자

 다의어

0253 frequency
[fríːkwənsi]
★★

ⓝ 1 빈도, 횟수 2 진동수, 주파수

1 Korea has a high **frequency** of mobile phone use.
한국은 이동 전화 사용 **빈도**가 높다.

2 Sea mammals use high-**frequency** sound for communication.
바다 포유류는 의사소통을 위해 고**주파** 음을 사용한다.

➕ frequent ⓐ 빈번한, 잦은

0254 buoyancy
[bɔ́iənsi]

ⓝ 부력

An example of **buoyancy** is when a boat floats on water.
부력의 예는 배가 물에 뜰 때이다.

➕ buoyant ⓐ 부력이 있는, 뜨기 쉬운

다의어

0255 vacuum
[vǽkjuəm]
★★★

ⓝ 1 진공 2 공백

1 Sound cannot travel in a **vacuum** because there are no particles. 소리는 **진공 상태**에서는 입자가 없어서 이동할 수 없다.

2 His retirement created a **vacuum** in the company.
그의 퇴직이 회사에 **공백**을 낳았다.

🏫 a vacuum cleaner 진공 청소기

0256 spatial
[spéiʃəl]
★

ⓐ 공간의, 공간적인

Many online games are developed by using **spatial** physics.
많은 온라인 게임이 **공간** 물리학을 사용하여 개발된다.

0257 temporal
[témpərəl]
★★

ⓐ 시간의, 시간적인

Some physicists say **temporal** travel is technically possible.
일부 물리학자들은 **시간** 여행이 기술적으로 가능하다고 말한다.

the **temporal** gap between stimulus and response
자극과 반응의 **시간적** 격차

❓ temporary(일시적인)와 혼동하지 않도록 주의할 것.

0258 fusion
[fjúːʒən]

ⓝ 융합; 결합

Nuclear **fusion** reactions produce large amounts of energy.
핵**융합** 반응은 많은 양의 에너지를 생산한다.

ㅂ nuclear fusion 핵융합

a **fusion** of Western and Asian food
서구 음식과 아시아 음식을 **결합한** 것

cf. nuclear fission 핵분열

0259 refract
[rifrǽkt]

ⓥ 굴절하다; 굴절시키다

Light bends—or **refracts**—when it enters water.
빛은 물로 진입할 때 휘게, 즉 **굴절하게** 된다.

refraction ⓝ 굴절 (작용)

움직임과 힘

0260 ascent
[əsént]

ⓝ 상승; 등정, 등반

A regular airplane is not capable of a sustained vertical
ascent. 보통의 항공기는 지속적인 수직 **상승**이 가능하지 않다.

the first **ascent** of Mount Everest 첫 에베레스트 **등정**

ascend ⓥ 올라가다, 상승하다

0261 descent
[disént]

ⓝ 하강; 하산

Without air, there is nothing to slow the **descent** of the
parachute. 공기가 없으면 아무것도 낙하산의 **하강**을 늦추지 못한다.

The **descent** from the mountain was more difficult than the
ascent. 그 산에서의 **하산**은 등정보다 더 어려웠다.

descend ⓥ 하강하다, 내려가다

descendant(자손, 후손)와 혼동하지 않도록 주의할 것.

다의어

0262 friction
[fríkʃən]

ⓝ 1 마찰 2 (사람 사이의) 알력, 불화 ＝ tension

1 When you stop, the brakes create **friction** inside the
wheels. 여러분이 차를 멈출 때, 브레이크가 바퀴 내에서 **마찰**을 일으킨다.

2 severe **friction** between the two families
두 가문 사이의 극심한 **알력[불화]**

0263 vibration
[vaibréiʃən]

ⓝ 진동, 떨림

The human voice produces sounds by **vibration**.
인간의 음성은 **진동**에 의해 소리를 낸다.

vibrate ⓥ 진동하다, 떨다

0264 thrust
[θrʌst]
thrust-thrust-thrust

ⓝ 추력, 밀기   ⓥ 밀다, 밀어내다

Airplane propellers create **thrust**, which makes an airplane move forward.
항공기 프로펠러가 **추력**을 일으켜 항공기가 전진하도록 만든다.

She **thrust** the letter into my pocket.
그녀는 그 편지를 내 주머니에 **밀어 넣었다**.

🔍 cf. lift 양력, 상승력 | drag 항력

★★★
0265 gravity
[grǽvəti]

ⓝ 중력, 지구 인력

It is **gravity** that keeps the planets in orbit.
행성을 궤도상에 머물게 하는 것은 **중력**이다.

Gravity makes everything fall to the ground.
지구 인력은 모든 것을 바닥으로 떨어지게 만든다.

➕ gravitation ⓝ 중력, 인력 작용 | gravitational ⓐ 중력의

★★
0266 expansion
[ikspǽnʃən]

ⓝ 팽창; 확장, 확대

The **expansion** of gases is much larger than that of solids.
기체의 **팽창**은 고체의 팽창보다 훨씬 더 크다.

the **expansion** of freedom   자유의 **확대**

➕ expand ⓥ 팽창하다[시키다]; 확장하다[시키다]

 다의어

★★
0267 contraction
[kəntrǽkʃən]

ⓝ 1 수축   2 병에 걸림

1 When we cool something, it causes the **contraction** of the material. 우리가 뭔가를 냉각시키면 그 물질의 **수축**을 야기하게 된다.
2 the **contraction** of the flu   독감에 **걸림**

➕ contract ⓥ 1 수축하다   2 (병에) 걸리다

★★
0268 accelerate
[æksélərèit]

ⓥ 가속하다; 속력이 더해지다

An increase in temperature **accelerates** atomic motion.
온도 상승은 원자 운동을 **가속한다**.

➕ acceleration ⓝ 가속(도)

★
0269 velocity
[vəlásəti]

ⓝ 속도, 속력, 빠르기

Velocity is the speed of an object plus its direction.
속도는 방향이 더해진 물체의 속력이다.

★
0270 submerge
[səbmə́:rdʒ]

ⓥ 물속에 잠그다[가라앉히다]; 잠기다, 잠수하다

Refraction makes a **submerged** object look closer than it really is. 굴절은 **물속에 잠긴** 물체가 실제보다 더 가깝게 보이게 한다.

🔍 sub-(아래) + merge(합치다)

Daily Check-up

빈칸에 알맞은 우리말 뜻 또는 영어 단어를 써넣어 워드맵을 완성하시오.

PLAN 2

1 _____
geological

7 _____
observatory

2 _____
천문학의; 천문학적인

8 _____
궤도; 궤도를 돌다

3 _____
constellation

9 _____
인공위성; 위성

4 _____
celestial

10 _____
rotation

5 _____
달의

11 _____
revolution

6 _____
extraterrestrial

12 _____
particle

13 _____
빈도; 진동수, 주파수

14 _____
buoyancy

15 _____
진공; 공백

16 _____
공간의, 공간적인

17 _____
temporal

18 _____
융합; 결합

19 _____
refract

천체와 지구

물질의 상태와 속성

지구과학·물리학

움직임과 힘

20 _____
ascent

21 _____
하강; 하산

22 _____
friction

23 _____
진동, 떨림

24 _____
thrust

25 _____
중력, 지구 인력

26 _____
팽창; 확장, 확대

27 _____
contraction

28 _____
accelerate

29 _____
속도, 속력, 빠르기

30 _____
submerge

Day 10 화학 · 정보 · 기술

Must-Know Words

chemistry 화학   chemical 화학의; 화학 물질   substance 물질   atom 원자

reaction 반응   technology 과학 기술   virtual 가상의   electricity 전기

화학

0271 dissolve
[dizálv]

다의어

ⓥ 용해되다, 녹다; 용해시키다

Oxygen does not **dissolve** rapidly into water, but carbon dioxide does.
산소는 빠르게 물에 **용해되지** 않지만 이산화탄소는 그렇다.

➕ dissolution ⓝ 용해; 융해

0272 solution
[səlúːʃən]

다의어

ⓝ 1 해결책   2 용액; 용해

1 What are the **solutions** for deforestation?
삼림 벌채에 대한 **해결책**은 무엇인가?

2 1ml of this **solution** contains 1mg of magnesium.
이 **용액** 1밀리리터에는 1밀리그램의 마그네슘이 들어 있다.

0273 condense
[kəndéns]

다의어

ⓥ 1 응결되다; 응결시키다   2 농축하다

1 Humid air **condenses** into liquid water when it cools.
습한 공기는 냉각되었을 때 액체로 **응결된다**.

2 sweetened **condensed** milk   가당(당분 첨가) **농축** 우유

➕ condensation ⓝ 1 응결   2 농축

0274 concentration
[kànsəntréiʃən]

ⓝ 1 집중(력)   2 농도, 농축(한 것)

1 **concentration** of resources and capital   자원과 자본의 **집중**

2 Since 1750, the atmospheric CO_2 **concentration** has increased by 31%.
1750년 이후로 대기 이산화탄소 **농도**가 31퍼센트 증가했다.

➕ concentrate ⓥ 1 집중하다   2 농축시키다

0275 compress
[kəmprés]

ⓥ 압축하다, 압착하다

Scuba tanks contain **compressed** air that allows you to breathe underwater.
스쿠버용 탱크는 물속에서 호흡하도록 해주는 **압축** 공기를 담고 있다.

➕ compression ⓝ 압축, 압착

PLAN
2

★★
0276

toxic
[táksik]

ⓐ 독성의, 유독한

All chemicals are **toxic** at some level.
모든 화학 물질은 어느 정도 **독성이** 있다.

➕ toxin ⓝ 독소

★★
0277

molecule
[máləkjùːl]

ⓝ 분자; 미분자

Two or more atoms combine chemically to form a **molecule**.
둘 이상의 원자가 화학적으로 결합하여 **분자를** 이룬다.

➕ molecular ⓐ 분자의, 분자로 된
⭐ cf. atom 원자 | atomic 원자의

★★
0278

synthetic
[sinθétik]

ⓐ 합성의, 인조의   ↔ natural 천연의

Synthetic fibers are made from chemicals.
합성 섬유는 화학 물질로부터 만들어진다.

➕ synthesize ⓥ 1 합성하다   2 종합하다 | synthesis ⓝ 1 합성   2 종합

0279

compound
ⓝ ⓐ [kámpound]
ⓥ [kəmpáund]

ⓝ 화합물   ⓐ 합성의, 복합의   ⓥ 합성하다, 조합하다

Water is a **compound** made from two elements: hydrogen and oxygen.
물은 수소와 산소의 두 원소로 만들어진 **화합물**이다.

compound two words to make a new word
두 단어를 **조합하여** 한 단어를 만들다

★
0280

formula
[fɔ́ːrmjələ]

ⓝ 식, 공식 (pl. formulas, formulae [-lìː])

Chemical **formulas** use element symbols from the periodic table. 화학 **공식**은 주기율표의 원소 기호를 사용한다.

★
0281

equation
[i(ː)kwéiʒən]

ⓝ 반응식, 방정식

A chemical **equation** shows us what happens in a chemical reaction. 화학 **반응식**은 화학 반응에서 무엇이 발생하는지를 보여 준다.

An **equation** says that two things are equal.
방정식은 두 개가 같다는 것을 말한다.

다의어

★★
0282

configuration
[kənfigjəréiʃən]

ⓝ 1 배열   ⊟ layout   2 (컴퓨터의) 구성

1   **configuration** of elements on the periodic table
주기율표에서의 원소 **배열**

2   **Configuration** changes may need a system reboot.
구성 변경을 하려면 시스템 리부팅이 필요할 수 있다.

combustion

[kəmbʌ́stʃən]

ⓝ 연소; (유기체의) 산화(酸化)

The **combustion** in the engine generates the power that moves the car.
엔진에서의 **연소**가 차의 동력을 발생시킨다.

정보

0284
encode

[enkóud]

ⓥ 부호화[암호화, 기호화]하다; 입력하다

The keyboard is where we **encode** new information.
키보드는 우리가 새로운 정보를 **부호화하는** 곳이다.

encode information into long-term memory
정보를 장기 기억에 **입력하다**

⭐ cf. decode 해독하다

다의어

0285
retrieve

[ritríːv]

ⓥ 1 복구하다, 회수하다 2 검색하다

1 **retrieve** the lost data 잃어버린 데이터를 **복구하다**
2 Search engines help **retrieve** information by using keywords. 검색 엔진은 키워드를 이용해 정보를 **검색하는** 것을 돕는다.

➕ retrieval ⓝ 1 복구, 회수 2 검색

0286
compile

[kəmpáil]

ⓥ 편집하다, 편찬하다

I **compiled** sound files for hours for a few seconds of music.
나는 몇 초간의 음악을 위해 몇 시간 동안 음향 파일을 **편집했다**.

➕ compilation ⓝ 편집, 모음집

0287
delete

[dilíːt]

ⓥ 삭제하다, 지우다

Click on the "Trash" icon to **delete** all of the emails in the Inbox. 수신함에서 모든 이메일을 **삭제하려면** '휴지통' 아이콘을 클릭하시오.

➕ deletion ⓝ 삭제

0288
anonymity

[æ̀nəníməti]

ⓝ 익명(성)

Anonymity is a characteristic of online communication.
익명성은 온라인 의사소통의 특징이다.

➕ anonymous ⓐ 익명의, 성명 미상의

0289
interactive

[ìntərǽktiv]

ⓐ 쌍방향의, 상호 작용하는

The Internet is an **interactive** means of communication.
인터넷은 **쌍방향** 의사소통 수단이다.

➕ interact ⓥ 상호 작용하다 | interaction ⓝ 상호 작용

0290 interface
[íntərfeis]

 1 접속 장치 2 접점 ⓥ 연동되다, 호환되다

n. 1 Bluetooth technology is a short-range wireless **interface**.
블루투스 기술은 근거리 무선 **접속 장치**이다.

2 the **interface** between engineering and science
공학과 과학 사이의 **접점**

v. The new OS **interfaces** with existing programs.
그 새 운영 체제는 기존의 프로그램들과 **호환된다**.

기술

★★★
0291 artificial
[à:rtəfíʃəl]

ⓐ 인공의, 인위적인

Cyberspace is an **artificial** space of perception.
사이버 공간은 **인공적인** 인식 공간이다.

⚲ artificial intelligence (AI) 인공 지능

다의어

★★
0292 suspend
[səspénd]

ⓥ 1 매달다, 달다 2 중지하다

1 Satellites are **suspended** in orbit above the Earth.
위성들이 지구 위의 궤도에 **떠 있다**.

a large chandelier **suspended** from the ceiling
천장에 **매달려 있는** 대형 샹들리에

2 A NASA project was **suspended** in 2013 because of budget cuts.
미국 항공 우주국의 한 프로젝트가 예산 삭감으로 **중지되었다**.

★★
0293 patent
[pǽtənt / péit-]

ⓝ 특허(권) ⓥ 특허권을 주다

Patent law protects the rights of inventors.
특허법은 발명자의 권리를 보호한다.

0294 state-of-the-art
[stèitəvðiá:rt]

ⓐ 최첨단의, 최신식인 ↔ outdated 구식의

We continue to serve our clients with **state-of-the-art** technology.
우리는 **최첨단** 기술로 고객들에게 계속해서 서비스합니다.

★
0295 apparatus
[æpəréitəs]

ⓝ 장치, 기기, 기구

This chemical **apparatus** synthesizes complex biochemical molecules.
이 화학 **장비**는 복잡한 생화학 분자를 합성한다.

0296 circuit
[sə́:rkit]

n. 1 회로 2 순환, 순회

1 This figure shows the electrical **circuit** of a refrigerator.
이 그림은 냉장고의 전기 **회로**를 보여준다.

2 The Earth takes a year to make a **circuit** of the sun.
지구가 태양의 둘레를 한 바퀴 **순환**하는 데 1년이 걸린다.

0297 appliance
[əpláiəns]

n. (가정용) 전기 제품[기구]

The refrigerator is a household **appliance** used for keeping food fresh.
냉장고는 음식을 신선하게 보관하기 위한 **가전제품**이다.

a household[domestic] appliance 가전제품

0298 generate
[dʒénərèit]

v. 생산하다, 창출하다; 발생시키다

Wind power is used to **generate** electricity by using turbines.
풍력은 터빈을 이용하여 전력을 **생산하는** 데 이용된다.

the government's efforts to **generate** jobs
일자리를 **창출하기** 위한 정부의 노력

generation ⓝ 1 생산, 발생 2 세대

0299 breakthrough
[bréikθrù:]

n. 1 획기적인 발전[발견], 약진 2 타결, 성공

1 Vaccines are one of the greatest **breakthroughs** in modern medicine.
백신은 현대 의학에서 가장 위대한 **획기적 발전** 중 하나이다.

2 achieve a dramatic **breakthrough** 극적인 **타결**을 보다

cf. break through 돌파하다; 타개[극복]하다

0300 feature
[fí:tʃər]

n. 1 특징, 특색 2 장치, 사양 3 이목구비, (pl.) 용모
v. 1 ~의 특징을 이루다 2 두드러지게 하다

n. 1 The main **feature** of a medieval society was a strict class order.
중세 사회의 주요 **특징**은 엄격한 계급 질서였다.

2 The new model has many **features** for convenience.
그 새 모델은 편의를 위한 많은 **장치**를 갖추었다.

3 Her **features** resemble her mother's.
그녀의 **이목구비[용모]**는 어머니를 닮았다.

v. 1 The festival was **featured** by a big parade.
그 축제는 대형 퍼레이드가 **특징이었다**.

2 a newspaper **featuring** a sporting event
스포츠 행사를 **두드러지게 다룬** 신문

빈칸에 알맞은 우리말 뜻 또는 영어 단어를 써넣어 워드맵을 완성하시오.

1 _____
dissolve

2 _____
해결책; 용액; 용해

3 _____
condense

4 _____
집중; 농도, 농축

5 _____
compress

6 _____
독성의, 유독한

7 _____
molecule

8 _____
합성의, 인조의

9 _____
compound

10 _____
식, 공식

11 _____
equation

12 _____
configuration

13 _____
combustion

14 _____
encode

15 _____
retrieve

16 _____
compile

17 _____
삭제하다, 지우다

18 _____
익명(성)

19 _____
쌍방향의, 상호 작용하는

20 _____
interface

화학

정보

화학 · 정보 · 기술

기술

21 _____
인공의, 인위적인

22 _____
suspend

23 _____
patent

24 _____
state-of-the-art

25 _____
apparatus

26 _____
회로; 순환, 순회

27 _____
appliance

28 _____
생산하다; 발생시키다

29 _____
breakthrough

30 _____
feature

PLAN 3
문화 활동

literature 문학
biography 전기
translate 번역하다

linguistic 언어(학)의
theatrical 무대의, 연극의
publish 출판하다; 발표하다

문학

언어
·
연극
·
출판

문화
활동

예술
·
건축

문화
·
종교

masterpiece 걸작
depict 묘사하다, 그리다
architect 건축가

교육

ethnicity
민족성, 민족 의식
tolerate
용인하다; 참다
immortal
불멸의, 불후의

academic 학업의, 학문의
sophomore 2학년생
diploma 졸업장, 졸업 증서

Day 11 | 문학

Must-Know Words

genre 장르	fiction 허구; 소설	novel 소설	poetry 시
description 묘사	author 작가	myth 신화, 전설	collection 모음집

다의어

★★★
0301 **literature**
[lítərətʃər]

ⓝ 1 문학, 문예 2 문헌

1 The novel is an important part of English **literature**.
소설은 영국 **문학**의 중요한 부분이다.

2 **literature** on sports and physical education
스포츠와 체육 교육에 관한 **문헌**

➕ literary ⓐ 문학의, 문예의

🔍 cf. literacy 읽고 쓰는 능력

장르와 글의 구성

0302 **verse**
[vəːrs]

ⓝ 운문, 시(詩)

Shakespeare's plays are often a mixture of **verse** and prose.
셰익스피어의 희곡은 흔히 **운문**과 산문의 혼합물이다.

🔍 cf. prose 산문

다의어

★
0303 **lyric**
[lírik]

ⓐ 서정시의 ⓝ 1 서정시 2 (pl.) 노래 가사

a. Emily Dickinson, an American Poet, wrote **lyric** poems.
미국의 시인 에밀리 디킨슨은 **서정시**를 썼다.

n. 1 "Azaleas" is a famous Korean **lyric** written by Kim Sowol. '진달래꽃'은 김소월이 쓴 유명한 한국 **서정시**이다.

2 the **lyrics** of the song "Edelweiss" 노래 '에델바이스'의 **가사**

🔍 cf. epic 서사시; 서사시의

★
0304 **rhyme**
[raim]

ⓝ 운, 압운(押韻), 각운(脚韻) ⓥ 운을 맞추다

Some poems have **rhyme** as well as rhythm, but not all do.
어떤 시들은 리듬뿐 아니라 **운**도 있지만, 모든 시가 그런 것은 아니다.

다의어

★★
0305 **passage**
[pǽsidʒ]

ⓝ 1 (하나의) 글; 구절 2 통행, 통로 3 (시간의) 경과[흐름]

1 Read the **passage** below and fill in the following table.
다음 글을 읽고 아래의 표를 완성하시오.

2 an underground **passage** 지하 **통로**

3 the **passage** of time 시간의 **경과[흐름]**

PLAN
3

0306 paragraph
[pǽrəgræf]

ⓝ 단락

A typical essay consists of five **paragraphs**.
전형적인 에세이는 다섯 개의 **단락**으로 구성되어 있다.

🔍 cf. sentence 문장 | clause 절 | phrase 구

0307 biography
[baiάɡrəfi]

ⓝ 전기(傳記), 전기 문학

Reading **biographies** of great people inspires children.
위인에 대한 **전기**를 읽는 것은 아이들에게 감명을 준다.

➕ biographical ⓐ 전기의

🔍 cf. autobiography 자서전 | memoir 회고록

0308 mythology
[miθάlədʒi]

ⓝ (집합적) 신화(神話), 신화집

In Greek **mythology**, Gaia was the goddess of the earth.
그리스 **신화**에서 가이아는 대지의 여신이었다.

➕ mythological ⓐ 신화의, 신화적인

🔍 cf. myth (개별적) 신화, 전설; (근거가 희박한) 사회적 통념

0309 narrative
[nǽrətiv]

ⓝ 이야기 ⓐ 이야기의

The **narrative** is about the discovery of true identities.
그 **이야기**는 진정한 정체성의 발견에 관한 것이다.

➕ narrate ⓥ 서술하다 | narration ⓝ 서술, 이야기하기
narrator ⓝ (연극·영화·TV 등의) 해설자, 내레이터

다의어

0310 plot
[plɑt]

ⓝ 1 (극·소설 등의) 줄거리 2 음모, 흉계 3 작은 지면(地面)

1 The **plot** of the play is a series of related events.
   그 연극의 **줄거리**는 일련의 관련된 사건이다.

2 a **plot** to steal valuables from the temple
   사원에서 귀중품을 훔치려는 **음모**

3 a **plot** of land for growing fruits and vegetables
   과일과 채소를 기르기 위한 **작은 지면**의 땅

다의어

0311 character
[kǽriktər]

ⓝ 1 (소설의) 등장인물, (연극의) 역 2 성격, 품성 3 문자, 부호

1 The main **character** of the novel is Jay Gatsby.
   그 소설의 주요 **등장인물**은 Jay Gatsby이다.

2 Honesty is an important **character** trait to teach children.
   정직은 아이들에게 가르쳐야 할 중요한 **성격** 특성이다.

3 Greek **characters** are used in mathematics and science.
   그리스 **문자**는 수학과 과학에서 사용된다.

🔍 cf. protagonist 주인공 | hero 남자 주인공 | heroine 여자 주인공

표현 방법

0312 **personify**
[pəːrsάnəfài]

ⓥ 의인화하다, 인격화하다

Fables **personify** animals to show human traits.
우화는 인간의 특성을 보여주기 위해 동물을 **의인화한다**.

⊕ personification ⓝ 의인화

★★
0313 **metaphor**
[métəfɔ̀ːr]

ⓝ 은유, 암유

The expression "He's a tiger when he's angry" is an example of a **metaphor**.
"화가 났을 때 그는 호랑이다."라는 표현은 **은유**의 한 예이다.

⊕ metaphoric ⓐ 은유적인
☆ simile 직유

★★
0314 **literal**
[lítərəl]

ⓐ 글자 그대로의, 어구에 충실한

The **literal** sense of a phrase is its most basic meaning.
어구의 **글자 그대로의** 의미는 그것의 가장 기본적인 의미이다.

⊕ literally ⓐⓓ 글자 그대로

다의어

0315 **figurative**
[fígjərətiv]

ⓐ 1 비유적인 ↔ literal 2 수식이 많은, (문체가) 화려한

1 A metaphor is a **figurative** use of language.
은유는 언어의 **비유적** 사용이다.

2 **figurative** style of writing 작품의 **화려한** 문체

★
0316 **rhetorical**
[ritɔ́(ː)rikəl]

ⓐ 수사적인, 수사학의

His speech was full of **rhetorical** phrases.
그의 연설은 **수사적인** 어구로 가득했다.

⊕ rhetoric ⓝ 수사(학)

0317 **satire**
[sǽtaiər]

ⓝ 풍자 (문학)

Satire is often used in literature to show foolishness.
풍자는 문학에서 어리석음을 보여주기 위해 흔히 사용된다.

⊕ satirical ⓐ 풍자적인

★★
0318 **sarcasm**
[sάːrkæzm]

ⓝ 풍자, 빈정거림

Sarcasm is often used to veil truly hurtful criticism.
풍자는 흔히 진실로 상처를 주는 비판을 감추기 위해 사용된다.

⊕ sarcastic ⓐ 풍자의, 빈정거리는

0319 ironically

[airɑ́nikəli]

🔊 아이러니하게도, 얄궂게도

Ironically, his love for her drove them apart.
아이러니하게도[얄궂게도], 그녀에 대한 그의 사랑이 그들을 멀어지게 했다.

➕ irony ⓝ 아이러니, 반어법

0320 cite

[sait]

🔊 인용하다 ⩵ quote

Two examples from the Bible are **cited**.
성경에서 두 가지 사례가 **인용되고** 있다.

➕ citation ⓝ 인용, 인용문(= quotation)

0321 quotation

[kwoutéiʃən]

🔊 인용, 인용구

All **quotations** are marked by double quotation marks.
모든 **인용구**는 큰 따옴표로 표시된다.

🔖 quotation mark 따옴표, 인용 부호(' ' 또는 " ")
➕ quote ⓥ 인용하다

0322 anecdote

[ǽnikdòut]

🔊 일화, 기담(奇談)

This is a collection of **anecdotes** of famous writers.
이것은 유명한 작가들의 **일화** 모음집이다.

0323 cliché

[kli(:)ʃéi]

🔊 진부한 표현, 상투적인 문구

It's amazing how old **clichés** still hold true.
오래된 **진부한 표현들**이 어떻게 여전히 통하는지 놀랍다.

작품의 완성과 평가

0324 preface

[préfis]

🔊 서문, 서언, 머리말 ⩵ foreword

A **preface** shares the background behind the book.
서문은 책 배후에 있는 배경을 함께 나눈다.

다의어

0325 entitle

[entáitl]

🔊 1 제목을 붙이다   2 권리[자격]를 주다

1 In 1975, she published a novel **entitled** Border Line.
   1975년에 그녀는 '국경선'**이라는 제목의** 소설을 출판했다.

2 **entitle** every citizen to vote and get elected
   모든 시민에게 투표**권**과 피선거**권을 주다**

➕ entitlement ⓝ (공식적인) 자격, 권리
⭐ en-은 동사를 만드는 접두사이다. (예: enlarge, endanger)

0326 ★★

comprehension
[kὰmprihénʃən]

ⓝ 이해, 이해력

Reading **comprehension** is included on the entrance exam.
독해가 입학 시험에 포함되어 있다.

➕ comprehend ⓥ 1 이해하다 2 포괄하다
   comprehensive ⓐ 1 이해(력)의 2 포괄적인

0327 ★★

summary
[sʌ́məri]

ⓝ 요약, 개요   ⓐ 요약한, 개략의

A good **summary** attracts readers.
훌륭한 **요약문**은 독자들을 끌어들인다.

give a brief **summary** report of the project
그 프로젝트의 간단한 **개요**를 보고하다

➕ summarize ⓥ 요약하다

0328

maxim
[mǽksim]

ⓝ 금언, 격언, 좌우명

Benjamin Franklin's **maxim** of "time is money" remains true today.
벤저민 프랭클린의 '시간은 돈이다'라는 **금언**은 오늘날에도 여전히 사실이다.

🔍 cf. proverb 속담, 금언, 격언 | motto 좌우명, 표어

다의어

0329 ★★★

interpret
[intə́:rprit]

ⓥ 1 해석하다, 풀이하다   2 통역하다

1 Different people **interpret** the same poem differently.
   여러 다른 사람들이 동일한 시를 다르게 **해석한다**.

2 **interpret** Korean to English   한국어를 영어로 **통역하다**

➕ interpretation ⓝ 1 해석, 풀이 2 통역 | interpreter ⓝ 통역사
🔍 cf. misinterpret 오해하다, 잘못 이해[해석]하다

다의어

0330 ★★★

translate
[trænsléit]

ⓥ 1 번역하다   2 옮기다, 바꾸다

1 The *Harry Potter* series has been **translated** into 72 languages.
   '해리 포터' 시리즈는 72개 언어로 **번역되었다**.

2 Always **translate** your promises into actions.
   항상 말을 행동으로 **옮기도록** 하라.

➕ translation ⓝ 1 번역 2 변환, 변형

빈칸에 알맞은 우리말 뜻 또는 영어 단어를 써넣어 워드맵을 완성하시오.

PLAN 3

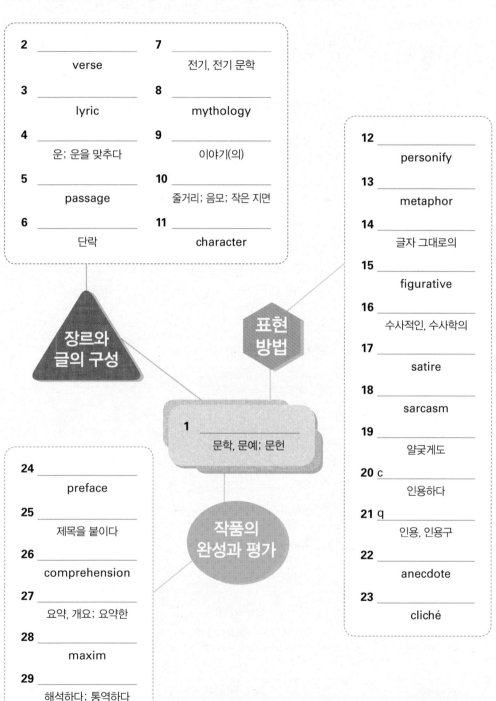

장르와 글의 구성

2 _____ verse

3 _____ lyric

4 _____ 운; 운을 맞추다

5 _____ passage

6 _____ 단락

7 _____ 전기, 전기 문학

8 _____ mythology

9 _____ 이야기(의)

10 _____ 줄거리; 음모; 작은 지면

11 _____ character

표현 방법

1 _____ 문학, 문예; 문헌

12 _____ personify

13 _____ metaphor

14 _____ 글자 그대로의

15 _____ figurative

16 _____ 수사적인, 수사학의

17 _____ satire

18 _____ sarcasm

19 _____ 얄궂게도

20 c_____ 인용하다

21 q_____ 인용, 인용구

22 _____ anecdote

23 _____ cliché

작품의 완성과 평가

24 _____ preface

25 _____ 제목을 붙이다

26 _____ comprehension

27 _____ 요약, 개요; 요약한

28 _____ maxim

29 _____ 해석하다; 통역하다

30 _____ 번역하다; 옮기다

Day 12 언어 · 연극 · 출판

언어학

0331 ★★
linguistic
[liŋgwístik]

ⓐ 언어의, 언어학의

Only humans have **linguistic** abilities naturally.
오직 인간만이 선천적으로 **언어** 능력을 소유한다.

➕ linguistics ⓝ 언어학 | linguist ⓝ 언어학자, 어학자

0332 ★★★
vocabulary
[voukǽbjulèri / -ləri]

ⓝ 어휘, 용어, 어휘 목록

Vocabulary is equally important for reading and writing.
어휘는 읽기와 쓰기에 똑같이 중요하다.

0333
glossary
[glάsəri]

ⓝ 용어 풀이, 용어집

You will find a **glossary** at the end of a book.
용어 풀이는 책의 끝부분에 있다.

다의어

0334 ★★★
term
[tə:rm]

ⓝ 1 용어   2 임기, 기간, 학기   3 (계약) 조건   4 (친한) 사이
ⓥ 칭하다

n. 1 There is a glossary to explain any unfamiliar **terms**.
친숙하지 않은 **용어**의 설명을 위한 용어 풀이가 있다.

Legal **terms** are often difficult to understand.
법률 **용어**는 흔히 이해하기 어렵다.

2 The presidency in the U.S. is limited to two four-year
terms in office. 미국에서 대통령직은 2회 재직 4년 **임기**로 제한된다.

3 the **terms** of employment 고용 **조건**

4 We are on good **terms** with our neighbors.
우리는 이웃과 **사이** 좋게 지낸다.

v. Some believe that war can be **termed** a necessary evil.
어떤 이들은 전쟁이 필요악이라고 **일컬어질** 수 있다고 생각한다.

0335
idiom
[ídiəm]

ⓝ 관용적인 표현, 숙어

Many **idioms** have interesting stories behind them.
많은 **관용적인 표현**들은 이면에 재미있는 이야기가 있다.

➕ idiomatic ⓐ 관용구의

0336 slang
[slæŋ]

ⓝ 속어, 은어

Do not use **slang** and jargon on your résumé.
이력서에 **속어**나 은어를 사용하지 마라.

⭐ cf. jargon 특수 용어, 은어, 알 수 없는 말

0337 synonym
[sínənim]

ⓝ 동의어, 유의어　↔ antonym 반의어, 반대말

"Gift" is a **synonym** for "present."
'gift'는 'present'와 **동의어**이다.

0338 phonetic
[fənétik]

ⓐ 음성의, 음성학의

There are **phonetic** similarities between English and Spanish.
영어와 스페인어 사이에는 **음성적** 유사성이 있다.

➕ phonetics ⓝ 음성학, 발음학
⭐ cf. semantics 의미론, 어의론

★
0339 grammatical
[grəmǽtikəl]

ⓐ 문법의, 문법상의

Take enough time to correct **grammatical** and spelling errors.
문법적 오류와 철자 오류를 바로잡는 시간을 충분히 가져라.

➕ grammar ⓝ 문법, 어법

언어 사용

★
0340 fluent
[flúːənt]

ⓐ 유창한, 능변의

Interpreters are **fluent** in both languages.
통역사는 두 언어에 모두 **유창하다**.

➕ fluency ⓝ 유창함, 유창성

0341 proficiency
[prəfíʃənsi]

ⓝ 숙달(도), 능숙함, 실력

TOEIC and TOEFL are English language **proficiency** tests.
토익과 토플은 영어 **숙달도[실력]** 테스트이다.

a test of **proficiency** in Korean　한국어 **실력** 테스트

➕ proficient ⓐ 숙달된, 능숙한

0342 ★★
literacy
[lítərəsi]

ⓝ 읽고 쓰는 능력, 식자 능력　↔ illiteracy 문맹

The **literacy** rate in Korea is almost 100%.
한국의 **식자율**은 거의 100퍼센트이다.

➕ literate ⓐ 읽고 쓸 줄 아는, 소양이 있는(↔ illiterate 문맹의)

0343 ★★
competence
[kάmpətəns]

ⓝ 능력, 적성

Communicative **competence** is important for language learners. 의사소통 **능력**은 언어 학습자에게 중요하다.
He lacks the **competence** to perform the task.
그는 그 과업을 수행할 **능력**이 없다.

➕ competent ⓐ 유능한

0344 ★
bilingual
[bailíŋgwəl]

ⓐ 2개 국어를 사용하는　ⓝ 2개 국어를 쓰는 사람

He is **bilingual**, knowing both English and Chinese.
그는 영어와 중국어를 알아서 **2개 국어를 사용한다**.

📺 bilingual education 2개 국어 병용 교육
✪ bi-는 '2개'라는 의미의 접두사이다. (예: bicycle)
　 cf. multilingual 여러 나라 말을 하는 (사람)

0345 ★
dialect
[dáiəlèkt]

ⓝ 사투리, 방언

Local **dialects** are often incomprehensible.
지방 **사투리**는 흔히 이해가 불가능하다.

0346 ★★
pronunciation
[prənʌnsiéiʃən]

ⓝ 발음, 발음법

Few people know the correct **pronunciation** of that foreign name.
그 외국 이름의 정확한 **발음**을 아는 사람은 드물다.

➕ pronounce ⓥ 1 발음하다　2 선언하다, 선고하다

0347
intonation
[ìntənéiʃən]

ⓝ 억양, 인토네이션

Intonation and stress are important for conveying meaning.
억양과 강세는 의미 전달을 위해 중요하다.

연극

0348 ★
theatrical
[θiǽtrikəl]

ⓐ 무대의, 연극의, 극장의

Operas and musicals are forms of **theatrical** performance art.
오페라와 뮤지컬은 **무대** 공연 예술의 형식이다.

➕ theater ⓝ 극장; 연극(the -)

0349 playwright
[pléirait]

ⓝ 극작가, 각본가

The most famous **playwright** may be William Shakespeare.
가장 유명한 **극작가**는 아마도 윌리엄 셰익스피어일 것이다.

✪ cf. scriptwriter (영화) 각본가 | screenplay 영화 대본, 시나리오

★★★
0350 tragedy
[trǽdʒədi]

ⓝ 비극; 비극적인 사건

Shakespeare's **tragedies** are based on historical figures.
셰익스피어의 **비극**은 역사적인 인물들을 토대로 한다.

tragedies of modern Jewish history 현대 유대인 역사의 **비극**

➕ tragic ⓐ 비극의
✪ cf. comedy 희극 | comic 희극의

 다의어

★
0351 adaptation
[ædəptéiʃən]

ⓝ 1 각색, 번안 2 적응, 순응

1 The film is an **adaptation** of a book with the same title.
   그 영화는 동명의 책을 **각색한 것**이다.

2 the **adaptation** of life to extreme conditions
   극한 상황에 대한 생명체의 **적응**

➕ adapt ⓥ 1 각색[번안]하다 2 적응하다; 적응시키다

★★
0352 rehearsal
[rihə́ːrsəl]

ⓝ 리허설, 예행 연습

All the actors must attend the **rehearsals**.
모든 배우들은 **리허설[예행 연습]**에 참석해야 한다.

➕ rehearse ⓥ 연습하다, 시연하다

출판

★
0353 manuscript
[mǽnjəskrìpt]

ⓝ 원고, 필사본

The **manuscript** was found after the author's death.
그 **원고**는 저자의 사후에 발견되었다.

 다의어

★★
0354 draft
[dræft]

ⓝ 1 초고, 초안 2 (the -) 징병, 징집
ⓥ 1 초고를 집필하다 2 징집하다

ⓝ. 1 The scientist's **draft** was sent to three scientists for
   peer review.
   그 과학자의 **초고**는 동료 검토를 위한 세 명의 과학자에게 보내졌다.

   2 Many Americans fled to Canada to avoid the **draft**
   during the Vietnam War.
   많은 미국인들이 베트남전 기간 동안 **징병**을 피하기 위해 캐나다로 도주했다.

ⓥ. 1 Hemingway finished **drafting** the novel in a café in Paris.
   헤밍웨이는 파리의 한 카페에서 그 소설의 **초고 집필**을 끝마쳤다.

   2 be **drafted** into the army 육군에 **징집되다**

★★★ 0355 revise
[riváiz]

ⓥ 1 개정하다 2 (시각·의견을) 바꾸다

1 Dictionaries are **revised** from time to time to add new words. 사전은 때때로 새 어휘 추가를 위해 **개정된다**.

2 **revise** one's view of another person
다른 사람에 대한 시각을 **바꾸다**

➕ revision ⓝ 개정, 수정

0356 proofread
[prú:fri:d]
proofread-proofread-proofread

ⓥ 교정보다

Proofreading is the final stage of the editing process.
교정은 편집 과정의 최종 단계이다.

➕ proofreader ⓝ 교정자

🔍 cf. edit 편집하다 | editor 편집자

0357 footnote
[fútnòut]

ⓝ 각주(脚注)

Use **footnotes** when you cite a source as needed.
필요에 따라 출처에서 인용할 때는 **각주**를 사용하라.

🔍 foot(맨 아랫부분) + note(메모)

★★★ 0358 publish
[pʌ́bliʃ]

ⓥ 1 출판하다 2 발표하다

1 The Bible has been **published** in about 2,600 languages.
성경은 약 2천6백 개의 언어로 **출판되었다**.

2 a paper **published** in a respectable journal
권위 있는 학술지에 **발표된** 논문

➕ publication ⓝ 1 출판 2 발표 | publisher ⓝ 출판사, 출판업자

★★★ 0359 copyright
[kápiràit]

ⓝ 저작권, 판권 ⓥ (작품을) 저작권으로 보호하다

Copyright legally protects original works of authorship.
저작권은 법적으로 원작자의 독창적인 작품을 보호한다.

Basically, you cannot **copyright** names, ideas, or numbers.
기본적으로, 이름, 생각, 숫자를 **저작권으로 보호할** 수 없다.

⚖ copyright law 저작권법

★★ 0360 subscribe
[səbskráib]

ⓥ 1 (정기) 구독하다(to) 2 기부하다

1 Quite often, your library will **subscribe** to literary journals.
매우 흔히 여러분의 도서관은 문예 잡지를 정기 **구독할** 것이다.

2 **subscribe** a large sum to charities
자선단체에 거액을 **기부하다**

➕ subscription ⓝ 1 (정기) 구독 2 기부(금)

Daily Check-up

빈칸에 알맞은 우리말 뜻 또는 영어 단어를 써넣어 워드맵을 완성하시오.

언어학

1 _____ linguistic
2 _____ 어휘, 용어, 어휘 목록
3 _____ glossary
4 _____ term
5 _____ 관용적인 표현, 숙어
6 _____ slang
7 _____ synonym
8 _____ phonetic
9 _____ 문법의, 문법상의

언어 사용

10 _____ 유창한, 능변의
11 _____ proficiency
12 _____ literacy
13 _____ competence
14 _____ 2개 국어를 쓰는 (사람)
15 _____ 사투리, 방언
16 _____ 발음, 발음법
17 _____ intonation

언어 · 연극 · 출판

연극

18 _____ 무대의, 연극의, 극장의
19 _____ playwright
20 _____ tragedy
21 _____ adaptation
22 _____ 리허설, 예행 연습

출판

23 _____ manuscript
24 _____ 초고, 초안; 징병
25 _____ revise
26 _____ proofread
27 _____ footnote
28 _____ 출판하다; 발표하다
29 _____ 저작권, 판권
30 _____ (정기) 구독하다

PLAN 3

Day **13** 예술 · 건축

artistic 예술적인   artwork 예술 작품   critic 비평가   portray 묘사하다

choir 합창단   tune 곡조   architecture 건축   design 설계하다

예술 일반

★★
0361 **aesthetic**

[esθétik]

ⓐ 미학의, 미술의; 심미적인

The **aesthetic** value of art varies little from culture to culture.
예술의 **미적** 가치는 문화마다 별반 다르지 않다.

➕ aesthetics ⓝ 미학

★★★
0362 **appreciate**

[əprí:ʃièit]

ⓥ 1 감상하다 2 인식[파악]하다 3 고마워하다

1 **Appreciating** art requires aesthetic awareness.
예술을 **감상하는** 것은 미적 의식을 필요로 한다.

2 We need to **appreciate** the current situation.
우리는 현재의 상황을 **인식할** 필요가 있다.

3 I would **appreciate** it if you could wait a moment.
잠시 기다려 주시면 **고맙겠습니다.**

➕ appreciation ⓝ 1 감상 2 이해, 파악 3 감사

★
0363 **applause**

[əplɔ́:z]

ⓝ 박수갈채; 칭찬

The audience gave the singer a thunderous round of **applause**.
관객들은 가수에게 우레와 같은 **박수갈채**를 보냈다.

➕ applaud ⓥ 박수갈채하다

✪ cf. standing ovation 기립 박수

★★
0364 **masterpiece**

[mǽstərpì:s]

ⓝ 걸작, 명작 ⊜ masterwork

Guernica is a well-known **masterpiece** created by Picasso.
'게르니카'는 피카소가 그린 유명한 **걸작**이다.

✪ cf. maestro 대가, 거장

0365 **acclaim**

[əkléim]

ⓝ 갈채, 환호, 찬사 ⓥ 갈채를 보내다, 환호하다 ⊜ applaud

Since airing, the episode has received **acclaim** from both critics and fans.
방송 이후로 그 에피소드는 비평가와 팬 모두로부터 **갈채**를 받았다.

♙ win[receive] acclaim 갈채를 받다

PLAN
3

미술

0366 ★★
depict
[dipíkt]

ⓥ (그림·글·영상으로) 묘사하다, 그리다   ＝ describe

The painting **depicts** Jesus's last meal.
그 그림은 예수의 최후의 만찬을 **묘사한다**.

➕ depiction ⓝ 묘사, 서술(= description)

0367 ★★
restoration
[rèstəréiʃən]

ⓝ 복원, 복구, 회복

Some artists work on the **restoration** of old works of art.
일부 예술가들은 오래된 예술품의 **복원** 작업을 한다.

the **restoration** of peace and order   평화와 질서의 **회복**

➕ restore ⓥ 복원하다, 회복하다

 다의어

0368 ★★★
abstract
[ǽbstrækt]

ⓐ 추상적인   ⟷ concrete 구체적인

ⓝ 1 추상화   2 개요, 요약

a. Cubism was the first **abstract** art style.
큐비즘(입체파)은 최초의 **추상** 미술 양식이었다.

n. 2 write an **abstract** for a research paper
연구 논문의 **개요**를 작성하다

➕ abstraction ⓝ 추상, 추상 작품[개념]

🔍 cf. representational painting 구상화

0369
self-portrait
[sèlfpɔ́:rtrit]

ⓝ 자화상

Vincent van Gogh painted over 30 **self-portraits** between 1886 and 1889.
빈센트 반 고흐는 1886년에서 1889년 사이에 30점이 넘는 **자화상**을 그렸다.

🔍 cf. portrait 초상화 | portray 그리다, 묘사하다 | portrayal 묘사

0370 ★★
sculpture
[skʌ́lptʃər]

ⓝ 조각 (작품), 조소(彫塑)

The **sculpture** park has an enormous steel artwork.
그 **조각** 공원에는 한 거대한 철제 예술 작품이 있다.

➕ sculptor ⓝ 조각가

0371 ★★
statue
[stǽtʃu:]

ⓝ 상(像), 조각상

The **Statue** of Liberty welcomes ships entering New York Harbor. 자유의 여신**상**은 뉴욕항으로 들어오는 배들을 맞이한다.

0372 ★★★ perspective
[pə:rspéktiv]

ⓝ 1 관점, 시각 ⊜ viewpoint 2 원근(화)법

1 Different **perspectives** produce different solutions.
상이한 **관점**은 상이한 해결책을 가져온다.

2 There was no **perspective** in ancient Egyptian paintings.
고대 이집트 그림에는 **원근법**이 없었다.

음악

0373 ★★★ composer
[kəmpóuzər]

ⓝ 작곡가

Philip Glass is perhaps the most influential **composer** living today.
필립 글래스는 아마도 현존하는 가장 영향력 있는 **작곡가**일 것이다.

➕ compose ⓥ 1 구성하다 2 작곡[작문]하다
composition ⓝ 1 구성 2 작곡, 작문

0374 ★ conductor
[kəndʌ́ktər]

ⓝ 1 지휘자 2 (물리학) 전도체, 도체

1 I was the student **conductor** of the school choir.
나는 학교 합창단의 학생 **지휘자**였다.

2 Metals are good **conductors** of heat.
금속은 우수한 열 **전도체**이다.

➕ conduct ⓥ 1 지휘[안내]하다 2 (열·전기를) 전도하다 3 (연구를) 수행하다
ⓝ 1 행동 2 지휘, 안내

⭐ cf. semiconductor 반도체

0375 ★★★ score
[skɔ:r]

ⓝ 1 득점, 점수 2 악보 3 20개[명] ⓥ 득점하다

n. 1 win by a **score** of 5 to 3 5 대 3의 **득점**으로 이기다

2 Play the piece from memory without looking at the **score**.
그 곡을 **악보**를 보지 않고 기억해서 연주해라.

3 more than a **score** of nations 20개가 넘는 국가

⭐ cf. sheet music 낱장 악보

0376 ★★ improvise
[ímprəvàiz]

ⓥ 즉흥 연주를 하다

Jazz musicians often **improvise** on basic tunes.
재즈 음악가들은 흔히 기본 곡조에 **즉흥 연주를 한다**.

➕ improvisation ⓝ 즉흥 연주

0377 ★★ repertoire
[répərtwà:r]

ⓝ 연주[노래] 목록, 레퍼토리 ⊜ repertory

The singer has a large **repertoire** in his memory.
그 가수는 아주 긴 **노래 목록**을 기억하고 있다.

0378 ★★★
instrument
[ínstrəmənt]

ⓝ 1 **악기** 2 기구, 도구

1 Learning a musical **instrument** is good for developing the brain. **악기**를 배우는 것은 뇌를 발달시키는 데 좋다.
2 A thermometer is an **instrument** for measuring temperature. 온도계는 온도를 재는 **도구**이다.

🎼 stringed instrument 현악기 | keyboard instrument 건반 악기
wind instrument 관악기

🔄 cf. percussion 타악기

PLAN 3

0379 ★
recital
[risáitl]

ⓝ 독주회, 독창회

A music education major will hold a piano **recital**.
음악 교육 전공자가 피아노 **독주회**를 열 것이다.

➕ recite ⓥ 암송하다, 낭송하다

0380 ★★
accompany
[əkʌ́mpəni]

ⓥ 1 **동반하다** 2 **반주하다**

1 Children under 10 must be **accompanied** by an adult.
10세 미만의 아동은 성인이 **동반해야** 한다.
2 Ola Gjeilo will **accompany** the choir on the piano.
Ola Gjeilo가 피아노로 합창단의 **반주를 할** 것이다.

➕ accompaniment ⓝ 반주
🔄 cf. arrange 편곡하다 | arrangement 편곡

건축

0381 ★★
architect
[ɑ́ːrkitèkt]

ⓝ 건축가

Architects design houses, buildings, bridges, and even entire cities.
건축가는 집, 건물, 다리, 심지어 도시 전체를 설계한다.

➕ architecture ⓝ 건축(물), 건축술[학] | architectural ⓐ 건축의

0382 ★★★
landscape
[lǽndskèip]

ⓝ 풍경, 경치 ⓥ 조경하다

The beach is surrounded by a beautiful tropical **landscape**.
그 해변은 아름다운 열대의 **풍경**으로 둘러싸여 있다.

Beautiful **landscaping** makes a place seem more inviting.
아름다운 **조경**은 한 장소를 더 매력적으로 보이게 만든다.

➕ landscaper ⓝ 조경 설계사, 정원사

0383
illumination
[ilùːmənéiʃən]

ⓝ 조명

Use the benefits of sunlight and natural **illumination**.
햇빛과 자연 **조명**의 이점을 이용하라.

➕ illuminate ⓥ 조명하다, 밝게 비추다

0384 **ventilation**
[vèntəléiʃən]

ⓝ 통풍, 환기 (장치)

Poor **ventilation** is a primary cause of indoor air pollution.
통풍이 잘 안 되는 것은 실내 공기 오염의 주요 원인이다.

➕ ventilate ⓥ 환기하다

0385 **adorn**
[ədɔ́:rn]

ⓥ 꾸미다, 장식하다 ＝decorate

Internally, the church is **adorned** with frescos.
그 교회는 내부가 프레스코화로 **장식되어** 있다.

➕ adornment ⓝ 장식(품)

0386 **ornament**
[ɔ́:rnəmənt]

ⓝ 꾸밈, 장식(품) ＝decoration

Beautiful **ornaments** decorated a large Christmas tree.
아름다운 **장식품**이 커다란 크리스마스트리를 장식했다.

0387 **fireproof**
[fáiərpru:f]

ⓐ 불연성의, 내화의

Fireproof doors close automatically during a fire.
불연성 재료의 문은 화재 동안 자동으로 닫힌다.

💡 -proof는 '~을 막는, 통과하지 못하게 하는'의 의미이다.
예) waterproof 방수의 | earthquake-proof 내진의

---

*
0388 **insulation**
[ìnsəléiʃən]

ⓝ 절연, 단열, 방음

Heat **insulation** saves energy and heating costs.
단열은 에너지와 난방비를 절감시켜 준다.

➕ insulate ⓥ 절연[단열, 방음]하다

0389 **plumbing**
[plʌ́miŋ]

ⓝ (수도·가스의) 배관 (공사)

Tap water is being lost due to poor **plumbing**.
부실한 **배관 공사**로 인해 수돗물이 새고 있다.

➕ plumber ⓝ 배관공
💡 b는 묵음으로, 발음되지 않는다.

0390 **exterior**
[ikstíəriər]

ⓝ 외부, 외면 ⓐ 바깥쪽의, 외부의 ↔interior 내부(의)

The **exterior** of the museum is as grand as the interior.
그 박물관의 **외부**는 내부만큼이나 웅장하다.

The building is hot in summer because its **exterior** walls are mostly glass.
그 건물은 **외벽**이 대부분 유리라서 여름에 덥다.

빈칸에 알맞은 우리말 뜻 또는 영어 단어를 써넣어 워드맵을 완성하시오.

1 _____
aesthetic

2 _____
appreciate

3 _____
applause

4 _____
걸작, 명작

5 _____
acclaim

6 _____
depict

7 _____
restoration

8 _____
추상적인; 추상화; 개요

9 _____
self-portrait

10 _____
조각 (작품), 조소

11 _____
상, 조각상

12 _____
perspective

예술 일반

예술·건축

미술

음악

건축

13 _____
작곡가

14 _____
conductor

15 _____
득점; 악보; 20개[명]

16 _____
improvise

17 _____
repertoire

18 _____
악기; 기구, 도구

19 _____
recital

20 _____
동반하다; 반주하다

21 _____
건축가

22 _____
landscape

23 _____
illumination

24 _____
ventilation

25 a _____
꾸미다, 장식하다

26 _____
ornament

27 _____
fireproof

28 _____
insulation

29 _____
plumbing

30 _____
외부(의)

PLAN 3

Day 14 문화 · 종교

Must-Know Words

distinct 뚜렷한, 별개의   race 인종   ethnic 민족의   diversity 다양성

religious 종교의, 종교적인   spiritual 영적인   faith 신앙(심)   priest 성직자

문화의 존속과 변화

0391 ★★
heritage
[héritidʒ]

ⓝ (문화)유산, (문화적) 전통

UNESCO has named five World **Heritage** sites in Libya.
유네스코는 리비아에 다섯 곳의 세계 **문화유산**을 지정했다.

📖 cultural heritage 문화적 전통, 문화유산

0392 ★★
norm
[nɔːrm]

ⓝ (pl.) 규범, 기준

People in different societies have different cultural **norms**.
상이한 사회의 사람들은 상이한 문화적 **규범**을 가지고 있다.

📖 social / cultural norms 사회적/문화적 규범

0393 ★★
conform
[kənfɔ́ːrm]

ⓥ 순응하다, 따르다(to)   ↔ rebel 반항하다

Most people **conform** to social norms and expectations.
대부분의 사람들은 사회적 규범과 기대에 **순응한다**.

➕ conformity ⓝ 순응, 따름
🔍 confirm(확인하다)과 혼동하지 않도록 주의할 것.

0394 ★
ethnicity
[eθnísəti]

ⓝ 민족성, 민족 의식

The study shows the trends in height by sex and **ethnicity**.
그 연구는 성별 · **민족**별 신장 경향을 보여 준다.

➕ ethnic ⓐ 민족의, 종족의
🔍 cf. ethnocentric 자기 민족 중심적인 | ethnocentrism 자민족 중심주의
race 인종 | nationality 국적

0395 ★★★
ritual
[rítʃuəl]

ⓝ 의식, 제식 ＝ rite ⓐ 의식의, 제식의

Funeral service is a cultural **ritual** found in every culture.
장례식은 모든 문화에서 발견되는 문화적 **의식**이다.

the **ritual** practices of Native Americans
아메리카 원주민의 **제식** 관례[행위]

PLAN
3

★★
0396
diffusion
[difjúːʒən]

ⓝ 전파, 확산

Cultural **diffusion** occurs through trade and migration.
문화적 **확산**은 무역과 이주를 통해 발생한다.

➕ diffuse ⓥ 전파시키다, 확산하다

★★
0397
transition
[trænzíʃən]

ⓝ 이행, 변천; 과도기

A major cultural **transition** takes place every 500 or so years.
주요 문화 **이행**은 500년 정도에 한 번씩 일어난다.

The country is in a period of political **transition**.
그 나라는 정치적 **과도기**에 있다.

➕ transit ⓝ 1 운송   2 환승 | transitional ⓐ 과도기의

소수 집단 · 타 문화

★★
0398
immigrant
[ímigrənt]

ⓝ 이민자, 이주자   ⓐ 이민자의, 이주자의

Most **immigrants** experience culture shock.
대부분의 **이민자들**은 문화 충격을 경험한다.

the Korean **immigrant** community in Hawaii
하와이의 한국 **이민자** 사회(한인 사회)

➕ immigrate ⓥ 이민 오다, 이주해 오다 | immigration ⓥ 이민

🔄 cf. migrate 이주[이동]하다 | emigrate 타국으로 이주하다

다의어

★★
0399
minority
[mainɔ́ːriti / mə-]

ⓝ 1 소수, 소수재[당] ⟷ majority 다수   **2 소수 민족**   **3 미성년**

1 The majority must include the **minority** in the decision-making process.
다수는 의사 결정 과정에서 **소수**를 포함해야 한다.

2 There are so many **minority** cultures in America.
미국에는 너무나도 많은 **소수 민족** 문화가 있다.

3 throughout one's **minority**   **미성년** 기간 동안 내내

➕ minor ⓐ 1 소수의, 중요하지 않은   2 (음악이) 단조의
       ⓝ 1 미성년자   2 부전공

★★★
0400
bias
[báiəs]

ⓝ 편견   ⓥ 편견을 갖게 하다

There is a cultural **bias** against saying no in Japan.
일본에는 '아니요'라고 말하는 것에 대한 문화적 **편견**이 있다.

be **biased** against certain ethnic groups
특정 민족 집단에 대한 **편견을 가지고 있다**

0401 prejudice
[prédʒədis]

n 편견, 선입관 **v** 편견을 갖게 하다

Some people still have **prejudice** against female leaders.
어떤 사람들은 여전히 여성 지도자에 대한 **편견**을 가지고 있다.

In American culture, a weak handshake can **prejudice** people against you.
미국 문화에서는 약한 악수가 사람들에게 당신에 대한 **편견을 심어줄** 수 있다.

0402 stereotype
[stériətàip]

n 고정 관념, 정형화된 이미지 **v** 정형화하다

Stereotypes are culturally and socially defined beliefs.
고정 관념은 문화적이고 사회적으로 규정된 믿음이다.

Women are often **stereotyped** as bad drivers.
여성은 종종 운전을 잘 못하는 것으로 **정형화된다**.

➕ stereotypical ⓐ 정형화된, 전형적인

0403 racial
[réiʃəl]

a 인종의, 종족의

Negative **racial** stereotypes tend to associate black people with violence.
부정적인 **인종적** 고정 관념은 흑인을 폭력과 연관시키는 경향이 있다.

🔖 racial prejudice 인종적 편견

➕ race ⓝ 인종

다의어

0404 discriminate
[diskrímənèit]

v 1 차별하다 2 구별하다 ⊜ distinguish, differentiate

1 It is illegal to **discriminate** against a person due to his or her gender.
성별을 이유로 사람을 **차별하는** 것은 위법이다.

2 **discriminate** between letters and numbers
글자와 숫자를 **구별하다**

➕ discrimination ⓝ 1 차별 2 구별

0405 segregation
[sègrigéiʃən]

n 인종 차별 (대우), 분리 정책

After slavery ended, **segregation** continued.
노예 제도가 끝난 후에도 **인종 차별[분리 정책]**은 계속 지속되었다.

➕ segregate ⓥ 차별 대우를 하다, 분리하다

다의어

0406 adjust
[ədʒʌ́st]

v 1 적응하다(to) ⊜ adapt 2 조절하다, 맞추다

1 Immigrants struggle to **adjust** to unfamiliar cultures.
이민자들은 친숙하지 않은 문화에 **적응하려** 애쓴다.

2 **adjust** the telescope's objective lens
망원경의 대물렌즈를 **조절하다**

➕ adjustment ⓝ 1 적응 2 조절

0407
tolerate
[tάlərèit]

ⓥ 용인하다; 참다

Don't just **tolerate** cultural differences; celebrate them.
단지 문화적 차이를 **포용하지** 말라. 그것을 축하하라.

➕ toleration ⓝ 관용, 묵인 | tolerant ⓐ 관용적인, 포용적인
tolerance ⓝ 관용, 포용력

종교와 미신

0408
superstition
[sùːpərstíʃən]

ⓝ 미신

Superstitions are nonsense, but many people believe them.
미신은 터무니없는 생각이지만 많은 사람들이 그것을 믿는다.

➕ superstitious ⓐ 미신적인, 미신에 사로잡힌

0409
worship
[wə́ːrʃip]

ⓝ 예배(식); 숭배   ⓥ 예배를 보다; 숭배하다

Church music is intended to be one aspect of Christian
worship at churches.
교회 음악은 교회에서의 기독교 **예배**의 일부가 되도록 의도된다.

The prophet refused to **worship** the idols.
그 선지자는 우상 **숭배**를 거부했다.

0410
sermon
[sə́ːrmən]

ⓝ 설교

Pope Francis delivered a **sermon** in St. Peter's Square on
Friday morning.
프란치스코 교황이 금요일 아침에 성 베드로 광장에서 **설교**를 했다.

0411
preach
[priːtʃ]

ⓥ 설교하다, 전도하다

The priest **preached** a sermon on forgiveness.
신부님이 용서에 관한 **설교를 하셨다**.

0412
congregation
[kὰŋgrigéiʃən]

ⓝ (집합적) 신도들; 모임, 집합

The **congregation** listened to a familiar story about the
creation of the world.
신도들은 창세에 관한 친숙한 이야기를 들었다.

➕ congregate ⓥ 모이다, 집합하다

0413
divine
[diváin]

ⓐ 신의, 신성의

Not all religions believe in **divine** beings: Buddhism, for
example, does not.
모든 종교가 **신적인** 존재를 믿는 것은 아닌데, 예를 들어 불교가 그렇다.

➕ divinity ⓝ 1 신성, 신격 2 신학

[★]
0414 **sacred**
[séikrid]

@ 신성한, 성스러운

Muktinath Temple is a **sacred** site for Hinduism and Buddhism.
묵티나트 사원은 불교와 힌두교에서 **신성한** 장소이다.

⟳ scared(겁먹은)와 혼동하지 않도록 주의할 것.

0415 **secular**
[sékjələr]

@ 세속의; 비종교적인

Gospel music is very different from **secular** music.
복음 음악은 **세속의** 음악과 매우 다르다.

a **secular** world we live in 우리가 살아가는 **속세**

[★]
0416 **immortal**
[imɔ́ːrtl]

@ 불멸의, 불후의 ⟷ mortal 죽을 운명의, 인간의

The gods are **immortal** while human beings are mortal.
신들은 **불멸하지만** 인간은 죽을 운명이다.

➕ immortality ⓝ 불멸

---

^{★★}
0417 **prophecy**
[práfəsi]

ⓝ 예언; 예언력

His **prophecy** of war and destruction came true.
전쟁과 파괴가 일어나리라는 그의 **예언**이 들어맞았다.

➕ prophet ⓝ 예언자, 선지자 | prophetic @ 예언의, 예언적인

---

^{★★}
0418 **foretell**
[fɔːrtél]
foretell–foretold–
foretold

ⓥ 예언하다 ⊜ predict

The prophet **foretold** that the Jews would return to their land. 그 선지자는 유대인들이 그들의 땅으로 돌아갈 것이라고 **예언했다.**

⛄ foretell the future 미래를 예언하다

0419 **pilgrimage**
[pílgrimidʒ]

ⓝ (성지) 순례 여행

In the past, a **pilgrimage** to Jerusalem used to take months to complete.
예전에는 예루살렘 **순례 여행**을 마치는 데 몇 달이 걸렸었다.

➕ pilgrim ⓝ 순례자

0420 **missionary**
[míʃənèri / -nəri]

ⓝ 선교사, 전도사 @ 선교의, 전도의

Missionaries have contributed to local health care and education. **선교사들**은 지역 의료와 교육에 기여해 왔다.

missionary work **선교 활동**

➕ mission ⓝ 1 임무, 사명 2 전도[선교]단

Daily Check-up

빈칸에 알맞은 우리말 뜻 또는 영어 단어를 써넣어 워드맵을 완성하시오.

1 _____
   (문화)유산, 전통

2 n _____
   규범, 기준

3 _____
   순응하다, 따르다

4 _____
   ethnicity

5 _____
   의식(의), 제식(의)

6 _____
   diffusion

7 _____
   transition

8 _____
   immigrant

9 _____
   소수; 소수 민족; 미성년

10 _____
   bias

11 p _____
   편견(을 갖게 하다)

12 _____
   stereotype

13 _____
   인종의, 종족의

14 _____
   discriminate

15 _____
   segregation

16 _____
   적응하다; 조절하다

17 _____
   tolerate

문화의 존속과 변화

문화·종교

소수 집단·타 문화

종교와 미신

18 _____
   superstition

19 _____
   worship

20 _____
   설교

21 _____
   preach

22 _____
   congregation

23 _____
   신의, 신성의

24 _____
   sacred

25 _____
   secular

26 _____
   불멸의, 불후의

27 _____
   prophecy

28 _____
   foretell

29 _____
   pilgrimage

30 _____
   선교사; 선교의

PLAN 3

Day 15 교육

Must-Know Words

educational 교육의   dormitory 기숙사   graduation 졸업   principal 교장

professor 교수   assignment 과제   accomplish 성취하다   improve 향상하다

교육 일반

★★★
0421 **academic**
[ækədémik]

ⓐ 학업의, 학문의

Academic achievement is measured by GPA.
학업 성취는 평균 학점으로 측정된다.

academic tradition of sciences 과학의 **학문적** 전통

➕ academy ⓝ 학회, 학술원; 학원

★★
0422 **curriculum**
[kəríkjələm]

ⓝ 교육[교과] 과정 (*pl.* curricula, curriculums)

The school **curriculum** consists of core subjects.
학교 **교육 과정**은 핵심 과목들로 구성된다.

➕ curricular ⓐ 교육 과정의

🔍 cf. extracurricular 과외의

★★★
0423 **discipline**
[dísəplin]

ⓝ 1 훈육, 규율   2 학문 분야, 교과, 학과   ⓥ 훈육하다

n. 1 The school has high standards of **discipline**.
그 학교는 **훈육** 수준이 매우 높다.

2 Business-related **disciplines** continue to grow in
popularity. 경영과 관련된 **학문 분야**들이 계속 인기가 높아지고 있다.

➕ disciplinary ⓐ 1 규율의, 훈육의   2 학과의, 학문 분야의

0424 **compulsory**
[kəmpʌ́lsəri]

ⓐ 의무적인, 필수의   ⊜ mandatory   ⊙ voluntary 자발적인

Elementary education is **compulsory** and free.
초등 교육은 **의무적이며** 무상이다.

⛪ compulsory education laws 의무교육법

★★
0425 **secondary**
[sékəndèri / -dəri]

ⓐ 1 중등의, 중등학교의   2 제2의, 부차적인

1 **Secondary** education should be free for all students.
중등 교육은 모든 학생들에게 무상이어야 한다.

2 be of **secondary** importance **두 번째로 중요하다**

🔍 cf. elementary[primary] education 초등 교육
higher education 고등 교육

★ 0426 tuition
[tjuːíʃən]

ⓝ 1 수업료, 등록금   2 수업, 교습

1 Some students work part time to pay for their **tuition**.
일부 학생들은 **수업료**를 내기 위해 시간제로 일한다.

2 Many Korean students attend extra **tuition** classes after school. 많은 한국 학생들은 방과 후에 추가적인 **교습**을 듣는다.

➕ tutor ⓝ 지도 교사[교수], 개인 교사

★★★ 0427 scholarship
[skɑ́lərʃip]

ⓝ 1 장학금   2 학문, 학식

1 I applied for a **scholarship** at a university in the U.K.
나는 영국의 한 대학교에 **장학금**을 신청했다.

2 an unbroken tradition of great **scholarship**
위대한 **학문**의 깨지지 않는 전통

➕ scholar ⓝ 학자 | scholastic ⓐ 학업의, 학자의

0428 privilege
[prívəlidʒ]

ⓝ 특권; 특전

A long time ago, education was a **privilege** of the rich.
오래 전에는 교육이 부유한 사람들의 **특권**이었다.

➕ privileged ⓐ 특권[특전]이 있는

학교 생활

★★ 0429 enroll
[enróul]

ⓥ 입학하다, 등록하다; 입학[등록]시키다

Students **enroll** in college to obtain higher education.
학생들은 고등 교육을 받고자 대학에 **입학한다**.

My parents **enrolled** me in a boarding school when I was 13.
내가 13살 때 부모님이 나를 기숙 학교에 **입학시키셨다**.

➕ enrollment ⓝ 입학, 등록

★★★ 0430 semester
[siméstər]

ⓝ 한 학기, 반(半) 학년

I decided to take psychology this **semester**.
나는 이번 **학기**에 심리학을 듣기로 결정했다.

💺 the spring/fall semester 봄/가을 학기

0431 commence
[kəméns]

ⓥ 시작되다[하다], 개시하다

The new school year **commences** at summer's end.
여름이 끝나면서 새 학년이 **시작된다**.

0432 recess
[ríːses]

n (학교의) 휴식 시간; (의회·법정 등의) 휴회

Pupils have a 10 minute **recess** every hour.
학생들은 매 시간마다 10분의 **휴식 시간**을 갖는다.

The court is in **recess** until October 6.
법정은 10월 6일까지 **휴정**한다.

0433 attendance
[əténdəns]

n 출석, 출근, 참석; 참석자[관객] 수

Students and their parents are responsible for **attendance**.
학생과 학부모에게 **출석**에 대한 책임이 있다.

The last game of the season had an **attendance** of 11,500 fans. 시즌 마지막 경기는 11,500명의 **관중 수**를 기록했다.

➕ attend ⓥ 출석[참석]하다 │ attendee ⓝ 출석자

다의어

0434 absence
[ǽbsəns]

n 1 결석, 결근 2 결여, 부재 = lack ↔ presence 있음, 존재

1 Inform the school of the student's **absence** before 9 a.m.
오전 9시 전에 학교에 학생의 **결석**을 알리십시오.

2 Computer illiteracy is the **absence** of computer skills.
컴퓨터 문맹은 컴퓨터 활용 기술의 **결여**이다.

➕ absent ⓐ 결석한, 결근한 │ absentee ⓝ 결석자, 부재자

0435 excursion
[ikskə́ːrʒən]

n 수학여행, 소풍, 단체 관광

Schools plan **excursions** for their students every year.
학교는 매년 학생들의 **수학여행[소풍]**을 계획한다.

The tour includes an **excursion** to the city of Verona.
그 투어는 베로나 시로의 **소풍[단체 관광]**을 포함한다.

🔍 cf. field trip 현장 학습

0436 auditorium
[ɔ̀ːditɔ́ːriəm]

n 강당, 대형 강의실

The graduation ceremony is held in the **auditorium** at 11:00.
졸업식이 11시에 **강당**에서 개최된다.

🏛 the school auditorium 학교 강당

🔍 cf. dormitory 기숙사 │ gymnasium (= gym) 체육관
cafeteria 구내식당

다의어

0437 transfer
ⓥ [trænsfə́ːr]
ⓝ [trǽnsfər]

ⓥ 1 전학[전임, 전과]하다 2 갈아타다 ⓝ 1 전학, 전근 2 환승

v. 1 I **transferred** to a new school because my family moved.
나는 가족이 이사해서 새 학교로 **전학**을 갔다.

2 You should **transfer** to another subway line.
다른 지하철 노선으로 **갈아타셔야** 해요.

0438	**dropout** [drɑ́pàut]	**ⓝ** (학교) 중퇴자, 탈락자 The number of college **dropouts** is still on the rise. 대학 **중퇴자** 수가 여전히 증가 추세에 있다. 🔲 cf. drop out of school 학교를 중퇴하다
★ 0439	**expel** [ikspél]	**ⓥ** 퇴학시키다; 퇴출시키다, 쫓아내다 Two students were **expelled** for disciplinary reasons. 두 명의 학생이 규율상의 이유로 **퇴학당했다.** **expel** a member from a club 회원을 클럽에서 **퇴출시키다**

고등 교육

0440	**sophomore** [sɑ́fəmɔ̀ːr]	**ⓝ** (4년제 학교의) 2학년생 Your **sophomore** year is the time to start thinking about your major. **2학년**은 전공에 관해 생각하기 시작할 때이다. 👭 sophomore year 2학년 🔲 cf. freshman 1학년생(신입생)	junior 3학년생	senior 4학년생
다의어		
★★★ 0441	**major** [méidʒər]	**ⓥ** 전공하다(in) **ⓝ** 전공 (과목, 분야); 전공자 **ⓐ** 주요한, 중요한 ⟷minor 중요하지 않은 v. I **majored** in art history at college. 나는 대학에서 예술사를 **전공했다.** n. a computer science **major** 컴퓨터 과학 **전공자** a. Smoking is a **major** cause of lung cancer. 흡연은 폐암의 **주요** 원인이다. ➕ majority ⓝ 다수
다의어		
★★★ 0442	**lecture** [léktʃər]	**ⓝ** 1 강의, 강연 2 훈계, 잔소리 **ⓥ** 1 강의하다 2 훈계하다 n. 1 Our students can view **lectures** online from home. 우리 학생들은 가정에서 온라인으로 **강의**를 시청할 수 있다. v. 2 Don't **lecture** me about my mistakes after the game. 게임 후에 내 실수에 대해 내게 **훈계하지** 마. ➕ lecturer ⓝ 강사, 강연자
0443	**undergraduate** [ʌ̀ndərgrǽdʒuit]	**ⓐ** 대학생의, 학부생의 **ⓝ** 대학생, 학부생 Many **undergraduate** students live in the dormitory. 많은 **학부생**들이 기숙사에서 생활한다. 🔲 cf. graduate 졸업자, 대학원 학생; 대학원의; 졸업하다 postgraduate 대학 졸업 후의, 대학원의; 대학원 학생

0444 **diploma**
[diplóumə]

ⓝ 졸업장, 졸업 증서

A high school **diploma** is not enough to get a good job.
고등학교 **졸업장**은 좋은 직업을 얻는 데 충분치 않다.

0445 **doctorate**
[dάktərit]

ⓝ 박사 학위

He earned a **doctorate** degree from UCLA.
그는 UCLA에서 **박사 학위**를 취득했다.

> cf. bachelor's degree 학사 학위 | master's degree 석사 학위
> PhD / Ph.D. 박사 학위(= Doctor of Philosophy)

다의어

0446 **thesis**
[θíːsis]

ⓝ 1 논제, 주제   2 (졸업, 학위) 논문 (pl. theses [-siz])

1 Darwin came up with a **thesis** about the evolution of animals.
   다윈은 동물의 진화에 대한 **논제**를 생각해 냈다.

2 In my **thesis**, I focused on high-latitude ocean dynamics.
   학위 논문에서 나는 고도가 높은 지방의 해양 역학에 초점을 맞추었다.

> cf. dissertation 논문, 학위 논문

0447 **vocational**
[voukéiʃənəl]

ⓐ 직업(상)의

Many community colleges provide **vocational** training.
많은 (2년제) 전문대학들이 **직업** 훈련을 제공한다.

➕ vocation ⓝ 직업, 생업

다의어

0448 **institute**
[ínstətjùːt]

ⓝ 연구소, 학원   ⓥ 개설하다, 설치하다

n. Many universities have language **institutes** on campus.
   많은 대학교들이 교내에 어**학원**을 가지고 있다.

v. **institute** a new course in American literature
   미국 문학에서 새 강좌를 **개설하다**

0449 **alumnus**
[əlʌ́mnəs]

ⓝ (특히 대학의 남자) 졸업생, 동창생 (pl. alumni [-nai])

The **alumni** association has established a scholarship fund.
동창회가 장학 기금을 설립했다.

⚲ alumni association 동창회

다의어

0450 **faculty**
[fǽkəlti]

ⓝ 1 교직원, 교수진   2 기능, (정신) 능력

1 **Faculty** members help students reach their potential.
   교직원들은 학생들이 자신의 잠재력에 이르도록 돕는다.

2 Only humans have the **faculty** of language and culture.
   오직 인간만이 언어와 문화 **능력**을 가지고 있다.

빈칸에 알맞은 우리말 뜻 또는 영어 단어를 써넣어 워드맵을 완성하시오.

1 _____
학업의, 학문의

2 _____
curriculum

3 _____
훈육, 규율; 학문 분야

4 _____
compulsory

5 _____
secondary

6 _____
수업료, 등록금; 수업

7 _____
장학금; 학문, 학식

8 _____
privilege

9 _____
입학하다, 등록하다

10 _____
한 학기, 반 학년

11 _____
commence

12 _____
recess

13 _____
attendance

14 _____
결석, 결근; 결여, 부재

15 _____
excursion

16 _____
강당, 대형 강의실

17 _____
transfer

18 _____
dropout

19 _____
퇴학시키다; 쫓아내다

학교 생활

교육

교육 일반

고등 교육

20 _____
sophomore

21 _____
major

22 _____
강의(하다), 훈계(하다)

23 _____
undergraduate

24 _____
졸업장, 졸업 증서

25 _____
doctorate

26 _____
논제, 주제; (학위) 논문

27 _____
vocational

28 _____
institute

29 _____
alumnus

30 _____
faculty

PLAN 4

경제

agriculture 농업
livestock 가축(류)
fishery 어업

domestic 국내의; 가정의
currency 통화
merchandise 상품

1차
산업

경제·일반
제조업

경제

기업
활동

운송
·
관광

직장
·
금융

recruit 채용하다
accounting 회계
asset 자산

freight 화물 (운송)
itinerary 여정
belongings 소지품

personnel
전 직원
self-employed
자영업의
insurance
보험

Day 16 · 1차 산업

Must-Know Words

fertile 비옥한	peasant 농민	plow 쟁기; 갈다, 경작하다	crop 농작물
raise 기르다	seafood 해산물	reap 수확하다	mine 광산; 채광하다

농업

0451 ★★★
agriculture
[ǽgrikʌ̀ltʃər]

ⓝ 농업, 농경

Agriculture produces almost everything we eat.
농업은 우리가 먹는 거의 모든 것을 생산한다.

➕ agricultural ⓐ 농업의

ⓡ agri(= field) + culture(= growing)

다의어

0452 ★★
cultivate
[kʌ́ltəvèit]

ⓥ 1 **경작하다, 재배하다**　2 신장하다, 계발하다

1　Rice was first **cultivated** as far back as 10,000 B.C.
　쌀은 일찍이 기원전 1만 년에 처음으로 **재배되었다**.
2　**cultivate** creativity through problem-solving
　문제 해결을 통해 창의력을 **신장하다**

➕ cultivation ⓝ 1 경작, 재배　2 신장, 양성, 계발

0453 ★
irrigation
[ìrəgéiʃən]

ⓝ 물을 댐, 관개

Sprinklers are commonly used in lawn **irrigation** systems.
스프링클러는 보통 잔디밭 **관개** 시스템에 사용된다.

➕ irrigate ⓥ 물을 대다, 관개하다

0454 ★
reservoir
[rézərvwà:r]

ⓝ 저수지

These **reservoirs** supply water for irrigation.
이 **저수지들**은 관개를 위한 물을 공급한다.

다의어

0455 ★★★
variety
[vəráiəti]

ⓝ 1 다양성　2 (농업) 품종

1　**Variety** is the spice of life.　**다양성**은 삶의 양념이다.
2　Genetic engineering develops improved crop **varieties**.
　유전 공학은 개선된 농작물 **품종**을 개발한다.

ﾑ a variety of ~: 다양한

➕ various ⓐ 다양한

PLAN **4**

0456 labor-intensive
[lèibərinténsiv]

ⓐ 노동 집약적인

Fruit and vegetable production is a **labor-intensive** process.
과일과 채소 생산은 **노동 집약적인** 과정이다.

🌟 cf. intensive 집중[집약]적인 | extensive 넓은, 대규모의

★★ 0457 pesticide
[péstəsàid]

ⓝ 농약, 살충제

Pesticides are used to control pests and weeds.
농약은 해충과 잡초를 제어하기 위해 사용된다.

🌟 pest(해충) + -cide(죽임, 살해)
cf. herbicide 제초제

★ 0458 fertilizer
[fə́:rtəlàizər]

ⓝ 비료

Eggshells can be used as natural **fertilizer** for potted plants.
달걀 껍데기는 화분에 심긴 식물을 위한 천연 **비료**로 사용될 수 있다.

➕ fertile ⓐ 비옥한 | fertilize ⓥ 비옥하게 하다 | fertility ⓝ 비옥함

★ 0459 compost
[kámpoust]

ⓝ 퇴비 　ⓥ 퇴비로 만들다

Compost can be made from your kitchen scraps.
퇴비는 부엌 음식 찌꺼기로 만들어질 수 있다.

Many gardeners **compost** fallen leaves to make fertilizer.
많은 정원사들이 비료를 만들기 위해 낙엽을 **퇴비로 만든다**.

【다의어】

★★★ 0460 produce
ⓥ [prədjú:s]
ⓝ [prádju:s]

ⓥ 생산하다, 산출하다 　ⓝ (집합적) 농산물

v. The region **produces** fine fruits, especially grapes.
　그 지역은 좋은 과일, 특히 포도를 **생산한다**.

n. Buying local **produce** reduces a person's carbon footprint.
　지역 **농산물**을 구매하는 것은 한 사람의 탄소 발자국을 줄인다.

➕ production ⓝ 생산 | product ⓝ 상품, 제품

【다의어】

★★★ 0461 yield
[ji:ld]

ⓝ 산출(물); 수확(량) 　ⓥ 1 산출하다 2 양보[양도]하다

n. Poor soil quality leads to low crop **yields**.
　토양의 낮은 질은 적은 작물 **수확량**으로 이어진다.

v. 1 The farm **yields** more than 10 tons of beans every year.
　그 농장은 해마다 10톤 이상의 콩을 **산출한다**.

　2 **yield** to another driver 　다른 운전자에게 **양보하다**

0462 ★★

harvest
[háːrvist]

ⓥ 수확하다 ⊜ reap ⓝ 수확, 추수; 수확물

Vegetables such as broccoli are **harvested** in the winter.
브로콜리와 같은 채소는 겨울에 **수확된다**.

We had poor **harvests** due to bad weather.
악천후 때문에 **흉작**이 들었다.
ᕼ good[bumper] harvest 풍작 | poor[bad] harvest 흉작

0463 ★★

orchard
[ɔ́ːrtʃərd]

ⓝ 과수원

I buy apples and other fruits directly from **orchards**.
나는 사과와 다른 과일을 **과수원**에서 직접 구매한다.

0464 ★

ripen
[ráipən]

ⓥ 익다, 원숙하다

If left to **ripen** on trees, lemons can get a bit sweet.
나무에서 **익게** 놔두면 레몬은 약간 단맛이 나게 된다.

➕ ripe ⓐ 익은, 여문 | unripe ⓐ 익지 않은

다의어

0465 ★★★

organic
[ɔːrgǽnik]

ⓐ 1 유기농의 2 유기체[물]의 ⟷ inorganic 무기물의

1 **Organic** produce is often produced on smaller farms.
유기 농산물은 흔히 소규모 농장에서 생산된다.

2 **Organic** matter has long been known to improve soil
fertility. 유기물은 토양의 비옥함을 향상시킨다고 오랫동안 알려져 왔다.

ᕼ organic farming 유기농법 | organic vegetables 유기농 채소
➕ **organically** ⓐⓓ 유기적으로, 유기 재배로

축산 · 양봉

0466 ★★

livestock
[láivstɔ̀k]

ⓝ (집합적) 가축(류)

Leather is gotten from **livestock** such as goat, cattle, and
sheep. 가죽은 염소, 소, 양 같은 **가축**으로부터 얻는다.

0467

poultry
[póultri]

ⓝ (집합적) 가금; 새[닭]고기

Poultry meat is so much leaner than beef.
가금육은 쇠고기보다 기름기가 훨씬 더 적다.

0468

ranch
[ræntʃ]

ⓝ 목장, 사육장

Texas is known for cattle **ranches** and oil wells.
텍사스는 소 **목장**과 유전으로 유명하다.

➕ rancher ⓝ 목장 주; 목장 노동자

[*]
0469 **dairy**

[déəri]

ⓝ 낙농(업), 낙농장

Vitamin D can be found in **dairy** products such as milk and cheese. 비타민 D는 우유와 치즈 같은 **낙농** 제품에서 발견될 수 있다.

🔖 dairy produce[products] 유제품

🔄 철자가 비슷한 diary(일기)와 혼동하지 않도록 주의할 것.

다이어

^{**}
0470 **domesticate**

[douméstəkèit]

ⓥ 1 (동물을) 길들이다, 사육하다   2 (작물을) 재배하다

1 Dogs were first **domesticated** about 15,000 years ago.
개는 약 1만5천 년 전에 처음으로 **길들여졌다**.

2 Humans have **domesticated** wild plants for food.
인류는 식량원으로 야생 식물을 **재배해** 왔다.

➕ domestication ⓝ 길들이기, 가축화

0471 **pollinate**

[pálənèit]

ⓥ 수분[가루받이]하다

Honeybees **pollinate** a number of different plant species.
꿀벌은 많은 수의 상이한 식물 종을 **수분한다**.

➕ pollination ⓝ 수분 (작용) | pollinator ⓝ 꽃가루 매개자

어업 · 임업 · 광업

[*]
0472 **fisherman**

[fíʃərmən]

ⓝ 어부, 어민 (*pl.* fishermen)

These **fishermen** use nets and other methods to catch fish.
이 **어부들**은 고기를 잡기 위해 그물과 다른 방법들을 사용한다.

다이어

^{**}
0473 **fishery**

[fíʃəri]

ⓝ 1 어업, 수산업   2 어장, 양어장

1 Tons of **fishery** products are imported frozen each day.
수 톤의 **수산물**이 냉동 상태로 매일 수입된다.

2 This tuna **fishery** is one of the largest in the world.
이 참치 **어장**은 세계에서 가장 큰 것 중 하나이다.

다이어

^{***}
0474 **culture**

[kʌ́ltʃər]

ⓝ 1 문화 2 양식, 재배; 배양 ⓥ 양식하다; (세균을) 배양하다

n. 1 Rome was greatly influenced by Greek **culture**.
로마는 그리스 **문화**에 의해 많은 영향을 받았다.

2 Oyster **culture** is one way of producing food from the sea. 굴 **양식**은 바다에서 식량을 생산하는 한 방법이다.

v. **cultured** pearls **양식** 진주

Scientists observed how test cells were **cultured** for a month.
과학자들은 어떻게 실험용 세포들이 **배양되는지** 한 달 동안 관찰했다.

🔄 cf. horticulture 원예

0475 ★★
timber
[tímbər]

🔵 n 목재

China exports **timber** products mainly to the United States.
중국은 **목재** 제품을 주로 미국에 수출한다.

➕ timberland ⓝ 삼림지
🔍 cf. lumber (미국) 목재

0476
mining
[máiniŋ]

🔵 n 광업, 채광

The **mining** industry is struggling with the decreasing price of coal.
광업은 석탄 가격 하락으로 고전하고 있다.

🏆 mining industry 광(산)업
➕ mine ⓝ 광산 ⓥ 채광하다

다의어

0477 ★★
mineral
[mínərəl]

🔵 n 1 광물, 광석 ⊜ore 2 미네랄, 무기질

1 This area is rich in **minerals** such as iron ore and copper.
이 지역은 철광석과 구리 같은 **광물**이 풍부하다.

2 fruit as a rich source of vitamins and **minerals**
비타민과 **미네랄**의 풍부한 원천으로서의 과일

🏆 mineral resources 광물 자원 | mineral water 광천수, 생수

다의어

0478 ★★
exploitation
[èksplɔitéiʃən]

🔵 n 1 이용, 개발 2 착취

1 Human existence inevitably needs the **exploitation** of natural resources.
인간의 생존은 불가피하게 천연자원의 **이용**을 필요로 한다.

2 The **exploitation** of child labor still occurs in a number of countries.
아동 노동 **착취**는 아직도 많은 나라에서 일어나고 있다.

➕ exploit ⓥ 1 이용하다 2 착취하다

0479 ★★
extract
ⓥ [ikstrǽkt]
ⓝ [ékstrækt]

🔵 v 추출하다, 채취하다; 발췌하다 🔵 n 추출물; 발췌한 부분

Crude oil is **extracted** with giant drilling machines.
원유는 거대한 시추기로 **추출된다**.

I bought this book after reading short **extracts** from it.
나는 짧은 **발췌 부분**을 읽고 나서 이 책을 샀다.

➕ extraction ⓝ 추출, 채취

0480 ★
deplete
[diplí:t]

🔵 v 고갈시키다, 소모시키다

Oil will have been **depleted** in fewer than 50 years.
석유는 50년 이내에 **고갈될** 것이다.

➕ depletion ⓝ 고갈, 소모

빈칸에 알맞은 우리말 뜻 또는 영어 단어를 써넣어 워드맵을 완성하시오.

1 _____
농업, 농경

2 _____
경작하다; 계발하다

3 _____
irrigation

4 _____
reservoir

5 _____
다양성; (농업) 품종

6 _____
labor-intensive

7 _____
농약, 살충제

8 _____
fertilizer

9 _____
compost

10 _____
produce

11 _____
산출(물); 산출하다

12 _____
수확하다; 수확(물)

13 _____
orchard

14 _____
ripen

15 _____
유기농의; 유기체[물]의

농업

1차 산업

축산·양봉

어업·임업·광업

16 _____
가축(류)

17 _____
poultry

18 _____
목장, 사육장

19 _____
낙농(업), 낙농장

20 _____
domesticate

21 _____
pollinate

22 _____
어부, 어민

23 _____
fishery

24 _____
culture

25 _____
timber

26 _____
mining

27 _____
광물, 광석; 미네랄

28 _____
exploitation

29 _____
추출[채취]하다; 추출물

30 _____
deplete

Day 17 경제 일반 · 제조업

Must-Know Words

economic 경제의   tax 세금   inflation 통화 팽창   depression 불황

demand 수요; 요구하다   supply 공급; 공급하다   trade 거래, 무역; 거래하다   production 생산

경제 일반

0481 sector
[séktər]

ⓝ (경제) 부문

The service **sector** is growing, and the manufacturing sector is shrinking.
서비스 **부문**은 성장하고 제조업 부문은 위축되고 있다.

🔅 public sector 공공 부문 | private sector 민간 부문

다의어

0482 agreement
[əgríːmənt]

ⓝ 1 협정, 조약   2 합의   ↔ disagreement 의견 불일치

1 The free-trade **agreement** (FTA) between the two countries has been finalized.
양국 간의 자유 무역 **협정**이 마무리되었다.

2 a verbal **agreement** to rent a place
장소를 임대하기로 하는 구두 **합의**

0483 tariff
[tǽrif]

ⓝ 관세 (제도)

22 countries agreed to remove **tariffs** on 7,000 products.
22개국이 7천 개의 제품에 대한 **관세**를 없애기로 합의했다.

🔅 import tariff 수입 관세

0484 barrier
[bǽriər]

ⓝ 장벽, 장애(물), 방해(물)

Every country would need to lower its tariff **barriers**.
모든 나라는 자국의 관세 **장벽**을 낮출 필요가 있을 것이다.

❷ cf. barrier-free 장애물이 없는; 장애자 친화적인

다의어

0485 domestic
[douméstik]

ⓐ 1 국내의   2 가정의

1 Trade barriers are put up to protect **domestic** industries.
무역 장벽은 **국내** 산업 보호를 위해 세워진다.

2 **Domestic** violence is a serious threat for many women and children.
가정 폭력은 많은 여성들과 아이들에게 심각한 위협이다.

0486 recession
[riséʃən]

ⓝ (경기) 후퇴, 침체

Spain is facing its worst economic **recession** in half a century.
스페인은 반세기 동안 최악의 경기 **후퇴**에 직면하고 있다.

📖 economic recession 경기 침체

PLAN **4**

0487 gross
[grous]

ⓐ 총체의, 총계의　🟰 total

Russia's **gross** domestic product has been stable for the last decade.
러시아의 국내 **총생산**은 지난 10년간 안정적이었다.

📖 gross domestic product (GDP) 국내 총생산

0488 workforce
[wə́ːrkfɔːrs]

ⓝ 노동 인구, 노동력　🟰 labor force

The U.S. **workforce** is aging, and it will continue to get older.
미국 **노동 인구**는 노령화되고 있고 계속 노령화될 것이다.

skilled **workforce** 숙련된 **노동력**

0489 unemployment
[ʌ̀nimplɔ́imənt]

ⓝ 실업　↔ employment 고용

A long period of **unemployment** leads to the loss of skills and experience.
장기간의 **실업**은 기술과 경험의 상실로 이어진다.

📖 unemployment rate 실업률

💬 cf. employ 고용하다 | employer 고용주 | employee 직원
underemployment 불완전 고용, 하향 취업

0490 skyrocket
[skáirɑ̀kit]

ⓥ 급상승하다, 치솟다

Oil prices **skyrocketed** 9.36 percent in Friday's trading.
유가가 금요일 거래에서 9.36퍼센트 **급상승했다**.

skyrocketing inflation **치솟는** 물가

다의어

0491 royalty
[rɔ́iəlti]

ⓝ 1 (특허권·저작권) 사용료　2 왕족, 왕권

1 A patent holder earns a **royalty** on the patented technology.　특허 보유자는 특허 받은 기술에 대한 **사용료**를 번다.

2 These pyramids may have been tombs for **royalty**.
이 피라미드들은 **왕족**의 무덤이었을 것이다.

0492
★
monetary
[mánətèri / -təri]

ⓐ 화폐의, 통화의

The **monetary** unit of Iceland is the krona (ISK).
아이슬란드의 **화폐** 단위는 크로나(ISK)이다.

📖 International Monetary Fund (IMF) 국제 통화 기금

0493
★★
incentive
[inséntiv]

ⓝ 동기, 유인, 장려(책, 금)

Patent rights provide an **incentive** to innovate.
특허권은 혁신을 위한 **동기**를 제공한다.

offer cash back as an **incentive**   **장려책**으로 캐시백을 제공하다

0494
★★
currency
[kə́:rənsi]

ⓝ 통화, 화폐

Foreign **currency** exchange rates change each day.
외국 **통화** 환율은 매일 변한다.

📖 currency exchange 환전
ⓠ cf. e-currency 전자 화폐

다의어

0495
★
circulation
[sə̀:rkjəléiʃən]

ⓝ 1 유통, 순환 2 발행 부수

1 Too much currency in **circulation** would drive prices up.
   너무 많은 화폐가 **유통**되면 물가가 상승하게 될 것이다.

2 The magazine has a large **circulation**.
   그 잡지는 **발행 부수**가 많다.

➕ circulate ⓥ 유통하다, 순환하다

다의어

0496
★★★
capital
[kǽpitl]

ⓝ 1 자본 2 수도; 중심지 3 대문자 ⓐ 1 대문자의 2 사형의

n. 1 **Capital** and labor are two main drivers of economic
     growth. **자본**과 노동은 경제 성장의 두 주요 동인이다.
   2 Warsaw is the **capital** of Poland and also the country's
     largest city.
     바르샤바는 폴란드의 **수도**이며 그 나라의 가장 큰 도시이기도 하다.

a. 1 **capital** letter 대문자
   2 **capital** punishment 사형

➕ capitalism ⓝ 자본주의

0497
deflation
[difléiʃən]

ⓝ 통화 수축 ↔ inflation 통화 팽창, 물가 상승

Deflation occurs when the inflation rate falls below 0%.
통화 수축은 통화 팽창률이 0 이하로 떨어질 때 발생한다.

➕ deflate ⓥ 통화를 수축시키다(↔ inflate 통화를 팽창시키다)
ⓠ cf. stagnation 불황, 침체 | depression 불황

제조업

0498 construction
[kənstrʌ́kʃən]

★★★

ⓝ 건설, 건조, 건축

Many **construction** companies worked together to build the dam. 그 댐을 짓기 위해 많은 **건설** 회사들이 협력했다.

📖 the construction industry sector 건설 산업 부문

➕ construct ⓥ 건설[건조, 건축]하다
constructive @ 1 건설의, 구조의　2 건설적인

0499 textile
[tékstail]

★

ⓝ 섬유, 직물

The **textile** industry was a leading sector in the Industrial Revolution.
섬유 산업은 산업 혁명의 주도적인 부문이었다.

📖 the textile industry 섬유 산업

다의어

0500 assembly
[əsémbli]

★★

ⓝ 1 조립　2 집회, 회합

1 Conveyor belts make **assembly** line production possible.
컨베이어 벨트가 **조립** 라인 생산을 가능하게 한다.

2 freedom of **assembly**　결사[집회]의 자유

📖 the National Assembly 국회

➕ assemble ⓥ 1 조립하다　2 모이다

0501 automation
[ɔ̀ːtəméiʃən]

ⓝ 자동화

Robots facilitate the **automation** of production plants.
로봇은 생산 시설의 **자동화**를 촉진한다.

➕ automate ⓥ 자동화하다　|　automatic(al) @ 자동의

🔎 cf. automated teller machine (ATM) 자동 현금 인출기

0502 maintenance
[méintənəns]

★

ⓝ 유지, 보수, 관리

All facilities will require **maintenance** and repair.
모든 시설은 **유지** 및 수리를 필요로 할 것이다.

➕ maintain ⓥ 1 유지[보수]하다　2 주장하다

상품의 유통과 판매

0503 warehouse
[wéərhàus]

★

ⓝ 창고; 창고형 상점[매장]

Parts and materials are stocked in the **warehouse**.
부속과 자재는 **창고**에 보관되어 있다.

Warehouse stores sell recognized brands at lower prices.
창고형 상점은 유명 브랜드를 저렴한 가격에 판매한다.

0504 distribute
[distríbju:t]

ⓥ 1 **유통시키다** 2 나누어주다, 분배[배포]하다 3 분포시키다

1 Transportation services are needed to **distribute** goods.
상품을 **유통시키려면** 운송 서비스가 필요하다.

2 **distribute** blankets to earthquake victims
지진 피해자들에게 담요를 **나누어주다**

3 Most farms were **distributed** along the coast.
대부분의 농장들은 해안가를 따라 **분포하고** 있었다.

➕ distribution ⓝ 1 유통 2 분배, 배포 3 분포

0505 merchandise
[mə́:rtʃəndàiz]

ⓝ (집합적) 상품

All of the **merchandise** is on display in our store.
모든 **상품**은 저희 매장에 전시되어 있습니다.

0506 merchant
[mə́:rtʃənt]

ⓝ 상인, 무역 상인 ⓐ 상선의, 해운의

Many online **merchants** sell their products overseas.
많은 온라인 **상인들**이 상품을 해외에 판매한다.

a **merchant** ship 상선

0507 commodity
[kəmάdəti]

ⓝ 상품, 물자; 일용품

As the prices of **commodities** change, so do consumption patterns. 물가가 변하면 소비 패턴도 변한다.

0508 wholesale
[hóulsèil]

ⓝ 도매 ⓐ 도매의

Wholesale prices are always much lower than retail prices.
도매가는 항상 소매가보다 훨씬 낮다.

➕ wholesaler ⓝ 도매상(인)

🔍 cf. retail 소매; 소매의 | retailer 소매상, 소매 업체

0509 guarantee
[gæ̀rəntí:]

ⓝ 보증(서) ⓥ 보증하다, 보장하다

Our products carry a 30-day money-back **guarantee**.
저희 제품은 30일 환불 **보증**이 됩니다.

Do you **guarantee** that the car is in good condition?
그 차가 좋은 상태에 있다는 것을 **보증하십니까**?

0510 warranty
[wɔ́(:)rənti]

ⓝ (품질) 보증(서)

The **warranty** period is one year after the date of shipment.
품질 보증 기간은 발송일 후 1년이다.

빈칸에 알맞은 우리말 뜻 또는 영어 단어를 써넣어 워드맵을 완성하시오.

1 _____
sector

2 _____
협정, 조약; 합의

3 _____
tariff

4 _____
장벽, 장애(물), 방해(물)

5 _____
국내의; 가정의

6 _____
recession

7 _____
총체의, 총계의

8 _____
workforce

9 _____
실업

10 _____
skyrocket

11 _____
royalty

12 _____
monetary

13 _____
incentive

14 _____
통화, 화폐

15 _____
circulation

16 _____
자본; 수도; 대문자(의)

17 _____
deflation

PLAN
4

경제
일반

자본·
통화

경제 일반
·제조업

제조업

상품의
유통과 판매

18 _____
건설, 건조, 건축

19 _____
textile

20 _____
조립; 집회, 회합

21 _____
automation

22 _____
유지, 보수, 관리

23 _____
warehouse

24 _____
유통시키다; 분배하다

25 _____
merchandise

26 _____
(무역) 상인; 상선의

27 _____
commodity

28 _____
wholesale

29 g_____
보증(서); 보증하다

30 _____
warranty

Day 18 : 기업 활동

Must-Know Words

income 수입   budget 예산   manufacture 제조하다   productivity 생산성

employee 직원   organization 조직   investment 투자   debt 채무

기업 일반

★★ 0511
corporation
[kɔ́:rpəréiʃən]

ⓝ 기업, 주식회사

This global **corporation** operates in five countries.
이 국제 **기업**은 5개국에서 영업하고 있다.

➕ corporate ⓐ 기업의, 법인의

다의어

★★ 0512
enterprise
[éntərpràiz]

ⓝ 1 사업, 기업(체)   2 사업 계획, 프로젝트   ⊜ initiative

1 The company, now a large **enterprise**, started out with just four workers.
지금은 대**기업**인 그 회사는 겨우 네 명의 직원으로 시작했다.
   a large[large-scale] enterprise 대기업
     a small[small-scale] enterprise (중)소기업

2 a joint **enterprise** 합작[공동] **프로젝트**

➕ entrepreneur ⓝ 실업가, 기업가

★★ 0513
headquarters
[hédkwɔ̀:rtərz]

ⓝ 본사, 본부

The **headquarters** of the company is located in New York.
그 회사의 **본사**는 뉴욕에 위치해 있다.

🔎 cf. an overseas branch[office] 해외 지점

★ 0514
incorporated
[inkɔ́:rpərèitid]

ⓐ 주식회사의, 유한 책임의

Buscomm **Incorporated** has been in business for 36 years.
Buscomm **주식회사**는 36년간 사업을 해왔다.

🔎 incorporated는 약어로 Inc.로 표기한다. 영국에서는 Ltd. (limited)를 쓴다.

★ 0515
recruit
[rikrú:t]

ⓥ 채용하다, 모집하다

The airline **recruits** only experienced pilots.
그 항공사는 오직 경험 있는 조종사들만 **채용한다**.

➕ recruitment ⓝ 채용, 모집, 보충

0516 monopoly
[mənάpəli]

ⓝ 독점, 전매

A **monopoly** affects prices through the limitation of supply.
독점은 공급 제한을 통해 가격에 영향을 미친다.

➕ monopolize ⓥ 독점하다

0517 privatize
[práivətàiz]

ⓥ 민영화하다 ↔ nationalize 국영화하다

Today, most Russian companies have been **privatized**.
오늘날 대부분의 러시아 회사들이 **민영화되었다**.

➕ privatization ⓝ 민영화(↔ nationalization 국영화)

다의어

★★ 0518 utility
[ju:tíləti]

ⓝ 1 (전기·수도·가스 등) 공공 설비 2 유용, 유익

1 In this country, **utilities** are provided by the government.
이 나라에서 **공공 설비**는 정부에 의해 공급된다.

2 the **utility** of space exploration 우주 탐사의 **유용성**

다의어

★★★ 0519 agency
[éidʒənsi]

ⓝ 1 (광고·여행 등) 대행사 2 (정부의) 기관, 청, 국

1 The travel **agency** offers tour packages to Kazakhstan.
그 **여행사**는 카자흐스탄 패키지 관광을 제공한다.

2 the Central Intelligence **Agency** (CIA) (미국) 중앙 정보국

➕ agent ⓝ 직원; 요원

★★ 0520 organizational
[ɔ̀:rgənəzéiʃənəl]

ⓐ 조직의, 기관의

Organizational success depends on employee productivity.
조직의 성공은 직원 생산성에 달려 있다.

➕ organization ⓝ 1 조직, 기구 2 구성, 편제
organize ⓥ 조직하다; 체계화하다

기업의 재정 상태

★★ 0521 accounting
[əkáuntiŋ]

ⓝ 회계, 회계학

Most budgets are prepared by **accounting** staff members.
대부분의 예산은 **회계** 직원들에 의해 준비된다.

➕ accountant ⓝ 회계사

0522 **revenue**
[révənjù:]

ⓝ 수익, 소득; 세입

One important drug generates most of the **revenues** of the pharmaceutical company.
하나의 중요한 약품이 그 제약 회사의 **수익**의 대부분을 창출한다.

📖 tax revenue 세입

0523 **profitable**
[práfitəbəl]

ⓐ 수익성이 있는 ⟷ unprofitable 수익성이 없는

An ice cream shop is a **profitable** business idea.
아이스크림 가게는 **수익성 있는** 사업 아이디어이다.

➕ profit ⓝ 수익, 이윤 | profitability ⓝ 수익성
✪ cf. non-profit 비영리의

0524 **asset**
[ǽset]

ⓝ 자산, 재산

Human resources are the most valued **assets** of an organization.
인력은 한 조직의 가장 귀중한 **자산**이다.

0525 **bankrupt**
[bǽŋkrʌpt]

ⓐ 파산한; 지급 능력이 없는   **ⓝ** 파산자

The firm went **bankrupt** due to bad debts.
그 회사는 악성 채무로 인해 **파산했다**.

📖 go bankrupt 파산하다
➕ bankruptcy ⓝ 파산, 도산

0526 **broke**
[brouk]

ⓐ 파산한, 무일푼의

The new accounting shows that the country is **broke**.
새로운 회계는 그 나라가 **파산 상태**인 것을 보여준다.

기업 활동

0527 **inventory**
[ínvəntɔ̀:ri]

ⓝ 재고품, 재고 목록

Inventory is an asset from an accounting perspective.
재고품은 회계의 관점에서 볼 때 자산이다.

0528 **defective**
[diféktiv]

ⓐ 결함이 있는, 하자가 있는 ＝ faulty ⟷ faultless 흠 없는

Return a **defective** product for replacement or refund.
결함이 있는 제품은 교환이나 환불을 위해 반송해 주십시오.

➕ defect ⓝ 결함, 하자, 흠

0529 **fulfill**
[fulfíl]

ⓥ 이행하다, 완수하다

The contractor should **fulfill** all the conditions of the contract.
계약자는 계약의 모든 조건을 **이행해야** 한다.

➕ fulfillment ⓝ 이행, 완수, 완료

다의어

0530 **implement**
ⓥ [ímpləmènt]
ⓝ [ímpləmənt]

ⓥ 실행하다, 이행하다　ⓝ 도구, 기구

v. The airline will **implement** a new policy regarding pets.
그 항공사는 애완동물과 관련된 새로운 방침을 **실행할** 것이다.

n. agricultural **implements** 농기구

➕ implementation ⓝ 실행, 이행

다의어

0531 **speculate**
[spékjəlèit]

ⓥ 1 추측하다, 추정하다　2 투기하다

1 **speculate** on the future of the company
회사의 미래에 대해 **추측하다**

2 The difference between **speculating** and investing is the amount of risk.
투기와 투자 사이의 차이는 위험 수위이다.

➕ speculation ⓝ 1 추측, 추정　2 투기, 사행

0532 **tactics**
[tǽktiks]

ⓝ 방책, 전술, 작전

Advertisers use **tactics** to get customers to buy products and services.
광고주들은 소비자들이 상품과 서비스를 구매하도록 만드는 **방책**을 사용한다.

ⓠ cf. strategy 전략, 책략

0533 **commercial**
[kəmə́:rʃəl]

ⓐ 상업의　ⓝ 상업 광고

Boeing produces **commercial** airliners, satellites, and military aircraft.
보잉사는 **상업용** 항공기, 위성, 그리고 군용 비행기를 생산한다.

The majority of TV **commercials** last 30 seconds.
대다수의 TV **상업 광고**는 30초간 지속된다.

➕ commerce ⓝ 상업, 상거래

0534 **inspection**
[inspékʃən]

ⓝ 검사, 조사; 시찰, 검열

Quality **inspection** is an important stage in the production process.
품질 **검사**는 생산 공정의 중요한 단계이다.

➕ inspect ⓥ 검사하다, 조사하다　|　inspector ⓝ 검사관, 검열관

0535 publicize

[pʌ́bləsàiz]

ⓥ 홍보[선전, 광고]하다 🟰 advertise

The special event has been **publicized** nationwide.
그 특별 행사는 전국적으로 **홍보되었다**.

➕ publicity ⓝ 홍보, 선전, 광고

다의어

0536 launch

[lɔ:ntʃ]

ⓥ 1 (상품을) 출시하다, (사업에) 착수하다 2 발사하다
ⓝ 1 출시, 시작, 착수 2 발사

v. 1 The company **launches** a new product every year.
　　그 회사는 해마다 새 제품을 **출시한다**.

　　launch a business online　온라인으로 사업에 **착수하다**

　2 The first communications satellite, named *Telstar 1*,
　　was **launched** in 1962.
　　텔스타 1호로 명명된 최초의 통신 위성이 1962년에 **발사되었다**.

다의어

0537 release

[rilí:s]

ⓥ 1 출시[공개]하다 2 놓다, 방출하다 3 석방[방면]하다
ⓝ 1 발표, 개봉 2 발사 3 석방, 해방

v. 1 The new brand will be **released** later in this year.
　　그 새로운 브랜드는 올해 말에 **출시될** 것이다.

　2 **release** bombs from an airplane　비행기에서 폭탄을 **투하하다**

　3 He was **released** after three years in prison.
　　그는 3년간 수감 생활 후에 **석방되었다**.

0538 certificate

[sərtífəkit]

ⓝ 증명서, 증서

A marriage **certificate** is an official document stating that
two people are married.
혼인 **증명서**는 두 사람이 결혼했다는 것을 진술하는 공식 문서이다.
🔖 marriage / birth / death certificate 혼인 / 출생 / 사망 증명서

You can purchase items by using the gift **certificate** code.
상품권 번호를 이용하여 구매하실 수 있습니다.
🔖 gift certificate 상품권

0539 merger

[mə́:rdʒər]

ⓝ (흡수) 합병

The **merger** of the two companies would result in a gain.
그 두 회사의 **합병**은 이득이 될 것이다.

➕ merge ⓥ 합병하다, 합체시키다

다의어

0540 commission

[kəmíʃən]

ⓝ 1 위원회, 위원단 2 수수료 3 의뢰, 위임
ⓥ 의뢰하다, 주문하다

n. 1 The election **commission** decided to cancel the vote.
　　선거 **위원회**가 투표를 취소하기로 결정했다.

　2 What **commission** rate do you charge?　**수수료**가 얼마입니까?

　3 The artist received a **commission** for a mural.
　　그 화가는 벽화를 **의뢰받았다**.

빈칸에 알맞은 우리말 뜻 또는 영어 단어를 써넣어 워드맵을 완성하시오.

PLAN 4

1 c _____
기업, 주식회사

2 _____
enterprise

3 _____
headquarters

4 _____
incorporated

5 _____
채용하다, 모집하다

6 _____
독점, 전매

7 _____
privatize

8 u _____
공공 설비; 유용, 유익

9 _____
agency

10 _____
조직의, 기관의

11 _____
accounting

12 _____
revenue

13 _____
profitable

14 a _____
자산, 재산

15 _____
bankrupt

16 _____
broke

기업 일반

기업 활동

기업의 재정 상태

기업 활동

17 _____
재고품, 재고 목록

18 _____
defective

19 f _____
이행하다, 완수하다

20 _____
implement

21 _____
speculate

22 t _____
방책, 전술, 작전

23 _____
상업의; 상업 광고

24 _____
inspection

25 _____
publicize

26 l _____
출시(하다), 착수(하다)

27 _____
release

28 _____
증명서, 증서

29 _____
merger

30 _____
commission

Day 19 직장 · 금융

colleague 동료   hire 채용하다, 고용하다   contract 계약(서)   retire 은퇴하다, 퇴직하다

payment 지불, 지급   loan 대출(금); 대출하다   account 계좌   afford (~을 할) 여유가 되다

직장 생활

0541
managerial
[mǽnədʒíəriəl]

ⓐ 관리자의, 관리직의

Only 9% of working women are in **managerial** positions.
단 9퍼센트의 근로 여성만이 **관리**직에 있다.

➕ manager ⓝ 관리자
management ⓝ 1 경영; 관리 2 경영진(the -)

0542
executive
[igzékjətiv]

ⓝ 중역, 경영 간부   ⓐ 1 중역의 2 집행의, 실행의

n. The **executives** decided to shut down four U.S. stores.
중역들이 네 곳의 미국 점포를 폐점하기로 결정했다.

a. 1 chief **executive** officer (CEO) 최고 **경영**자

2 the **executive** power of the president 대통령의 **집행권**

➕ execute ⓥ 1 실행하다 2 사형시키다
execution ⓝ 1 실행 2 사형 집행

0543
promotion
[prəmóuʃən]

ⓝ 1 승진, 진급 2 판매 촉진 3 장려, 조장

1 She got a **promotion** to a managerial position.
그녀는 관리직으로 **승진**했다.

2 Advertising plays a key role in effective **promotions**.
광고는 효과적인 **판매 촉진**에서 핵심적인 역할을 한다.

3 the **promotion** of the use of biofuels 생물 연료 사용 **장려**

➕ promote ⓥ 1 판매를 촉진하다 2 승진시키다 3 조장하다, 장려하다

0544
subordinate
[səbɔ́ːrdənit]

ⓝ 부하 (직원)   ⓐ 하급의, 아래의

Managers must understand their **subordinates'** personalities.
관리자는 **부하 직원**들의 개성을 이해해야 한다.

0545
personnel
[pə̀ːrsənél]

ⓝ (집합적) 전 직원; 인사과

All **personnel** take the general safety training course once a year. 모든 **직원**이 1년에 한 번씩 일반 안전 연수를 받는다.

🔍 cf. staff (전체) 직원

0546
department
[dipá:rtmənt]

ⓝ 1 (공공 기관·회사 등의) 부; (대학의) 학부, 과   2 (백화점의) 매장

1   the **Department** of State / Agriculture / Defense / Education
국무**부** / 농무**부** / 국방**부** / 교육**부**

All recruitments are made only through the personnel
department. 모든 채용은 인사**부**를 통해서만 이루어진다.

2   a **department** store 백화점

0547
wage
[weidʒ]

ⓝ (시간·일·주 단위의) 임금, 급료

The average **wages** doubled between 2005 and 2011.
평균 **임금**이 2005년과 2011년 사이에 두 배가 되었다.

👥 the minimum wage system 최저 임금제

🔎 cf. salary (주·월·연 단위의) 급료

0548
benefit
[bénəfit]

ⓝ 수당, 보조금, 혜택 ⓥ 혜택[이익]을 얻다; ~에게 이롭다

Many employers offer childcare **benefits** to their employees.
많은 고용주들이 직원들에게 육아 **수당**을 지급한다.

Customers can **benefit** from direct contact with food
producers.
고객들은 식품 생산자와 직접적인 접촉을 함으로써 **혜택을 얻을** 수 있다.

0549
allowance
[əláuəns]

ⓝ 1 수당, 급여   2 용돈 🟰 pocket money

1   The rate of a family **allowance** depends on the number of
children. 가족 **수당** 액수는 자녀의 수에 따라 달라진다.

2   live on an **allowance** of $100 a week
일주일에 1백 달러의 **용돈**으로 생활하다

0550
maternity
[mətə́:rnəti]

ⓝ 어머니임, 모성 🟰 motherhood

Most large companies offer paid **maternity** leave.
대부분의 대기업들은 유급 **출산** 휴가를 제공한다.

👥 maternity leave 출산 휴가, 육아 휴직

➕ maternal ⓐ 어머니의, 모성의

🔎 cf. paternity 아버지임, 부권 | paternal 아버지의

0551
union
[jú:njən]

ⓝ 조합, 동맹, 협회

A labor **union** works to achieve higher wages and better
working conditions.
노동**조합**은 임금 인상과 근로 조건 개선을 이루기 위해 일한다.

👥 labor union 노동조합, 노조

0552 ★★
applicant
[ǽplikənt]

🔢 지원자, 신청자

All job **applicants** have to submit their résumés.
모든 취업 **지원자**는 이력서를 제출해야 한다.

➕ apply ⓥ 1 지원하다, 신청하다 2 적용하다
application ⓝ 1 지원, 신청 2 응용, 적용 3 응용 프로그램

0553
layoff
[léiɔ̀f]

🔢 (일시) 해고 (기간)

Every year, millions of people lose their jobs due to a **layoff**.
해마다 수백만 명이 **해고**로 인해 일자리를 잃는다.

💬 cf. lay off ~을 해고하다

0554 ★
termination
[tə̀ːrmənéiʃən]

🔢 종료, 종결

This is to inform you of the **termination** of your employment.
이 글은 귀하에게 고용 **종료**를 알리기 위함입니다.

➕ terminate ⓥ 종료하다, 종결하다

0555 ★★
resign
[rizáin]

ⓥ 사임하다, 그만두다

He **resigned** from his position after serving 15 years.
그는 15년간의 봉직 후에 자신의 직위에서 **사임했다**.

➕ resignation ⓝ 사임, 사직

0556 ★★
retirement
[ritáiərmənt]

🔢 퇴직, 은퇴

Early **retirement** will decrease one's social security benefit.
조기 **퇴직**을 하면 사회 보장 보조금이 줄어들 것이다.

➕ retire ⓥ 퇴직하다, 은퇴하다

0557 ★
self-employed
[sèlfimplɔ́id]

ⓐ 자영업의

Most of the **self-employed** use their vehicles for their business. 대부분의 **자영업**자들은 자신의 차량을 사업에 이용한다.

0558 ★★
transaction
[trænzǽkʃən]

🔢 거래; 업무 처리

More and more business **transactions** are made online.
점점 더 많은 사업 **거래**가 온라인으로 이루어지고 있다.

➕ transact ⓥ 업무를 처리하다

0559
★★
deposit
[dipázit]

ⓥ 1 (돈을) 예치하다, 예금하다   2 퇴적시키다
ⓝ 1 예금, 예치금   2 매장량[층], 퇴적물

v. 1 **Depositing** money in an account is a basic banking transaction.
계좌에 돈을 **예치하는** 것은 기본적인 금융 거래이다.

2 A river **deposits** soil and other materials in the downstream area.
강은 하류 부분에 흙과 다른 물질들을 **퇴적시킨다**.

n. 1 I've got $5,000 on **deposit** in the bank.
나는 은행에 5천 달러의 **예금**이 있다.

2 the natural gas **deposits** in the United States
미국의 천연가스 **매장량[층]**

0560
★★
withdraw
[wiðdrɔ́ː]
withdraw-withdrew-
withdrawn

ⓥ 1 물러나다, 기권하다   2 인출하다

1 **withdraw** from a competition   대회에서 **기권하다**
2 Today, most people **withdraw** cash by using an ATM.
오늘날 대부분의 사람들은 자동 현금 인출기를 이용하여 현금을 **인출한다**.

➕ withdrawal ⓝ 1 인출   2 철수; 철회

0561
★★
expenditure
[ikspénditʃər]

ⓝ 지출, 소비

Keep a balance between **expenditures** and income.
지출과 수입 사이의 균형을 유지하라.

➕ expend ⓥ 소비하다

0562
mortgage
[mɔ́ːrgidʒ]

ⓝ 담보, 저당

A **mortgage** gives the lender the right to collect payment.
담보는 대부자에게 지불금을 수거할 권리를 준다.

0563
★★★
property
[prápərti]

ⓝ 1 재산, 자산   2 특성, 성질   ⩵quality, characteristic

1 Industrial accidents result in the loss of life and **property**.
산업 재해는 생명과 **재산**의 손실을 초래한다.
♔ personal property 사유 재산

2 medical **properties** of herbal plants   약초 식물의 의학적 **특성**

0564
★★
estate
[istéit]

ⓝ 토지, 사유지

Railway development impacts the prices of real **estate**.
철도 개발은 부동산 가격에 영향을 준다.

♔ real estate 부동산 | real estate agent 부동산 중개인

0565 lease
[liːs]

ⓝ 임대 (계약) ⓥ 임대하다, 임차하다

The firm signed a five-year **lease** for the property.
그 회사는 그 부동산에 대해 5년 **임대 계약**을 했다.
⚒ sign a lease 임대 계약에 서명하다
    renew a lease 임대 계약을 갱신하다

lease an office space and hire staff
사무실 공간을 **임대하고** 직원을 고용하다

★ 0566 installment
[instɔ́ːlmənt]

ⓝ 할부, 월부; 납입금

The loan is to be repaid in 36 monthly **installments**.
그 대부금은 36개월 **월부**로 상환될 예정이다.

➕ install ⓥ 설치하다
⭐ cf. installation 설치

보험 · 연금

★ 0567 pension
[pénʃən]

ⓝ 연금, 장려금

Research shows that few retirees are living on a **pension** alone.
연금만으로 생활하는 퇴직자는 거의 없다고 연구는 보여준다.

★★★ 0568 insurance
[inʃúərəns]

ⓝ 보험 (계약), 보험업

All drivers must purchase automobile **insurance**.
모든 운전자는 자동차 **보험**을 구매해야 한다.

➕ insure ⓥ 보험에 가입하다[시키다]

다의어

0569 coverage
[kʌ́vəridʒ]

ⓝ 1 **적용[보증] 범위** 2 보도, 취재

1 Summaries of the insurance **coverage** are listed below.
  보험 **적용 범위**의 요약이 아래에 실려 있습니다.

2 the live **coverage** of sporting events
  스포츠 행사의 실황 **보도[취재]**

★★ 0570 recipient
[risípiənt]

ⓝ 수령인, 수상자

Be sure to advise the **recipient** of the delivery date.
수령인에게 배달 일자를 꼭 알려주십시오.

the **recipient** of the Nobel Peace Prize 노벨 평화상 **수상자**

⭐ cf. receipt 영수증

Daily Check-up

빈칸에 알맞은 우리말 뜻 또는 영어 단어를 써넣어 워드맵을 완성하시오.

PLAN 4

1 _____
managerial

2 _____
executive

3 _____
승진; 판매 촉진; 장려

4 _____
subordinate

5 _____
personnel

6 _____
(회사 등의) 부, 과; 매장

7 w_____
임금, 급료

8 _____
benefit

9 _____
allowance

10 _____
maternity

11 _____
조합, 동맹, 협회

12 _____
지원자, 신청자

13 _____
layoff

14 _____
termination

15 _____
사임하다, 그만두다

16 _____
retirement

17 _____
self-employed

직장 생활

입사와 퇴사

직장·금융

금융

보험· 연금

18 _____
transaction

19 _____
예금(하다); 퇴적시키다

20 _____
물러나다; 인출하다

21 _____
expenditure

22 _____
mortgage

23 _____
재산, 자산; 특성, 성질

24 _____
estate

25 _____
임대 (계약); 임대하다

26 _____
installment

27 _____
연금, 장려금

28 _____
보험 (계약), 보험업

29 _____
coverage

30 _____
recipient

Day 20 운송·관광

Must-Know Words

transportation 교통(수단)　vehicle 차량　　　route 경로　　　　distance 거리
location 위치　　　　　sightseeing 관광　　　passport 여권　　　overseas 해외의; 해외로

운송·교통

0571
infrastructure
[ínfrəstrʌ̀ktʃər]

ⓝ 기간 시설, 산업 기반

The port requires additional **infrastructure**, especially railroads.　그 항구는 추가 **기간 시설**, 특히 철도가 필요하다.

🔍 infra는 below, beneath(아래에, 아래쪽에)의 의미이다.
예) infrared = below red in the spectrum → 적외선의

0572
congestion
[kəndʒéstʃən]

ⓝ 혼잡, 정체, 붐빔

Traffic **congestion** causes the loss of economic productivity.
교통 **혼잡**은 경제적 생산성의 손실을 초래한다.

➕ congest ⓥ 혼잡하게 하다, 정체시키다

0573
efficiency
[ifíʃənsi]

ⓝ 효율(성); 능률　↔ inefficiency 비효율(성)

The auto industry looks for ways to improve fuel **efficiency**.
자동차 산업은 연료 **효율**을 개선할 방법을 모색한다.

maximize one's work **efficiency**　작업 **능률**을 극대화하다

➕ efficient ⓐ 효율적인, 능률적인(↔ inefficient 비효율[비능률]적인)

🔍 cf. effectiveness 유효성, 효과적임 | effective 효과가 있는, 효과적인

0574
transit
[trǽnzit / -sit]

ⓝ (대중)교통, 운송

Public **transit** helps reduce congestion on the roads.
대중**교통**은 도로의 혼잡을 줄이는 데 도움이 된다.

0575
commute
[kəmjúːt]

ⓥ 통근하다　ⓝ 통근 (거리)

Subways make it easier for workers to **commute** from suburbs.　지하철로 인해 근로자들이 교외로부터 **통근하기** 더 수월하다.
My **commute** usually takes about an hour.
내 **통근**은 보통 한 시간이 걸린다.

➕ commuter ⓝ 통근자

PLAN
4

0576
shipment
[ʃípmənt]

ⓝ 수송, 발송, 선적, 출하

Shipment by train is the cheapest way to transport goods.
철도 **수송**은 상품 운송의 가장 저렴한 방법이다.

➕ ship ⓥ 발송[수송]하다

0577
freight
[freit]

ⓝ 화물; 화물 운송

Container shipping moves 90% of the world's **freight**.
컨테이너 수송이 세계 **화물**의 90퍼센트를 운반한다.

🔍 cf. cargo 화물

0578
dispatch
[dispǽtʃ]

ⓥ 배송하다, 발송하다　ⓝ 배송, 발송, 급송

All of your orders will be **dispatched** within 48 hours.
고객님의 모든 주문품은 48시간 이내에 **배송될** 것입니다.

The foreign minister called for an urgent **dispatch** of relief supplies to survivors.
외교부 장관은 생존자들에게 구호물자 긴급 **발송**을 촉구했다.

0579
pedestrian
[pədéstriən]

ⓝ 보행자, 행인　ⓐ 보행하는

Drivers must yield to **pedestrians** in a crosswalk.
운전자는 횡단보도에서 **보행자**에게 양보해야 한다.

a **pedestrian** bridge (보행자용) 육교

🔍 ped-는 '발(foot)'을 의미한다.

★★
0580
intersection
[ìntərsékʃən]

ⓝ 교차로, 교차점

Drive safely in **intersections**, checking to the left.
교차로 내에서는 왼쪽을 살피면서 안전하게 운전하시오.

➕ intersect ⓥ 가로지르다, 교차하다

관광 · 여행

★★★
0581
expense
[ikspéns]

ⓝ 비용, 지출

Meals and transportation **expenses** are not included in our fees.
식사와 교통 **비용**은 우리의 요금에 포함되어 있지 않습니다.

♔ the extra[additional] expense 추가 비용 | living expenses 생활비
➕ expend ⓥ 지출하다, 쓰다 | expensive ⓐ 비싼

다의어

★★★
0582
accommodation
[əkàmədéiʃən]

🅝 1 (*pl.*) 숙박[수용, 편의] (시설) 2 편의 도모

1 **Accommodations** are included in your program fees.
   숙박은 여러분의 프로그램 참가 요금에 포함되어 있습니다.

2 give **accommodation** to the public 대중의 **편의를 도모**하다

➕ accommodate ⓥ 1 숙박시키다, 수용하다 2 편의를 도모해 주다

다의어

★★★
0583
reservation
[rèzərvéiʃən]

🅝 1 예약 🟰booking 2 꺼려함, 보류

1 Make your **reservations** before you start your vacation.
   휴가를 시작하기 전에 **예약**을 하십시오.
   👄 make a reservation 예약하다

2 support a plan without **reservation** **꺼려함** 없이 계획을 지지하다

➕ reserve ⓥ 1 예약하다(= **book**) 2 유보하다 3 비축하다

★
0584
cancellation
[kænsəléiʃən]

🅝 취소; 해제

Cancellation must be made 24 hours before check-in.
취소는 체크인[입실] 24시간 전에 하셔야 합니다.

➕ cancel ⓥ 취소하다, 무효로 하다

★★★
0585
confirm
[kənfə́ːrm]

ⓥ 확인하다, 확실히 하다

I'd like to **confirm** my reservations for my flight tomorrow.
저의 내일 항공편 예약을 **확인하고** 싶습니다.

👄 confirm a reservation[booking, appointment] 예약을 확인하다

➕ confirmation ⓝ 확인, 확정

🔍 conform(순응하다)와 혼동하지 않도록 주의할 것.

★
0586
prolong
[prouló:ŋ]

ⓥ 늘이다, 연장하다 🟰lengthen

We **prolonged** our stay in Milan beyond our intended time.
우리는 의도한 시간을 넘어 밀라노에서의 체류를 **연장했다**.

★★
0587
brochure
[brouʃúər / bróuʃər]

🅝 홍보용 (소)책자

Refer to the **brochure** for more information or contact us.
더 많은 정보가 필요하면 **홍보용 책자**를 참고하거나 저희에게 연락주세요.

👄 a travel brochure 여행 안내 책자

🔍 cf. flyer 홍보용 전단지

0588 itinerary
[aitínərèri / -rəri]

ⓝ 여정, 여행 일정 계획(서)

The **itinerary** includes stops in Rome, Amsterdam, and Prague.
여정에는 로마, 암스테르담, 그리고 프라하에서의 체류가 포함된다.

★★
0589 souvenir
[sùːvəníər / súːvənìər]

ⓝ 기념품, 선물

Visitors can find **souvenirs** at the gift shop.
방문객들은 선물 가게에서 **기념품**을 보실 수 있습니다.

★
0590 vendor
[véndər]

ⓝ 노점상, 행상인

Many tourists buy souvenirs from street **vendors**.
많은 관광객들이 거리의 **노점상들**로부터 기념품을 산다.

✪ cf. vending machine 자동판매기

다의어

★★★
0591 attraction
[ətrǽkʃən]

ⓝ 1 (감정의) 끌림 2 (관광) 명소 3 매력 4 끌어당김, 인력

1 **attraction** between two people 두 사람 사이의 **끌림**
2 Amusement parks are always popular tourist **attractions**.
   놀이공원은 항상 인기 있는 관광 **명소**이다.
   ⛺ tourist attraction 관광 명소
3 possess a unique **attraction** 고유한 **매력**을 소유하다
4 the **attraction** between the moon and the Earth
   달과 지구 사이의 **인력**

➕ attract ⓥ 1 끌어당기다 2 매혹하다

0592 duty-free
[duːtifríː]

ⓐ 면세의, 세금 없는

Travelers can purchase goods at the **duty-free** shop.
여행객들은 **면세점**에서 상품을 구매할 수 있습니다.

✪ -free가 붙으면 '~이 없는'이라는 뜻이 된다. 예) carefree 걱정 없는, 느긋한

이동

★★
0593 departure
[dipάːrtʃər]

ⓝ 출발, 떠남 ↔ arrival 도착

The **departure** has been delayed due to weather conditions.
기상 상태로 인하여 **출발**이 연기되었다.

➕ depart ⓥ 출발하다

0594 embark
[embá:rk]

ⓥ 1 탑승하다, 출항하다 2 (사업에) 착수하다

1 We **embarked** on a flight from San Francisco to Atlanta.
우리는 샌프란시스코에서 애틀랜타로 가는 항공편에 **탑승했다**.

2 Our team will **embark** on a new project next month.
우리 팀은 다음 달에 새로운 프로젝트에 **착수할** 것이다.

➕ embarkation ⓝ 탑승, 승선, 출항

★★★ 0595 passenger
[pǽsəndʒər]

ⓝ 승객, 탑승객

All **passengers** are supposed to be seated before a plane takes off.
모든 **탑승객들**은 항공기가 이륙하기 전에 착석해 있어야 한다.

0596 compartment
[kəmpá:rtmənt]

ⓝ (기내의) 짐칸; (기차의) 객실

Place all of your items in the **compartment** over your head.
갖고 계신 물품을 머리 위의 **짐칸**에 넣어 주십시오.

👅 a first-class compartment 1등실, 특실

★★ 0597 attendant
[ətɛ́ndənt]

ⓝ 승무원; 수행원   ⓐ 수반되는

Our flight **attendants** will help you find your seat.
저희 기내 **승무원들**이 고객님이 좌석을 찾도록 도울 것입니다.
👅 flight attendant 기내 승무원
attendant problems **수반되는** 문제들

★★★ 0598 destination
[dèstənéiʃən]

ⓝ (여행의) 목적지, 행선지

Hawaii is one of the most popular honeymoon **destinations**.
하와이는 가장 인기 있는 신혼여행 **행선지** 중 하나다.

👅 a holiday[tourist] destination 휴양[관광]지
the final destination 최종 목적지

0599 unfasten
[ʌnfǽsn]

ⓥ 풀다, 벗기다   ↔ fasten 잠그다, 채우다

It is now safe to **unfasten** your seat belts.
이제 좌석 벨트를 **풀셔도** 안전합니다.

👅 unfasten a seat belt 좌석 벨트를 풀다 | unfasten a button 단추를 풀다
🔔 접두사 un-은 동사에 붙어서 반대의 동작을 나타낸다.

★★ 0600 belongings
[bilɔ́(:)ŋiŋz]

ⓝ (pl.) 소지품, 소유물   ＝ possessions

Be careful to take all your **belongings** with you.
소지품을 빠짐없이 챙겨 가시도록 주의해 주십시오.

👅 personal belongings 개인 소지품
➕ belong ⓥ 속하다(to)

빈칸에 알맞은 우리말 뜻 또는 영어 단어를 써넣어 워드맵을 완성하시오.

1 _____
infrastructure

2 _____
congestion

3 _____
효율(성); 능률

4 _____
transit

5 _____
통근하다; 통근 (거리)

6 _____
shipment

7 _____
화물; 화물 운송

8 _____
dispatch

9 _____
보행자; 보행하는

10 _____
intersection

23 _____
출발, 떠남

24 _____
embark

25 _____
(탑)승객

26 _____
compartment

27 _____
승무원; 수반되는

28 _____
목적지, 행선지

29 _____
unfasten

30 _____
belongings

운송·교통

운송·관광

이동

관광·여행

11 _____
expense

12 _____
숙박[수용, 편의] (시설)

13 _____
예약; 꺼려함, 보류

14 _____
cancellation

15 c _____
확인하다, 확실히 하다

16 _____
prolong

17 _____
brochure

18 _____
itinerary

19 _____
기념품, 선물

20 _____
vendor

21 _____
끌림; 명소; 매력; 인력

22 _____
duty-free

PLAN 5
사회

govern 통치하다
oppress 탄압하다
authority 권한, 권위

constitution 헌법
representative 대표(하는)
electoral 선거의

통치

입법
·
선거

사회

사법

외교
·
군사

행정
·
치안

jurisdiction 사법(권)
observance 준수
attorney 변호사

diplomacy 외교(술)
ambassador 대사
conquest 정복

administration
행정(부)
violation 위반
imprison
투옥하다

Day 21 | 통치

Must-Know Words

nation 국가	republic 공화국	kingdom 왕국	empire 제국
democracy 민주주의	president 대통령	throne 왕좌, 왕위	politician 정치가

통치 일반

0601 monarchy
[mánərki]

ⓝ 군주제, 군주 국가

Both the U.K. and Japan have a constitutional **monarchy**.
영국과 일본 둘 다 입헌 **군주제** 국가이다.

➕ monarch ⓝ 군주

★★ 0602 govern
[gʌ́vərn]

ⓥ 통치하다, 다스리다

A monarchy is **governed** by one person, the monarch—a king or queen.
군주국은 한 사람, 군주(왕 또는 여왕)에 의해 **통치된다.**

➕ governor ⓝ (미국) 주지사 | government ⓝ 정부
governance ⓝ 통치, 관리

다의어

0603 regime
[reiʒíːm / ri-]

ⓝ 1 정권   2 제도

1 During the early 1980s, a military **regime** controlled Suriname.
1980년대 초 동안 군사 **정권**이 수리남을 통치했다.

2 the importance of the tax **regime** to attract foreign investments
해외 투자 유치를 위한 세금 **제도**의 중요성

★ 0604 reign
[rein]

ⓝ 치세, 통치, 지배   ⓥ 군림하다, 지배하다

The college was founded in 1571 under the **reign** of Elizabeth I.
그 대학은 엘리자베스 1세가 **통치**하던 1571년에 설립되었다.

Septimius **reigned** in the Roman Empire from 193 to 211 A.D.
셉티미우스가 서기 193년부터 211년까지 로마 제국을 **통치하였다.**

★★ 0605 territory
[térətɔ̀ːri]

ⓝ 영토; 세력권

All nations are willing to go to war to protect their **territories**.
모든 국가는 자국 **영토** 보호를 위해 전쟁도 불사한다.

➕ territorial ⓐ 영토의

★★
0606 boundary
[báundəri]

ⓝ 경계(선), 한계, 범위

Globalization is the steady decline in the importance of national **boundaries**.
세계화는 국경의 중요성이 계속해서 감소되는 것이다.

🔍 cf. border 국경, 경계 | borderline 국경선, 경계선

PLAN 5

0607 founder
[fáundər]

ⓝ 창립자, 설립자

Most of the **founders** of America were anti-slavery.
미국 건국자들의 대부분은 노예제를 반대했다.

➕ found ⓥ 창립하다, 설립하다 | foundation ⓝ 창립, 설립; 재단
🔍 found를 동사 find(찾다)의 과거(분사)형과 혼동하지 않도록 주의할 것.

★★★
0608 institution
[ìnstətjúːʃən]

ⓝ 1 제도 2 기관 3 시행, 도입

1 The **institution** of the family is the first form of community. 가족 제도는 공동체 사회의 첫 번째 형태이다.
2 Universities are research-oriented educational **institutions**. 대학은 연구 지향적인 교육 기관이다.
3 the **institution** of a new healthcare system
   새로운 의료 제도의 시행

➕ institutional ⓐ 1 제도의 2 기관의

0609 legacy
[légəsi]

ⓝ 유산, 이어[물려]받은 것

Abraham Lincoln left behind a **legacy** of strong leadership.
에이브러햄 링컨은 강력한 리더십이라는 유산을 남겼다.

폭정 · 반란 · 통일

★★
0610 tyranny
[tírəni]

ⓝ 폭정, 폭압

He fought to free people from a cruel **tyranny**.
그는 잔인한 폭정으로부터 민중을 해방시키기 위해 싸웠다.

➕ tyrant ⓝ 폭군

★
0611 dictator
[díkteitər / diktéitər]

ⓝ 독재자, 절대 권력자

Many people still live under the tyranny of **dictators**.
많은 사람들이 여전히 독재자의 폭정 하에 살고 있다.

➕ dictate ⓥ 명령[지시]하다; 받아쓰게 하다
   dictation ⓝ 명령, 지시; 받아쓰기 | dictatorship ⓝ 독재

0612 oppress
[əprés]

ⓥ 탄압하다, 억압하다

Dictators use their unlimited power to **oppress** the people.
독재자들은 민중을 **탄압하기** 위해 자신들의 무제한적 권력을 사용한다.

➕ oppression ⓝ 탄압, 억압 | oppressive ⓐ 탄압하는, 억압하는

0613 liberation
[lìbəréiʃən]

ⓝ 해방, 석방

The abolitionists sought support for the **liberation** of slaves.
(노예) 폐지론자들은 노예 **해방**에 대한 지지를 구했다.

➕ liberate ⓥ 해방하다, 석방하다(= free) | liberty ⓝ 자유(= freedom)

0614 riot
[ráiət]

ⓝ 폭동 ⓥ 폭동을 일으키다

The **riot** was put down by troops at the cost of about 300 lives.
그 **폭동**은 약 300명의 목숨을 희생하고 군대에 의해 진압되었다.

The fans **rioted** when their team lost 3–0.
팬들은 자신들의 팀이 3 대 0으로 패하자 **폭동을 일으켰다**.

➕ rioter ⓝ 폭도

0615 anarchy
[ǽnərki]

ⓝ 무정부 (상태)

The order was recovered, and the state of **anarchy** ended.
질서가 회복되었고 **무정부 상태**가 종료되었다.

➕ anarchism ⓝ 무정부주의 | anarchist ⓝ 무정부주의자, 폭력 혁명가

0616 chaotic
[keiátik]

ⓐ 혼돈된, 무질서한 ⓔ disorderly

Leadership failure drove the country into **chaotic** political disorder.
지도력의 실패가 그 나라를 **혼돈된** 정치적 무질서로 몰아넣었다.

➕ chaos ⓝ 혼돈, 무질서(= disorder)

0617 traitor
[tréitər]

ⓝ 반역자; 역적

The **traitor** was leaking information to the enemy state.
그 **반역자**는 적국에 정보를 누출시키고 있었다.

0618 betray
[bitréi]

ⓥ 배반하다, 배신하다

If they flee, they are traitors who **betray** their own country.
달아난다면 그들은 조국을 **배신하는** 반역자이다.

➕ betrayal ⓝ 배반, 배신 | betrayer ⓝ 배신자, 배반자

0619 ***refugee***
[rèfjudʒí:]

ⓝ 난민, 피난민; 망명자

A great number of political **refugees** entered Sweden in the 1980s.
1980년대에 많은 정치 **망명자들**이 스웨덴으로 입국했다.

a **refugee** camp 난민 수용소

➕ refuge ⓝ 피난(소)

0620 ***exile***
[égzail]

ⓥ 추방하다   ⓝ 망명 (생활)

The dictator and his family were **exiled** from their home country.
그 독재자와 가족은 조국에서 **추방당했다**.

The king was forced into **exile** in Normandy.
왕은 노르망디에서 **망명 생활**을 하게 되었다.

0621 ***banish***
[bǽniʃ]

ⓥ 추방하다, 내쫓다   ＝ exile

Adam and Eve were **banished** from the Garden of Eden.
아담과 이브는 에덴의 동산에서 **추방당했다**.

➕ banishment ⓝ 추방; 배척
❓ vanish(사라지다)와 혼동하지 않도록 주의할 것.

0622 ***unification***
[jù:nəfikéiʃən]

ⓝ 통일, 단일화; 통합

In 1989, the Berlin Wall came down, and German **unification** soon followed.
1989년에 베를린 장벽이 무너졌고, 곧 독일 **통일**이 뒤따랐다.

➕ unify ⓥ 통합[통일]하다
❓ cf. reunification 재통일   예) Korean reunification 남북통일

0623 ***united***
[ju:náitid]

ⓐ 연합한, 단결된

UN stands for **United** Nations, and EU stands for European Union. UN은 국제 **연합**을 의미하고 EU는 유럽 연합을 의미한다.

united efforts to help world refugees
세계 난민들을 돕기 위한 **단결된** 노력

➕ unite ⓥ 연합하다[시키다], 결속하다 | unity ⓝ 단일(체), 단결

통치 권력

0624 ***statesman***
[stéitsmən]

ⓝ 정치가

James Madison was an American **statesman**, a Founding Father of the U.S.
제임스 매디슨은 미국의 **정치가**로, 미국 건국자 중 한 명이었다.

0625 authority
[əθɔ́ːriti]

ⓝ 1 권한, 권위 2 (pl.) 당국 3 권위자

1 The president has the **authority** to pardon prisoners.
대통령은 죄수를 사면할 **권한**이 있다.

2 Anyone who sees smoke must report it to local **authorities**.
연기를 보시는 분은 지방 **당국**에 신고해 주셔야 합니다.

3 an **authority** on classical music   고전 음악의 **권위자**

➕ authorize ⓥ 권한을 부여하다 | authoritative ⓐ 권위적인, 권위 있는

0626 office
[ɔ́(ː)fis]

ⓝ 1 사무실 2 관직, 공직; (공직의) 지위; 직무, 임무

1 Cheongwadae is the executive **office** and official residence of the president of Korea.
청와대는 한국 대통령의 집무**실**이자 공식적인 주거지이다.

2 In the United States, the **office** of president was established in 1789.
미국에서 대통령**직**은 1789년에 제정되었다.

He assumed the **office** of chairman in March of 2015.
그는 2015년 3월에 의장의 **직무**(의장**직**)를 맡았다.

➕ officer ⓝ 공무원, 관리, 경관, 장교
official ⓐ 공식적인, 관리의 ⓝ 관리, 공무원

0627 inaugurate
[inɔ́ːgjərèit]

ⓥ 취임시키다, 취임식을 하다

Each new American president is **inaugurated** on January 20.
모든 신임 미국 대통령은 1월 20일에 **취임한다**.

➕ inauguration ⓝ 취임(식)

0628 appoint
[əpɔ́int]

ⓥ 임명하다, 지명하다

The new president **appointed** him Secretary of State.
신임 대통령은 그를 국무부 장관으로 **임명했다**.

➕ appointment ⓝ 1 임명, 지명 2 (회합·방문의) 약속, 예약

0629 nominee
[nàməníː]

ⓝ 지명[추천]된 사람

He was elected to be the Republican **nominee** for the Senate. 그는 공화당 상원 의원 **지명자**로 선출되었다.

➕ nominate ⓥ 지명[추천]하다 | nomination ⓝ 지명, 추천

0630 deputy
[dépjəti]

ⓐ 부의; 대리의 **ⓝ** 대리(인)

The **deputy** mayor will attend on behalf of the mayor.
부시장이 시장을 대신하여 참석할 것이다.

act as a **deputy** 대행하다

Daily Check-up

빈칸에 알맞은 우리말 뜻 또는 영어 단어를 써넣어 워드맵을 완성하시오.

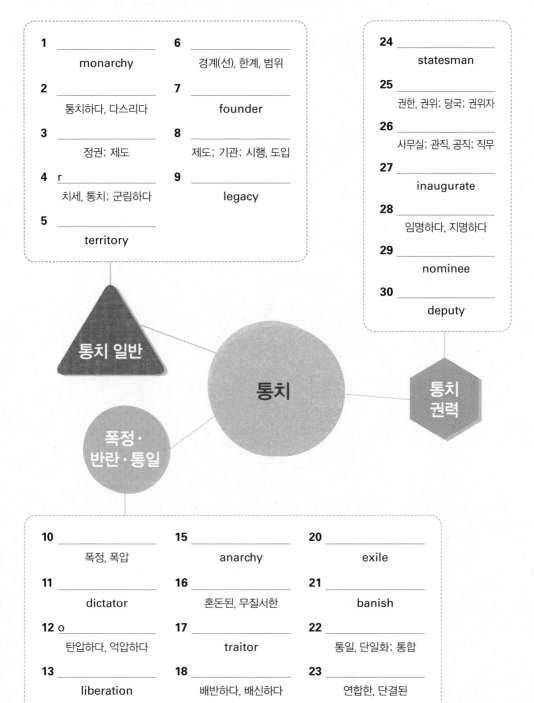

1 _____
   monarchy

2 _____
   통치하다, 다스리다

3 _____
   정권; 제도

4 r_____
   치세, 통치; 군림하다

5 _____
   territory

6 _____
   경계(선), 한계, 범위

7 _____
   founder

8 _____
   제도; 기관; 시행, 도입

9 _____
   legacy

24 _____
   statesman

25 _____
   권한, 권위; 당국; 권위자

26 _____
   사무실; 관직, 공직; 직무

27 _____
   inaugurate

28 _____
   임명하다, 지명하다

29 _____
   nominee

30 _____
   deputy

통치 일반

통치

통치 권력

폭정·반란·통일

10 _____
   폭정, 폭압

11 _____
   dictator

12 o_____
   탄압하다, 억압하다

13 _____
   liberation

14 _____
   폭동(을 일으키다)

15 _____
   anarchy

16 _____
   혼돈된, 무질서한

17 _____
   traitor

18 _____
   배반하다, 배신하다

19 _____
   refugee

20 _____
   exile

21 _____
   banish

22 _____
   통일, 단일화; 통합

23 _____
   연합한, 단결된

Day 22 | 입법 · 선거

Must-Know Words

act 법, 법령   bill 법안   propose 제안하다   article 조항
election 선거   campaign (선거) 운동   vote 표, 투표; 투표하다   party 당, 정당

입법

0631 ★★
legislate
[lédʒislèit]

ⓥ 법률을 제정하다

The first animal-rights law was **legislated** as late as 1821.
최초의 동물 권리 법은 1821년이 되어서야 **제정되었다**.

➕ legislation ⓝ 입법, 법률 제정 | legislator ⓝ 입법 의원
legislature ⓝ 입법부

0632 ★
legitimate
[lidʒítəmit]

ⓐ 합법의, 적법의

Are there perfectly **legitimate** uses of guns for self-defense? 자기 보호를 위한 완벽하게 **합법적인** 총기 사용이 있는가?

➕ legitimacy ⓝ 합법(성), 적법(성)
⭐ leg는 라틴어로 'law'의 뜻이다.

다의어

0633
constitution
[kànstətjúːʃən]

ⓝ 1 헌법   2 구성

1 Most modern countries have a written **constitution**.
대부분의 현대 국가들은 성문 **헌법**을 갖고 있다.
2 the **constitution** of scientific knowledge   과학 지식의 **구성**

➕ constitute ⓥ 구성하다 | constituent ⓝ 선거구 주민, 유권자

다의어

0634 ★★★
code
[koud]

ⓝ 1 법전, 법규; 규정, 규약   2 암호

1 "An eye for an eye and a tooth for a tooth" was part of Hammurabi's **Code**.
'눈에는 눈, 이에는 이'는 함무라비 **법전**의 일부였다.
a **code** of conduct[behavior]   행동 **규범**
a dress **code**   복장 **규정**
2 a secret **code**   암호

0635 ★
enact
[inǽkt]

ⓥ 법령화하다

The Forest Law was **enacted** in 1961 to protect the forests.
산림법은 숲을 보호하기 위해 1961년에 **법령화되었다**.

➕ enactment ⓝ 1 (법률의) 제정   2 법규, 조례

0636 **amendment**
[əmén(d)mənt]

ⓝ 수정(안), 개정(안)

An **amendment** is a formal change made to a law.
수정안은 법률의 공식적 변화이다.
Amendment of Building Codes   건축법 **개정**

➕ amend ⓥ 개정[수정]하다

★ **0637** **abolish**
[əbáliʃ]

ⓥ 폐지하다, 철폐하다

Slavery was **abolished** in 1865 with the end of the Civil War.
노예제는 남북 전쟁의 종료와 함께 1865년에 **폐지되었다**.

➕ abolition ⓝ 폐지, 철폐 | abolitionist ⓝ 폐지론자

★ **0638** **ban**
[bæn]

ⓥ 금지하다 ⊜prohibit ↔allow 허락하다 ⓝ 금지(령)

Single-use plastics will be **banned** in this country.
1회용 비닐봉지는 이 나라에서 **금지될** 것이다.

a comprehensive nuclear test **ban**   포괄적인 핵 실험 **금지**

다의어

0639 **provision**
[prəvíʒən]

ⓝ 1 공급, 지급   2 조항, 규정

1   the **provision** of food for refugees   난민들을 위한 식량 **공급**
2   This **provision** includes the right to hold public office.
    이 **조항**에는 공직을 맡을 권리가 포함되어 있다.

➕ provide ⓥ 1 공급하다   2 (법률을) 규정하다

다의어

★★ **0640** **regulation**
[règjəléiʃən]

ⓝ 1 규정, 규칙   2 규제   3 조절

1   The building **regulations** apply to building work in coastal
    areas.   그 건축 **규정**은 해안 지대의 건축 공사에 적용된다.
2   the **regulation** of sales promotion of alcoholic beverages
    주류의 판촉 활동 **규제**
3   the **regulation** of body temperature   체온 **조절**

➕ regulate ⓥ 1 규제하다   2 조절하다

다의어

★ **0641** **clause**
[klɔːz]

ⓝ 1 (조약·법률 등의) 조목, 조항   2 (문법) 절

1   Article 2, **clause** 1 states that every citizen has the same
    rights.   2조 1항은 모든 시민이 동일한 권리를 가지고 있다고 명시한다.
2   a noun **clause**   명사절

0642 congress
[káŋgris]

ⓝ (C-) 의회, 국회

The U.S. **Congress** passed a crucial federal spending bill.
미국 **의회**는 매우 중요한 연방 지출 법안을 통과시켰다.

➊ congressman ⓝ (하원) 의원

★ **0643 parliament**
[pάːrləmənt]

ⓝ (영국) 의회; 하원

The **parliament** will vote to elect a prime minister on May 8.
의회가 5월 8일에 수상 선출을 위한 투표를 할 것이다.

★★★ **0644 representative**
[rèprizéntətiv]

ⓝ (미국) 하원 의원; 대표 ⓐ 대표하는

There are 535 **representatives** in the United States
Congress. 미국 의회에는 535명의 **하원 의원**이 있다.

a union **representative** 노조 측 **대표**

➊ represent ⓥ 1 대표하다 2 나타내다
representation ⓝ 1 표현 2 대표

0645 senate
[sénət]

ⓝ (S-) (미국·캐나다·프랑스 등의) 상원

A **Senate** hearing will be held to decide how to take action.
어떻게 조치할 것인가를 결정하기 위한 **상원** 청문회가 열릴 것이다.

➊ senator ⓝ 상원 의원
cf. the House of Representatives (미국) 하원

다의어

★★★ **0646 session**
[séʃən]

ⓝ 1 (의회 등의) 개회 중; 회기 2 수업[훈련] 시간

1 The 114th Congress was in its first **session**.
114대 의회가 첫 번째 **회기** 중에 있었다.

2 The morning **session** begins at 9 and finishes at 12.
오전 **수업 시간**이 9시에 시작해서 12시에 종료된다.

★ **0647 agenda**
[ədʒéndə]

ⓝ 안건, 의사 일정

The Senate president organizes all **agendas**.
상원 의장이 모든 **안건**을 정리한다.

the committee meeting **agendas** 위원회 회의 **의사 일정**

★ **0648 unanimous**
[juːnænəməs]

ⓐ 만장일치의, 이의 없는

Congress passed the act in a **unanimous** vote.
의회는 **만장일치의** 투표로 그 법령을 통과시켰다.

➊ unanimously ⓐⓓ 만장일치로

0649 partisan
[pάːrtəzən]

ⓐ 당파심이 강한　ⓝ 당파심이 강한 사람

I don't think **partisan** politics is good for the country.
나는 **파당** 정치가 그 나라에 유익하다고 생각하지 않는다.

🔍 cf. (political) party 정당

다의어

0650 opposition
[ὰpəzíʃən]

ⓝ 1 반대, 대립　2 야당　＝ opposition party

1　**opposition** to the military dictatorship
군사 독재에 대한 **반대**
2　The **opposition** party continued to criticize the ruling
party.　**야당**은 계속해서 여당을 비난했다.

➕ oppose ⓥ 반대하다　|　opposite ⓐ 반대의

다의어

0651 republican
[ripʌ́blikən]

ⓐ 1 공화국의; 공화주의자의　2 (R-) (미국) 공화당의
ⓝ 1 공화주의자　2 (R-) (미국) 공화당원

a. 1 the **republican** system of government　**공화** 체제의 정부
　 2 She is the **Republican** representative of Texas.
　　 그녀는 텍사스주의 **공화당** 하원 의원이다.
n. Abraham Lincoln was a **Republican**.
　 에이브러햄 링컨은 **공화당원**이었다.

➕ republic ⓝ 공화국

다의어

0652 democratic
[dèməkrǽtik]

ⓐ 1 민주주의의, 민주적인　2 (D-) (미국) 민주당의

1　a **democratic** management style　**민주적인** 관리 방식
2　It is said that the early **Democratic** Party opposed civil
rights.　초기의 **민주**당은 시민 권리에 반대했다고 한다.

➕ democracy ⓝ 민주주의　|　democrat ⓝ (D-) (미국) 민주당원

선거

0653 electoral
[iléktərəl]

ⓐ 선거의, 선거인의

Electoral campaigns lasted 30 days for presidential elections.
대통령 선거를 위한 **선거** 운동이 30일간 지속되었다.

➕ electorate ⓝ (집합적) 한 선거구의 유권자

0654 district
[dístrikt]

ⓝ (행정·사법·선거·교육 등을 위해 나눈) 지구, 지역

the **District** of Columbia
(미국) 컬럼비아 특별**구**(미국 연방 정부 소재지)
🏛 Washington, D.C. 워싱턴 D.C.

There are 308 electoral **districts** in Canada.
캐나다에는 308개의 선거**구**가 있다.

Day 22 암기·선거 * 149

0655 poll
[poul]

ⓝ 1 투표; 투표 결과, 투표수 2 여론 조사

1 Britain's voters go to the **polls** for a general election on Thursday. 영국 유권자들이 목요일에 총선 **투표**에 나섭니다.
　♨ go to the polls 투표하다

2 A **poll** showed more than 50% of Brazilians support the president.
　여론 조사는 50% 이상의 브라질인이 대통령을 지지한다는 것을 보여주었다.

0656 ballot
[bǽlət]

ⓝ 1 비밀[무기명] 투표 2 투표용지
ⓥ 투표하다; 투표를 요구하다

n. 1 Voting at every election shall be by secret **ballot**.
　모든 선거에서의 투표는 **비밀 투표**여야 할 것이다.
　♨ by secret ballot 비밀 투표로

2 count the **ballots** after the polls
　투표 후에 **투표용지**를 세다

v. The union members **balloted** for industrial action.
　(노동)조합 멤버들은 쟁의 행위를 하는 쪽으로 **투표했다**.

0657 candidate
[kǽndidət / -dèit]

ⓝ 후보자; 지원자, 지망자

She is the Democratic **candidate** for the governorship.
그녀는 민주당 지사 **후보**이다.

interview a job **candidate**
취업 **지원자**를 면접하다

0658 preliminary
[prilímənèri / -nəri]

ⓐ 예비의, 준비의 ⓝ (보통 pl.) 준비 (행동), 예비 행위

Candidates must win a **preliminary** election before the main election. 후보자는 주 선거 전에 **예비** 선거에서 승리해야 한다.

skip the usual **preliminaries** 통상의 **준비**를 생략하다

♨ preliminary election 예비 선거 | preliminary competition 예선

0659 majority
[mədʒɔ́(:)rəti]

ⓝ (대)다수, 대부분 ↔minority 소수

The essence of an election is that the **majority** rules.
선거의 본질은 **다수**가 지배한다는 것(다수결)이다.

0660 outcome
[áutkʌm]

ⓝ 결과, 성과

How can a voter affect the **outcome** of an election?
어떻게 한 명의 유권자가 선거의 **결과**에 영향을 미칠 수 있을까?

빈칸에 알맞은 우리말 뜻 또는 영어 단어를 써넣어 워드맵을 완성하시오.

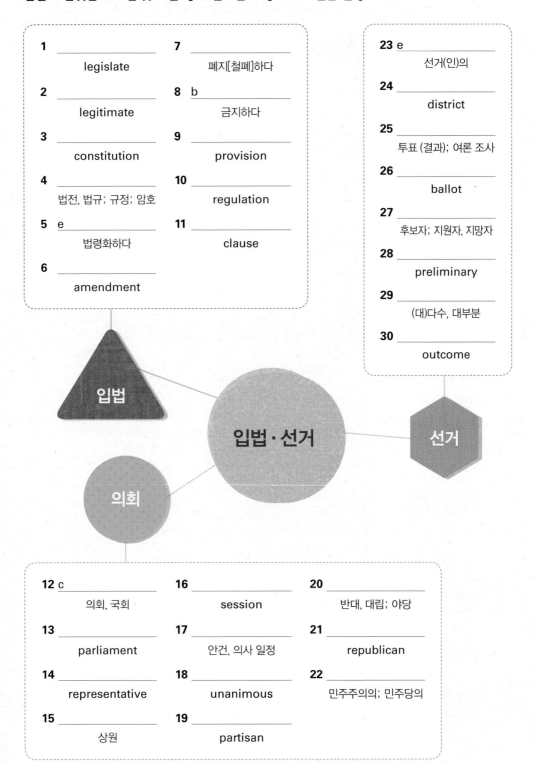

1 _____ legislate

2 _____ legitimate

3 _____ constitution

4 _____ 법전, 법규; 규정; 암호

5 e_____ 법령화하다

6 _____ amendment

7 _____ 폐지[철폐]하다

8 b_____ 금지하다

9 _____ provision

10 _____ regulation

11 _____ clause

23 e_____ 선거(인)의

24 _____ district

25 _____ 투표 (결과); 여론 조사

26 _____ ballot

27 _____ 후보자; 지원자, 지망자

28 _____ preliminary

29 _____ (대)다수, 대부분

30 _____ outcome

입법

입법 · 선거

선거

의회

12 c_____ 의회, 국회

13 _____ parliament

14 _____ representative

15 _____ 상원

16 _____ session

17 _____ 안건, 의사 일정

18 _____ unanimous

19 _____ partisan

20 _____ 반대, 대립; 야당

21 _____ republican

22 _____ 민주주의의; 민주당의

Day 23 사법

Must-Know Words

judge 판사; 판결하다 　　lawyer 변호사 　　sue 고소하다 　　court 법정, 법원

case 소송; 주장, 논거 　　jury 배심원단 　　witness 목격하다; 증인 　　fine 벌금

사법 일반

0661 jurisdiction
[dʒùərisdíkʃən]

ⓝ 사법(권), 재판권

The powers of legislation and **jurisdiction** are independent of each other.
입법권과 **사법권**은 서로 분립되어 있다.

➕ jurisdictional ⓐ 사법권의, 재판권의

0662 juridical
[dʒuərídikəl]

ⓐ 법률상의, 재판상의, 사법상의; 법원의

He was appointed as part of a group of **juridical** advisors to the president.
그는 대통령 **법률** 자문 위원단의 일원으로 임명되었다.

다의어

★★ 0663 justice
[dʒʌ́stis]

ⓝ 1 재판, 사법　2 정의, 공정

1　Many corrupt officials have not yet been brought to **justice**. 많은 부패한 관리들이 아직 **재판**에 회부되지 않았다.

2　have a strong sense of **justice** 강한 **정의**감을 갖고 있다

⛪ the Minister of Justice 법무부 장관

★ 0664 dignity
[dígnəti]

ⓝ 존엄(성); 품위

The purpose of human rights law is to protect human **dignity**. 인권법의 목적은 인간 **존엄성**을 보호하는 것이다.

➕ dignify ⓥ 위엄 있어 보이게 하다

★ 0665 supreme
[səprí:m]

ⓐ 최고의, 최상의

A monarchy is governed by a **supreme** ruler.
군주국은 한 명의 **최고** 통치자에 의해 통치된다.

the **supreme** court　(미국) 연방 **대법원**

0666 juvenile
[dʒú:vənəl / -nàil]

ⓐ 소년의, 아동의, 어린

Juvenile courts deal with young offenders.
소년 법원은 어린 범법자들을 다룬다.

⛪ juvenile crime 소년 범죄 ｜ juvenile court 소년 법원

법의 준수

0667 observance
[əbzə́:rvəns]

ⓝ (법률·규칙·관습 따위의) **준수, 지킴**

The **observance** of rules is fundamental to all sports.
규칙의 **준수**는 모든 스포츠의 기본을 이룬다.

observance of traffic regulations 교통 법규의 **준수**

➕ observe ⓥ 1 관찰하다　2 준수하다 | observant ⓐ 준수하는
observation ⓝ 관찰

🔎 동사 observe의 두 가지 뜻에 각각의 명사형이 있음에 주의할 것.

0668 comply
[kəmplái]

ⓥ **따르다, 응하다**(with)

All students are expected to **comply** with the school dress code.　모든 학생들은 학교 복장 규정을 **따르기**를 기대받는다.

comply with a customer's request 고객의 요구에 **응하다**

➕ compliance ⓝ 준수, 따름

0669 abide
[əbáid]

ⓥ **준수하다, 지키다**(by)

Drivers must **abide** by traffic laws and speed limits.
운전자들은 교통 법규와 속도 제한을 **준수해야** 한다.

0670 mandatory
[mǽndətɔ̀:ri]

ⓐ **의무적인, 필수의** ⩵ compulsory, obligatory

It is **mandatory** that all drivers wear seat belts.
모든 운전자가 좌석 벨트를 착용하는 것은 **의무적이다.**

0671 obligation
[ὰbləgéiʃən]

ⓝ **의무, 책무**

The president has an **obligation** to do what is best for the citizens.
대통령은 국민들에게 가장 이로운 것을 행할 **의무**가 있다.

➕ obligatory ⓐ 의무적인, 필수의

0672 imperative
[impérətiv]

ⓝ **명령; 의무, 책임** ⓐ **반드시 해야 하는**

Legal **imperatives** are rooted principally in the Constitution.
법적 **명령**(법령)은 원칙적으로 헌법에 뿌리를 두고 있다.

It is **imperative** that politicians listen to their constituents.
정치가들은 **반드시** 유권자의 말에 귀 기울여야 **한다.**

PLAN
5

Day 23 사법 ★ 153

0673 liable
[láiəbl]

ⓐ 1 (법적) 책임이 있는 2 ~하기 쉬운(to do) ⊜ likely

1 Dog owners are legally **liable** for injuries their dogs cause.
개 주인은 자신의 개가 유발한 부상에 대해 **법적 책임이 있다**.

2 be **liable** to be damaged by water 물에 의해 손상되**기 쉽다**

➕ liability ⓝ 1 책임, 의무 2 경향(이 있음)

★ 0674 accountable
[əkáuntəbl]

ⓐ 1 **책임이 있는, 의무가 있는** 2 설명할 수 있는, 까닭이 있는

1 The provider is **accountable** for the breaking of products during shipment.
공급자는 배송 중의 제품 손상에 대한 **책임이 있다**.

2 These findings are easily **accountable** under my hypothesis. 이 연구 결과는 내 가설 하에서 쉽게 **설명될 수 있다**.

➕ accountability ⓝ 책임, 의무

★ 0675 enforce
[enfɔ́:rs]

ⓥ (법률 등을) 집행하다, 시행하다

Laws are **enforced** by police officers and courts.
법은 경찰관과 법정에 의해 **집행된다**.

➕ enforcement ⓝ 집행, 시행

재판

★ 0676 lawsuit
[lɔ́:su:t]

ⓝ 소송, 고소 ⊜ suit

You can file a **lawsuit** against those responsible for any harm. 해를 입힌 책임이 있는 사람이면 누구에게나 **소송**을 제기할 수 있다.

★★★ 0677 trial
[tráiəl]

ⓝ 1 **재판, 공판** 2 시행, 시도 3 고난, 시련

1 Criminal defendants are entitled to a **trial** by jury.
형사 피고인은 배심원에 의한 **재판**을 받을 권리가 있다.

2 learn by **trial** and error **시행착오**를 통해 배우다

3 This old painting depicts Jesus's **trial**.
이 오래된 그림은 예수의 **고난**을 묘사한다.

★★ 0678 accuse
[əkjú:z]

ⓥ 1 **고소하다, 고발하다** 2 비난하다, 힐난하다

1 Some of its customers **accused** the company of overbilling.
일부 고객들이 그 회사를 과다 청구로 **고발했다**.

2 He **accused** me of having stolen his money.
그는 내가 자신의 돈을 훔쳤다고 **비난했다**.

🏆 accuse A of B: A를 B로 고발[비난]하다

➕ accusation ⓝ 1 고발, 고소 2 비난, 규탄

★★★
0679
charge
[tʃɑːrdʒ]

ⓥ 1 기소[고소]하다; 비난하다 2 청구하다 3 책임을 지우다
4 충전하다
ⓝ 1 **고소, 고발**; 비난 2 요금 3 책임 4 충전

v. 1 A young man was **charged** with selling drugs.
한 젊은 남성이 마약을 판매한 것으로 **기소되었다**.

4 The battery needs to be **charged**. 배터리가 **충전될** 필요가 있다.

n. 2 free of **charge** (= with no **charge**) 요금 없이, 무료로

3 She is not the person in **charge** of the financial part.
그녀는 재정 부분의 **책임**을 맡고 있는 사람이 아니다.

0680
defendant
[diféndənt]

ⓝ 피고 ⓐ 피고의

The **defendant** insisted on his innocence.
피고는 자신의 무고를 주장했다.

➕ defend ⓥ 방어하다, 변호하다
🔍 cf. plaintiff 원고, 고소인

★
0681
prosecutor
[prásəkjùːtər]

ⓝ 검사, 기소자

The **prosecutor** was sure that the defendant was guilty.
검사는 피고가 유죄임을 확신했다.

➕ prosecute ⓥ 기소하다 │ prosecution ⓝ 기소
🔍 persecutor(박해자)와 혼동하지 않도록 주의할 것.

★★
0682
attorney
[ətə́ːrni]

ⓝ 변호사, (법률) 대리인 ⓔ lawyer

The defendant's **attorney** has brought up new evidence.
피고 측 **변호사**가 새로운 증거를 제기했다.

0683
testimony
[téstəmòuni]

ⓝ 증언, 증거, 증명

How much can we really trust eyewitness **testimony**?
우리는 목격자의 **증언**을 진정 얼마나 신뢰할 수 있는가?

🔍 cf (eye)witness ⓝ 목격자, 증인

★★★
0684
sentence
[séntəns]

ⓥ ~에게 판결[형]을 내리다 ⓝ 1 판결, 선고 2 문장

v. The criminal was **sentenced** to life in prison.
그 범죄자에게 종신형 **판결**이 내려졌다.

n. 1 He was given a three-year **sentence** for possession of
drugs. 그는 마약 소지로 3년 **형**에 처해졌다.

2 Generally, the topic of a paragraph is contained in the
first **sentence**.
일반적으로 한 단락의 주제는 첫 **문장**에 담겨 있다.

0685 verdict
[və́:rdikt]

ⓝ 1 (배심원의) 평결   2 판단, 의견

1 The jury's **verdict** was not supported by the evidence.
배심원단의 **평결**은 증거에 의해 뒷받침되지 않았다.

2 What is your **verdict** on this matter?
이 문제에 대한 당신의 **판단**은 뭔가요?

0686 petition
[pətíʃən]

ⓝ 청원(서), 탄원(서)   ⓥ (~에게) 청원하다

Millions of people signed the **petition** to save the park.
수백만 명의 사람들이 그 공원을 구하기 위한 **청원서**에 서명했다.

Local residents **petitioned** for the street to be renamed.
지역 주민들은 그 도로의 개명을 **청원했다**.

0687 penalty
[pénəlti]

ⓝ 형, 형벌, 처벌

Some American states have no death **penalty**.
일부 미국 주에는 사형이 없다.

a financial **penalty** 벌금형

0688 convict
ⓥ [kənvíkt]
ⓝ [kánvikt]

ⓥ ~의 유죄를 입증[선고]하다   ⓝ 죄인, 죄수

v. be **convicted** of robbery
강도죄로 **유죄를 선고받다**

n. The ex-**convict** had difficulty finding employment.
그 전**과자**는 일을 찾는 데 어려움을 겪었다.

➕ conviction ⓝ 1 신념   2 유죄 판결
➕ cf. ex-는 '이전의'이라는 뜻을 나타내는 접두사로, ex-convict는 '전과자'라는 뜻이다.

0689 bribery
[bráibəri]

ⓝ 뇌물; 뇌물 수수 행위

Lobbyists may use **bribery** to guide government actions.
로비스트들은 정부 활동을 유도하기 위해 **뇌물**을 사용할지도 모른다.

➕ bribe ⓥ 뇌물을 주다 ⓝ 뇌물

0690 corrupt
[kərʌ́pt]

ⓐ 부패한, 부정한   ⓥ 부패[타락]시키다

Corrupt officials should be sent to jail.
부패한 관리들은 감옥에 보내져야 한다.

Absolute authority will **corrupt** the government.
절대 권위는 정부를 **부패하게** 할 것이다.

➕ corruption ⓝ 부패, 타락

빈칸에 알맞은 우리말 뜻 또는 영어 단어를 써넣어 워드맵을 완성하시오.

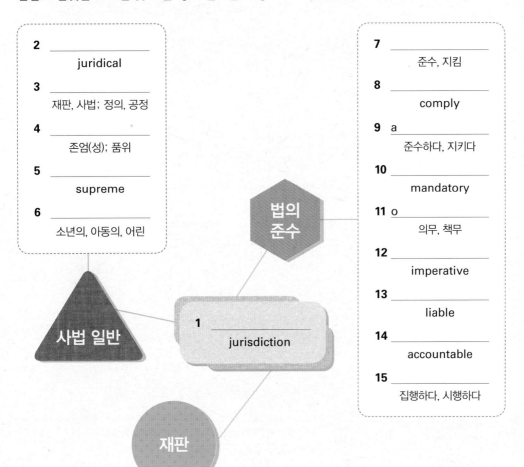

2 _____
juridical

3 _____
재판, 사법; 정의, 공정

4 _____
존엄(성); 품위

5 _____
supreme

6 _____
소년의, 아동의, 어린

사법 일반

1 _____
jurisdiction

법의 준수

7 _____
준수, 지킴

8 _____
comply

9 a _____
준수하다, 지키다

10 _____
mandatory

11 o _____
의무, 책무

12 _____
imperative

13 _____
liable

14 _____
accountable

15 _____
집행하다, 시행하다

재판

16 _____
lawsuit

17 _____
재판; 시행; 고난

18 a _____
고소하다; 비난하다

19 c _____
기소[고소]하다; 청구하다;
책임을 지우다; 충전하다

20 _____
defendant

21 _____
prosecutor

22 a _____
변호사, (법률) 대리인

23 _____
testimony

24 _____
판결[형]을 내리다;
판결; 문장

25 _____
verdict

26 _____
petition

27 _____
형, 형벌, 처벌

28 _____
convict

29 _____
bribery

30 _____
부패한; 부패[타락]시키다

PLAN
5

Day 23 사법 ★ 157

Day 24 | 행정 · 치안

Must-Know Words

state 국가; (미국의) 주   mayor 시장   policy 정책   local 지역의, 지방의
commit (범죄를) 저지르다   illegal 불법의   murder 살인(하다)   robbery 강도

행정 체제와 조직

★★
0691 **administration**
[ədmìnəstréiʃən]

ⓝ 행정(부), 관리, 경영

Administration is often associated with paperwork.
행정은 흔히 서류 작업과 연관된다.

🎓 Master of Business Administration (MBA) 경영학 석사 학위

➕ administer ⓥ 관리하다, 지배하다 | administrator ⓝ 관리자, 행정관

★★
0692 **federal**
[fédərəl]

ⓐ 연방의, 연방 정부의, 합중국의

The **federal** government provides funds to state
governments. 연방 정부는 주 정부들에 기금을 제공한다.

[다의어]

0693 **cabinet**
[kǽbənit]

ⓝ 1 (보통 the C-) (정부의) 내각   2 캐비닛, 보관장

1 She was in Obama's **cabinet** as one of his policy advisors.
그녀는 정책 자문 위원의 일원으로 오바마 내각에 있었다.

2 a kitchen **cabinet** 부엌 찬장

[다의어]

0694 **ministry**
[mínistri]

ⓝ 1 (보통 M-) (정부의) 부   ⓓdepartment   2 내각   ⓓcabinet

1 The **Ministry** of Education plans to build five schools this
year. 교육부는 올해 다섯 개의 학교를 지을 계획이다.

2 Everyone in the **ministry** has resigned.
내각은 총사퇴하였다.

➕ minister ⓝ (종종 M-) 장관, 대신, 각료

🔍 cf. prime minister 수상, 총리

[다의어]

★
0695 **secretary**
[sékrətèri / -təri]

ⓝ 1 비서, 서기   2 (S-) 장관

1 The boss asked his **secretary** to type his letters.
상사는 비서에게 편지를 타이핑해 달라고 요청했다.

2 Colin Powell served as **Secretary** of State under Bush.
콜린 파월은 부시 대통령 당시 국무 장관으로 봉직했다.

⁰⁶⁹⁶ municipal
[mjuːnísəpəl]

ⓐ 자치 도시의, 지방 자치의

The **municipal** budget is prepared by the mayor.
자치 도시의 예산안은 시장에 의해 마련된다.

➕ municipality ⓝ 지방 자치제

0697 autonomy
[ɔːtɑ́nəmi]

ⓝ 자치(권); 자율성

The constitution provides for the **autonomy** of local governments. 헌법은 지방 정부의 **자치권**을 보장한다.

➕ autonomous ⓐ 자치의, 자율의

⁰⁶⁹⁸ county
[káunti]

ⓝ 군 (주 아래의 행정 구획)

The U.S. state of California is divided into 58 **counties**.
미국 캘리포니아주는 58개의 **군**으로 나누어져 있다.

다의어

⁰⁶⁹⁹ province
[právins]

ⓝ 1 (캐나다의) 주; 성, 도 2 지방, 지역

1 Alberta is a **province** found in the nation of Canada.
   앨버타는 캐나다 국가에 있는 **주**이다.
2 the northern **provinces** of Italy 이탈리아 북부 **지방**

⁰⁷⁰⁰ council
[káunsəl]

ⓝ (지방) 의회; 평의회

The city **council** deals with the city's main issues.
시의회는 도시의 주요 사안들을 다룬다.

0701 bureau
[bjúərou]

ⓝ 관청; 청, 국

Government **bureaus** offer a variety of services to the public.
정부 **관청**은 대중에게 다양한 서비스를 제공한다.

🏛 the Federal Bureau of Investigation (FBI) 미국 연방 수사국

➕ bureaucrat ⓝ 관료 | bureaucracy ⓝ 관료 정치

범법 행위 · 범죄

⁰⁷⁰² violation
[vàiəléiʃən]

ⓝ 위반, 위배, 침해

Thousands of human rights **violations** were committed in Libya. 수천 건의 인권 **침해**가 리비아에서 자행되었다.

➕ violate ⓥ 위반하다, 위배하다, 침해하다 | violence ⓝ 폭력

0703 ★★ offense
[əféns / ɔ́fens]

ⓝ 1 위반, 범죄 **2** 기분 상함 **3** 공격 ↔ defense 방어

1 Smoking in a park is a serious **offense** in this country.
공원에서 흡연하는 것은 이 나라에서 중**범죄**이다.

2 She is over-sensitive and easily takes **offense**.
그녀는 과도하게 민감하고 쉽게 **기분이 상한다**.

3 Any player on **offense** must be able to catch the ball.
공격 팀의 어느 선수라도 공을 잡을 수 있어야 한다.

➕ offensive ⓐ 1 불쾌한, 무례한 2 공격의

0704 infringement
[infríndʒmənt]

ⓝ (특허권 등의) 침해, (법규의) 위반, 위배

All piracy is copyright **infringement**.
모든 해적판 제작(불법 복제)은 저작권 **침해**이다.

infringement of safety regulations 안전 규정 **위반**

➕ infringe ⓥ (권리를) 침해하다, (법규를) 어기다

0705 ★ intrude
[intrúːd]

ⓥ 침해[침범]하다, 방해하다(on/upon/into)

The media should not **intrude** on people's private lives.
미디어는 사람들의 사생활을 **침해하지** 말아야 한다.

➕ intrusion ⓝ 침해[침범], 침입 | intrusive ⓐ 참견하는

0706 ★★ suspect
ⓝ [sʌ́spekt]
ⓥ [səspékt]

ⓝ (범죄의) 용의자 **ⓥ** 의심하다

n. A stolen-car **suspect** was arrested after a car chase.
차량 절도 **용의자**가 자동차 추격전 끝에 체포되었다.

v. Police **suspect** that the fire was started deliberately.
경찰은 그 화재가 고의적으로 시작된 것이 아닌가 **의심하고 있다**.

➕ suspicion ⓝ 의심 | suspicious ⓐ 의심스러운

0707 ★★ criminal
[krímənl]

ⓐ 1 범죄의 **2** 형사상의 ↔ civil 민사상의 **ⓝ** 범인, 범죄자

a. 1 Animal cruelty is a clear **criminal** act that needs to be punished. 동물 학대는 처벌받아야 할 명백한 **범죄** 행위이다.
2 differences between **criminal** law and civil law
형법과 민법 사이의 다른 점
⚖ criminal law 형법 | a criminal case 형사 사건

n. a convicted **criminal** 유죄 판결을 받은 **범죄자**, 기결수

0708 homicide
[hάməsàid]

ⓝ 살인(죄), 살인 행위

Homicide is indeed more serious than any other crime.
살인은 진정 다른 어떤 범죄보다도 더 중범죄이다.

➕ homicidal ⓐ 살인의

0709 **hostage**
[hάstidʒ]

ⓝ 인질, 볼모

A bank robbery turned into a **hostage** situation at the Com First Bank.
Com First 은행에서의 은행 강도가 **인질**극으로 비화되었다.

🏃 be holding ~ hostage: ~을 인질로 잡고 있다
🔍 cf. kidnap 납치하다

0710 **burglary**
[bə́ːrgləri]

ⓝ (범죄 목적의) 주거 침입(죄)

Burglaries and robberies increase with the unemployment rate.
주거 침입과 강도 사건은 실업률과 함께 증가한다.

➕ burglar ⓝ 주거 침입 강도, 빈집 털이
🔍 cf. robbery 강도 (행위), 약탈; 강도죄

0711 **smuggling**
[smʌ́gliŋ]

ⓝ 밀수(입)

Authorities tightened border controls to prevent **smuggling**.
정부 당국이 **밀수**를 막기 위해 국경 통제를 강화했다.

➕ smuggle ⓥ 밀수하다

0712 **theft**
[θeft]

ⓝ 절도(죄)

Two young women were accused of **theft** from a shop.
두 젊은 여성이 상점에서 **절도**를 한 혐의로 고발당했다.

🏃 attempted theft 절도 미수
➕ thief ⓝ 도둑

0713 **fraud**
[frɔːd]

ⓝ 사기, 협잡

What should you do if you're a victim of online credit card **fraud**?
여러분이 온라인 신용 카드 **사기**의 희생자라면 어떻게 해야 하는가?

0714 **harassment**
[hərǽsmənt / hǽrəsmənt]

ⓝ 희롱, 괴롭힘

The Me Too movement is a movement against sexual **harassment**.
'미투' 운동은 성**희롱** 반대 운동이다.

🏃 sexual harassment 성희롱
➕ harass ⓥ 괴롭히다, 희롱하다

0715 ★★
suburban
[səbə́:rbən]

ⓐ 교외의, 근교의

Many workers living in **suburban** areas commute by subway.
교외 지역에 사는 많은 근로자들이 지하철로 통근한다.

➕ suburb ⓝ 교외, 근교
🌐 cf. urban 도시의

0716
urbanization
[ə̀:bənaizéiʃən / -ni-]

ⓝ 도시화

Globalization often leads to **urbanization** in developing countries.
세계화는 개발 도상국에서 흔히 **도시화**로 이어진다.

➕ urbanize ⓥ 도시화하다 | urbanite ⓝ 도시 사람

0717 ★
metropolitan
[mètrəpálitən]

ⓐ 대도시의; 수도(권)의

Bangkok is a **metropolitan** city with over ten million habitants.
방콕은 거주자가 1천만 명이 넘는 **대도시**이다.

➕ metropolis ⓝ 대도시; 수도
🌐 cf. cosmopolitan 세계주의의, 세계 공통의

0718
arrest
[ərést]

ⓥ 체포[검거, 구속]하다 ⓝ 체포, 검거, 구속

Police can use handcuffs to **arrest** criminals.
경찰은 범죄자를 **체포하기** 위해 수갑을 사용할 수 있다.

You are under **arrest** for drunk driving.
당신을 음주 운전으로 **체포**합니다.

다의어

0719 ★
detective
[ditéktiv]

ⓝ 1 형사 2 탐정

1 **Detectives** and police officers were hidden in and around the building.
형사들과 경관들이 그 건물 내부와 주위에 잠복하고 있었다.

2 She hired a **detective** to find her missing daughter.
그녀는 실종된 딸을 찾기 위해 **탐정**을 고용했다.

👥 a detective story 탐정 소설 | a private detective 사설 탐정
➕ detect ⓥ 탐지하다, 발견하다

0720 ★
imprison
[imprízən]

ⓥ 투옥하다, 수감하다

Nelson Mandela was **imprisoned** for 27 years.
넬슨 만델라는 27년간 **수감되었다**.

➕ imprisonment ⓝ 투옥, 수감

Daily Check-up

빈칸에 알맞은 우리말 뜻 또는 영어 단어를 써넣어 워드맵을 완성하시오.

1 _____
administration

2 _____
연방의, 합중국의

3 _____
cabinet

4 _____
ministry

5 _____
비서, 서기; 장관

6 _____
municipal

7 _____
autonomy

8 _____
county

9 _____
province

10 _____
(지방) 의회; 평의회

11 _____
관청; 청, 국

25 _____
교외의, 근교의

26 _____
urbanization

27 _____
metropolitan

28 _____
체포[검거, 구속](하다)

29 _____
형사; 탐정

30 _____
imprison

행정
체제와
조직

치안

행정·치안

범법 행위
·범죄

12 v _____
위반, 위배, 침해

13 o _____
위반; 기분 상함; 공격

14 _____
infringement

15 _____
intrude

16 _____
용의자; 의심하다

17 _____
범죄의; 형사상의; 범죄자

18 _____
homicide

19 h _____
인질, 볼모

20 _____
burglary

21 _____
smuggling

22 _____
절도(죄)

23 _____
fraud

24 _____
harassment

Day 25 외교 · 군사

외교 행위 · 전략

★
0721 **diplomacy**

[diplóuməsi]

ⓝ 외교(술); 권모술수

We should urge our leaders to choose **diplomacy**, not war.
우리의 지도자들이 전쟁이 아니라 **외교**를 선택하도록 촉구해야 한다.

➊ diplomatic ⓐ 외교의 | diplomat ⓝ 외교관

다의어

★
0722 **summit**

[sΛmit]

ⓝ 1 **수뇌, 정상**   2 정점, 꼭대기

1 The Inter-Korean **Summit** Talks were held in Pyongyang.
남북 **정상** 회담이 평양에서 열렸다.

2 the **summit** of power and wealth   권력과 부의 **정점**
the **summit** of Mount Everest   에베레스트산 **정상**

★★
0723 **negotiation**

[nigòuʃiéiʃən]

ⓝ 협상, 교섭

Diplomatic **negotiations** are the first step for conflict settlement.
외교 **협상**은 분쟁 해결을 위한 첫 번째 단계이다.

➊ negotiate ⓥ 협상하다, 교섭하다 | negotiator ⓝ 협상가, 교섭자

다의어

★
0724 **reconciliation**

[rèkənsìliéiʃən]

ⓝ 1 **화해, 조정**   2 조화, 조율

1 The UN plays an important role in national **reconciliation** after war.
국제 연합은 전쟁 후에 국가의 **화해**에서 중요한 역할을 한다.

2 a **reconciliation** between theory and practice
이론과 실제 사이의 **조화**

➊ reconcile ⓥ 화해시키다

0725 **treaty**

[trí:ti]

ⓝ 조약, 협정

The peace **treaty** between the two countries will soon be signed.
양국 사이의 평화 **조약**이 곧 조인될 것이다.

✪ cf. pact 협정, 조약

다의어

0726 resolution
[rèzəlúːʃən]

ⓝ 1 결의(안)　2 해결(책)　3 결심

1 A majority of UN nations adopted a **resolution** to ban nuclear weapons.
국제 연합 회원국 대다수가 핵무기 금지를 위한 **결의안**을 채택했다.

2 Democracy is seen as a system for peaceful **resolution** of conflicts.
민주주의는 분쟁의 평화로운 **해결책**을 위한 체제로 여겨진다.

3 New Year's **resolutions** 새해 **결심**

✚ resolve ⓥ 1 해결하다　2 결심하다　3 결의하다

0727 alliance
[əláiəns]

ⓝ 동맹(국), 제휴, 연합

NATO is a military **alliance** between nations and now includes 28 states.
나토는 국가 간의 군사 **동맹**으로 현재 28개국을 포함한다.

✚ ally ⓝ 동맹국, 연합국　ⓥ 동맹[연합], 제휴]하다

다의어

0728 sanction
[sǽŋkʃən]

ⓝ 1 (pl.) 제재　2 재가, 인가　🟰 approval　ⓥ 재개[인가]하다

n. 1 The president must impose trade **sanctions** on produce imports.　대통령은 농산물 수입에 무역 **제재**를 가해야 한다.

2 get formal **sanction** for a project
프로젝트에 대한 공식 **재가**를 얻다

⭐ 상반되는 두 가지 뜻을 갖는 단어이므로 문맥에 따라 뜻을 잘 파악해야 한다.

0729 sovereignty
[sávərinti]

ⓝ 주권, 종주권

Former colonies now enjoy newfound **sovereignty**.
이전의 식민지들이 이제는 새로 찾은 **주권**을 누린다.

✚ sovereign ⓝ 군주　ⓐ 절대 권력을 지닌

0730 neutrality
[njuːtrǽləti]

ⓝ 중립 (상태)

Switzerland has a long history of political **neutrality**.
스위스는 오랜 역사의 정치적 **중립**을 유지하고 있다.

✚ neutral ⓐ 중립의, 공평한

0731 security
[sikjúəriti]

ⓝ 안보, 안전; 보안

Do you believe national **security** is more important than privacy? 국가 **안보**가 개인적 자유보다 더 중요하다고 생각하니?
the UN **Security** Council 유엔 **안전 보장** 이사회

✚ secure ⓐ 안전한　ⓥ 안전하게 하다

PLAN
5 ......

0732 rivalry
[ráivəlri]

ⓝ 경쟁, 대항, 맞겨룸

The Cold War refers to the **rivalry** between the U.S. and the Soviet Union. 냉전은 미국과 구소련 사이의 **경쟁**을 말한다.

➕ rival ⓝ 경쟁자 ⓥ ~와 경쟁하다, 맞서다

외교관 · 외교 기관

0733 ambassador
[æmbǽsədər]

ⓝ 대사, 특사; 사절

He was appointed the American **ambassador** to Turkey.
그는 주 터키 미국 **대사**로 임명되었다.

🔍 cf. consul 영사

0734 embassy
[émbəsi]

ⓝ 대사관

The **embassy** issues visas to travelers from other countries.
대사관은 다른 나라로부터의 여행자들에게 비자를 발급한다.

🔍 cf. consulate 영사관

0735 delegate
ⓝ [déligit]
ⓥ [déligèit]

ⓝ 대표자, 대리(인) ⓥ (권한을) 위임하다; (대표를) 파견하다

Over 200 **delegates** from OECD countries meet in Helsinki.
OECD 회원국의 200명이 넘는 **대표자들**이 헬싱키에서 만난다.

delegate authority to the UN 유엔에 권한을 **위임하다**

➕ delegation ⓝ 대표단; 위임

군사 행동

0736 conquest
[káŋkwest]

ⓝ 정복

In history, **conquests** are about military victories.
역사적으로 **정복**은 군사적 승리에 관한 것이다.

➕ conquer ⓥ 정복하다

다의어

0737 engagement
[engéidʒmənt]

ⓝ 1 약혼 2 교전, 싸움 3 관여, 참여 4 고용

1 a collection of **engagement** rings **약혼** 반지 컬렉션
2 The ship was sunk during an **engagement** with enemy ships. 그 함선은 적함들과의 **교전** 중에 침몰하였다.
3 public **engagement** in environmental management
환경 관리에 대한 대중의 **참여**
4 enter into an **engagement** contract **고용** 계약에 들어가다

➕ engage ⓥ 1 (관심 등을) 끌다 2 고용하다 3 교전하다 4 관계를 맺다

0738 occupy
[ɑ́kjəpài]

Ⓥ 1 점령하다, 점거하다 2 차지하다

1 From 1554 to 1595, the city was **occupied** by the Ottoman Empire.
1554년부터 1595년까지 그 도시는 오스만 제국에 **점령당했다**.

2 This spa **occupies** an entire island.
이 온천장이 섬 전체를 **차지하고 있다**.

➕ occupancy ⓝ 점유, 점령; 점거 | occupant ⓝ 점유자, 거주자
occupation ⓝ 1 직업 2 점령; 점거

0739 subdue
[səbdjúː]

Ⓥ 진압하다; 정복하다

Emperor Augustus **subdued** the Germanic tribes.
아우구스투스 황제는 게르만 종족을 **정복했다**.

0740 deploy
[diplɔ́i]

Ⓥ (군대 등을) 배치하다, 전개하다

In October, 172,800 soldiers were **deployed** to the war zones. 10월에 172,800명의 병력이 전쟁 지역에 **배치되었다**.

➕ deployment ⓝ 배치, 전개

0741 provocation
[prɑ̀vəkéiʃən]

ⓝ 도발, 자극

The naval drills were seen as a military **provocation**.
그 해군 훈련은 군사적 **도발**로 간주되었다.

➕ provoke Ⓥ 도발하다, 자극하다

0742 counterattack
[káuntərətæ̀k]

ⓝ 반격, 역습 Ⓥ 반격[역습]하다

The general was massing his troops for a **counterattack**.
그 장군은 **역습**을 위해 군대를 소집하고 있었다.

0743 bombard
[bɑmbɑ́ːrd]

Ⓥ 1 폭격하다, 포격하다 2 (질문 등을) 퍼붓다

1 The Germans **bombarded** London on June 13, 1944.
1944년 6월 13일에 독일군은 런던을 **폭격했다**.

2 Reporters **bombarded** the president with questions related to his new policy.
기자들은 대통령에게 그의 새로운 정책과 관련된 질문을 **퍼부었다**.

➕ bomber ⓝ 폭격기 | bombardment ⓝ 폭격, 포격

0744 triumph
[tráiəmf]

ⓝ 승리; 개가 Ⓥ 승리를 거두다

Cinco de Mayo celebrates Mexico's **triumph** over French forces.
Cinco de Mayo(국경일)는 프랑스 군에 대한 멕시코의 **승리**를 기념한다.

Spain **triumphed** 3–1 in the final.
스페인이 결승전에서 3–1로 **승리를 거두었다**.

➕ triumphant ⓐ 승리를 거둔, 의기양양한

0745 **defeat**
[difíːt]

ⓥ 패배시키다; 좌절시키다　⊜beat　ⓝ 패배; 좌절, 실패

He who triumphs rises, and he who is **defeated** falls.
승리한 자는 흥하고, **패배한** 자는 몰락한다.

His opponent's quick response **defeated** his last attempt.
상대 선수의 빠른 대응이 그의 마지막 시도를 **좌절시켰다.**

The party suffered a major **defeat** in the election of 2007.
그 당은 2007년 선거에서 **참패**를 당했다.

> 🌀 defeat가 동사로 쓰일 때 뜻이 '패배하다'가 아니라 '패배시키다(= 이기다)'
> 인 것에 주의할 것.

0746 **retreat**
[ritríːt]

ⓥ 철수하다, 퇴각하다　↔advance 전진하다
ⓝ 철수, 퇴각　↔advance 전진

The U.S. army **retreated** from Vietnam in 1973.
미군은 1973년에 베트남에서 **철수했다.**

The German army was in full **retreat** northward.
독일군이 북쪽으로 완전히 **철수했다.**

다의어

0747 **surrender**
[səréndər]

ⓥ 1 항복하다, 굴복하다(to)　2 포기하다, 단념하다

1 Napoleon **surrendered** to the enemy on August 2, 1870.
　나폴레옹은 1870년 8월 2일에 적군에게 **항복했다.**

2 We should not **surrender** our freedom of expression.
　우리는 우리의 표현의 자유를 **포기하지** 말아야 한다.

다의어

0748 **troop**
[truːp]

ⓝ 1 군대, 병력　2 떼, 무리　ⓥ 무리 짓다

n. 1 The British government has decided to send more
　　troops to Bosnia.
　　영국 정부는 보스니아에 더 많은 **군대**를 파병하기로 결정했다.

　2 a **troop** of elephants　한 **떼**의 코끼리

v. A group of soldiers **trooped** into the house.
　한 무리의 군인들이 그 집 안으로 **무리 지어 들어갔다.**

0749 **admiral**
[ædmərəl]

ⓝ 해군 제독[장성]; (함대) 사령관

The **admiral** ordered his ships to prepare for action.
그 **해군 제독[함대 사령관]**은 자신의 함대에 전투 준비를 명했다.

> 🌀 cf. general 육군[공군] 장성, 장군

다의어

0750 **veteran**
[vétərən]

ⓝ 퇴역 군인　ⓐ 노련한

n. The **veteran** participated in multiple combat operations.
　그 **퇴역 군인**은 여러 차례의 전투 작전에 참여했다.

a. a **veteran** politician　**노련한** 정치인

Daily Check-up

빈칸에 알맞은 우리말 뜻 또는 영어 단어를 써넣어 워드맵을 완성하시오.

1 _____
　외교(술); 권모술수

2 _____
　summit

3 _____
　협상, 교섭

4 _____
　reconciliation

5 _____
　조약, 협정

6 _____
　결의(안); 해결(책); 결심

7 _____
　alliance

8 _____
　sanction

9 _____
　sovereignty

10 _____
　neutrality

11 _____
　안보, 안전; 보안

12 r _____
　경쟁, 대항, 맞겨룸

13 a _____
　대사, 특사; 사절

14 _____
　embassy

15 _____
　delegate

외교관·외교 기관

외교 행위·전략

외교·군사

군사 행동

16 c _____
　정복

17 _____
　engagement

18 o _____
　점령[점거]하다; 차지하다

19 _____
　subdue

20 _____
　deploy

21 _____
　provocation

22 _____
　counterattack

23 _____
　bombard

24 t _____
　승리(를 거두다)

25 _____
　패배(시키다); 좌절(시키다)

26 _____
　철수(하다), 퇴각(하다)

27 _____
　surrender

28 _____
　군대, 병력; 떼, 무리 (짓다)

29 _____
　admiral

30 _____
　퇴역 군인; 노련한

PLAN 6

사물

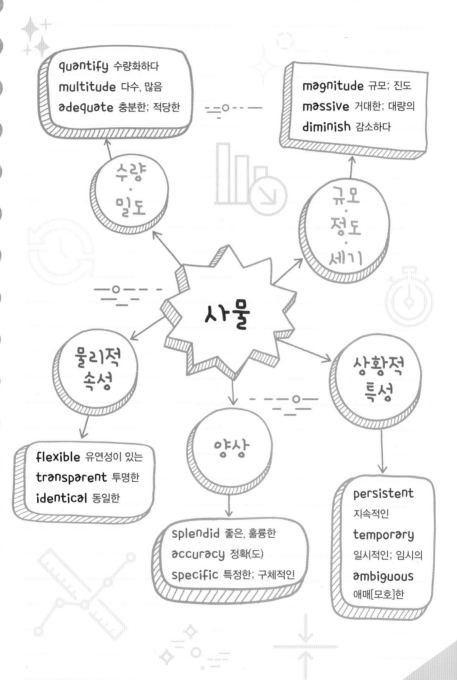

quantify 수량화하다
multitude 다수, 많음
adequate 충분한; 적당한

magnitude 규모; 진도
massive 거대한; 대량의
diminish 감소하다

수량·밀도

규모·정도·세기

사물

물리적 속성

상황적 특성

flexible 유연성이 있는
transparent 투명한
identical 동일한

양상

persistent
지속적인
temporary
일시적인; 임시의
ambiguous
애매[모호]한

splendid 좋은, 훌륭한
accuracy 정확(도)
specific 특정한; 구체적인

Day 26 | 수량 · 밀도

Must-Know Words

quantity 양, 수량	amount 양	quite a few 꽤 많은	tons of 엄청나게 많은
dozen 12개[명]	lack 부족, 결여; ~이 없다	shortage 부족	be short of ~이 부족하다

0751 *
quantify
[kwɑ́ntəfài]

ⓥ 수량화하다

The benefits of good habits are difficult to **quantify**.
좋은 습관의 이점은 **수량화하기** 힘들다.

➕ quantity ⓝ 양 | quantification ⓝ 수량화, 정량화
quantifiable ⓐ 수량화할 수 있는

다의어

0752 **
density
[dénsəti]

ⓝ 1 밀도 2 농도

1 **Density** is a measure of mass per unit of volume.
   밀도는 단위 부피당 질량을 나타내는 값이다.
2 the **density** of a solution 용액의 **농도**

➕ dense ⓐ 밀집된, 조밀한, 짙은

많음 · 풍부함

0753
multitude
[mʌ́ltitjùːd]

ⓝ 다수, (수가) 많음

Waikiki has a **multitude** of activities for you to enjoy.
와이키키에는 여러분이 즐길 **많은** 활동이 있습니다.

🔆 a multitude of ~ : 다수의, 수많은
➕ multiple ⓐ 다수의

0754 ***
abundant
[əbʌ́ndənt]

ⓐ 풍부한, 많은

Africa has **abundant** natural resources.
아프리카는 **풍부한** 천연자원을 가지고 있다.

➕ abundance ⓝ 풍부함, 많음

0755 *
abound
[əbáund]

ⓥ 풍부하다, 많이 있다

Boats are produced where water **abounds**.
선박은 물이 **풍부한** 곳에서 생산된다.

🔍 cf. bounty 풍부함; 관대함 | bountiful 풍부한; 너그러운

0756 ★★
plentiful
[pléntifəl]

ⓐ 풍부한, 충분한 ☰ abundant

Vegetables are **plentiful** in summer months.
채소는 여름철에 **풍부하다**.

➕ plenty ⓝ 풍부함, 충분함

❓ cf. plenty of ~: 많은, 충분한   예) plenty of time 많은[충분한] 시간

다의어

0757
ample
[ǽmpl]

ⓐ 1 충분한, 넉넉한 2 광대한, 넓은

1 There is **ample** evidence for global warming.
지구 온난화에 대한 **충분한** 증거가 있다.

2 **ample** space in the cupboards 찬장의 **넓은** 공간

➕ ampleness ⓝ 풍부함

0758 ★★★
considerable
[kənsídərəbəl]

ⓐ 상당한, 꽤 많은

Developing a new system takes a **considerable** amount of time and effort.
새로운 시스템을 개발하는 것은 **상당한** 양의 시간과 노력을 요한다.

❓ cf. considerate 사려 깊은

0759 ★
affluent
[ǽflu(ː)ənt]

ⓐ 풍요로운, 유복한

Poverty still exists in **affluent** societies.
빈곤은 **풍요로운** 사회에서도 여전히 존재한다.

➕ affluence ⓝ 풍요, 유복함

0760 ★★★
numerous
[njúːmərəs]

ⓐ 다수의, 많은

There are **numerous** ways to solve this problem.
이 문제를 해결하는 **다수의** 방법이 있다.

매우 많음 · 과다

0761 ★★
countless
[káuntlis]

ⓐ 무수한, 셀 수 없이 많은

Tropical rainforests are home to **countless** species of plants and animals.
열대 우림은 **무수한** 동식물 종의 보금자리이다.

❓ count(셈) + -less(없는)

0762 **innumerable**
[injúːmərəbəl]

ⓐ 무수한, 셀 수 없이 많은 ⹀countless

Innumerable products are made from oil.
셀 수 없이 많은 상품들이 석유로부터 만들어진다.

★ **0763** **immense**
[iméns]

ⓐ 막대한, 광대한

Humans produce an **immense** amount of waste every day.
인간은 매일 **막대한** 양의 쓰레기를 양산하고 있다.

➕ immensity ⓝ 광대함, 무한함

★★★ **0764** **enormous**
[inɔ́ːrməs]

ⓐ 매우 큰, 거대한, 막대한 ⹀immense

Poor sleep has an **enormous** impact on health.
수면 불량은 건강에 **매우 큰** 영향을 미친다.

0765 **lavish**
[lǽviʃ]

ⓐ 풍부한, 사치스러운

Parents want to buy **lavish** gifts for their children.
부모는 자녀들에게 **풍성한** 선물을 사주고 싶어 한다.

lavish lifestyles of billionaires 억만장자들의 **사치스런** 생활방식

다의어

★★★ **0766** **vast**
[væst]

ⓐ 1 막대한 2 광대한, 방대한

1 The U.S. has spent a **vast** sum of money on space exploration.
미국은 우주 탐사에 **막대한** 금액의 돈을 써 왔다.

2 Agricultural grasslands occupy **vast** areas of Western Europe.
농업용 초지가 서유럽의 **방대한** 지역을 차지하고 있다.

➕ vastness ⓝ 광대함, 방대함

0767 **redundant**
[ridʌ́ndənt]

ⓐ 필요 이상의, 과다한

There are too many **redundant** steps in the process.
그 과정에는 너무 많은 **필요 이상의** 단계가 있다.

➕ redundancy ⓝ 과잉, 과다

★★ **0768** **excessive**
[iksésiv]

ⓐ 과도한, 지나친

Excessive help causes people to be dependent on others.
과도한 도움은 사람들을 다른 이들에게 의존하게 한다.

➕ exceed ⓥ 초과하다 | excess ⓝ 초과, 과다

다의어

★
0769 **surplus**
[sə́:rplʌs]

ⓐ 잉여의, 과잉의 ⓝ 1 잉여, 과잉 ⊜excess 2 흑자

a. Exercising burns the **surplus** fat in the body.
운동은 몸의 **잉여** 지방을 연소시킨다.

n. 2 The state budget will end in a **surplus** this year.
주 예산이 올해에는 **흑자**로 끝날 것이다.

적당함 · 충분함

★★★
0770 **sufficient**
[səfíʃənt]

ⓐ 충분한, 족한 ⟷insufficient, deficient 불충분한, 부족한

Turn the lights off when there is **sufficient** sunlight.
햇빛이 **충분할** 때는 전등을 끄시오.

다의어

★★
0771 **adequate**
[ǽdikwət]

ⓐ 1 충분한 2 적당한, 적절한 ⟷inadequate 불충분한, 부적절한

1 Get an **adequate** amount of sleep every night.
매일 밤 **충분한** 수면을 취하라.

2 We take **adequate** steps to prevent accidents.
우리는 사고를 막기 위해 **적절한** 조치를 취한다.

➍ adequacy ⓝ 적절함, 적합성

다의어

★★
0772 **substantial**
[səbstǽnʃəl]

ⓐ 1 충분한, 상당한, 꽤 많은 2 실제적인

1 There are **substantial** reasons for not doing so.
그렇게 하지 않는 데에는 **충분한** 이유가 있다.

2 **substantial** possibility for continued development
지속적인 발전의 **실제적인** 가능성

➍ substance ⓝ 물질, 실체

0773 **replenish**
[ripléniʃ]

ⓥ 다시 채우다

Energy sources, once used up, cannot be **replenished**.
에너지원은 일단 다 소모되면 **다시 채워질** 수 없다.

➍ replenishment ⓝ 보충

🔍 cf. Supplement ⓝ 보충, 추가 ⓥ 보충하다

다의어

★★★
0774 **moderate**
[mάdərət]

ⓐ 1 알맞은, 적당한 2 절제하는, 삼가는 3 (기후가) 온화한

1 **Moderate** exercise is recommended for the elderly.
어르신들에게는 **적당한** 운동이 권장된다.

2 I try to be **moderate** in all my eating habits.
나는 모든 식습관에서 **절제하려고** 노력한다.

3 a very pleasant and **moderate** climate
매우 쾌적하고 **온화한** 기후

➍ moderation ⓝ 1 적당 2 온건, 중용

★★★ 0775 scarce
[skɛərs]

ⓐ 부족한, 드문 ↔ abundant 풍부한

Food is **scarce** for birds in the winter.
겨울에는 새들의 먹이가 **부족하다**.

➕ scarcity ⓝ 부족, 결핍 | scarcely ⓐⓓ 거의 ~하지 않다(= hardly)

0776 rarity
[réərəti]

ⓝ 드묾, 희소성, 희귀

Rarity plays a big role in driving up the prices of antiques.
희소성은 골동품 가격 상승에 커다란 역할을 한다.

➕ rare ⓐ 드문, 진기한

★★ 0777 deficiency
[difíʃənsi]

ⓝ 결핍, 부족 ⭢ shortage

Vitamin D **deficiency** causes muscle weakness.
비타민 D의 **결핍**은 근육 약화를 초래한다.

➕ deficient ⓐ 부족한, 불충분한
⭐ cf. AIDS (= acquired immune deficiency Syndrome) 후천성 면역 결핍증

0778 sparse
[spɑːrs]

ⓐ 희박한, 드문드문한

Mongolia has the **sparsest** population in Asia.
몽골이 아시아에서 가장 인구 밀도가 **희박하다**.

🎏 a sparse population 희박한 인구 (밀도)

0779 meager
[míːgər]

ⓐ 빈약한, 불충분한

I can't support my family with my **meager** income.
나는 내 **빈약한** 수입으로 가족을 부양할 수 없다.

★★ 0780 deficit
[défəsit]

ⓝ 적자, 부족 ↔ surplus 흑자

The budget **deficit** is growing at an alarming rate.
예산 **적자**가 놀라운 속도로 늘어나고 있다.

🎏 a budget deficit 예산 적자
　 a trade deficit 무역 적자
⭐ cf. ADHD (= attention deficit
　 hyperactivity diSorder)
　 주의력 결핍 과다행동 장애

빈칸에 알맞은 우리말 뜻 또는 영어 단어를 써넣어 워드맵을 완성하시오.

3 m _____
다수, (수가) 많음

4 _____
abundant

5 _____
abound

6 _____
plentiful

7 _____
ample

8 _____
considerable

9 _____
affluent

10 n _____
다수의, 많은

20 s _____
충분한, 족한

21 _____
adequate

22 _____
substantial

23 _____
replenish

24 _____
알맞은; 절제하는;
(기후가) 온화한

많음·풍부함

적당함·충분함

1 _____
quantify

2 _____
밀도; 농도

매우 많음·과다

적음·부족

11 c _____
무수한, 셀 수 없이 많은

12 _____
innumerable

13 _____
immense

14 e _____
매우 큰, 거대한

15 _____
lavish

16 v _____
막대한; 광대한

17 _____
redundant

18 e _____
과도한, 지나친

19 _____
잉여(의), 과잉(의); 흑자

25 s _____
부족한, 드문

26 _____
rarity

27 _____
deficiency

28 _____
sparse

29 _____
meager

30 _____
deficit

PLAN
6

Day 26 수량·밀도 ★ 177

Day 27 규모 · 정도 · 세기

Must-Know Words

force 힘 volume 용량, 양; 음량 range 범위(가 ~이다) capacity 용량; 능력
depth 깊이 strength 힘; 강도, 세기 increase 증가(하다) decrease 감소(하다)

★
0781
scope
[skoup]

ⓝ 영역, 범위

The **scope** of technology is much broader than that of engineering.
기술의 **영역**은 공학의 영역보다 훨씬 더 넓다.

The country has strived to widen the **scope** of its international relations.
그 나라는 국제 관계의 **범위**를 넓히려고 노력해 왔다.

다의어
★★★
0782
extent
[ikstént]

ⓝ 1 정도, 범위 ⿻degree 2 넓이, 크기, 규모

1 To what **extent** do you agree with this suggestion?
당신은 이 제안에 어느 **정도** 동의합니까?
👄 to some extent 어느 정도는

2 the **extent** of the museum's collection 박물관의 수집품 **규모**

⊕ extend ⓥ 늘리다, 확장하다 | extension ⓝ 1 연장, 확장 2 내선 번호

다의어
★
0783
dimension
[diménʃən / dai-]

ⓝ 1 크기, 치수 2 차원 3 일면, 양상

1 The **dimensions** of the room are 8m by 9m by 3m.
그 방의 **크기**는 가로 8미터, 세로 9미터, 높이 3미터이다.

2 show the fiber structure in three **dimensions**
섬유 구조를 3**차원**으로[입체로] 보여주다

3 add a new **dimension** to life 삶에 새로운 **일면**을 더하다

⊕ dimensional ⓐ 차원의 | two-dimensional ⓐ 2차원의, 평면의
three-dimensional ⓐ 3차원의, 입체의

다의어
★★
0784
magnitude
[mǽgnətjùːd]

ⓝ 1 규모, 크기 2 (지진) 진도

1 The **magnitude** of the damage is getting bigger.
피해의 **규모**가 더 커지고 있다.

2 an earthquake with a **magnitude** of 2.0
진도 2.0의 지진

EARTHQUAKE MAGNITUDE SCALE

넓음 · 강함

---

* 0785 **gigantic**
[dʒaigǽntik]

ⓐ 거대한 ⊜ huge

The pyramids of Giza were created as **gigantic** tombs.
기자의 피라미드들은 **거대한** 무덤으로 만들어졌다.

** 0786 **massive**
[mǽsiv]

ⓐ 1 거대한, 육중한　2 대량의

1 **Massive** stones were used to build the temple.
　거대한 돌덩이들이 그 신전을 짓기 위해 사용되었다.

2 a **massive** amount of information **대량의** 정보

*** 0787 **tremendous**
[triméndəs]

ⓐ 1 거대한, 엄청난　2 무시무시한, 굉장한

1 A **tremendous** earthquake struck Japan eight years ago.
　거대한 지진이 8년 전에 일본을 강타했다.

2 a **tremendous** explosion **무시무시한** 폭발

---

* 0788 **spacious**
[spéiʃəs]

ⓐ 넓은

The mansion has **spacious**, well-lit rooms.
그 저택에는 햇빛이 잘 드는 **넓은** 방들이 있다.

➕ space ⓝ 공간 | spatial ⓐ 공간의

** 0789 **extensive**
[iksténsiv]

ⓐ 광범위한, 광대한

Despite the **extensive** search, the kid is still missing.
광범위한 수색에도 불구하고 아이는 아직 실종 상태다.

➕ extensiveness ⓝ 광범위, 광대 | extensively ⓐⓓ 광범위하게

*** 0790 **intense**
[inténs]

ⓐ 강렬한, 극심한

The **intense** heat from the fire cracked the windows.
불에서 나오는 **강렬한** 열기가 유리창들에 금이 가게 했다.

feel **intense** pain in the stomach 복부에 **극심한** 통증을 느끼다

➕ intensity ⓝ 강도, 세기 | intensify ⓥ 강렬하게 하다

---

* 0791 **potent**
[póutənt]

ⓐ 강력한, 센 ⊜ powerful

Religion can have a **potent** influence on people's behavior.
종교는 사람들의 행동에 **강력한** 영향을 미칠 수 있다.

0792 robust
[roubʌ́st / róubʌst]

ⓐ 1 원기 왕성한 2 강건한 ⊜ sturdy

1 China has been showing **robust** economic growth.
중국은 **왕성한** 경제 성장을 보여 오고 있다.

2 the **robust** body of the warrior 전사의 **강건한** 신체

증가 · 강화

0793 enlarge
[enlɑ́ːrdʒ]

ⓥ 확대[증대]하다, (건물 등을) 넓히다

The company will continue to **enlarge** the production line.
그 회사는 계속해서 생산 라인을 **확대할** 것이다.

enlarge the storage space 저장 공간을 **넓히다**

➕ enlargement ⓝ 확대, 확장

💬 명사나 형용사의 앞 또는 뒤에 접사 en이 붙으면 동사가 된다.
예) endanger, strengthen

0794 enrich
[enrítʃ]

ⓥ 풍요롭게 하다, 유복하게 하다

Friendships **enrich** your life and improve your health.
우정은 삶을 **풍요롭게 하고** 건강을 증진시킨다.

➕ enrichment ⓝ 풍요롭게 하기, 질적 향상

0795 magnify
[mǽgnəfài]

ⓥ 확대하다, 증대시키다

A microscope **magnifies** the image of an object.
현미경은 물체의 이미지를 **확대한다**.

➕ magnification ⓝ 1 확대 2 (광학) 배율

0796 multiply
[mʌ́ltəplài]

ⓥ 1 증식하다 2 곱셈하다

1 Some bacteria **multiply** every fifteen minutes.
어떤 박테리아는 15분마다 **증식한다**.

2 **multiply** ten by six 10을 6배로 **곱하다**

➕ multiplication ⓝ 1 증식, 증가 2 곱셈 | multiple ⓐ 다수의

0797 amplify
[ǽmpləfài]

ⓥ 1 확대[확장]하다 2 (전기) 증폭하다

1 We must **amplify** our support for stopping crime.
우리는 범죄 방지에 대한 우리의 지지를 **확대해야** 한다.

2 Sounds are **amplified** by the microphone.
소리는 마이크로 **증폭된다**.

➕ amplification ⓝ 1 확대 2 증폭 | amplifier ⓝ 증폭기, 앰프

***
0798

accumulate
[əkjúːmjəlèit]

ⓥ 축적되다; 축적하다, 모으다

Body fat tends to **accumulate** on the hips and thighs.
체지방은 둔부와 대퇴부에 **축적되는** 경향이 있다.

accumulate knowledge and experience 지식과 경험을 **축적하다**

➕ accumulation ⓝ 축적, 누적 | cumulative ⓐ 누적하는, 누적의

**
0799

recharge
[riːtʃáːrdʒ]

ⓥ 재충전하다; 원기를 회복시키다

The batteries must be **recharged** for at least 6 hours.
그 배터리는 최소 6시간 동안 **재충전되어야** 한다.

The trip served as the perfect way to **recharge** my batteries.
그 여행은 내가 **원기를 회복하는** 완벽한 방법이 되었다.
👄 recharge one's batteries 원기를 회복하다, 재충전하다

➕ rechargeable ⓐ 재충전이 가능한

**
0800

complement
ⓥ [kámpləmènt]
ⓝ [kámpləmənt]

ⓥ 보충[보완]하다   ⓝ 보충(물), 보완(물)

Cake and tea **complement** each other perfectly.
케이크와 차는 서로 완벽하게 **보충해 준다.**

Music is a good **complement** to silence.
음악은 고요함에 대한 좋은 **보완물**이다.

➕ complementary ⓐ 보충하는
❓ cf. compliment(칭찬; 칭찬하다)와 혼동하지 않도록 주의할 것.

---

*
0801

fortify
[fɔ́ːrtəfài]

ⓥ 튼튼히 하다, 강화하다

With good habits, **fortify** your body against illness.
좋은 습관으로 병에 걸리지 않도록 몸을 **튼튼히 하라.**

➕ fort, fortress ⓝ 요새, 성채 | fortification ⓝ 강화, 요새화

***
0802

enhance
[inhǽns]

ⓥ 향상시키다, 질을 높이다 ⊜ improve

Science **enhances** our understanding of nature.
과학은 자연에 대한 우리의 이해를 **향상시킨다.**

enhance one's reputation 명성[평판]을 **높이다**

➕ enhancement ⓝ 향상, 증대, 고양

***
0803

strengthen
[stréŋkθən]

ⓥ 강화하다

R&D **strengthens** the innovative capability and
competitiveness of firms.
연구 및 개발은 기업의 혁신 역량과 경쟁력을 **강화한다.**

➕ strength ⓝ 힘, 세기

0804 lessen ★★
[lésn]

ⓥ 줄다, 줄어들다; 줄이다 ⸀reduce, decrease

Competition **lessens** when there are fewer competitors.
경쟁자들이 더 적을 때 경쟁은 **줄어든다**.

lessen the burden of tax on companies
기업에 대한 세금 부담을 **줄이다**

다의어

0805 diminish ★★
[dimíniʃ]

ⓥ 1 감소하다, 줄어들다 2 폄하하다, 깎아내리다

1 Land suitable for farming has **diminished** in size.
농경에 적합한 토지가 규모 면에서 **감소했다**.

2 **diminish** others' achievements 다른 사람들의 성취를 **폄하하다**

0806 dwindle ★
[dwíndl]

ⓥ 점점 줄다, 감소되다

My monthly income **dwindled** from about $2,000 to $200.
나의 월 소득이 2천 달러에서 2백 달러로 **점점 줄었다**.

➕ dwindling ⓐ (점차) 줄어드는

0807 shrink ★★
[ʃriŋk]
shrink-
shrank/shrunk-
shrunk

ⓥ 줄다, 위축되다

Recessions occur when economic activities **shrink**.
경제 활동이 **줄어들** 때 경기 침체가 일어난다.

⬤ 속어로 '정신과 의사'라는 의미도 있다.

0808 curtail
[kəːrtéil]

ⓥ 삭감하다, 단축하다 ⸀cut

The government **curtailed** spending on space research.
정부는 우주 연구에 대한 지출을 **삭감했다**.

Organizers **curtailed** the event on safety grounds.
주최 측은 안전상의 이유로 행사를 **단축했다**.

➕ curtailment ⓝ 줄임, 단축, 삭감

0809 undermine ★★
[ʌ̀ndərmáin]

ⓥ 손상시키다, 해치다

Too much emotional language **undermines** your authority.
너무 과한 감정적 언어는 권위를 **손상시킨다**.

0810 aggravate ★
[ǽɡrəvèit]

ⓥ 악화시키다 ⸀⸀improve 향상시키다

Stress **aggravates** many skin diseases, including acne.
스트레스는 여드름을 포함해 여러 피부병을 **악화시킨다**.

➕ aggravation ⓝ 악화, 격화

빈칸에 알맞은 우리말 뜻 또는 영어 단어를 써넣어 워드맵을 완성하시오.

5 _____
gigantic

8 _____
spacious

11 _____
potent

6 m_____
거대한; 대량의

9 e_____
광범위한, 광대한

12 _____
robust

7 _____
tremendous

10 _____
intense

PLAN
6

**넓음
·강함**

**증가 ·
강화**

1 _____
scope

2 e_____
정도, 범위;
넓이, 크기, 규모

3 _____
dimension

4 m_____
규모, 크기; 진도

**감소 ·
약화**

13 e_____
확대하다; 넓히다

19 _____
재충전하다

14 _____
enrich

20 _____
보충하다; 보충(물)

15 _____
magnify

21 _____
fortify

16 m_____
증식하다; 곱셈하다

22 e_____
향상시키다, 질을 높이다

17 _____
amplify

23 s_____
강화하다

18 a_____
축적되다; 축적하다

24 l_____
줄다; 줄이다

25 d_____
감소하다; 폄하하다

26 _____
dwindle

27 _____
shrink

28 _____
curtail

29 u_____
손상시키다, 해치다

30 _____
aggravate

Day 28 물리적 속성

weakness 약함　　firm 단단한　　harden 굳다; 굳히다　　soften 부드러워지다; 부드럽게 하다

tender 부드러운　　surface 표면　　similarity 비슷함, 유사성　　motion 움직임

단단한 정도

0811 fragile
[frǽdʒəl / -dʒail]

ⓐ 연약한, 망가지기 쉬운

Her skin is as **fragile** as a butterfly's wings.
그녀의 피부는 나비의 날개만큼이나 **연약하다**.

➕ fragility ⓝ 연약함, 허약, 무름

🔄 cf. frail ⓐ (체질이) 허약한; 무른 | vulnerable ⓐ 상처받기 쉬운

다의어

0812 delicate
[délikət]

ⓐ 1 섬세한　2 가냘픈, 연약한

1　The gold ring has **delicate** designs carved on it.
　그 금반지에는 **섬세한** 도안이 새겨져 있다.

2　the **delicate** petals of a tulip　튤립의 **가냘픈** 꽃잎

➕ delicacy ⓝ 1 섬세함　2 연약함

0813 feeble
[fíːbl]

ⓐ 기력이 없는, 연약한

The old man was **feeble** and could no longer earn a living.
그 노인은 **기력이 없었고** 더 이상 생계를 꾸릴 수 없었다.

영영 physically weak because one is old or ill

0814 brittle
[brítl]

ⓐ 부서지기[깨지기] 쉬운

The rock became **brittle** and cracked eventually.
그 바위는 **부서지기 쉬워졌고** 급기야 쪼개졌다.

0815 sturdy
[stə́ːrdi]

ⓐ 튼튼한, 억센, 건장한

The stool is **sturdy** enough to support an adult.
그 의자는 어른을 지탱할 만큼 **튼튼하다**.

다의어

0816 **stout**
[staut]

ⓐ 1 (사람이) 건장한, 살집 있는　2 (물건이) 단단한, 억센

1 The hunter was a **stout** man with a thick black beard.
사냥꾼은 짙은 검은색 턱수염을 기른 **건장한** 남자였다.

2 a **stout** stick　**단단한** 지팡이

다의어

0817 **flexible**
[fléksəbl]

ⓐ 1 유연성이 있는
　 2 융통성이 있는　↔ rigid, inflexible 엄격한, 융통성이 없는

1 Most fishing rods are **flexible**, light, and hard.
대부분의 낚싯대는 **유연성이 있고** 가벼우며 단단하다.

2 be **flexible** in attitude and approach
태도와 접근법에서 **융통성이 있다**

➕ flexibility ⓝ 1 유연성　2 융통성

0818 **elastic**
[ilǽstik]

ⓐ 탄력(성)이 있는, 팽창력이 있는

Natural rubber is an **elastic** substance.
천연 고무는 **탄력성이 있는** 물질이다.

➕ elasticity ⓝ 탄력, 신축성

다의어

0819 **rigidity**
[ridʒídəti]

ⓝ 1 단단함　2 엄격함, 엄중함　＝ strictness

1 Metal frames give **rigidity** to a structure.
금속 골조는 구조물을 **단단하게** 만든다.

2 the **rigidity** of legal systems　법률 제도의 **엄중함**

➕ rigid ⓐ 1 단단한　2 엄격한

표면

0820 **slippery**
[slípəri]

ⓐ 미끄러운, 미끈거리는

The wood floor is very **slippery** when wet.
그 마룻바닥은 젖어 있을 때 매우 **미끄럽다**.

➕ slip ⓥ 미끄러지다

0821 **sticky**
[stíki]

ⓐ 끈적끈적한, 들러붙는, 점착성의

Honey is a **sticky** substance that bees make.
꿀은 꿀벌이 만드는 **끈적끈적한** 물질이다.

➕ stick ⓥ 들러붙다

다의어

0822 adhere
[ədhíər]

ⓥ 1 부착되다, 붙다(to) 2 고수하다(to)

1 Scotch tape **adheres** well to a variety of surfaces.
스카치테이프는 다양한 표면에 잘 **부착된다**.

2 **adhere** to the rules 규칙을 **고수하다**

➕ adherence ⓝ 1 부착 2 고수 | adhesion ⓝ 접착력
adhesive ⓐ 접착성의 ⓝ 접착제

0823 transparent
[trænspéərənt]

ⓐ 투명한 ↔ opaque 불투명한

Ordinary window glass is **transparent** to visible light.
보통의 유리창은 가시광선에 **투명하다**.

The government should be **transparent** and made public.
정부는 **투명해야** 하고 공개적이어야 한다.

➕ transparency ⓝ 투명(성)

0824 blurry
[blə́:ri]

ⓐ 흐릿한, 또렷하지 않은 ↔ sharp 선명한

The vision was **blurry**, and it was hard to drive.
시야가 **흐려서** 운전하기가 힘들었다.

➕ blur ⓥ 흐릿하게 하다 ⓝ 흐릿함

다의어

0825 superficial
[sù:pərfíʃəl]

ⓐ 1 피상적인, 천박한 2 표면(상)의, 외면의

1 **Superficial** understanding is not enough.
피상적인 이해만으로는 충분치 않다.

2 Despite the similarity of their **superficial** appearance, the two brothers are very different.
표면적인 모습의 유사성에도 불구하고, 그 두 형제는 매우 다르다.

유사성

0826 identical
[aidéntikəl]

ⓐ 동일한, 똑같은

There are two **identical** buildings being built side by side.
나란히 지어지고 있는 두 채의 **동일한** 건물이 있다.

🏠 identical twins 일란성 쌍둥이

⚙ '이란성 쌍둥이'는 fraternal twins이다.

다의어

0827 uniform
[jú:nəfɔ̀:rm]

ⓐ 획일적인, 균일한 ⓝ 제복, 교복

a. All of the bottles are **uniform** in size and shape.
그 병들은 모두 크기와 모양에서 **획일적이다**.

n. the pros and cons of school **uniforms** 교복 찬반론[장단점]

➕ uniformity ⓝ 획일성, 균일성

homogeneous
[hòumədʒíːniəs]

ⓐ 단일의, 동종[동질]의

No nation-state is founded on a **homogeneous** ethnic group.
어떤 국가도 **단일** 민족 집단으로 세워지지 않는다.

➕ homogeneity ⓝ 동종(성), 동질(성)

⭐ homo-는 '같은'이라는 뜻, hetero-는 '다른'이라는 뜻의 접두사이다.
cf. heterogeneous 이종의, 이질의

equivalent
[ikwívələnt]

ⓐ 같은, 등가의, 상당하는

The two proverbs are **equivalent** in meaning.
그 두 속담은 의미에 있어서 **같다**.

➕ equivalence ⓝ 같음, 등가, 동량

analogy
[ənǽlədʒi]

ⓝ 비유, 유사(점), 유추

You can draw an **analogy** between football and war.
축구와 전쟁 사이에서 **유사점**을 끌어낼 수 있다.

➕ analogous ⓐ 유사한, 비슷한

resemblance
[rizémbləns]

ⓝ 유사(성), 닮음

There is a striking **resemblance** between the two sisters.
그 두 자매는 뚜렷하게 **닮았다**.

➕ resemble ⓥ ~와 유사하다, 닮다

다의어

parallel
[pǽrəlèl]

ⓐ 1 유사한 2 평행하는 ⓥ 1 ~와 유사하다 2 ~에 필적하다
ⓝ 유사성 ⩵ similarity

a. 1 His career was **parallel** to that of his father's.
그의 경력은 부친의 경력과 **유사했다**.

2 Two **parallel** lines never meet.
두 개의 **평행선**은 결코 만나지 않는다.

v. 1 Their healthcare system **parallels** our own.
그들의 의료 시스템은 우리 것과 **유사하다**.

2 No one can **parallel** him in knowledge of movies.
영화에 관한 지식에서 그에 **필적할** 사람은 없다.

n. the **parallels** between brains and computers
뇌와 컴퓨터의 **유사성**

coincidence
[kouínsədəns]

ⓝ (우연의) 일치, 동시 발생

By **coincidence**, we both aimed for the same university.
우연의 일치로 우리 둘은 같은 대학교를 목표로 했다.

➕ coincide ⓥ 동시에 일어나다

0834 synchronize
[síŋkrənàiz]

ⓥ 동시성을 가지다, 동시에 발생하다

The sound on a film must **synchronize** with the action.
영화에서 음향은 동작과 **동시성을 가져야** 한다.

🏊 synchronized swimming 싱크로나이즈드 스위밍, 수중 발레

➕ synchronization ⓝ 동시에 하기, 동기화

움직임 · 위치 · 기타

★★ 0835 static
[stǽtik]

ⓐ 고정된, 정적인

House prices have been **static** for months.
몇 달째 주택 가격이 **고정적이었다.**

⚡ static electricity 정전기

★ 0836 stationary
[stéiʃənèri / -nəri]

ⓐ 움직이지 않는, 정주한

A **stationary** target is easy to aim at.
움직이지 않는 표적은 겨냥하기 쉽다.

⭐ 철자와 발음이 비슷한 stationery(문방구, 문구)와 혼동하지 않도록 주의할 것.

★★ 0837 dynamic
[dainǽmik]

ⓐ 1 동적인, 역동적인, 역학상의   2 활력이 넘치는

1 Vietnam's economy is experiencing **dynamic** changes.
베트남 경제는 **역동적인** 변화를 겪고 있다.

2 a **dynamic** young woman **활력 넘치는** 젊은 여성

➕ dynamics ⓝ 역학, 동역학

★ 0838 tangible
[tǽndʒəbl]

ⓐ 유형적인, 분명한 ↔ intangible 무형적인

Without **tangible** evidence, I can't believe your story.
유형적인 증거가 없으면, 나는 너의 이야기를 믿을 수 없다.

★★ 0839 virtual
[və́:rtʃuəl]

ⓐ 1 사실상의   2 가상의

1 She was not allowed to go out and was a **virtual** prisoner.
그녀는 외출이 허락되지 않아 **사실상** 수인이었다.

2 use **virtual** reality for education 교육에 **가상** 현실을 이용하다

🏊 a virtual impossibility 사실상 불가능한 일 | virtual reality 가상 현실

➕ virtually ⓐⓓ 1 사실상, 거의   2 가상으로

★ 0840 supernatural
[sù:pərnǽtʃərəl]

ⓐ 초자연적인, 불가사의한

Angels are **supernatural** beings found in most religions.
천사는 대부분의 종교에서 발견되는 **초자연적** 존재이다.

⭐ 접두사 super-는 '극도로, 초월하는'의 의미이다.

빈칸에 알맞은 우리말 뜻 또는 영어 단어를 써넣어 워드맵을 완성하시오.

1 f _____
연약한, 망가지기 쉬운

2 d _____
섬세한; 가냘픈

3 _____
feeble

4 _____
brittle

5 _____
sturdy

6 _____
stout

7 _____
유연성[융통성]이 있는

8 _____
elastic

9 _____
rigidity

10 _____
미끄러운, 미끈거리는

11 _____
끈적끈적한, 들러붙는

12 _____
adhere

13 t _____
투명한

14 b _____
흐릿한, 또렷하지 않은

15 _____
superficial

PLAN
6

단단한 정도

표면

물리적 속성

움직임·위치·기타

유사성

16 i _____
동일한, 똑같은

17 _____
획일적인, 균일한; 제복, 교복

18 _____
homogeneous

19 _____
equivalent

20 _____
analogy

21 _____
resemblance

22 p _____
유사한, 평행하는; 유사하다; 유사성

23 _____
coincidence

24 _____
synchronize

25 _____
static

26 _____
stationary

27 d _____
동적인, 역동적인; 활력이 넘치는

28 _____
tangible

29 _____
사실상의; 가상의

30 _____
supernatural

Day 29 상황적 특성

Must-Know Words

continue 계속하다　　　lasting 오래 지속되는　　　never-ending 끝없는　　　passing 지나가는, 일시적인
clarity 명료성, 명확성　　unclear 불확실한　　　　chaos 혼란　　　　　confusing 헷갈리는

항상성

0841
★★
persistent
[pəːrsístənt]

ⓐ 지속적인, 계속적인

If pain is **persistent**, you need to have an MRI.
통증이 **지속되면** MRI를 찍어보아야 합니다.

➕ persist ⓥ 지속하다 | persistence ⓝ 지속, 끈덕짐

0842
★★★
consistent
[kənsístənt]

ⓐ 일관된, 일치되는　↔ inconsistent 모순되는, 일관성 없는

There should be **consistent** rules for all members.
모든 구성원들을 위한 **일관된** 규칙이 있어야 한다.

This observation is **consistent** with our findings.
이 관찰은 우리의 연구 결과와 **일치한다**.
👄 be consistent with ~: ~와 일치하다

➕ consistency ⓝ 일관성 | consistently ⓐⓓ 한결같이

0843
★★★
continuous
[kəntínjuəs]

ⓐ 지속적인, 부단한

Overall employment shows a **continuous** increase since last year.
지난해 이후로 전체 고용이 **지속적인** 증가를 보이고 있다.

➕ continue ⓥ 계속하다 | continuing ⓐ 계속된
continuity ⓝ 연속(성) | continuously ⓐⓓ 끊임없이

0844
★★★
permanent
[pə́ːrmənənt]

ⓐ 영구적인, 불변의　↔ temporary 일시적인

At times, noise may lead to the **permanent** loss of hearing.
때때로 소음은 **영구적인** 청력 상실로 이어질 수 있다.

➕ permanently ⓐⓓ 영구적으로, 영원히

0845
★
eternal
[itə́ːrnəl]

ⓐ 영구[영원]한, 불멸의

We all long for **eternal** peace of mind.
우리 모두는 **영원한** 마음의 평화를 갈망한다.

➕ eternity ⓝ 영원, 무궁

0846 perpetual
[pərpétʃuəl]

ⓐ 영속하는, 끊임없는 ⊜ continuous

The Earth is in **perpetual** motion around the sun.
지구는 태양 주위를 도는 **영속적인** 운동을 한다.

영영 continuing all the time without changing or stopping
⊕ perpetuate ⓥ 영속시키다 | perpetuation ⓝ 영구화

PLAN
6

0847 stability
[stəbíləti]

ⓝ 안정(성) ⟷ instability 불안정(성)

Good weather increases the **stability** of crop production.
좋은 날씨는 곡물 생산의 **안정성**을 증가시킨다.

⊕ stable ⓐ 안정된(↔ unstable 불안정한)

0848 equilibrium
[ì:kwəlíbriəm]

ⓝ 균형, 평형 상태

We need an **equilibrium** between our rights and duties.
우리는 권리와 의무 사이의 **균형**이 필요하다.

0849 universal
[jù:nəvə́:rsəl]

ⓐ 보편적인; 전 세계적인

In ancient times, there was a **universal** belief in magic.
고대에는 마법에 대한 **보편적인** 믿음이 있었다.

📖 free universal health care 보편적 무상 의료
a universal truth 보편적 진실 | universal gravitation 만유인력
⊕ universality ⓝ 보편(타당)성, 일반성 | universe ⓝ 우주

0850 ubiquitous
[ju:bíkwətəs]

ⓐ 흔히 볼 수 있는, 도처에 있는

Skyscrapers are becoming increasingly **ubiquitous**.
초고층 건물은 점점 더 **흔히 볼 수 있게** 되고 있다.

영영 seeming to be everywhere
⊕ ubiquitously ⓐⓓ 어디든지, 도처에 | ubiquity ⓝ 도처에 있음, 편재

일시성 · 불확실성

0851 temporary
[témpərèri / -rəri]

ⓐ 일시적인; 임시의 ⟷ permanent 영구적인

Eating hot chilies causes a **temporary** increase in blood
pressure. 매운 칠리를 먹으면 혈압이 **일시적으로** 증가한다.

hire **temporary** workers **임시직** 근로자를 고용하다

0852 instantaneous
[ìnstəntéiniəs]

ⓐ 즉각적인, 즉시의; 순간의

Fear is an **instantaneous** reaction to a threat.
두려움은 위협에 대한 **즉각적인** 반응이다.

➕ instant ⓐ 1 즉각적인 2 인스턴트의, 즉석의 ⓝ 순간, 즉시
🔎 cf. instance 예, 사례, 경우

0853 mobility
[moubíləti]

ⓝ 이동성, 가동성

Mobility is the essence of modern life.
이동성은 현대 생활의 본질이다.

➕ mobile ⓐ 이동의, 움직이는 │ mobilize ⓥ 동원하다

0854 fluctuate
[flʌ́ktʃuèit]

ⓥ 오르내리다, 변동하다 ⊜ vary

Temperatures **fluctuate** between day and night.
기온은 낮과 밤 사이에 **오르내린다**.

➕ fluctuation ⓝ 오르내림, 변동

0855 occasional
[əkéiʒənəl]

ⓐ 가끔씩의, 때때로의

It will stay cloudy, and **occasional** rainfall will still be possible.
날씨가 계속 흐릴 것이며 **때때로** 비도 예상됩니다.

➕ occasion ⓝ 1 경우, 때 2 (특별) 행사 │ occasionally ⓐⓓ 가끔, 때때로

0856 ambiguous
[æmbígjuəs]

ⓐ 애매[모호]한, 분명하지 않은

The evidence must not be **ambiguous**; it must be clear.
증거가 **애매해서는** 안 되며, 분명해야 한다.

➕ ambiguity ⓝ 애매함, 모호함

0857 vagueness
[véignis]

ⓝ 막연함, 애매함, 어렴풋함

Clear writing has no **vagueness** in meaning.
명확한 글에는 의미의 **막연함**이 없다.

➕ vague ⓐ 희미한, 모호한

0858 obscure
[əbskjúər]

ⓥ 모호하게 하다 ⓐ 불명료한, 모호한

Too much information may **obscure** your message.
너무 많은 정보는 여러분의 메시지를 **모호하게 할** 수 있다.

Asking **obscure** questions will lead to wrong answers.
불명료한 질문을 하면 잘못된 답변으로 이어질 것이다.

➕ obscurity ⓝ 불명료함, 애매함

다의어

0859 perish
[périʃ]

ⓥ 1 죽다   2 멸망하다

1 **perish** because of lack of food 식량 부족으로 **죽다**
2 The Western Roman Empire **perished** in 476.
서로마 제국은 476년에 **멸망했다**.

다의어

0860 alternate
ⓥ [ɔ́:ltərnèit]
ⓐ [ɔ́:ltərnit]

ⓥ 번갈아 일어나다
ⓐ 1 번갈아 하는, 교대의   2 하나 걸러서의   3 (전기) 교류의

v. Rain and sun **alternate** during rainy seasons.
장마철에는 비가 오고 햇빛이 나는 일이 **번갈아 일어난다**.

a. 1 **alternate** layers of cheese and potatoes
치즈와 감자가 **번갈아** 겹겹이 놓인 것

2 The art gallery is open to the public only on **alternate** days.
그 미술관은 **하루 걸러서**만 대중에게 개방된다.

3 **alternate** electric current **교류** 전기

➕ alter ⓥ 바꾸다 | alternation ⓝ 교대, 번갈아 일어남
alternative ⓐ 대안의 ⓝ 대안

 진행성 · 확실성

0861 ongoing
[ángòuiŋ]

ⓐ 계속되는, 진행하는

There is an **ongoing** controversy over capital punishment.
사형을 둘러싼 **계속되는** 논쟁이 있다.

0862 prosper
[práspər]

ⓥ 번영하다, 번창하다, 번성하다

Those who work hard will **prosper** and be satisfied.
열심히 일하는 사람들이 **번영하고** 만족할 것이다.

➕ prosperous ⓐ 번영하는, 성공한 | prosperity ⓝ 번영, 번창, 융성

0863 flourish
[flə́:riʃ]

ⓥ 번영[번성]하다; (식물이) 잘 자라다, 우거지다 ⊜ thrive

Renaissance art **flourished** in Florence, Italy.
르네상스 예술은 이탈리아의 플로렌스[피렌체]에서 **번영했다**.

0864 thrive
[θraiv]

ⓥ 잘 자라다; 번성하다, 번창하다

Roses **thrive** when planted in full sun.
장미는 햇볕이 잘 드는 곳에 심으면 **잘 자란다**.

Pearl hunting **thrived** in the 19th century.
진주 잡이는 19세기에 **번창했다**.

➕ thriving ⓐ 왕성하게 자라는; 번영하는

^{★★★}
0865 **obvious**
[ábviəs]

ⓐ 명백한, 명확한, 명료한

For no **obvious** reason, he migrated to Melbourne, Australia.
어떤 **명백한** 이유도 없이 그는 호주의 멜버른으로 이주했다.

➕ obviously ⓐⓓ 분명히, 확실히

^{★★}
0866 **vivid**
[vívid]

ⓐ 1 생생한, 생기[활기]에 찬   2 (빛·색이) 선명한, 강렬한

1 The writer's description was more **vivid** than reality.
작가의 묘사는 현실보다 더 **생생했다.**

2 **vivid** colors of summer flowers 여름철 꽃들의 **선명한** 색상

➕ vividness ⓝ 생기 발랄함 | vividly ⓐⓓ 생생하게

[★]
0867 **vigorous**
[vígərəs]

ⓐ 1 활발한, 격렬한   2 원기 왕성한

1 **Vigorous** exercise is good for almost every part of the body.
격렬한 운동은 몸의 거의 모든 부분에 좋다.

2 He is a **vigorous** old man, looking much younger than his age.
그는 **원기 왕성한** 노인으로, 나이보다 훨씬 젊어 보인다.

➕ vigor ⓝ 힘, 활력

0868 **conspicuous**
[kənspíkjuəs]

ⓐ 1 눈에 잘 띄는, 똑똑히 보이는 2 두드러진, 현저한

1 The **conspicuous** road signs make it easy to get directions.
눈에 잘 띄는 도로 표지판들이 있어 길 찾기가 쉽다.

2 **conspicuous** achievement **두드러진** 업적[성취]

[★]
0869 **simultaneous**
[sàiməltéiniəs / sì-]

ⓐ 동시에 일어나는, 동시의

The breaststroke requires **simultaneous** movements of the arms. 평영은 두 팔의 **동시** 동작을 필요로 한다.

⚒ simultaneous interpretation 동시 통역

➕ simultaneously ⓐⓓ 동시에

🔍 cf. at the same time 동시에

[★]
0870 **spontaneous**
[spɑntéiniəs]

ⓐ 자연스럽게 일어나는, 자발적인

spontaneous participation in discussion **자발적인** 토론 참여
Love should be **spontaneous**, not planned.
사랑은 **자연스럽게** 일어나야 하며, 계획되어서는 안 된다.

➕ spontaneity ⓝ 자연스러움, 자발성

Daily Check-up

빈칸에 알맞은 우리말 뜻 또는 영어 단어를 써넣어 워드맵을 완성하시오.

1 p _____
지속적인, 계속적인

2 _____
consistent

3 c _____
지속적인, 부단한

4 p _____
영구적인, 불변의

5 _____
eternal

6 _____
perpetual

7 s _____
안정(성)

8 _____
equilibrium

9 _____
보편적인; 전 세계적인

10 _____
ubiquitous

11 _____
일시적인; 임시의

12 _____
instantaneous

13 _____
mobility

14 _____
fluctuate

15 o _____
가끔씩의, 때때로의

16 _____
ambiguous

17 _____
vagueness

18 o _____
모호하게 하다; 모호한

19 _____
perish

20 _____
번갈아 일어나다;
번갈아 하는

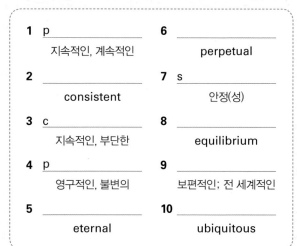

항상성

상황적
특성

진행성·
확실성

일시성·
불확실성

21 _____
ongoing

22 p _____
번영[번창, 번성]하다

23 f _____
번영하다; 잘 자라다

24 t _____
잘 자라다; 번성하다

25 _____
obvious

26 v _____
생생한; 선명한

27 _____
vigorous

28 _____
conspicuous

29 _____
simultaneous

30 _____
spontaneous

PLAN 6

Day 30 양상

Must-Know Words

excellent 훌륭한 　　　ordinary 평범한, 보통의　　impressive 인상적인　　brevity 간결함
exact 정확한　　　　　correct 정확한; 바로잡다　　precise 정확한　　　particular 특정한

탁월함 · 복잡함

0871 spectacle
[spéktəkl]

ⓝ 장관, 구경거리

The Independence Day firework show was quite a **spectacle**.
독립 기념일 불꽃놀이 쇼는 정말 **장관**이었다.

➕ spectacular ⓐ 구경거리의, 장관의 | spectator ⓝ 관중, 구경꾼

0872 magnificent
[mægnífəsənt]

ⓐ 장대한, 장려한

Our tour offers a **magnificent** view of Niagara Falls.
저희 관광은 나이아가라 폭포의 **장대한** 풍경을 제공합니다.

➕ magnificence ⓝ 장대함, 장엄함 | magnify ⓥ 확대하다

0873 splendid
[spléndid]

ⓐ 좋은, 훌륭한; 멋진, 근사한

What a **splendid** day for a picnic at the beach!
해변으로 소풍을 가기에 정말 **훌륭한** 날이다!

Suddenly, a **splendid** idea came into my head.
갑자기 **멋진** 아이디어가 내 마음속에 떠올랐다.

0874 extraordinary
[ikstrɔ́:rdənèri / -nəri]

ⓐ 1 특이한, 놀라운　2 비상한, 비범한　🟰 incredible

1 an **extraordinary** event 　**놀라운** 사건
2 Dogs have an **extraordinary** sense of smell.
　개는 **비범한** 후각을 갖고 있다.

🔍 extra(특별한, 대단한) + ordinary(평범한)

0875 brilliant
[bríljənt]

ⓐ 1 눈부신, 찬란한　2 훌륭한, 화려한　3 총명한, 재기 넘치는

1 The **brilliant** gems were shining as stars.
　눈부신 보석들이 별처럼 빛나고 있었다.

2 make a **brilliant** success in the business world
　비즈니스 세계에서 **훌륭한** 성공을 거두다

3 a **brilliant** student with all A's
　전 과목 A 학점을 받은 **총명한** 학생

➕ brilliance ⓝ 1 탁월함　2 광채

PLAN **6**

★★★
0876

complicated
[kámplikèitid]

ⓐ 복잡한　⊜ complex　↔ simple 단순한

Solving a **complicated** math problem makes my head spin.
복잡한 수학 문제 풀이가 내 머리를 빙빙 돌게 한다.

★★
0877

sophisticated
[səfístəkèitid]

ⓐ 정교한, 복잡한

The human visual system is a very **sophisticated** device.
인간의 시각 체계는 매우 **정교한** 장치이다.

➕ sophistication ⓝ 정교함, 복잡함

★★
0878

complexity
[kəmpléksəti]

ⓝ 복잡성

The **complexity** of the ecosystem is beyond imagination.
생태계의 **복잡함**은 상상을 초월한다.

➕ complex ⓐ 복잡한　ⓝ (건물) 단지

★
0879

intricate
[íntrəkit]

ⓐ 복잡한, 뒤얽힌　⊜ complicated

The human body is like a highly **intricate** machine.
인간의 신체는 매우 **복잡한** 기계와 같다.

★★
0880

elaborate
ⓐ [ilǽbərit]
ⓥ [ilǽbərèit]

ⓐ 공들인, 정교한　ⓥ 정교하게 만들다

prepare a very **elaborate** meal　**정성 들인** 식사를 준비하다
We need to **elaborate** our plan further.
우리는 우리의 계획을 더욱 **정교하게 만들** 필요가 있다.

➕ elaboration ⓝ 1 공들여 함　2 상술, 부연

> 정확성 · 일관성

0881

concise
[kənsáis]

ⓐ 간결한, 간명한　⊜ brief

The tour guide gave a **concise** explanation of the castle.
관광 가이드는 그 성에 대한 **간결한** 설명을 해주었다.

★★
0882

precision
[prisíʒən]

ⓝ 정확(성), 정밀(성)

The **precision** of weather prediction was extremely low.
날씨 예측의 **정확성**은 극히 낮았다.

➕ precise ⓐ 정확한, 정밀한(= exact)
　precisely ⓐⓓ 정확히(= exactly)

★★★ 0883 accuracy
[ǽkjərəsi]

ⓝ 정확(도), 정밀(도) ↔ inaccuracy 부정확함

The **accuracy** of this experiment depends on many factors, including good technique.
이 실험의 **정확도**는 좋은 기술을 포함한 여러 요인에 달려 있다.

➕ **accurate** ⓐ 정확한, 정밀한 | **accurately** ⓐⓓ 정확하게

★★ 0884 coherent
[kouhíərənt]

ⓐ 통일성 있는, 논리[조리] 정연한

Coherent writing requires concentration and focus.
통일성 있는 글은 집중과 초점을 필요로 한다.

She gave a **coherent** summary of the events.
그녀는 그 사건들을 **조리 있게** 요약했다.

➕ **coherence** ⓝ 통일성, 응집성 | **cohesion** ⓝ 단결력, 결속력

다의어

★★ 0885 intensive
[inténsiv]

ⓐ 1 집중적인, 철저한 2 집약적인

1 An elite athlete needs **intensive** training.
엘리트 운동선수는 **집중적인** 훈련을 필요로 한다.

2 a capital-**intensive** industry, such as shipbuilding
조선업과 같은 자본 **집약적인** 산업

➕ **intensiveness** ⓝ 1 철저 2 집약

★★ 0886 thorough
[θə́:rou]

ⓐ 철저한, 완전한

Our tax policies require **thorough** reform.
우리의 조세 제도는 **철저한** 개혁을 필요로 한다.

➕ **thoroughly** ⓐⓓ 철저히

❌ 철자가 유사한 through(~을 통해)나 though(~에도 불구하고)와 혼동하지 않도록 주의할 것.

다의어

★★★ 0887 specific
[spisífik]

ⓐ 1 특정한 ＝ particular ↔ general 일반적인 **2 구체적인**

1 The fund can only be used for a **specific** purpose.
그 기금은 오직 **특정한** 목적에만 사용될 수 있다.

2 Questions should be **specific**, not vague.
질문은 **구체적이어야** 하며, 막연해서는 안 된다.

➕ **specify** ⓥ 구체적으로 말하다[쓰다] | **specification** ⓝ 구체적 진술

★★ 0888 peculiar
[pikjú:ljər]

ⓐ 특이한, 독특한

Garlic has a **peculiar** taste and smell.
마늘은 **특이한** 맛과 냄새를 가지고 있다.

➕ **peculiarity** ⓝ 특이함

0889 ★
sheer
[ʃiər]

ⓐ 1 순전한, 단순한 2 순수한

1 The branch of the tree broke with the **sheer** weight of the fruit. 그 나무의 가지는 **순전한** 과실의 무게로 부러졌다.
　🔖 the sheer weight / size / number 순전한 무게 / 크기 / 수 (그 자체)

2 the **sheer** delight and beauty of classical ballet
고전 발레의 **순수한** 즐거움과 아름다움

부정적 어휘

PLAN 6

0890
absurdity
[əbsə́:rdəti]

ⓝ 어리석음, 불합리

I do not understand the **absurdity** of risking death.
나는 죽음을 무릅쓰는 **어리석음**을 이해하지 못한다.

➕ absurd ⓐ 어리석은, 불합리한

0891 ★
ridiculous
[ridíkjələs]

ⓐ 우스꽝스러운, 터무니없는

Everyone in the room laughed at her **ridiculous** dress.
방에 있던 모든 이가 그녀의 **우스꽝스러운** 드레스에 웃음을 터뜨렸다.

a **ridiculous** idea 터무니없는 생각

➕ ridicule ⓝ 비웃음, 조소 ⓥ 비웃다, 조소하다

0892 ★★
abrupt
[əbrʌ́pt]

ⓐ 느닷없는, 갑작스러운

It is said that the president's **abrupt** retirement was due to his health issues.
회장의 **갑작스런** 퇴직은 건강 문제에 기인한다고 한다.

➕ abruptly ⓐ 느닷없이, 갑작스럽게

반의어

0893 ★★★
external
[ikstə́:rnəl]

ⓐ 외부의, 밖의

I use an **external** hard drive to expand the storage space.
나는 저장 공간을 늘리기 위해 **외부[외장]** 하드 드라이브를 사용한다.

➕ externalize ⓥ 외면화하다, 표출하다
🔍 ex-는 '밖으로, 밖의'를 의미하는 접두사이다. 예) exterior 외부(의)

다의어

0894 ★★★
internal
[intə́:rnəl]

ⓐ 1 내부의, 안의 2 (의약) 내복용의

1 Civil wars are defined as **internal** conflicts within a state.
내전은 한 국가 내에서의 **내부적** 갈등으로 정의된다.

2 drugs for **internal** use 내복약

➕ internalize ⓥ 내면화하다

0895 shallow
★
[ʃǽlou]

@ 1 얕은 ↔ deep 깊은 2 피상적인 ⊜ superficial

1 Huge ships cannot travel on **shallow** rivers.
거대한 선박들은 **얕은** 하천을 따라 이동할 수 없다.

2 the danger of **shallow** understanding
피상적인 이해의 위험성

0896 profound
★★
[prəfáund]

@ 1 지대한, 중대한 2 깊은, 깊이 있는, 심오한 ⊜ deep

1 Education has **profound** effects on individual earnings.
교육은 개인의 소득에 **지대한** 영향을 미친다.

2 feel a **profound** sense of guilt **깊은** 죄책감을 느끼다
a **profound** question **심오한** 질문

0897 superior
★★★
[səpíəriər]

@ 우월한, 우위의(to) ⓝ 상관, 상급자

Men do not have a **superior** status to women.
남성은 여성보다 **우월한** 지위를 가지고 있지 않다.

Your boss is your **superior**.
여러분의 고용주는 여러분의 **상관**이다.

➕ superiority ⓝ 우월함, 우위

0898 inferior
★★
[infíəriər]

@ 열등한, 하위의, 하등의(to)

Humans are **inferior** in physical strength to many animals.
인간은 신체적 힘에서 많은 동물들에 비해 **열등하다**.

➕ inferiority ⓝ 열등함, 열세

0899 exquisite
[ikskwízit]

@ 정교한, 절묘한

Golf requires **exquisite** control and a perfect lack of tension.
골프는 **정교한** 제어와 완벽한 긴장 부재를 요한다.

0900 coarse
[kɔːrs]

@ 조잡한, 거친

Cavemen's stone tools were **coarse** and rough.
동굴 주거인들의 석기는 **조잡하고** 투박했다.

Daily Check-up

빈칸에 알맞은 우리말 뜻 또는 영어 단어를 써넣어 워드맵을 완성하시오.

1 s _____
장관, 구경거리

2 _____
magnificent

3 _____
splendid

4 e _____
특이한; 비범한

5 _____
brilliant

6 _____
complicated

7 _____
sophisticated

8 _____
complexity

9 _____
intricate

10 e _____
공들인; 정교하게 만들다

20 _____
absurdity

21 _____
ridiculous

22 a _____
느닷없는, 갑작스러운

부정적 어휘

탁월함 ·복잡함

반의어

양상

정확성 · 일관성

11 c _____
간결한, 간명한

12 _____
precision

13 a _____
정확(도), 정밀(도)

14 _____
coherent

15 _____
intensive

16 t _____
철저한, 완전한

17 s _____
특정한; 구체적인

18 _____
peculiar

19 _____
sheer

23 _____
external

24 _____
내부의; 내복용의

25 _____
얕은; 피상적인

26 _____
profound

27 _____
superior

28 _____
열등한, 하위의, 하등의

29 _____
exquisite

30 _____
coarse

PLAN 7

판단

enthusiastic 열성적인
prudent 신중한
empathy 공감, 감정 이입

generosity 관대함
extrovert 외향적인 사람
pessimistic 비관적인

태도
·
자세

성격
·
성향

판단

기질

위상
·
능력
·
의지

의사
표현

industrious 근면한
vanity 허영; 허무
malicious 악의 있는

assertive 단호한
advocate 옹호[변호]하다
reluctant 마음 내키지 않는

prominent
저명한
expertise
전문적 지식[기술]
determined
(굳게) 결심한

Day **31** 태도 · 자세

Must-Know Words

attitude 태도, 자세 helpful 기꺼이 돕는 honesty 정직, 솔직함 sympathetic 동정적인
selfish 이기적인 objective 객관적인 decent 품위 있는, 예의 바른 impolite 무례한

열정 · 솔직함

0901
passionate
[pǽʃənit]

ⓐ **열정적인, 열의에 찬**

Boys are usually **passionate** about sports.
남자아이들은 보통 스포츠에 **열정적이다.**

🔖 passionate about ~: ~에 대해 열정적인
➕ passion ⓝ 열정 | passionately ⓐ𝖽 열정적으로

0902
enthusiastic
[enθùːziǽstik]

ⓐ **열성적인, 열광적인**

Enthusiastic teachers always help students learn.
열성적인 교사는 항상 학생들이 배우도록 돕는다.

🔖 enthusiastic about ~: ~에 대해 열광[열성]적인
➕ enthusiasm ⓝ 열광, 열심 | enthusiastically ⓐ𝖽 열성적으로

0903
earnest
[ə́ːrnist]

ⓐ **성실한, 착실한**

Despite his **earnest** efforts, he failed to get a job.
성실한 노력에도 불구하고 그는 일자리를 얻지 못했다.

영영 very serious and sincere
➕ earnestly ⓐ𝖽 성실하게

0904
conscientious
[kὰnʃiénʃəs]

ⓐ **성실한, 양심적인**

He is a responsible, **conscientious** worker with a strong work ethic.
그는 그는 확고한 직업 의식을 가진 책임감 있고 **성실한** 직원이다.

🔖 a conscientious objector 양심적 병역 거부자
➕ conscience ⓝ 양심 | conscientiously ⓐ𝖽 성실하게, 양심적으로

0905
candid
[kǽndid]

ⓐ **솔직한, 정직한** ⊜ frank

Candid people are not afraid to say what they feel.
솔직한 사람들은 두려워하지 않고 자신이 느끼는 것을 말한다.

➕ candidly ⓐ𝖽 솔직하게, 정직하게 | candor ⓝ 솔직함, 정직함

신중함 · 실용적 태도

★
0906
prudent
[prú:dənt]

ⓐ 신중한, 조심성 있는　↔imprudent 경솔한

I am always **prudent** in what I post on social media.
나는 소셜 미디어에 게시하는 것에 항상 **신중하다**.

➕ prudence ⓝ 신중함, 빈틈없음

★★
0907
considerate
[kənsídərit]

ⓐ 사려 깊은, 배려하는　＝thoughtful

It is **considerate** of you to ask my opinion.
저의 의견을 묻다니 당신은 참 **사려 깊으시군요**.

🔎 cf. considerable 상당한

★
0908
punctual
[pʌ́ŋktʃuəl]

ⓐ 시간을 엄수하는

Being **punctual** is a basic piece of good manners.
시간을 준수하는 것은 좋은 예절의 기본 요소이다.

➕ punctuality ⓝ 시간 엄수

★
0909
meticulous
[mətíkjələs]

ⓐ 세심한, 매우 신중한

The chef was **meticulous** with my meal preparation.
요리사는 **세심하게** 나의 식사를 준비해 주었다.

★★
0910
alert
[ələ́:rt]

ⓐ 경계하는　ⓝ 경보, 경계　ⓥ 경계시키다, 경고하다

Employees must be **alert** to the possibility of accidental injuries. 직원들은 사고로 인한 부상의 가능성을 **경계해야** 한다.
be on the **alert** for wildfires 들불을 대비해 **경계하다**
This navigation app **alerts** drivers to nearby ambulances.
이 내비게이션 앱은 운전자들에게 근처에 있는 구급차에 대해 **경고해 준다**.

➕ alertness ⓝ 빈틈 없음, 경계함

★★
0911
cautious
[kɔ́:ʃəs]

ⓐ 주의하는, 조심하는, 신중한

Please be **cautious** not to make that mistake again.
그 실수를 다시 하지 않도록 **주의하세요**.

➕ caution ⓝ 주의, 조심 ｜ cautiously ⓐⓓ 조심스럽게

0912
discreet
[diskrí:t]

ⓐ 신중한, 분별 있는　↔indiscreet 경솔한

Be **discreet** in words and cautious in action.
말을 **신중하게** 하고 행동에 주의를 기울여라.

➕ discretion ⓝ 1 결정권　2 분별력, 신중함 ｜ discreetly ⓐⓓ 신중하게
🔎 discrete(별개의)와 혼동하지 않도록 주의할 것.

[★]
0913 **precaution**
[prikɔ́:ʃən]

ⓝ 예방 조치

Every homeowner should take **precautions** against fire.
모든 주택 소유자는 화재 방지를 위한 **예방 조치**를 취해야 한다.

➕ precautious ⓐ 조심하는, 경계하는
🔵 pre-(미리, 앞서서) + caution(주의)

0914 **pragmatic**
[prægmǽtik]

ⓐ 실용주의적인, 현실적인

Americans are **pragmatic** people who want practical solutions.
미국인들은 실용적인 해결책을 원하는 **실용주의적인** 사람들이다.

➕ pragmatism ⓝ 실용주의, 프래그머티즘

공감 · 정중함

^{★★}
0915 **attentive**
[əténtiv]

ⓐ 주의를 기울이는; 경청하는

Be **attentive** to what you're doing in that moment.
여러분이 그 순간 하고 있는 것에 **주의를 기울여라.**

An **attentive** listener always asks questions.
경청하는 청자는 항상 질문을 한다.

➕ attentiveness ⓝ 주의 집중 │ attention ⓝ 주의
attentively 🔲 주의 깊게

[★]
0916 **compassion**
[kəmpǽʃən]

ⓝ 연민, 동정심

We all feel **compassion** for endangered animals.
우리 모두는 멸종 위기에 처한 동물들에 대한 **연민**을 느낀다.

➕ compassionate ⓐ 동정심이 있는

^{★★}
0917 **empathy**
[émpəθi]

ⓝ 공감, 감정 이입

Empathy makes us feel the pain of others indirectly.
공감으로 인해 우리는 다른 이들의 고통을 간접적으로 느낀다.

🔲 the ability to understand other people's feelings and problems
➕ empathetic ⓐ 공감하는 │ empathize ⓥ 공감하다, 감정을 이입하다
🔵 cf. sympathy 동정심, 연민

[★]
0918 **altruistic**
[æltru:ístik]

ⓐ 이타적인 ⟷ selfish 이기적인

Is human nature fundamentally **altruistic** or selfish?
인간의 본성은 근본적으로 **이타적인가** 아니면 이기적인가?

➕ altruism ⓝ 이타심, 이타주의

[*]
0919 **impartial**
[impá:rʃəl]

ⓐ 공평한, 편견 없는 ⊜ fair, neutral ⟷ biased, partial 편향된

To be **impartial** is to act free of favor for either party.
공평한 것은 어느 측에 대한 호의도 없이 행동하는 것이다.

➕ impartiality ⓝ 공명정대
✪ 반의어인 partial에는 '편파적인' 외에 '부분적인'이라는 의미도 있다.

다의어

[*]
0920 **tolerant**
[tálərənt]

ⓐ 1 관대한, 아량 있는 2 내성이 있는

1 Globalization requires that you be **tolerant** of cultural differences.
세계화는 문화적 차이에 대해 **관대할** 것을 요구한다.

2 Some plants are **tolerant** of acidic soil.
어떤 식물들은 산성 토양에 **내성이** 있다.

➕ tolerance ⓝ 1 관용, 아량, 포용력 2 내성 | tolerate ⓥ 참다, 인내하다

0921 **cordial**
[kɔ́ːrdʒəl / kɔ́ːrdiəl]

ⓐ 충심 어린; 따뜻한

Each guest received a **cordial** welcome from the host.
각 손님은 주인으로부터 **충심 어린** 환영을 받았다.

give a **cordial** greeting to everyone
모든 이와 **따뜻한** 인사를 나누다

➕ cordially ⓐⓓ 진심으로, 공손하게

0922 **courteous**
[kə́ːrtiəs]

ⓐ 예의 바른, 정중한

The hostess welcomed her guests with **courteous** words.
그 여주인은 손님들을 **정중한** 말로 환영했다.

➕ courtesy ⓝ 예의 바름, 정중함 | courteously ⓐⓓ 예의 바르게, 정중하게

0923 **decency**
[díːsnsi]

ⓝ 품위, 고상, 단정, 예의 바름

Each person has a basic **decency** and goodness inside.
모든 사람은 내면에 기본적인 **품위**와 선의를 갖고 있다.

📖 the personal qualities of honesty, good manners, and respect for other people

➕ decent ⓐ 1 품위 있는, 단정한 2 (수입 등이) 어지간한

오만함 · 반항적 태도

^{**}
0924 **arrogant**
[ǽrəgənt]

ⓐ 교만한, 오만한, 건방진

The youth was too **arrogant** to listen to his mentor's advice.
그 젊은이는 너무 **교만하여** 스승의 조언을 듣지 않았다.

➕ arrogance ⓝ 오만, 거만 | arrogantly ⓐⓓ 오만하게, 거만하게

0925 boastful
[bóustfəl]

ⓐ 자랑하는, 허풍 떠는

Most parents will be **boastful** of their child's achievements.
대부분의 부모들은 자녀의 성취를 **자랑할** 것이다.

➕ boast ⓥ 자랑하다, 허풍 떨다

0926 rebellious
[ribéljəs]

ⓐ 반항적인, 다루기 힘든

He is **rebellious** and refuses to follow anyone's lead.
그는 **반항적이고** 누구를 따르기를 거부한다.

➕ rebel ⓥ 모반[반역]하다 ⓝ 반역자 | rebellion ⓝ 모반, 반란, 폭동

0927 defiant
[difáiənt]

ⓐ 도전적인, 반항적인

Teens are often **defiant** and like to break rules at times.
십대는 흔히 **반항적이며** 때로 규칙을 깨고 싶어 한다.

➕ defiance ⓝ 도전, 저항, 반항 | defy ⓥ 반항하다

다의어

0928 radical
[rǽdikəl]

ⓐ 1 급진적인, 과격한 ↔ conservative 보수적인
　 2 근본적인, 철저한
ⓝ 1 급진파[주의자] 2 (화학) -기

a. 1 France experienced a **radical** revolution in the 1790s.
프랑스는 1790년대에 **급진적인** 혁명을 경험했다.

　 2 a **radical** reform of the court system 사법 체계의 **근본적** 개혁

n. 1 be sided with either **radicals** or conservatives
급진파와 보수파 중 한 쪽을 편들다

　 2 Free **radicals** are unstable molecules that damage cells.
유리**기**는 세포를 파괴하는 불안정한 분자이다.

다의어

0929 authoritative
[əθɔ́ːritèitiv / -tətiv]

ⓐ 1 권위적인, 위압적인 2 권위 있는

1 The **authoritative** leaders make all the decisions themselves.
권위적인 지도자는 모든 결정을 스스로 내린다.

2 the **authoritative** role of expert knowledge
전문가 지식의 **권위 있는** 역할

➕ authority ⓝ 1 권위 2 (정부) 당국

0930 subjective
[səbdʒéktiv]

ⓐ 주관적인 ↔ objective 객관적인

Probability sampling does not depend on your **subjective** judgment.
확률 표집은 여러분의 **주관적** 판단에 좌우되지 않는다.

➕ subjectivity ⓝ 주관성

Daily Check-up

빈칸에 알맞은 우리말 뜻 또는 영어 단어를 써넣어 워드맵을 완성하시오.

1 p _____
열정적인, 열의에 찬

2 _____
enthusiastic

3 e _____
성실한, 착실한

4 _____
conscientious

5 c _____
솔직한, 정직한

6 _____
prudent

7 _____
considerate

8 _____
시간을 엄수하는

9 _____
meticulous

10 a _____
경계하는; 경보; 경계시키다

11 _____
cautious

12 d _____
신중한, 분별 있는

13 _____
precaution

14 _____
pragmatic

열정·솔직함

신중함·실용적 태도

오만함·반항적 태도

태도 · 자세

공감·정중함

15 _____
attentive

16 c _____
연민, 동정심

17 _____
empathy

18 _____
altruistic

19 _____
impartial

20 t _____
관대한; 내성이 있는

21 _____
cordial

22 _____
courteous

23 _____
decency

24 a _____
교만한, 오만한, 건방진

25 _____
boastful

26 _____
rebellious

27 _____
defiant

28 _____
급진적인; 급진파

29 _____
authoritative

30 _____
주관적인

Day 32 | 성격 · 성향

Must-Know Words

character 성격   personality 성격, 인성   nature 성격, 천성   sincere 진심 어린, 진실한

energetic 활력이 넘치는   cheerful 쾌활한   independent 독립적인   shyness 수줍음, 부끄러움

다의어

★
0931 **inclination**
[ìnklənéiʃən]

ⓝ 1 성향, 경향   2 기울기, 경사

1 Certainly, some have a natural **inclination** to lead.
확실히 어떤 사람들은 이끌려는 타고난 **성향**을 가지고 있다.
🏆 an inclination to *do*: ~하는 성향[경향]

2 The east side of the mountain has a steeper **inclination** than the west side. 그 산의 동쪽은 서쪽보다 **경사**가 더 가파르다.

➕ incline ⓥ 1 영향을 주다 2 기울다; 기울이다 ⓝ 경사

다의어

★★★
0932 **tendency**
[téndənsi]

ⓝ 1 경향, 성향   2 추세 ⊟ trend

1 Children show a **tendency** to learn nouns first and then verbs.
아이들은 명사를 먼저 배우고 그 다음에 동사를 배우는 **경향**을 보인다.
🏆 a tendency to *do*: ~하는 경향[성향]

2 There is an increasing **tendency** for old people to live alone. 노인들이 독거하는 **추세**가 증가하고 있다.

🌐 cf. tend to *do*: ~하는 경향이 있다

선함 · 진실함

0933 **virtuous**
[və́ːrtʃuəs]

ⓐ 덕망 높은, 고결한 ⟷ wicked 사악한

Patience is one of the most **virtuous** traits in today's world.
인내는 오늘날의 세계에서 가장 **고결한** 특성 중 하나다.

➕ virtue ⓝ 1 선 2 미덕 3 장점

★
0934 **integrity**
[intégrəti]

ⓝ 진실성, 정직

Behaving with **integrity** means acting honestly.
진실성 있게 행동하는 것은 정직하게 행동하는 것을 의미한다.

★★
0935 **sincerity**
[sinsérəti]

ⓝ 진심, 진실성

I have no doubt in the **sincerity** of his words.
나는 그의 말의 **진실성**에 추호의 의심도 없다.

➕ sincere ⓐ 진심 어린, 진실한

0936 **righteous**
[ráitʃəs]

ⓐ 올바른, 정직한

A **righteous** politician will make all his citizens leaders.
올바른 정치인은 모든 시민들을 지도자로 삼는다.

➕ righteousness ⓝ 정의로움, 올바름
🔍 cf. self-righteous 독선적인

0937 **genuine**
[dʒénjuin]

ⓐ 1 진정한, 진심에서 우러난 ＝sincere   2 진짜의 ＝real

1 Parents want their children to develop a **genuine** love for reading.
부모는 아이들이 독서에 대한 **진정한** 사랑을 갖게 되기를 바란다.
🔖 a genuine love / interest / desire 진정한 사랑 / 관심 / 바람

2 **Genuine** pearls are heavier than fake pearls.
진짜 진주는 모조 진주보다 무겁다.

0938 **sober**
[sóubər]

ⓐ 1 술에 취하지 않은, 맑은 정신의   2 냉철한, 진지한

1 If you are driving, you must be **sober**.
여러분이 운전을 하고 있다면, 여러분은 **술에 취해 있지 않아야** 한다.

2 He was a **sober** man, businesslike and efficient.
그는 **냉철한** 사람으로서 사무적이며 유능했다.

0939 **benevolent**
[bənévələnt]

ⓐ 자비심 많은, 인정 많은

A **benevolent** donor gave a large amount of money to charity.
한 **자비심 많은** 기부자가 자선 단체에 거액을 기부했다.

➕ benevolence ⓝ 자비심, 박애

0940 **generosity**
[dʒènərásəti]

ⓝ 관대함, 아량, 너그러움

Your **generosity** feeds hungry children in Africa.
여러분의 **관대함**이 아프리카의 굶주린 아이들에게 먹을 것을 줍니다.

➕ generous ⓐ 관대한, 너그러운

0941 **merciful**
[mə́ːrsifəl]

ⓐ 자비로운, 인정 많은 ↔merciless 무자비한, 냉혹한

Merciful acts can heal wounds and warm hearts.
자비로운 행동은 상처를 치유하고 가슴을 따뜻하게 할 수 있다.

➕ mercy ⓝ 자비, 인정

0942 amicable
[金mikəbl]

ⓐ 우호적인, 친화적인

The U.S. and China have maintained an **amicable** relationship.
미국과 중국은 **우호적인** 관계를 유지해 왔다.

➕ amicably ⓐⓓ 우호적으로

★★ 0943 sociable
[sóuʃəbl]

ⓐ 사교적인, 붙임성이 있는

He is **sociable** and has many good friends in class.
그는 **사교적이어서** 학급에 좋은 친구가 많다.

➕ sociability ⓝ 사교성, 붙임성

0944 outgoing
[autgóuiŋ]

ⓐ 개방적인, 사교적인

She is **outgoing** and enjoys meeting new people.
그녀는 **개방적이며** 새로운 사람들을 만나는 것을 즐긴다.

an outgoing personality 사교적인 성격

cf. easygoing 태평한, 느긋한

★★ 0945 extrovert
[ékstrouvə̀ːrt]

ⓝ 외향적인 사람

Extroverts are happiest when working with others.
외향적인 사람들은 다른 이들과 일할 때 가장 행복하다.

My sister is a natural **extrovert** whereas I am not.
나는 그렇지 않은데 내 여동생[언니]은 타고난 **외향적인 사람**이다.

➕ extroverted ⓐ 외향적인

★★ 0946 introvert
[íntrəvə̀ːrt]

ⓝ 내향적[내성적]인 사람

An **introvert**, he rarely expresses his feelings.
그는 **내향적인 사람**이라 좀처럼 자신의 감정을 표현하지 않는다.

➕ introverted ⓐ 내향적인, 내성적인

다의어

★★ 0947 reserved
[rizə́ːrvd]

ⓐ 1 말수가 적은, 과묵한 ⟷ talkative 수다스러운   2 예약된

1 The husband was talkative and the wife **reserved**.
　남편은 수다스러웠고 아내는 **말수가 적었다**.

2 I'm sorry, but this table is **reserved**.
　죄송하지만 이 테이블은 **예약되어** 있습니다.

★ 0948 stubborn
[stʌ́bərn]

ⓐ 완고한, 고집 센

She was **stubborn** and would not listen to anyone.
그녀는 **완고했고** 누구의 말도 들으려 하지 않았다.

➕ stubbornly ⓐⓓ 완고하게 | stubbornness ⓝ 완고함

0949

timidity
[timídəti]

ⓝ 소심함, 겁 ⊷ confidence 자신감

In the story, the shy Yuki tries to overcome her **timidity**.
이야기에서, 숫기 없는 Yuki는 자신의 **소심함**을 극복하려고 애쓴다.

➕ timid ⓐ 소심한, 겁 많은(↔ confident) | intimidate ⓥ 겁을 먹게 하다

★ 0950

cowardly
[káuərdli]

ⓐ 비겁한, 소심한

You make up excuses and engage in **cowardly** lies.
너는 변명을 늘어놓고 **비겁한** 거짓말을 하고 있어.

➕ coward ⓝ 비겁한 사람, 겁쟁이 | cowardice ⓝ 비겁함, 소심함

💡 명사에 -(l)y가 붙으면 형용사가 된다. 예) friendly, lovely

★★ 0951

passive
[pǽsiv]

ⓐ 수동적인, 소극적인 ⊷ active 능동적인

She is always **passive** regarding her life decisions.
그녀는 항상 자신의 삶에 대한 결정과 관련하여 **수동적이다**.

We become **passive** when we believe there's nothing we can do.
우리는 우리가 할 수 있는 것이 없다고 믿을 때 **소극적이** 된다.

➕ passivity ⓝ 수동성

0952

indecisive
[ìndisáisiv]

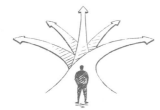

ⓐ 1 **우유부단한, 결단성이 없는** 2 (결과가) 분명하지 않은

1 I was **indecisive** and unsure of what I wanted.
나는 **우유부단하고** 내가 무엇을 원하는지 확신하지 못했다.

2 The election results were **indecisive**, and no clear winner emerged.
그 선거 결과는 **분명하지 않았고**, 어떤 뚜렷한 승자도 나타나지 않았다.

➕ indecisiveness ⓝ 우유부단 | indecision ⓝ 우유부단

💡 in-(반대) + decisive(결단력 있는, 단호한)

★ 0953

thoughtless
[θɔ́:tləs]

ⓐ 분별 없는, 생각 없는 ⊷ thoughtful 사려 깊은

It was **thoughtless** of him to leave like that.
그런 식으로 떠나버리다니 그는 **분별이 없었다**.

➕ thoughtlessness ⓝ 경솔함, 생각 없음

PLAN **7**

0954 mischievous
[místʃivəs]

ⓐ 1 장난기 어린, 장난기 있는 2 악의적인

1 His **mischievous** humor was never mean, just funny.
그의 **장난기 어린** 유머는 결코 비열하지 않았고 그저 재미있었다.

2 a **mischievous** remark **악의적** 발언

➕ mischief ⓝ 1 장난 2 해악

0955 easygoing
[ì:zigóuiŋ]

ⓐ 태평한, 느긋한

He is an **easygoing** person who gets along with everyone.
그는 누구와도 잘 지내는 **태평한** 사람이다.

👄 an easygoing attitude 태평한[느긋한] 태도

0956 optimistic
[àptəmístik]

ⓐ 낙관적인, 낙천적인

Be **optimistic** and confident about your future.
여러분의 미래에 대해 **낙관적으로** 생각하고 자신감을 가져라.

➕ optimism ⓝ 낙천주의, 낙관론 ｜ optimist ⓝ 낙천자, 낙관주의자

0957 pessimistic
[pèsəmístik]

ⓐ 비관적인, 염세적인

Being too **pessimistic** is just as wrong as being too optimistic.
너무 **비관적인** 것은 너무 낙관적인 것만큼 잘못이다.

➕ pessimism ⓝ 비관, 염세주의 ｜ pessimist ⓝ 비관론자, 염세주의자

0958 greedy
[grí:di]

ⓐ 탐욕스러운, 욕심 많은

Greedy landowners raised their rent for land.
탐욕스런 지주들은 토지 임대료를 올렸다.

➕ greed ⓝ 탐욕, 욕심

0959 insane
[inséin]

ⓐ 제정신이 아닌, 어리석은 ↔ sane 제정신의

You must be **insane** to pay $3,800 for a laptop.
노트북 컴퓨터 한 대에 3천8백 달러를 지불하다니 너는 **제정신이 아니구나**.

👄 go insane 미치다

➕ insanity ⓝ 미친 짓, 광기(↔ sanity 제정신)

0960 eccentric
[ikséntrik]

ⓐ 괴팍한, 괴짜인 ⓝ 괴짜

The common view is that Einstein was an **eccentric** genius.
일반적인 견해는 아인슈타인이 **괴팍한** 천재였다는 것이다.

Joe is an **eccentric** who often refers to himself in the third person.
Joe는 종종 자신을 3인칭으로 지칭하는 **괴짜**이다.

➕ eccentricity ⓝ 별난 행동, 기행

Daily Check-up

빈칸에 알맞은 우리말 뜻 또는 영어 단어를 써넣어 워드맵을 완성하시오.

3 _____
virtuous

4 _____
integrity

5 s_____
진심, 진실성

6 _____
righteous

7 _____
genuine

8 _____
술에 취하지 않은; 냉철한

9 _____
benevolent

10 _____
generosity

11 m_____
자비로운, 인정 많은

12 _____
amicable

13 _____
사교적인, 붙임성이 있는

14 o_____
개방적인, 사교적인

15 _____
extrovert

16 _____
내향적[내성적]인 사람

17 _____
reserved

18 _____
완고한, 고집 센

선함·진실함

1 i_____
성향, 경향; 기울기

2 t_____
경향, 성향; 추세

사교성·비사교성

소심함·수동성

기타

19 _____
timidity

20 c_____
비겁한, 소심한

21 _____
수동적인, 소극적인

22 _____
indecisive

23 t_____
분별 없는, 생각 없는

24 _____
mischievous

25 _____
easygoing

26 o_____
낙관적인, 낙천적인

27 _____
pessimistic

28 _____
탐욕스러운, 욕심 많은

29 i_____
제정신이 아닌, 어리석은

30 _____
eccentric

Day 33 : 기질

Must-Know Words

temper 욱하는 성질, 화   patience 인내심, 참을성   impatient 참을성이 없는   reliable 믿을 만한, 미더운
moody 감정 기복이 심한   wicked 사악한   mean 못된, 심술궂은   cruelty 잔인함

0961 temperament
[témpərəmənt]

ⓝ 기질, 성질

By **temperament**, Biki was unsuited to that job.
기질로 볼 때 Biki는 그 일에 적합하지 않았다.

다의어

0962 disposition
[dìspəzíʃən]

ⓝ 1 기질, 성격 ⹀temperament 2 경향, 성향 ⹀inclination

1 The rides are unsuitable for people of a nervous
disposition.
그 놀이기구들은 신경 과민성 **기질**을 지닌 사람들에게는 부적절하다.

2 have a **disposition** toward speeding
서두르는 **성향**이 있다

🔅 cf. predisposition 경향, 성향

성실 · 겸손 · 순종

0963 industrious
[indʌ́striəs]

ⓐ 근면한, 부지런한 ⹀hardworking

The **industrious** writer has published one book each year.
그 **근면한** 작가는 매해 책을 한 권씩 발표해 왔다.

➊ industriousness ⓝ 근면
🔅 cf. industrial 산업의

0964 diligent
[dílədʒənt]

ⓐ 근면한, 부지런한

Diligent workers always finish what they have started.
근면한 일꾼은 항상 시작한 일을 마무리한다.

➊ diligence ⓝ 근면 (성실)

0965 perseverance
[pə̀ːrsəvíːrəns]

ⓝ 인내(력), 참을성, 끈기

Talent without **perseverance** will not accomplish much.
인내력이 없는 재능은 많은 것을 성취하지 못할 것이다.

➊ persevere ⓥ 참다, 버티다

다의어

0966 endurance [indjúərəns]

ⓝ 1 인내(력) 2 지구력

1 Your **endurance** determines the end result.
인내력이 최종 결과를 결정한다.

2 Better breathing improves your **endurance** in every sport.
호흡 개선은 모든 스포츠에서 **지구력**을 향상시킨다.

➕ endure ⓥ 인내하다, 견디다 | endurable ⓐ 감내할 수 있는
enduring ⓐ 오래가는, 지속되는

다의어

0967 humble [hʌ́mbl]

ⓐ 1 겸손한, 겸허한 2 (신분 등이) 비천한 3 초라한, 시시한

1 The champion is always **humble** in his victories.
그 챔피언은 항상 자신의 승리에 대해 **겸손하다**.

2 She was a poor servant-girl of very **humble** birth.
그녀는 아주 **비천한** 태생의 가난한 하녀였다.

3 He is a self-made billionaire from **humble** beginnings.
그는 **초라하게** 시작해서 자수성가한 억만장자이다.

0968 humility [hju:míləti]

ⓝ 겸손, 겸양

Humility and kindness are the most important values in my life.
겸손과 친절은 내 삶에서 가장 중요한 가치들이다.

0969 modesty [mάdisti]

ⓝ 겸손; 수수함

His **modesty** led him to underrate the value of his work.
그는 **겸손**하여 자신의 작품 가치를 낮게 보았다.

➕ modest ⓐ 겸손한, 수수한

0970 obedient [oubí:diənt]

ⓐ 순종하는, 유순한 ↔ disobedient 순종하지 않는

Can you expect your children to always be **obedient**?
당신은 자녀가 항상 **순종하기**를 기대할 수 있는가?

➕ obey ⓥ 순종하다 | obedience ⓝ 순종, 복종

0971 loyalty [lɔ́iəlti]

ⓝ 충성(심), 충의, 충절

No organization can operate without **loyalty**.
어떤 조직도 **충성심**이 없으면 운영될 수 없다.

brand **loyalty** 특정 상표에 대한 **충성도**

➕ loyal ⓐ 충성스러운, 충직한

ⓠ royal((왕족의), royalty(인세, 저작권료)와 혼동하지 않도록 주의할 것.

PLAN 7

Day 33 기컬 ★ 217

patriotic
[pèitriátik / pǽtriɔ́tik]

ⓐ 애국적인, 애국[우국]의

Soldiers are **patriotic** and want to serve their country.
군인들은 **애국적이고** 나라에 이바지하기를 원한다.

➕ patriot ⓝ 애국자 | patriotism ⓝ 애국심

★ 0973

thrifty
[θrífti]

ⓐ 알뜰한, 절약하는, 검소한

Hundreds of bargains are here for **thrifty** housewives.
여기에 **알뜰한** 주부들을 위한 저렴한 물건들이 많이 있습니다.

➕ thrift ⓝ 검약, 검소

0974

frugal
[frú:gəl]

ⓐ 검약한, 소박한

A **frugal** lifestyle requires not wasting a penny.
검소한 생활 방식은 한 푼도 낭비하지 않는 것을 필요로 한다.

➕ frugality ⓝ 검약

허영 · 세련됨 · 섬세함

★ 0975

luxurious
[lʌgʒúəriəs]

ⓐ 호화스러운, 사치스러운

This **luxurious** house has a swimming pool and a sauna.
이 **호화스러운** 집은 수영장과 사우나 실을 갖추고 있다.

➕ luxury ⓝ 사치, 호사

다의어

0976

extravagant
[ikstrǽvəgənt]

ⓐ 1 낭비벽이 심한 2 사치스러운, 호화로운

1 Some royal families are particularly more **extravagant** than others.
일부 왕족은 다른 이들보다 특히 더 **낭비벽이 심하다**.

2 The **extravagant** wedding cost millions of dollars.
그 **사치스러운** 결혼식에 수백만 달러가 들었다.

➕ extravagance ⓝ 사치, 낭비

다의어

0977

vanity
[vǽnəti]

ⓝ 1 허영 2 허무, 덧없음

1 **Vanity** makes you want to be famous and admired.
허영은 여러분을 유명하고 칭송받고 싶게 만든다.

2 In the poem, Samuel Johnson reflects upon the **vanity** of wealth. 그 시에서 새뮤얼 존슨은 부의 **덧없음**에 대해 숙고한다.

➕ vain ⓐ 1 허영심이 많은 2 헛된

0978 refined
[riːfáind]

ⓐ 1 정제된 2 세련된, 품위 있는

1 Eating too much **refined** sugar causes many health problems.
정제된 설탕을 너무 많이 섭취하는 것은 많은 건강 문제를 일으킨다.

2 His **refined** manners made him very popular.
그의 **세련된** 행동거지는 그를 매우 인기 있게 만들었다.

➕ refine ⓥ 1 정제하다 2 세련되게 하다

0979 elegance
[éligəns]

ⓝ 우아(함), 고상, 기품

Well-chosen jewelry emphasized the queen's **elegance**.
엄선된 장신구가 그 여왕의 **우아함**을 두드러지게 했다.

➕ elegant ⓐ 우아한, 기품 있는

0980 sensitive
[sénsətiv]

ⓐ 민감한, 예민한

Most leaders are very **sensitive** to criticism or insults.
대부분의 지도자들은 비판이나 모욕에 매우 **민감하다**.

➕ sensitivity ⓝ 민감(성), 예민함
🔍 cf. sensible 분별 있는

0981 susceptible
[səséptəbəl]

ⓐ 1 ~에 민감한(to) 2 ~에 걸리기[영향받기] 쉬운(to)

1 She is **susceptible** to criticism due to low self-esteem.
낮은 자존감 때문에 그녀는 비판에 **민감하다**.

2 Why are the elderly more **susceptible** to Alzheimer's?
왜 노인들이 알츠하이머병에 더 **걸리기 쉬운가**?

➕ susceptibility ⓝ 감염되기[걸리기] 쉬움

0982 vulnerable
[vʌ́lnərəbəl]

ⓐ 상처받기 쉬운, 취약한

Children are **vulnerable** to negative reactions from their parents.
아이들은 부모들의 부정적인 반응에 **상처받기 쉽다**.

Our skin is **vulnerable** to damage by ultraviolet rays.
우리의 피부는 자외선으로 인한 손상에 **취약하다**.

➕ vulnerability ⓝ 취약성

0983 sentimental
[sèntəméntəl]

ⓐ 감상에 젖는, 다정다감한

I often become **sentimental** upon remembering my childhood.
나는 종종 어린 시절을 회상하며 **감상에 젖는다**.

🏵 for sentimental reasons 감정적인 이유로
➕ sentiment ⓝ 정서, 감정

0984 barbaric
[bɑːrbǽrik]

ⓐ 야만스러운, 미개한 ⊜ savage

Spanking is a **barbaric** practice in and of itself.
체벌은 그 자체가 **야만스러운** 행위이다.

➕ barbarian ⓝ 야만인, 미개인 │ barbarous ⓐ 미개한, 잔인한

다의어

★★ 0985 savage
[sǽvidʒ]

ⓐ 1 잔인한, 사나운 2 야만의, 미개한

1 Those who support their **savage** practice have questionable morality.
그들의 **잔인한** 관습을 지지하는 사람들은 의심스러운 도덕성을 가지고 있다.

2 There are still some **savage** tribes on that island.
그 섬에는 여전히 일부 **야만** 부족들이 있다.

★ 0986 brutality
[bruːtǽləti]

ⓝ 잔혹함, 잔인함

Stanley Kubrick's *Paths of Glory* depicts the **brutality** of war.
스탠리 큐브릭의 〈영광의 길〉은 전쟁의 **잔혹함**을 묘사한다.

➕ brutal ⓐ 잔혹한, 잔인한

★ 0987 relentless
[riléntlis]

ⓐ 잔인한; 가차 없는

Hundreds of people left the country to escape from the **relentless** tyrant.
그 **잔인한** 폭군으로부터 벗어나기 위해 수백 명의 사람들이 그 나라를 떠났다.

Many lives were lost in the **relentless** earthquake.
그 **가차 없는** 지진 속에서 많은 사람들이 생명을 잃었다.

➕ relentlessly ⓐⓓ 가차 없이, 집요하게

0988 ruthless
[rúːθlis]

ⓐ 무정한, 무자비한

The country was destroyed by the **ruthless** enemy.
그 나라는 **무자비한** 적에 의해 파괴되었다.

➕ ruthlessly ⓐⓓ 무자비하게

0989 malicious
[məlíʃəs]

ⓐ 악의적인, 심술궂은

How can we prevent **malicious** replies on the Internet?
우리가 어떻게 인터넷상의 **악의적인** 댓글을 막을 수 있을까?

➕ malice ⓝ 악의, 적의 │ maliciously ⓐⓓ 악의적으로

0990 cunning
[kʌ́niŋ]

ⓐ 교활한; 약삭빠른

He was a **cunning** liar who had committed many crimes.
그는 많은 범죄를 저지른 **교활한** 거짓말쟁이였다.

빈칸에 알맞은 우리말 뜻 또는 영어 단어를 써넣어 워드맵을 완성하시오.

3 _____
industrious

4 d _____
근면한, 부지런한

5 _____
perseverance

6 _____
endurance

7 h _____
겸손한; 비천한; 초라한

8 _____
humility

9 m _____
겸손; 수수함

10 _____
obedient

11 l _____
충성(심), 충의, 충절

12 _____
patriotic

13 t _____
알뜰한, 절약하는

14 _____
frugal

15 l _____
호화스러운, 사치스러운

16 _____
extravagant

17 v _____
허영; 허무, 덧없음

18 _____
refined

19 _____
elegance

20 _____
sensitive

21 _____
susceptible

22 v _____
상처받기 쉬운, 취약한

23 _____
sentimental

성실 ·
겸손 · 순종

1 t _____
기질, 성질

2 _____
disposition

잔인함 ·
사악함

허영 ·
세련됨 ·
섬세함

24 _____
barbaric

25 _____
savage

26 _____
brutality

27 _____
relentless

28 _____
ruthless

29 m _____
악의적인, 심술궂은

30 c _____
교활한; 약삭빠른

PLAN
7

Day 34 위상 · 능력 · 의지

Must-Know Words

fame 명성	well-known 유명한	worldwide 세계적인[으로]	capability 능력
skillful 솜씨 좋은, 능숙한	firm 단호한	appeal 호소(하다)	keen 간절히 바라는

위상

0991 renowned
[rináund]

ⓐ 유명한, 명성이 있는

Train companies in Japan are **renowned** for their punctuality.
일본 철도 회사들은 시간 엄수로 **유명하다**.

🔗 renowned for ~: ~로 유명한 | renowned as ~: ~로 알려진
➕ renown ⓝ 명성, 영명(= fame)

다의어

0992 prominent
[prɑ́mənənt]

ⓐ 1 저명한, 걸출한 2 돌출한, 튀어나온 3 두드러지는

1 Darwin had relationships with other **prominent** scientists.
다윈은 다른 **저명한** 과학자들과 관계를 맺었다.
2 a **prominent** nose **튀어나온** 코
3 The most **prominent** feature of the building is the central garden. 그 건물의 가장 **두드러진** 특징은 중앙의 정원이다.

➕ prominence ⓝ 1 저명함, 걸출 2 돌출

0993 eminent
[émənənt]

ⓐ 걸출한, 탁월한

Braun is known today as an **eminent** sculptor of his age.
Braun은 오늘날 당대의 **걸출한** 조각가로 알려져 있다.

영영 famous, respected, and regarded as important
➕ eminence ⓝ 명성, 고명함

0994 prestigious
[prestídʒiəs]

ⓐ 명문의, 명성 있는

The Ivy League consists of eight **prestigious** universities.
아이비리그는 8개의 **명문** 대학교로 구성되어 있다.

➕ prestige ⓝ 명성, 신망

0995 celebrity
[səlébrəti]

ⓝ 유명인, 명사

Celebrities suffer from invasions of privacy on a regular basis.
유명인들은 상시적으로 사생활 침해로 인해 고통받는다.

0996 ★
notable
[nóutəbl]

ⓐ 저명한, 유명한; 두드러진, 현저한

She is a **notable** figure in the world of ballet.
그녀는 발레의 세계에서 **저명한** 인사이다.

a **notable** feature   두드러진 특징

➕ note ⓥ 주목하다

0997 ★★
reputation
[rèpjətéiʃən]

ⓝ 명성; 평판

We have a worldwide **reputation** for gas technology.
우리는 가스 기술로 세계적인 **명성**을 갖고 있습니다.

They have a good **reputation** for offering quality services.
그들은 질 높은 서비스를 제공한다는 좋은 **평판**을 가지고 있다.

➕ repute ⓥ 평판하다 ⓝ 평판, 명성

0998 ★
notorious
[noutɔ́:riəs]

ⓐ 악명 높은 ⩵ infamous

The **notorious** thief was caught stealing a Picasso.
그 **악명 높은** 도둑은 피카소 작품을 훔치다가 붙잡혔다.

능력

0999 ★★
qualified
[kwάləfàid]

ⓐ 자격을 갖춘, 적임의

She is well **qualified** for the position because of her experience.
그녀는 경험이 있으므로 그 직위에 충분한 **자격을 갖추었다**.

➕ qualification ⓝ 자격

1000
novice
[nάvis]

ⓝ 초보자, 초심자 ⩵ beginner

Novice writers often pack too much into a single sentence.
초보 작가들은 흔히 너무 많은 것을 단 하나의 문장에 집어넣는다.

1001 ★★
expertise
[èkspərtí:z]

ⓝ 전문적 지식[기술]

Technical **expertise** is a valuable resource to the firm.
기술적 **전문 지식**은 그 기업에 귀중한 자원이다.

➕ expert ⓝ 전문가

1002 tactful
[tǽktfəl]

ⓐ 재치 있는, 꾀바른

Her **tactful** answer brought a smile to my face.
그녀의 **재치 있는** 답변이 내 얼굴에 웃음을 가져다주었다.

➕ tactics ⓝ 전술, 책략

1003 resourceful
[rizɔ́:rsfəl / risɔ́-]

ⓐ 기략[지략]이 풍부한, 수완이 좋은

A **resourceful** leader is able to develop new strategies.
기략이 풍부한 지도자는 새로운 전략을 개발할 줄 안다.

➕ resource ⓝ 1 자원 2 기략, 기지

1004 adept
[ədépt]

ⓐ 능숙한, 숙련된, 정통한   ⊜ skillful   ⟷ inept 서투른, 무능한

Magicians are **adept** at creating visual illusions.
마술사들은 시각적 착각을 일으키는 데 **능숙하다**.

1005 sensible
[sénsəbl]

ⓐ 현명한, 분별 있는

A **sensible** person will not overlook a thoughtful suggestion.
현명한 사람이라면 사려 깊은 제안을 간과하지 않을 것이다.

➕ sensibility ⓝ 분별력
🔍 cf. sensitive 민감한, 예민한

1006 clumsy
[klʌ́mzi]

ⓐ 서투른, 솜씨 없는

Beavers are smooth in the water but **clumsy** on land.
비버는 움직임이 물에서는 부드럽지만 땅에서는 **서툴다**.

➕ clumsiness ⓝ 서투름, 솜씨 없음

1007 helpless
[hélplis]

ⓐ 무력한, 무기력한

Human babies are **helpless** when they are born.
인간의 아기는 태어났을 때 **무력하다**.

➕ helplessness ⓝ 무력함, 무기력함

의지

1008 dedicate
[dédikèit]

ⓥ 바치다, 전념하다; 헌납하다(to)

Mother Teresa **dedicated** her life to assisting the poor.
테레사 수녀는 가난한 이들을 돕는 데 평생을 **바쳤다**.

This building was **dedicated** to the use of society.
이 건물은 사회의 사용에 **헌납되었다**.

➕ dedication ⓝ 공헌, 헌신, 이바지

1009 **commitment**
[kəmítmənt]

ⓝ 1 서약, 공약 2 전념, 헌신 3 (범죄의) 실행

1 We question the government's **commitment** to media freedom.
우리는 미디어의 자유에 대한 정부의 **약속**에 의문을 제기한다.

2 He was chosen because of his hard work and **commitment**.
그는 근면함과 **헌신**으로 인해 선택되었다.

3 There is evidence for his **commitment** of the crime.
그의 **범행**에 대한 증거가 있다.

➕ commit ⓥ 1 (범죄를) 저지르다 2 확실히 약속하다 3 전념하다
committed ⓐ 헌신적인, 열성적인

1010 **devotion**
[divóuʃən]

ⓝ 헌신, 전념

Mom will be remembered for her **devotion** to her family.
엄마는 가족에 대한 **헌신**으로 기억될 것이다.

➕ devote ⓥ 헌신하다, 바치다 │ devoted ⓐ 헌신적인

🔹 cf. devote oneself to ~: ~에 헌신하다

1011 **determined**
[ditə́:rmind]

ⓐ (굳게) 결심한, 결의에 찬

I was **determined** to care for her the best I could.
나는 최선을 다해 그녀를 돌보겠노라고 **굳게 결심했다**.

🔹 determined to *do*: ~하기로 (굳게) 결심한

➕ determination ⓝ 결의, 결단 │ determine ⓥ 결정하다

1012 **plead**
[pli:d]

ⓥ 애원하다, 간청하다 ⊜beg

He **pleaded** with the judge not to send him to prison.
그는 판사에게 자신을 감옥에 보내지 말아달라고 **간청했다**.

plead for help 도움을 애타게 요청하다

🔹 plead with ~ to *do*: ~에게 …해달라고 애원하다
plead for ~: ~을 간청하다

1013 **solicit**
[səlísit]

ⓥ 청하다, 간청하다, 졸라대다

The charity **solicited** support from local businesses.
그 자선 단체는 지역 기업들로부터의 지원을 **간청했다**.

➕ solicitation ⓝ 간청, 간원

1014 **eager**
[í:gər]

ⓐ 열망하는, 간절히 바라는

Our staff is **eager** to help you find what you need.
저희 직원들은 귀하가 필요한 것을 찾도록 돕기를 **열망합니다**.

🔹 eager to *do*: ~하기를 열망하는

➕ eagerness ⓝ 열망, 열심 │ eagerly ⓐⓓ 간절히, 열렬히

anxious
[ǽŋkʃəs]
★★
1015

ⓐ 1 열망하는, 하고 싶어 하는 2 걱정하는, 근심하는

1 Most students are **anxious** to get good grades.
대부분의 학생들은 좋은 성적을 거두기를 **열망한다**.
ᗩ anxious to *do*: 꼭 ~하고 싶어 하는
  anxious for ~: ~을 열망하는

2 Lately, I have become **anxious** about sleeplessness.
최근 들어 나는 불면증에 대해 **걱정하게** 되었다.
ᗩ anxious about ~: ~에 대해 걱정하는

✚ anxiousness ⓝ 열망 | anxiety ⓝ 걱정, 근심

---

zealous
[zéləs]
★
1016

ⓐ 열성적인, 열심인

My three-year-old is **zealous** about learning new words.
내 세 살배기 아이는 새로운 말을 배우는 데 **열성적이다**.

✚ zeal ⓝ 열성, 열심

---

yearn
[jə:rn]
★
1017

ⓥ 갈망하다, 열망하다(for) ⊜ long (for)

Everyone **yearns** for freedom from the world's chaos.
모든 이는 세상의 혼돈으로부터의 자유를 **갈망한다**.

✚ yearning ⓝ 열망, 동경

---

aspire
[əspáiər]
★
1018

ⓥ 열망하다, 대망을 품다

I **aspired** to become a pilot when I was growing up.
나는 자랄 때 조종사가 되기를 **열망했다**.

ᗩ aspire to *do*: ~하기를 열망하다
✚ aspiration ⓝ 열망, 포부 | aspiring ⓐ 포부가 큰, 야심 찬

---

conviction
[kənvíkʃən]
★★
1019

ⓝ 1 신념, 확신 2 유죄 판결

1 Gandhi did not give up his **conviction** of freedom.
간디는 자유에 대한 자신의 **신념**을 포기하지 않았다.

2 a criminal **conviction** 형법상의 **유죄 판결**

✚ convict ⓥ 유죄 판결을 내리다 ⓝ 죄인

---

abandon
[əbǽndən]
★★★
1020

ⓥ 1 단념하다 ⊜ give up 2 버리다, 버리고 떠나다 ⊜ leave

1 She did not **abandon** her ambition to become a teacher.
그녀는 교사가 되겠다는 대망을 **단념하지** 않았다.

2 The captain ordered his men to **abandon** the ship immediately.
선장은 선원들에게 즉시 배를 **버리라고** 명령했다.

✚ abandonment ⓝ 1 포기 2 유기

Daily Check-up

빈칸에 알맞은 우리말 뜻 또는 영어 단어를 써넣어 워드맵을 완성하시오.

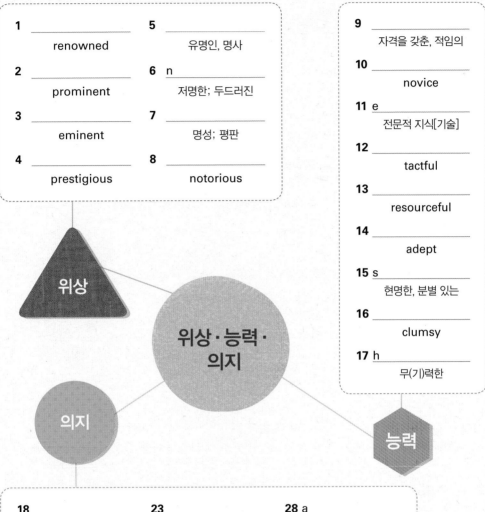

1 _____
　renowned

2 _____
　prominent

3 _____
　eminent

4 _____
　prestigious

5 _____
　유명인, 명사

6 n _____
　저명한; 두드러진

7 _____
　명성; 평판

8 _____
　notorious

9 _____
　자격을 갖춘, 적임의

10 _____
　novice

11 e _____
　전문적 지식[기술]

12 _____
　tactful

13 _____
　resourceful

14 _____
　adept

15 s _____
　현명한, 분별 있는

16 _____
　clumsy

17 h _____
　무(기)력한

위상

위상·능력·의지

의지

능력

18 _____
　dedicate

19 c _____
　서약, 공약; 전념;
　(범죄의) 실행

20 _____
　devotion

21 d _____
　(굳게) 결심한

22 _____
　plead

23 _____
　solicit

24 e _____
　열망하는,
　간절히 바라는

25 a _____
　열망하는; 걱정하는

26 _____
　zealous

27 _____
　yearn

28 a _____
　열망하다, 대망을 품다

29 _____
　conviction

30 _____
　단념하다; 버리다

PLAN
7

Day 35 의사 표현

Must-Know Words

argue 주장하다 | insist 고집하다, 주장하다 | opinion 의견 | support 지지(하다)
quarrel 말다툼(하다) | disagreement 의견 불일치 | refusal 거절, 거부 | dislike 싫어하다; 반감

주장

1021 assertive
[əsə́ːrtiv]

ⓐ 단호한, 단언적인

A great leader is **assertive** in every decision made.
위대한 지도자는 내려지는 모든 결정에 **단호하다**.

➕ assert ⓥ 단언하다, 주장하다 | assertion ⓝ 단언, 주장
assertiveness ⓝ 단호함

1022 insistent
[insístənt]

ⓐ 고집하는, 우기는

The kids were **insistent** on doing it themselves.
아이들은 그것을 직접 해보겠다고 **고집했다**.

👄 insistent on ~: ~을 고집하는 | insistent on *doing*: ~하겠다고 우기는

➕ insist ⓥ 고집하다, 주장하다 | insistence ⓝ 고집, 주장
insistently ⓐⓓ 고집스럽게, 집요하게

 다의어

1023 argument
[ɑ́ːrgjəmənt]

ⓝ 1 논쟁, 논의 2 주장 3 논거, 논점

1 The members had an **argument** over what to name their
club. 회원들은 클럽 이름을 무엇으로 할 것인가를 두고 **논쟁**을 벌였다.
2 Your **argument** is invalid because it uses circular
reasoning.
네 **주장**은 순환 논리를 사용하고 있으므로 유효하지 않다.
3 My main **argument** is that innovation drives economic
growth. 나의 주요 **논거**는 혁신이 경제 성장을 추동한다는 것이다.

➕ argue ⓥ 주장하다 | argumentative ⓐ 1 논쟁을 좋아하는 2 논증적인

 다의어

1024 initiative
[iníʃiətiv]

ⓝ 1 주도, 선도, 솔선 2 계획, 구상

1 An environmentalist took the **initiative** to guard the
forests. 한 환경 보호론자가 그 숲을 지키는 일을 **주도**했다.
👄 take the initiative 주도권을 잡다, 주도하다
2 a new **initiative** for peace on the Korean Peninsula
한반도의 평화를 위한 새로운 **계획[구상]**

➕ initiate ⓥ 시작하다, 개시하다 | initiation ⓝ 개시, 착수

다의어

*
1025 **contend**
[kənténd]

ⓥ 1 주장하다　2 경쟁하다, 다투다

1 The defendant **contended** that he had not been at the crime scene.
피고는 자신이 범죄 현장에 있지 않았다고 **주장했다.**

2 **contend** for the state championship
주 선수권을 차지하기 위해 **경쟁하다**

PLAN
7

동의·옹호

**
1026 **approve**
[əprúːv]

ⓥ 승인하다; 찬성하다(of)

Management **approved** a new information security policy.
경영진은 새로운 정보 보안 방침을 **승인했다.**

My parents don't **approve** of me dating.
부모님은 내가 데이트하는 것에 **찬성하지** 않으신다.

➕ approval ⓝ 승인, 인가

1027 **consent**
[kənsént]

ⓝ 동의, 승낙　ⓥ 동의하다

Students under 18 need their parents' **consent** before joining.
18세 미만 학생은 참가 전에 부모님의 **동의**가 필요합니다.

Some users won't **consent** to having their data collected.
일부 사용자들은 자신들이 자료가 수집되는 것에 **동의하지** 않을 것이다.

1028 **assent**
[əsént]

ⓥ 동의하다, 찬성하다　ⓝ 동의, 찬성

She **assented** to all I proposed with a nod of her head.
그녀는 고개를 끄덕여 내가 제안한 모든 것에 **동의했다.**

Congress gave its **assent** to the new welfare reform bill.
의회는 새로운 복지 개혁 법안에 **찬성했다.**
🏛 give one's assent to ~ : ~에 동의하다

다의어

*
1029 **affirmative**
[əfə́ːrmətiv]

ⓐ 1 긍정의, 승낙의　↔negative 부정의　2 확인하는

1 I had an **affirmative** answer for my request.
나는 내 요청에 대한 **긍정적인** 답변을 들었다.

2 She was **affirmative** that she did not want to quit.
그녀는 자신이 그만두기를 원하지 않는다고 **확인했다.**

🏛 affirmative action (= positive discrimination) 소수자 우대 정책
➕ affirm ⓥ 1 긍정하다　2 확인하다　|　affirmation ⓝ 1 긍정　2 확인, 단언

1030 ★★ advocate
ⓥ [ǽdvəkèit]
ⓝ [ǽdvəkit]

ⓥ 옹호하다; 변호하다　ⓝ 옹호자; 변호사

We **advocate** for greater investment in disaster risk reduction.　우리는 재난 위험 감소에의 더 많은 투자를 **옹호한다**.

a zealous **advocate** for pension reform
연금 개혁의 열성적인 **옹호자**

1031 ★ proponent
[prəpóunənt]

ⓝ 지지자, 옹호자　＝ supporter, advocate　↔ opponent 반대자

The number of **proponents** is greater than that of the opponents.
지지자의 수가 반대자의 수보다 더 많다.

 다의어

1032 ★★ favorable
[féivərəbl]

ⓐ 1 **호의적인**　2 알맞은

1 The writer's new novel got **favorable** reviews from critics.　그 작가의 새 소설은 평론가들에게 **호평**을 받았다.

2 provide a **favorable** environment for investors
투자자들에게 **알맞은** 환경을 제공하다

➕ favor ⓝ 호의, 친절　ⓥ 선호하다

1033 ★ hospitable
[hɑspítəbl / hǽspitəbl]

ⓐ 환대하는

It is not easy to be **hospitable** to new ideas and ways.
새로운 생각과 방식을 **환대하는** 것은 쉽지 않다.

➕ hospitality ⓝ 환대, 후한 대접

반대 · 거부

1034 ★★ objection
[əbdʒékʃən]

ⓝ 반대, 이의

Local residents presented their **objection** to the road closure.
지역 주민들은 도로 봉쇄에 대한 **반대 의사**를 제기했다.

➕ object ⓥ 반대하다(to)

1035 ★★ oppose
[əpóuz]

ⓥ 반대하다, 이의를 제기하다

Why does the president **oppose** the proposed reforms?
왜 대통령은 제안된 개혁안을 **반대하는가**?

🔖 be opposed to ~: ~에 반대하다
➕ opposition ⓝ 반대, 대립

1036 ★ disapprove
[dìsəprúːv]

ⓥ 승인[인가]하지 않다, 찬성하지 않다(of)

20% of voters approved of the bill while 47% **disapproved**.
투표자의 20퍼센트가 그 법안에 찬성한 반면 47%는 **찬성하지 않았다**.

➕ disapproval ⓝ 불승인, 반대

*
1037 **dissent**
[disént]

ⓥ 의견을 달리하다 ⓝ 불찬성, 이의

v. The minority are those who **dissent** from the decision made by the majority.
소수는 다수에 의한 결정과 **의견을 달리하는** 이들이다.

n. political **dissent** 정치적 **이의**

*
1038 **rejection**
[ridʒékʃən]

ⓝ 거절, 기각 ↔ acceptance 수락, 승인

Silence can imply either **rejection** or acceptance.
침묵은 **거절**을 암시할 수도 있고 수락을 암시할 수도 있다.

🔖 a rejection letter 불합격 통지서

➕ reject ⓥ 거절하다, 퇴짜 놓다

다의어

*
1039 **dismiss**
[dismís]

ⓥ 1 (의견 등을) 일축하다 2 해산시키다 3 해고하다

1 She **dismissed** my suggestion with a wave of her hand.
그녀는 손을 흔들어 나의 제안을 **일축했다**.

2 The class was **dismissed** early today.
수업이 오늘 일찍 **파했다**.

3 Those workers were unfairly **dismissed** for refusing to do overtime. 그 근로자들은 초과 근무를 거부하여 부당하게 **해고되었다**.

**
1040 **reluctant**
[rilʌ́ktənt]

ⓐ 마음 내키지 않는, 꺼리는 = unwilling

We are usually **reluctant** to give up our own ideas.
우리는 보통 자신의 생각을 포기하는 것을 **마음 내켜하지 않는다**.

🔖 reluctant to do: ~하는 것을 마음 내켜하지 않는

➕ reluctance ⓝ 마음이 내키지 않음, 꺼려함

*
1041 **unwilling**
[ʌnwíliŋ]

ⓐ 꺼리는, 내키지 않는 ↔ willing 꺼리지 않는

Investors are **unwilling** to accept a very low interest rate.
투자자들은 매우 낮은 이자율을 받아들이는 것을 **꺼린다**.

🔖 unwilling to do: ~하는 것을 꺼리는

*
1042 **hesitant**
[hézətənt]

ⓐ 주저하는, 머뭇거리는

At first, I was **hesitant** to do it, but I ended up enjoying it.
나는 처음엔 그것을 하는 것을 **주저했으나** 결국엔 즐기게 되었다.

➕ hesitate ⓥ 주저하다, 망설이다 | hesitation ⓝ 주저, 망설임

**
1043 **skeptical**
[sképtikəl]

ⓐ 회의적인, 의심 많은 = doubtful

Experts are **skeptical** about how effective the vaccine is.
전문가들은 그 백신이 얼마나 효과적인지에 **회의적이다**.

➕ skepticism ⓝ 회의론 | skeptic ⓝ 회의론자

[★]
1044 **cynical**
[sínikəl]

ⓐ 냉소적인

Not all singles have a **cynical** view of marriage.
모든 독신자들이 결혼에 대해 **냉소적인** 견해를 가진 것은 아니다.

➕ cynicism ⓝ 냉소(주의)

 강한 반대

^{★★}
1045 **hostile**
[hástəl / hɔ́stail]

ⓐ 적대적인

The two neighboring countries were **hostile** to each other.
그 이웃한 두 나라는 서로에게 **적대적이었다**.

➕ hostility ⓝ 적대감, 적의

 다의어

^{★★★}
1046 **opponent**
[əpóunənt]

ⓝ 1 적, 상대 2 **반대자** ⟷ supporter, proponent 지지자, 옹호자

1 Her **opponent** was the current world champion.
그녀의 **적[상대 선수]**은 현 세계 챔피언이었다.

2 **Opponents** of gun control argue that it would not reduce crime.
총기 규제 **반대자들**은 그것이 범죄를 감소시키지 않을 것이라고 주장한다.

[★]
1047 **despise**
[dispáiz]

ⓥ 경멸하다, 멸시하다, 얕보다

I **despise** liars, especially opportunistic liars.
나는 거짓말쟁이들, 특히 기회주의적인 거짓말쟁이들을 **경멸한다**.

[★]
1048 **contempt**
[kəntémpt]

ⓝ 경멸, 모욕

The saying goes, "Familiarity breeds **contempt.**"
속담에 이르기를 "'친숙함이 **경멸**을 낳는다.'고 한다.

^{★★}
1049 **aggressive**
[əgrésiv]

ⓐ 공격적인, 호전적인

Aggressive behavior does not solve any problems.
공격적인 행동은 어떤 문제도 해결하지 못한다.

➕ aggress ⓥ 공격하다 ｜ aggression ⓝ 공격

[★]
1050 **lament**
[ləmént]

ⓥ 한탄하다, 슬퍼하다 **ⓝ** 한탄, 비탄

In the poem, the poet **laments** the disappearance of traditions.
그 시에서 시인은 전통의 소멸을 **한탄한다**.

It is called the Wailing Wall because of the **laments** of the Jewish people.
그것은 유대인들의 **비탄** 때문에 '통곡의 벽'이라고 불린다.

Daily Check-up

빈칸에 알맞은 우리말 뜻 또는 영어 단어를 써넣어 워드맵을 완성하시오.

1 _____
assertive

2 i _____
고집하는, 우기는

3 _____
논쟁, 논의; 주장; 논거

4 _____
initiative

5 _____
contend

6 a _____
승인하다; 찬성하다

7 c _____
동의, 승낙; 동의하다

8 _____
assent

9 _____
affirmative

10 a _____
옹호[변호]하다;
옹호자; 변호사

11 _____
proponent

12 _____
favorable

13 _____
hospitable

PLAN 7

주장

동의·
옹호

의사 표현

반대·
거부

강한
반대

14 _____
objection

15 o _____
반대하다

16 d _____
승인하지 않다

17 _____
dissent

18 _____
rejection

19 _____
dismiss

20 _____
reluctant

21 u _____
꺼리는, 내키지 않는

22 _____
hesitant

23 _____
skeptical

24 c _____
냉소적인

25 _____
hostile

26 o _____
적, 상대; 반대자

27 _____
despise

28 c _____
경멸, 모욕

29 _____
공격적인, 호전적인

30 _____
lament

PLAN 8
정신 활동

consideration 고려
discern 분별[식별]하다
illustrate 예증하다

aptitude 적성, 소질
analytic 분석의, 분석적인
characteristic 특징(적인)

사고
작용

인지
영역

정신
활동

평가

상호
작용

언어
소통

inevitable 필연적인
crucial 매우 중요한
trivial 하찮은

controversy 논쟁
emphasize 강조하다
acknowledge 인정하다

influential
영향력 있는
instruction(s)
지시; 교육
enlighten
깨우치다

Day 36 · 사고 작용

숙고 · 열중

★★★
1051 consideration
[kənsìdəréiʃən]

ⓝ 고려, 숙고

Special **consideration** must be made for individual situations. 개별적 상황에 대한 특별한 **고려**가 이루어져야 한다.

➕ consider ⓥ 고려하다, 숙고하다

★
1052 contemplate
[kántəmplèit]

ⓥ 심사숙고하다; 명상하다

Contemplate and then respond to the argument.
심사숙고한 다음에 그 주장에 대응하라.

➕ contemplation ⓝ 심사숙고; 명상

1053 ponder
[pándər]

ⓥ 숙고하다, 깊이 생각하다(on, over)

I **pondered** over what they had offered me.
나는 그들이 내게 제안한 것에 대해 **숙고했다**.

다의어

★★
1054 deliberate
ⓥ [dilíbərèit]
ⓐ [dilíbərit]

ⓥ 숙고하다 ⓐ 고의적인, 의도적인 ⊜ intentional

v. We **deliberated** about what to do under the circumstances.
우리는 그 상황에서 무엇을 해야 할지를 **숙고했다**.

a. Sabotage is a **deliberate** act of destruction.
사보타주는 **고의적인** 파괴 행위이다.

➕ deliberation ⓝ 1 숙고 2 심의 | deliberately ⓐⓓ 고의로

다의어

★★★
1055 reflect
[riflékt]

ⓥ 1 되돌아보다, 숙고하다(on) 2 반영하다 3 반사하다

1 I often **reflect** on my work in order to improve it.
나는 항상을 위해 자주 나의 일을 **되돌아본다**.

2 Art and culture **reflect** the spirit and life of humanity.
예술과 문화는 인류의 정신과 삶을 **반영한다**.

3 A mirror **reflects** light. 거울은 빛을 **반사한다**.

➕ reflection ⓝ 1 숙고 2 반영 3 반사
reflective ⓐ 1 생각에 잠긴 2 반사하는

PLAN
8

1056 retrospect
[rétrəspèkt]

ⓥ 회고하다, 회상하다　ⓝ 회고, 회상

When I hear those old hits, I **retrospect** about my childhood.
그 흘러간 히트곡들을 들을 때, 나는 유년기를 **회고한다**.

In **retrospect**, I should have been more careful in my wording.
뒤돌아 보면 나는 말을 좀 더 조심했어야 했다.

👄 in retrospect 뒤돌아보면, 회고하면

➕ retrospective ⓐ 회고의, 회고적인

🔍 cf. introspect 내성하다, 성찰하다

1057 meditation
[mèdətéiʃən]

ⓝ 명상, 묵상

Meditation is a good way to reduce your stress level.
명상은 스트레스 수준을 낮추는 좋은 방법이다.

➕ meditate ⓥ 명상하다, 묵상하다

1058 preoccupy
[priːɑ́kjəpài]

ⓥ (마음을) 사로잡다, 열중하게 하다

Often, we are **preoccupied** with our own thoughts.
흔히 우리는 우리 자신의 생각에 **사로잡힌다**.

He was so **preoccupied** with work that he hardly ate.
그는 너무 일에 **열중하여** 거의 먹지 않았다.

👄 be preoccupied with ~: ~에 사로잡히다, 열중하다

➕ preoccupation ⓝ 열중, 몰두

1059 distract
[distrǽkt]

ⓥ 주의를 산만하게 하다

I was **distracted** from reading by the sudden music.
나는 독서를 하다가 갑작스런 음악 때문에 **주의가 산만해졌다**.

➕ distraction ⓝ 주의 산만 (요소)

구별 · 통합 · 관계

1060 separate
ⓥ [sépərèit]
ⓐ [sépərət]

ⓥ 분리하다, 떼어놓다　ⓐ 별개의, 각각의, 분리된

Sugar cannot be **separated** from sugar solutions by filtering.
설탕은 여과에 의해서는 설탕 용액으로부터 **분리될** 수 없다.

My wife and I have **separate** bank accounts.
아내와 나는 **별개의** 은행 계좌를 가지고 있다.

➕ separation ⓝ 1 분리; 이별　2 별거

*
1061 **discern**
[disə́:rn]

Ⓥ 분별[식별]하다; 인식하다, 알다

At least I can **discern** moral decisions from immoral ones.
적어도 나는 도덕적인 결정과 부도덕한 결정을 **분별할** 줄 안다.

➕ discernment ⓝ 식별(력)

***
1062 **distinguish**
[distíŋgwiʃ]

Ⓥ 구별하다, 구분하다   ⩵ differentiate

We can usually **distinguish** good singers from bad ones.
우리는 보통 훌륭한 가수와 형편없는 가수를 **구별할** 수 있다.

➕ distinct ⓐ 독특한; 별개의

**
1063 **integrate**
[íntəgrèit]

Ⓥ 통합하다, 합병하다

It can be difficult to **integrate** new members onto your team.
새 구성원을 팀에 **통합하는** 것은 어려울 수 있다.

➕ integration ⓝ 통합, 합병

**
1064 **incorporate**
[inkɔ́:rpərèit]

Ⓥ (~의 일부로) 포함하다, 통합하다, 합체시키다

Your ideas have been **incorporated** in the final decision.
여러분의 아이디어가 최종 결정에 **포함되었습니다**.

➕ incorporation ⓝ 포함, 통합

*
1065 **deem**
[di:m]

Ⓥ (~로) 생각하다, 간주하다   ⩵ consider

Education is **deemed** a tool for economic development.
교육은 경제 발전의 도구로 **생각된다**.

📖 deem *A B*: A를 B로 간주하다

다의어

***
1066 **attribute**
ⓥ [ətríbju:t]
ⓝ [ǽtribjù:t]

Ⓥ (~에) 돌리다, (~의) 탓으로 하다   ⓝ 특성, 속성

v. Do not **attribute** your achievement only to luck.
　여러분의 성취를 단지 운으로만 **돌리지** 마세요.
　📖 attribute *A* to *B*: A를 B의 탓으로 돌리다

n. Windstorms are an **attribute** of the climate in Central
　Europe.
　비를 수반하지 않는 폭풍은 중부 유럽 기후의 **특성**이다.

➕ attribution ⓝ 1 (원인 등을 ~에) 돌림 2 속성

1067 **ascribe**
[əskráib]

Ⓥ (원인·동기 등을 ~에) 돌리다, (~에) 기인하는 것으로 하다

She **ascribed** her failure to her lack of willpower.
그녀는 자신의 실패를 의지력 부족으로 **돌렸다**.

📖 ascribe *A* to *B*: A를 B의 탓으로 돌리다

**
1068 **correlate**

[kɔ́:rəlèit]

ⓥ 상호 관련되다; 관련시키다

Lower gas prices **correlate** with more traffic deaths.
낮은 휘발유 가격은 더 많은 교통사고 사망과 **관련이 있다**.

🔗 correlate with ~ / be correlated with ~: ~와 관련되다
➕ correlation ⓝ 상관, 상호 관계

시각화 · 예시 · 설명

*
1069 **visualize**

[víʒuəlàiz]

ⓥ 마음속에 그리다, 시각화하다

I like to **visualize** all the details as I read books.
나는 책을 읽으면서 모든 세부 사항을 **마음속에 그리는** 것을 좋아한다.

Using techniques like MRIs, we can **visualize** brain activity.
MRI 같은 기술을 이용해서 우리는 뇌 활동을 **시각화할** 수 있다.

➕ visual ⓐ 시각적인 │ visualization ⓝ 마음속에 떠올림, 시각화

1070 **envision**

[invíʒən]

ⓥ (미래의 일을) 마음속에 그리다, 상상하다

Why do we need to **envision** positive futures?
왜 우리는 긍정적인 미래를 **마음속에 그려볼** 필요가 있을까?

**
1071 **illustrate**

[íləstrèit]

ⓥ 예증하다, 설명하다

The incident **illustrates** the impact of farming on the quality of groundwater.
그 사건은 농업이 지하수의 질에 미치는 영향을 **예증한다**.

🔗 to illustrate 예를 들면
➕ illustration ⓝ 1 예증 2 삽화; 도해

다의어

***
1072 **demonstrate**

[démənstrèit]

ⓥ 1 증명해 보이다, 보여주다 ᐧshow 2 시위를 벌이다

1 The study **demonstrates** the effects of climate change.
그 연구는 기후 변화의 영향을 **증명해 보인다**.

2 **demonstrate** against the war 반전 **시위를 벌이다**

➕ demonstration ⓝ 1 증명 2 시위, 데모

**
1073 **acquaint**

[əkwéint]

ⓥ 정통하게 하다, 잘 알게 하다

Our tour guide was **acquainted** with high-quality restaurants.
우리 여행 가이드는 고급 식당들에 **정통했다**.

🔗 be acquainted with ~: ~에 정통하다, ~에 대해 잘 알다
➕ acquaintance ⓝ 1 익히 앎, 지식 2 아는 사람, 지인

1074
inference
[ínfərəns]

ⓝ 추론, 추리

Readers draw **inferences** from context about word meaning.
독자는 문맥을 통해 단어의 의미에 대해 **추론**한다.

➕ infer ⓥ 추론하다, 추리하다

다의어

1075
suggestion
[səgdʒéstʃən]

ⓝ 1 제안, 제의   2 암시, 시사

1 When my **suggestion** was adopted, I felt a great sense of self-satisfaction.
내 **제안**이 채택되었을 때, 나는 커다란 자기 만족을 느꼈다.

2 There was a **suggestion** of disbelief in her tone.
그녀의 어조에는 불신에 대한 **암시**가 배어 있었다.

➕ suggest ⓥ 1 제안하다, 제의하다   2 암시하다, 시사하다

1076
induction
[indʌ́kʃən]

ⓝ 귀납법, 귀납 추리   ↔ deduction 연역(법)

Many scientists use **induction** when developing theories.
많은 과학자들이 이론을 개발할 때 **귀납법**을 사용한다.

➕ inductive ⓐ 귀납적인(↔ deductive 연역적인)

1077
assumption
[əsʌ́mpʃən]

ⓝ 가정, 가설

Your **assumption** is not a fact and needs to be tested.
너의 **가정**은 사실이 아니며 검증될 필요가 있다.

➕ assume ⓥ 가정하다

1078
evaluation
[ivæ̀ljuéiʃən]

ⓝ 평가

Managers are responsible for the **evaluation** of employee performance. 관리자는 직원의 업무 성과에 대한 **평가**를 책임진다.

➕ evaluate ⓥ 평가하다

1079
assess
[əsés]

ⓥ 평가하다, 판단하다   ＝ evaluate

Is there any way to **assess** the value of cultural heritage?
문화유산의 가치를 **평가하는** 방법이 있는가?

Exams are commonly used to **assess** student learning.
시험이 흔히 학생의 학습을 **평가하는** 데 사용된다.

➕ assessment ⓝ 평가, 판단

1080
misconception
[mìskənsépʃən]

ⓝ 그릇된 생각, 오해   ＝ fallacy

One **misconception** is that genes determine all traits.
하나의 **그릇된 생각**은 유전자가 모든 특성을 결정한다는 것이다.

빈칸에 알맞은 우리말 뜻 또는 영어 단어를 써넣어 워드맵을 완성하시오.

1 c _____
고려, 숙고

2 _____
contemplate

3 _____
ponder

4 _____
deliberate

5 _____
되돌아보다;
반영[반사]하다

6 _____
retrospect

7 m _____
명상, 묵상

8 _____
preoccupy

9 _____
주의를 산만하게 하다

19 v _____
마음속에 그리다,
시각화하다

20 _____
envision

21 i _____
예증하다, 설명하다

22 _____
demonstrate

23 _____
acquaint

PLAN
8

시각화
·예시
·설명

숙고
·열중

사고 작용

추측·
추론·
평가

구별·
통합·
관계

10 _____
분리하다; 별개의

11 _____
discern

12 _____
distinguish

13 _____
integrate

14 _____
incorporate

15 _____
deem

16 _____
attribute

17 _____
ascribe

18 _____
correlate

24 i _____
추론, 추리

25 _____
제안, 제의; 암시, 시사

26 _____
induction

27 a _____
가정, 가설

28 _____
evaluation

29 _____
assess

30 _____
misconception

Day 37 | 인지 영역

Must-Know Words

intelligence 지능   mental 정신의   development 발달, 개발   analysis 분석
relate 관련시키다   disturb 방해하다   doubtful 의심하는   confuse 혼동하다

지적 능력

1081 **intellectual**
[ìntəléktʃuəl]
★★★

ⓐ 지적인, 지능의

IQ is a way to measure a person's **intellectual** ability.
아이큐(지능 지수)는 한 사람의 **지적** 능력을 측정하는 한 방법이다.

🏷 intellectual property 지적 재산(권)
➕ intellect ⓝ 지성, 지력
✪ cf. intelligent (사람이) 총명한, 지적인

1082 **aptitude**
[ǽptitùːd]

ⓝ 적성, 소질, 재능

Everyone has different **aptitudes** for different things.
모든 사람이 저마다 다른 것에 상이한 **적성**을 가지고 있다.

🏷 an aptitude test 적성 검사

1083 **foster**
[fɔ́(ː)stər]
★★

ⓥ 1 기르다, 촉진[조장]하다   2 (수양 자식으로) 기르다, 양육하다
ⓐ 수양의, 기르는

v. 1 Team sports can help **foster** better social skills.
팀 스포츠는 더 좋은 사회 기술을 **기르는** 데 도움이 될 수 있다.

2 **foster** an orphan 고아를 **기르다**

a. biological parents and **foster** parents
생물학적[친] 부모와 **수양**부모

1084 **facilitate**
[fəsílətèit]
★★

ⓥ 촉진하다, 조장하다

A variety of experiences **facilitate** cognitive development.
다양한 경험은 인지 발달을 **촉진한다**.

An increase in the temperature **facilitates** the growth of the
microbe. 온도 상승은 세균 증식을 **조장한다**.

➕ facilitation ⓝ 촉진, 조장

1085 **intrigue**
[intríːg]

ⓥ (지적으로) 흥미를 갖게 하다

I was **intrigued** by the strange title of the novel.
나는 그 소설의 기묘한 제목에 **흥미를 갖게 되었다**.

➕ intriguing ⓐ 흥미를 자아내는

다의어

★★
1086
trigger
[trígə:r]

ⓥ 1 촉발하다, 유발하다   2 방아쇠를 당기다
ⓝ 1 방아쇠   2 계기, 유인, 자극

v. 1 Imagination **triggers** creative thinking and innovation.
상상은 창의적 사고와 혁신을 **촉발한다**.

n. 2 the **trigger** for World War I   1차 세계대전의 **계기**

★
1087
endeavor
[indévər]

ⓥ 노력하다, 애쓰다   ⓝ 노력, 진력

A lot of teachers **endeavor** to improve their teaching.
많은 선생님들이 자신의 수업을 개선하려고 **노력한다**.

our **endeavor** to conserve and improve the environment
환경을 보존하고 개선하려는 우리의 **노력**

PLAN
8

분석 · 일반화

★★
1088
analytic(al)
[ænəlítik(əl)]

ⓐ 분석의, 분석적인

This difficult problem requires **analytical** thinking skills.
이 어려운 문제는 **분석적** 사고 기술을 필요로 한다.

➕ analyze ⓥ 분석하다 ｜ analysis ⓝ 분석 ｜ analyst ⓝ 분석가

★★
1089
trait
[treit]

ⓝ 특성, 특징, 특색

Each ethnic community has its own unique cultural **traits**.
각 민족 공동체는 그 자체의 고유한 문화적 **특성**을 갖고 있다.

★★★
1090
characteristic
[kæriktərístik]

ⓝ 특징, 특색   ⓐ 특징적인, 특색을 이루는   ＝ typical

One **characteristic** of leadership is communication.
리더십의 한 가지 **특징**은 의사소통이다.

characteristic elements of poetry   시의 **특징적인** 요소

 cf. character 성격, 등장인물, 문자

★★
1091
distinction
[distíŋkʃən]

ⓝ 구별, 차별; 특성, 특질

There is a clear **distinction** between colleges and
universities.   단과 대학과 종합 대학은 명확하게 **구별**된다.

➕ distinctive ⓐ 특이한, 독특한 ｜ distinct ⓐ 별개의, 뚜렷이 구별되는

★★
1092
consistency
[kənsístənsi]

ⓝ 일관성, 한결같음; (언행)일치

There should be **consistency** in your career planning.
너의 진로 계획에는 **일관성**이 있어야 한다.

➕ consistent ⓐ 일관된, 일치된

1093 ★

generalization
[dʒènərəlizéiʃən]

ⓝ 일반화

Hasty **generalization** is a type of logical fallacy.
성급한 **일반화**는 논리적 오류의 한 유형이다.

➕ general ⓐ 일반적인 | generalize ⓥ 일반화[보편화]하다

다의어

1094 ★★★

associate
[əsóuʃièit]

ⓥ 1 관련시키다, 연상하다(with) 2 연합하다, 제휴하다(with)
3 교제하다(with)

1 Air pollution is **associated** with many kinds of cancer.
대기 오염은 많은 종류의 암과 **관련된다.**
　🎓 be associated with ~: ~와 관련되다

2 **associate** with other companies to reduce the risk
위험을 줄이기 위해 다른 회사들과 **연합하다**

3 While in Paris, the artist **associated** with other artists.
파리에 있는 동안 그 화가는 다른 화가들과 **교제했다.**

➕ association ⓝ 1 관련, 연상 2 연합 3 교제

다의어

1095 ★★★

sequence
[síːkwəns]

ⓝ 1 연속, 연쇄 2 순서, 차례

1 A storyboard depicts a **sequence** of scenes.
스토리보드는 **연속적인** 장면을 묘사한다.

2 This page shows the **sequence** of the experiment.
이 페이지에 그 실험의 **순서**가 나와 있다.

1096 ★★

subsequent
[sʌ́bsikwənt]

ⓐ 이후의, 다음의

The material is distributed **subsequent** to the event.
자료는 행사 **이후에** 분배된다.

➕ subsequently ⓐⓓ 그 다음에, 이후에

1097 ★★

simplify
[símpləfài]

ⓥ 단순화하다

Logical thinking **simplifies** a concept as far as possible.
논리적 사고는 하나의 개념을 가능한 한 **단순화한다.**

➕ simplification ⓝ 단순화
⚙ cf. oversimplify 지나치게 단순화하다

의미 규명 · 확인

1098 ★★

notion
[nóuʃən]

ⓝ 개념, 관념 ⊜ idea

The **notion** of social enterprise first appeared in Italy in the late 1980s.
사회적 기업이란 **개념**은 1980년대 후반에 이탈리아에서 처음 나타났다.

1099 ★
signify
[sígnəfài]

Ⓥ 의미하다, 뜻하다

Frowning **signifies** disagreement or disapproval.
얼굴을 찌푸리는 것은 의견 불일치나 불승인을 **의미한다**.

➕ signification ⓝ 의미, 말뜻 │ significant ⓐ 중요한, 의미 있는
significance ⓝ 중요성, 의미

1100 ★★
clarify
[klǽrəfài]

Ⓥ (의미·견해 등을) 명확[분명]하게 하다

In order to **clarify** my point, I will provide an example.
제 요점을 **명확하게** 하기 위해 사례를 제시하겠습니다.

➕ clarification ⓝ 명료화, 해명

1101 ★★★
definition
[dèfəníʃən]

ⓝ 정의

One **definition** of creativity is to combine existing ideas to create something new.
창의력의 한 **정의**는 기존의 아이디어를 조합하여 새로운 것을 창조하는 것이다.

➕ define Ⓥ 정의하다 │ definite ⓐ 확실한, 명확한
definitely ⓐd 확실히, 분명히

1102 ★★★
document
ⓝ [dɑ́kjəmənt]
Ⓥ [dɑ́kjəmènt]

ⓝ 문서, 증거 자료 Ⓥ (상세히) 기록[보도]하다

The archive has more than 300,000 **documents**.
그 기록 보관소는 30만 건이 넘는 **문서**를 보관하고 있다.

The impacts of sedentary lifestyles have been well **documented**.
앉아서 일하는 생활 양식의 영향은 잘 **기록되어** 왔다.

➕ documentary ⓐ 문서의 ⓝ 기록 영화
documentation ⓝ 1 서류, 기록 2 문서화

사고의 방해

1103
obstruct
[əbstrʌ́kt]

Ⓥ 방해하다; 막다, 차단하다 ⩶ block

Don't let emotions **obstruct** rational thought.
감정이 이성적 사고를 **방해하지** 않도록 하라.

Fallen trees **obstructed** the road. 쓰러진 나무들이 길을 **막고** 있었다.

➕ obstruction ⓝ 방해, 차단

1104 ★
impede
[impíːd]

Ⓥ 방해하다, 지연시키다

Emotional reactions **impede** our logical reasoning.
감정적 반응은 우리의 논리적 추론을 **방해한다**.

➕ impediment ⓝ 방해, 지연

1105 suspicion
[səspíʃən]

ⓝ 의심, 혐의

Suspicion means the absence of certainty.
의심은 확실성의 결여를 의미한다.

be arrested on **suspicion** of robbery 강도 **혐의**로 체포되다

➕ suspect ⓥ 의심하다 ⓝ 용의자
suspicious ⓐ 의심스러운; 의심하는

다의어

1106 contradiction
[kÀntrədíkʃən]

ⓝ 1 모순 2 반박, 반대

1 Do you see any **contradictions** in this statement?
너는 이 진술에서 어떤 **모순**이 보이니?

2 new evidence in **contradiction** to our theory
우리의 이론에 **반대**되는 새로운 증거

➕ contradict ⓥ 1 모순되다 2 반박하다 | contradictory ⓐ 모순된

1107 obsess
[əbsés]

ⓥ (망상 등에) 사로잡히게 하다

The patient was **obsessed** by the fear of an operation.
그 환자는 수술의 두려움에 **사로잡혀** 있었다.

be obsessed by[with] ~: ~에 사로잡히다

➕ obsessive ⓐ 강박 관념의, 망상에 사로잡힌
obsession ⓝ 망상에 사로잡힘, 강박 관념

1108 illusion
[ilú:ʒən]

ⓝ 환영, 환각, 환상

She saw an **illusion** of herself floating in midair.
그녀는 자신이 공중에 떠 있는 **환영**을 보았다.

optical illusion 착시

➕ illude ⓥ 속이다, 착각하게 하다 | illusory ⓐ 환상의

1109 delusion
[dilú:ʒən]

ⓝ 미혹, 기만; 망상, 미망

War never ends war but only brings the **delusion** of peace.
전쟁은 결코 전쟁을 종식시키지 않으며 평화의 **미혹**만 가져올 뿐이다.

delusions of grandeur 과대**망상**

➕ delude ⓥ 미혹시키다, 착각하게 하다 | delusive ⓐ 착각하게 하는
delusional ⓐ 망상에 사로잡힌

1110 confound
[kənfáund]

ⓥ 혼동하다; 당혹하게 하다

You should not **confound** probability with truth.
가능성을 사실과 **혼동해서는** 안 된다.

The mysterious phenomenon has **confounded** scientists for years.
그 불가사의한 현상은 오랫동안 과학자들을 **당혹하게 해** 왔다.

빈칸에 알맞은 우리말 뜻 또는 영어 단어를 써넣어 워드맵을 완성하시오.

1 i_____
지적인, 지능의

2 _____
aptitude

3 _____
기르다, 촉진[조장]하다;
수양의

4 _____
facilitate

5 _____
intrigue

6 _____
trigger

7 _____
endeavor

8 _____
analytical

9 t_____
특성, 특징, 특색

10 c_____
특징, 특색; 특징적인

11 _____
distinction

12 _____
consistency

13 _____
generalization

14 a_____
관련시키다; 연합하다

15 _____
sequence

16 _____
subsequent

17 _____
simplify

분석·일반화

지적 능력

인지 영역

의미 규명·확인

사고의 방해

18 n_____
개념, 관념

19 _____
signify

20 _____
clarify

21 d_____
정의

22 _____
문서; 기록하다

23 _____
obstruct

24 _____
impede

25 s_____
의심, 혐의

26 _____
contradiction

27 _____
obsess

28 i_____
환영, 환각, 환상

29 _____
delusion

30 _____
confound

Day 38 · 평가

Must-Know Words

essential 필수적인　　significant 중요한　　major 중요한, 주된　　minor 사소한, 중요하지 않은
primary 주요한, 제1의　valuable 귀중한, 소중한　useless 쓸모없는　　probable 있음 직한

긍정적 평가

1111 indispensable
[ìndispénsəbl]

ⓐ 필수 불가결한, 절대 필요한　⊜ essential

Smartphones are an **indispensable** tool for modern life.
스마트폰은 현대 생활을 위한 **필수 불가결한** 도구이다.

🔍 cf. dispense with ~: ~을 없애다, 생략하다

1112 inevitable
[inévitəbl]

ⓐ 필연적인

It is **inevitable** for us to age with the passage of time.
세월이 흐르면서 나이를 먹어가는 것은 **필연적이다**.

🔍 an inevitable consequence[result] 필연적인 결과
📖 certain to happen and impossible to avoid or prevent
➕ inevitability ⓝ 필연성 | inevitably ⓐⓓ 필연적으로

1113 momentous
[mouméntəs]

ⓐ 중대한, 중요한

Getting married is one of the most **momentous** events in a person's life.
결혼은 한 사람의 인생에서 가장 **중요한** 행사 중 하나이다.

🔍 a momentous event 중요한 행사[사건]
　　a momentous decision 중대한 결정
🔍 cf. momentary 순간의, 잠깐의

1114 crucial
[krúːʃəl]

ⓐ 매우 중요한, 중대한

It is **crucial** that we reduce our dependence on cars.
우리가 자동차에 대한 의존을 줄이는 것이 **매우 중요하다**.

🔍 be of crucial importance 매우 중요하다
　　play a crucial role[part] in ~: ~에 있어서 매우 중요한 역할을 하다

1115 integral
[íntigrəl / intégrəl]

ⓐ 빠뜨릴 수 없는, 필수의

Good health is an **integral** part of a person's well-being.
좋은 건강은 한 사람의 행복에 **빠뜨릴 수 없는** 요소이다.

1116 **requisite**
[rékwəzit]

ⓐ 필수의, 없어서는 안 될　 ⊜ required　 ⓝ 필요조건

I was not chosen because I lacked the **requisite** technical skill. 나는 **필수적인** 기술이 없었기 때문에 선택되지 못했다.

Freedom is a **requisite** for human happiness.
자유는 인간의 행복을 위한 **필요조건**이다.

🔍 cf. prerequisite ⓝ 선행 조건　 ⓐ 선행 조건의

1117 **pivotal**
[pívətəl]

ⓐ 중추적인, 중요한

Transportation plays a **pivotal** role in economic development.
운송은 경제 발전에서 **중추적인** 역할을 한다.

👄 play a pivotal role in ~ : ~에 있어서 중추적인 역할을 하다

➕ pivot ⓝ 회전축, 주축　ⓥ 선회하다

다의어

★★★
1118 **vital**
[váitəl]

ⓐ 1 지극히 중요한　2 생기 넘치는

1　Customer service is **vital** to the success of any business.
　　고객 서비스는 어떤 사업의 성공에서도 **지극히 중요하다**.

2　In order to live a **vital** life, it is important to prevent disease.
　　생기 넘치는 삶을 영위하려면 질병을 예방하는 것이 중요하다.

👄 vital organs 중요 장기(심장, 폐 등 생명 유지에 필요한 장기)

➕ vitality ⓝ 생명력, 활기

★★★
1119 **fundamental**
[fʌ̀ndəméntəl]

ⓐ 바탕의, 기초의, 근본적인　 ⓝ 기본, 근본

Education is **fundamental** to development and growth.
교육은 발달과 성장의 **바탕**이다.

the **fundamental** cause 근본적인 원인

This book explains the **fundamentals** of professional photography.
이 책은 전문적인 사진술의 **기본**을 설명한다.

다의어

★★★
1120 **principal**
[prínsəpəl]

ⓐ 주요한, 제1의　 ⓝ 교장

a.　The **principal** purpose of medicine is to improve patients' quality of life.
　　의학의 **주요한** 목적은 환자의 삶의 질을 향상하는 것이다.

n.　The **principal** is responsible for all student activities.
　　교장은 모든 학생 활동에 대한 책임이 있다.

🔍 철자가 비슷한 principle(원리, 원칙)과 혼동하지 않도록 주의할 것.

★★
1121 ultimate
[ʌ́ltəmit]

ⓐ 궁극적인, 최후의 ↔ initial 처음의, 최초의

The committee's **ultimate** decision was to approve the project. 위원회의 **궁극적인** 결정은 그 프로젝트를 승인하는 것이었다.

➕ ultimately ⓐ 궁극적으로, 결국

다의어

★★★
1122 critical
[krítikəl]

ⓐ 1 비평의, 비판적인 2 **결정적인, 중대한** ＝ crucial
3 위급한, 위기의

1 **critical**-thinking skills to find solutions
해결책을 찾기 위한 **비판적** 사고 기술

2 Birth to three years of age is the **critical** period for brain development.
출생부터 3세까지는 뇌 발달에 **결정적인[중대한]** 시기이다.

3 an extremely **critical** state of health 극히 **위급한** 건강 상태

➕ criticize ⓥ 비평[비판]하다 | criticism ⓝ 비평, 비판 | critic ⓝ 비평가

★★
1123 invaluable
[invǽljuəbl]

ⓐ 매우 귀중한, 값을 헤아릴 수 없는 ＝ priceless

Organizations are coming to recognize that knowledge is an **invaluable** asset.
조직들은 지식이 **매우 귀중한** 자산임을 인식하고 있다.

💬 in- 때문에 valuable(귀중한)과 반대되는 뜻으로 오해하지 않도록 주의할 것.

★★
1124 relevance
[rélǝvəns]

ⓝ 관련(성); 타당성 ↔ irrelevance 무관함, 부적절함

Education has direct **relevance** to careers.
교육은 직업과 직접적인 **관련성**이 있다.

the importance and **relevance** of evidence
증거의 중요성과 **타당성**

➕ relevant ⓐ 관련된; 타당한(↔ irrelevant 무관한; 부적절한)

부정적 평가

★
1125 insignificant
[ìnsignífikənt]

ⓐ 하찮은, 사소한 ↔ significant 중대한, 의미심장한

There is no **insignificant** position at our company.
우리 회사에서 **하찮은** 직위는 없다.

➕ insignificance ⓝ 대수롭지 않음, 하찮음

★★
1126 trivial
[trívial]

ⓐ 하찮은, 대단치 않은

Do not waste time and money on **trivial** matters like this.
이와 같은 **하찮은** 일에 시간과 돈을 낭비하지 마라.

➕ trivialize ⓥ 하찮아 보이게 만들다

1127 **marginal**
[máːrdʒənəl]

ⓐ 1 중요하지 않은, 미미한 2 가장자리의, 주변적인

1 Bioenergy is still a **marginal** part of the energy mix.
생물 에너지는 여전히 에너지 조합에서 **중요하지 않은** 부분이다.

2 **marginal** areas of a city 한 도시의 **변두리** 지역

➕ margin ⓝ 1 여백 2 차이 3 가장자리

1128 **futile**
[fjúːtl / -tail]

ⓐ 쓸모없는, 무익한

It is **futile** for you to complain about such strict rules.
그렇게 엄격한 규칙에 대해 불평해 봐야 **쓸모없다**.

➕ futility ⓝ 쓸모없음, 무익

1129 **incidental**
[ìnsədéntəl]

ⓐ 1 부차적인(to) 2 (~에 따라) 일어나기 쉬운(to)

1 His farm work was **incidental** to his main business.
그의 농사일은 주된 사업에 **부차적인** 것이었다.

2 The construction project will bring **incidental** benefits.
그 건설 계획은 **그에 따른** 이익[혜택]을 가져올 것이다.

➕ incident ⓝ 일, 사건 | incidentally 國 우연히, 부수적으로

1130 **disadvantage**
[dìsədvǽntidʒ]

ⓝ 불리(한 입장); 단점 ↔ advantage 이점; 장점

A lack of information may place you at a **disadvantage** in a negotiation. 정보 부족은 협상에서 여러분을 **불리한 입장**에 놓이게 할 것이다.

Being single has its advantages and **disadvantages**.
독신이라는 것에는 장**단점**이 있다.

1131 **adverse**
[ædvə́ːrs / əd- / ǽdvərs]

ⓐ 역(逆)의, 반대의; 불운한, 불행한

A taste disorder is one of the **adverse** effects of cancer treatment. 미각 장애는 암 치료의 **역효과[부작용]** 중 하나이다.

under **adverse** circumstances **역경**에 처하여

가능성

1132 **compatible**
[kəmpǽtəbl]

ⓐ 양립하는, 모순되지 않는 ↔ incompatible 양립할 수 없는

Economic growth can be **compatible** with environmental quality. 경제 성장과 환경의 질은 **양립할** 수 있다.

➕ compatibility ⓝ 1 양립[공존] 가능성 2 (컴퓨터) 호환성

1133 **viable**
[váiəbl]

ⓐ (계획 등이) 실행 가능한, 실용적인

Riding a bike is a **viable** alternative to driving a car.
자전거를 타는 것은 차를 운행하는 것에 대한 **실행 가능한** 대안이다.

➕ viability ⓝ 실행 가능성

1134 ★ **comparable**
[kámpərəbl]

ⓐ 상당하는, 필적하는, 비교되는

The size of a dolphin's brain is **comparable** to that of a human's.
돌고래의 뇌 크기는 인간의 뇌의 크기에 **상당한다**.

➕ compare ⓥ 비교하다 | comparability ⓝ 비교 가능성

1135 **plausible**
[plɔ́:zəbl]

ⓐ 그럴듯한, 정말 같은

His approach is **plausible** but not probable.
그의 접근법은 **그럴듯하지만** 가능성이 있어 보이지는 않는다.

영영 likely to be true or successful
➕ plausibility ⓝ 그럴듯함

명시성

1136 ★ **manifest**
[mǽnəfèst]

ⓐ 명백한, 분명한　ⓥ 드러내다, 명백히 나타내다

The inner emotions of the artist are **manifest** in his work.
그 예술가의 내적 감정은 그의 작품에 **명백하다**.

Cultural interactions are **manifested** in the cultural records.
문화 교류는 문화 기록에 **드러난다**.

➕ manifestation ⓝ 표명, 명시

1137 ★★ **underlying**
[ʌ̀ndəláiiŋ]

ⓐ 근원적인, 기초가 되는

The **underlying** cause of the accident is poor safety behavior.
그 사고의 **근원적인** 원인은 미흡한 안전 행동이다.

➕ underlie ⓥ ~의 기저를 이루다

1138 ★★ **explicit**
[iksplísit]

ⓐ (진술 등이) 명백한, 명시적인

The map gave **explicit** directions on how to reach the camp.
그 지도는 캠프에 도달하는 길을 **명확하게** 알려주었다.

1139 ★ **implicit**
[implísit]

ⓐ 암시적인, 은연중의

The threat was **implicit** but very clear.
위협은 **암시적이었지만** 매우 분명했다.

다의어

1140 ★★ **implication**
[ìmpləkéiʃən]

ⓝ 1 함축, 내포, 암시　2 영향, 결과

1 The **implication** of this study is that most of us lack sleep.　이 연구가 **함축하는 것**은 우리들 대부분이 잠이 부족하다는 것이다.

2 have **implications** for the mobile industry
이동 통신 사업에 **영향**을 미치다

➕ implicate ⓥ 함축하다

빈칸에 알맞은 우리말 뜻 또는 영어 단어를 써넣어 워드맵을 완성하시오.

1 _____
　　indispensable

2 _____
　　inevitable

3 _____
　　momentous

4 _____
　　crucial

5 _____
　　integral

6 _____
　　requisite

7 _____
　　pivotal

8 _____
　　지극히 중요한; 생기 넘치는

9 f _____
　　바탕의, 기초의; 기본

10 _____
　　주요한, 제1의; 교장

11 u _____
　　궁극적인, 최후의

12 _____
　　비판적인; 결정적인; 위급한

13 _____
　　invaluable

14 _____
　　relevance

15 _____
　　insignificant

16 t _____
　　하찮은, 대단치 않은

17 _____
　　marginal

18 _____
　　futile

19 _____
　　incidental

20 _____
　　불리(한 입장); 단점

21 _____
　　adverse

PLAN
8

긍정적
평가

부정적
평가

평가

명시성

가능성

22 _____
　　compatible

23 _____
　　viable

24 _____
　　comparable

25 _____
　　plausible

26 _____
　　manifest

27 _____
　　underlying

28 _____
　　explicit

29 _____
　　암시적인, 은연중의

30 _____
　　implication

Day 39 상호 작용

★★
1141 **mutual**
[mjúːtʃuəl]

ⓐ 상호의, 서로의

Partnership between two organizations requires **mutual** trust and respect. 두 조직의 협력은 **상호** 신뢰와 존경을 필요로 한다.

➕ mutually ⓐd 서로, 상호 간에

★★
1142 **influential**
[ìnfluénʃəl]

ⓐ 영향력 있는, 영향을 미치는

Plato is one of the most **influential** philosophers in history. 플라톤은 역사상 가장 **영향력 있는** 철학자 중 한 명이다.

➕ influence ⓝ 영향 ⓥ 영향을 미치다

지시 · 감독 · 확인

★★★
1143 **inform**
[infɔ́ːrm]

ⓥ 알리다, 통지하다

We regret to **inform** you that your application was denied. 귀하의 지원이 거부되었다는 것을 **알려드리게** 되어 유감입니다.

🔖 inform A of B: A에게 B를 알리다[통지하다]

➕ informed ⓐ 정보에 근거한 | informative ⓐ 정보의, 지식을 주는

다의어

★★★
1144 **instruction**
[instrʌ́kʃən]

ⓝ 1 (pl.) 지시; 사용 설명(서) 2 교육

1 Follow the **instructions** for safety. 안전을 위해 **지시**를 따르시오.

2 Foreign language **instruction** needs to begin as early as possible. 외국어 **교육**은 가능한 한 일찍 시작될 필요가 있다.

➕ instruct ⓥ 1 가르치다 2 지시하다 | instructor ⓝ 강사
instructive ⓐ 교훈적인, 유익한

다의어

★★★
1145 **direction**
[dirékʃən]

ⓝ 1 방향, 방위 2 (pl.) 사용 설명(서) 3 지휘, 지도, 감독

1 ask for **directions** 방향[길]을 묻다

2 read the **directions** for use 사용 설명서를 읽다

3 Under the coach's **direction**, the team has won four championships. 그 감독의 **지휘** 아래 그 팀은 4번의 우승을 차지했다.

➕ direct ⓐ 직접적인 ⓥ 1 향하게 하다 2 지휘하다 3 연출[감독]하다

1146 supervise ★★
[súːpərvàiz]

ⓥ 관리하다, 감독하다

Managers **supervise** a variety of types of employees as part of their work.
관리자들은 업무의 일환으로 다양한 유형의 직원들을 **관리한다**.

supervise construction work　건설 공사를 **감독하다**

➕ supervision ⓝ 관리, 감독 ｜ supervisor ⓝ 감독관, 관리자

1147 coordinate ★★
[kouɔ́ːrdənèit]

ⓥ 조정하다; 편성하다

A manager **coordinates** the activities of other people.
관리자는 다른 사람들의 활동을 **조정한다**.

We need someone to **coordinate** the whole campaign.
우리는 전체 캠페인을 **편성할** 사람이 필요하다.

➕ coordination ⓝ 조정, 일치 ｜ coordinator ⓝ 조정자, 책임자

> PLAN
> 8

1148 exert ★★
[igzə́ːrt]

ⓥ (영향력·압력 등을) 행사하다, 가하다; 발휘하다

The wind **exerts** its pressure on the sails of the masts.
바람은 돛대의 돛에 압력을 **가한다**.

exert one's influence on people　사람들에게 영향력을 **발휘하다**

➕ exertion ⓝ 발휘, 행사

1149 verify ★
[vérəfài]

ⓥ (진실임을) 증명하다, 입증하다

Now experts can **verify** the originality of digital artwork.
이제 전문가들은 디지털 예술 작품의 독창성을 **입증할** 수 있다.

➕ verification ⓝ 증명, 확인 ｜ verifiable ⓐ 입증 가능한

1150 validate
[vǽlədèit]

ⓥ 정당함을 입증하다; (법률상) 유효하게 하다

To **validate** his argument, he presented recent statistics.
자신의 주장의 **정당함을 입증하기** 위해 그는 최신 통계를 제시했다.

➕ valid ⓐ 유효한 ｜ validation ⓝ 확인

1151 certify
[sə́ːrtəfài]

ⓥ 증명하다, 보증하다

We **certify** that this is a true copy of the original.
이것이 원본과 동일한 사본임을 **증명합니다**.

➕ certification ⓝ 증명 ｜ certificate ⓝ 증명서; 자격증, 수료증

1152 testify
[téstəfài]

Ⓥ 1 증언하다 2 증명하다, 입증하다(to)

1 **testify** at a trial 재판에서 **증언하다**

2 History **testifies** to the importance of honesty in political contests.
역사는 정치 대결에서 정직의 중요성을 **증명한다**.

긍정적 상호 작용

★1153 enlighten
[enláitn]

Ⓥ 깨우치다; 계몽하다, 교화하다

The campaign **enlightens** people about the dangers of smoking. 그 캠페인은 사람들에게 흡연의 위험을 **깨우친다**.

➕ enlightenment ⓝ 계몽, 교화

🌐 cf. the Enlightenment 계몽 운동(18세기 유럽의 합리주의 운동)

★1154 embody
[imbádi]

Ⓥ (사상·감정 등을) 구체화하다, 유형화하다

These artists **embody** their wishes for peace in works of art.
이 예술가들은 예술 작품에서 평화에 대한 소망을 **구체화한다**.

➕ embodiment ⓝ 구체화, 체현

★★1155 empower
[impáuər]

Ⓥ 권한[자격, 능력]을 주다

Good managers **empower** their employees to make decisions. 훌륭한 관리자는 직원들에게 의사 결정 **권한을 준다**.

➕ empowerment ⓝ 권한 부여

🌐 접두사 en-이 p, b 등으로 시작하는 단어 앞에 붙으면 em-으로 변한다.

★1156 collaborate
[kəlǽbərèit]

Ⓥ 협업하다, 합작하다

Several organizations **collaborate** to achieve the goal.
여러 단체가 그 목표를 이루기 위해 **협업한다**.

➕ collaboration ⓝ 협업, 합작 ｜ collaborative ⓐ 합작의, 협력적인

🌐 co-(같이) + labor(일) → 같이 일하다

★★1157 compromise
[kámprəmàiz]

ⓝ 타협(안), 절충, 양보
Ⓥ 1 타협[절충]하다 2 (명예·평판·신용 등을) 해치다, 손상하다

n. Their views were too different to reach a **compromise**.
그들의 시각이 너무 달라서 **타협**에 이를 수 없었다.

v. 1 The workers are willing to **compromise** with the management. 그 노동자들은 경영진과 기꺼이 **타협하고자** 한다.

2 Lowering your pricing may **compromise** your brand.
가격 인하는 브랜드 가치를 **해칠** 수 있다.

[★]
1158 **compliment**

ⓝ [kάmpləmənt]
ⓥ [kάmpləmènt]

ⓝ 칭찬, 경의   ⓥ 칭찬하다

Too many **compliments** are likely to be counter-productive.
과도한 **칭찬**은 역효과를 낳을 수 있다.

Compliment rather than compete with each other.
서로 경쟁하기보다는 **칭찬하라**.

⊛ complement(보충하다)와 혼동하지 않도록 주의할 것.

다의어

^{★★★}
1159 **credit**

[krédit]

ⓥ 공로를 인정하다
ⓝ 1 공적, 공로   2 학점, 이수 단위   3 신용 (거래)

v. Joliot-Curie was **credited** with the discovery of artificial radioactivity. 졸리오퀴리는 인공 방사능을 발견한 **공로를 인정받았다**.

n. 1 The president deserves **credit** for the current state of health care.
대통령은 현재 상태의 의료에 대한 **공적**을 인정받아 마땅하다.

2 Students must earn **credits** in the required courses.
학생들은 필수 강좌에서 **학점**을 취득해야 한다.

3 buy a washing machine on **credit** **신용 거래**로 세탁기를 구입하다

[★]
1160 **intervene**

[ìntərvíːn]

ⓥ 개입하다; 중재하다

In Somalia, the UN **intervened** for humanitarian reasons.
소말리아에서 유엔이 인도적인 이유로 **개입했다**.

intervene in a global conflict 국제 분쟁에서 **중재하다**

➕ intervention ⓝ 개입; 중재

[★]
1161 **reunion**

[riːjúːnjən]

ⓝ (친족·동창회 등의) 친목회, 재회

We can meet some old friends at the school **reunion**.
우리는 **동창회**에서 옛 친구들을 만날 수 있다.

➕ reunite ⓥ 재회하다, 재결합하다

부정적 상호 작용

^{★★}
1162 **forbid**

[fərbíd]
forbid-forbade-
forbidden

ⓥ 금(지)하다, 허락하지 않다 ↔ permit 허락하다

State law **forbids** the possession of alcoholic beverages as a minor. 주법은 미성년자의 주류 소지를 **금한다**.

➕ forbidden ⓐ 금지된

[★]
1163 **prohibition**

[pròuhəbíʃən]

ⓝ 금지, 금령

The UN supports the **prohibition** of chemical weapons.
유엔은 화학 무기의 **금지**를 지지한다.

➕ prohibit ⓥ 금지하다

PLAN
8

[★]1164 **inhibit**
[inhíbit]

Ⓥ 억제하다; 방해[방지]하다

Can more security devices **inhibit** criminal acts?
더 많은 보안 장치가 범죄 행위를 **억제할** 수 있는가?

Groupthink may **inhibit** individual thinking and problem solving. 집단 사고는 개인의 사고와 문제 해결을 **방해할** 수 있다.

➕ inhibition ⓝ 억제, 방해

---

^{★★}1165 **interfere**
[ìntərfíər]

Ⓥ 방해하다; 간섭하다

Foreign species **interfere** with the natural balance of ecosystems. 외래종은 생태계의 자연적 균형을 **방해한다.**

➕ interference ⓝ 간섭, 방해

[★]1166 **hinder**
[híndər]

Ⓥ 방해하다, 훼방하다 ＝hamper

Many human activities **hinder** the natural process of the Earth. 많은 인간 활동이 지구의 자연적인 과정을 **방해한다.**

➕ hindrance ⓝ 방해, 장애

---

^{★★★}1167 **restrict**
[ristríkt]

Ⓥ 한정하다, 제한하다

As a nanny, your duties are **restricted** to childcare.
유모로서 당신이 할 일은 아이 돌보기에 **한정됩니다.**

restrict one's freedom of choice 선택의 자유를 **제한하다**

➕ restriction ⓝ 제한, 한정, 구속

다의어

^{★★}1168 **confine**
[kənfáin]

Ⓥ 1 한정하다 2 가두다, 감금하다

1 **Confine** your spending to the absolute necessities.
지출을 절대적인 필수품에만 **한정하라.**

2 be **confined** to a small cage 작은 우리에 **갇히다**

➕ confinement ⓝ 1 한정, 제한 2 감금

[★]1169 **restrain**
[ristréin]

Ⓥ 자제하다, 억제하다; 억누르다, 참다

She always **restrains** herself from overeating.
그는 항상 과식을 **자제한다.**

can no longer **restrain** laughter 더 이상 웃음을 **참을** 수 없다

➕ restraint ⓝ 제지, 억제

다의어

[★]1170 **constrain**
[kənstréin]

Ⓥ 1 강제하다, 강요하다 2 제약하다, 속박하다

1 We **constrain** workers to earn the minimum wage.
우리는 근로자들이 최소 임금을 벌도록 **강제한다.**

2 be **constrained** by a lack of funds 자금 부족으로 **제약받다**

➕ constraint ⓝ 강제, 압박; 속박, 구속

빈칸에 알맞은 우리말 뜻 또는 영어 단어를 써넣어 워드맵을 완성하시오.

3 i _____
알리다, 통지하다

4 _____
instruction

5 _____
방향; 사용 설명(서); 지휘

6 _____
supervise

7 _____
coordinate

8 _____
exert

9 v _____
증명[입증]하다

10 _____
validate

11 _____
certify

12 t _____
증언하다; 증명하다

13 e _____
깨우치다; 계몽하다

14 _____
embody

15 _____
empower

16 c _____
협업하다, 합작하다

17 _____
compromise

18 c _____
칭찬; 칭찬하다

19 c _____
공로(를 인정하다);
학점; 신용

20 _____
intervene

21 _____
reunion

지시·감독·확인

1 _____
상호의, 서로의

2 _____
영향력 있는

부정적 상호 작용

긍정적 상호 작용

22 _____
forbid

23 p _____
금지, 금령

24 _____
inhibit

25 i _____
방해하다; 간섭하다

26 _____
hinder

27 r _____
한정하다, 제한하다

28 _____
confine

29 _____
restrain

30 _____
constrain

Day 40 언어 소통

claim 주장(하다)　　　blame 탓하다; 책임　　　criticize 비판하다　　　reveal 폭로하다

vow 맹세(하다)　　　notice 예고, 통지　　　admit 인정하다　　　comment 의견(을 말하다)

논쟁 · 비난

★
1171 controversy
[kántrəvə̀ːrsi]

ⓝ 논쟁, 논전

Darwin's theory of evolution caused a lot of **controversy**.
다윈의 진화론은 많은 **논쟁**을 불러일으켰다.

➕ controversial ⓐ 논쟁의, 논쟁을 불러일으키는

다의어

★
1172 dispute
[dispjúːt]

ⓝ 논쟁, 토론, 논의　ⓥ 1 반박하다　2 논쟁하다

n. Their **dispute** was about who was elder of the two.
　그들의 **논쟁**은 둘 중 누가 더 연장자이냐에 관한 것이었다.

v. 1 **dispute** a claim　주장을 **반박하다**

　2 The team members **disputed** what to do next.
　　팀 구성원들은 다음에 무엇을 할 것인가에 대해 **논쟁했다**.

★★
1173 debate
[dibéit]

ⓥ 토론하다, 논쟁하다　ⓝ 토론, 논쟁, 토의

The topic has been hotly **debated** in academia.
그 화제는 학계에서 뜨겁게 **토론되어** 왔다.

take part in the **debate** contest　**토론** 대회에 참가하다

1174 condemn
[kəndém]

ⓥ 힐난하다, 나무라다

The author **condemns** selfish individualism and its consequences.
작가는 이기적인 개인주의와 그것의 결과를 **힐난하고** 있다.

다의어

★
1175 denial
[dináiəl]

ⓝ 1 부인, 부정　2 (권리·자격 등을) 인정하지[주지] 않음

1 The accused persisted with his **denial** despite the evidence.
　피고는 증거에도 불구하고 계속 **부인**했다.

2 A **denial** of the right to remain silent is a clear violation of the convention.
　묵비권을 **인정하지 않는** 것은 명백한 협약 위반이다.

➕ deny ⓥ 1 부인[부정]하다　2 (권리·요구 등을) 인정하지 않다

1176 denounce
[dináuns]

ⓥ (공공연히) 비난[공격]하다; 탄핵하다

You should not **denounce** someone based on assumptions.
가정을 근거로 누군가를 **비난해서는** 안 된다.

강조 · 왜곡 · 생략

★★★
1177 emphasize
[émfəsàiz]

ⓥ 강조하다; 역설하다

We cannot **emphasize** too much the importance of
education.　교육의 중요성은 아무리 **강조해도** 지나치지 않다.

➊ emphasis ⓝ 강조, 역설 │ emphatic ⓐ 강조의

다의어

1178 underline
[ʌ̀ndərláin]

ⓥ 1 강조하다　2 밑줄을 긋다

1　The report **underlines** the need for overall health reform.
　그 보고서는 전반적인 의료 개혁의 필요성을 **강조한다.**
2　**underline** the key phrases　핵심 어구에 **밑줄을 긋다**

✪ 중요한 것에는 밑줄을 치니까 강조한다는 의미라는 것을 연상할 수 있다.

★★
1179 highlight
[háilait]

ⓥ 강조하다; 눈에 띄게 하다　ⓝ 가장 밝은 부분

Support for R&D activities was **highlighted** in his speech.
그의 연설에서 연구·개발에 대한 지원이 **강조되었다.**

★
1180 underestimate
[ʌ̀ndəréstəmèit]

ⓥ 과소평가하다, 경시하다　↔ overestimate 과대평가하다

Be careful not to **underestimate** the importance of
participation.　참여의 중요성을 **과소평가하지** 않도록 주의하라.

★★
1181 distortion
[distɔ́ːrtʃən]

ⓝ 왜곡, 비틀기

All of these reports are **distortions** of the facts.
이 보도들 모두는 사실에 대한 **왜곡**이다.

➊ distort ⓥ 왜곡하다, 비틀다

★
1182 exaggeration
[igzæ̀dʒəréiʃən]

ⓝ 과장, 과대

Most advertisements have become **exaggerations** rather
than reality.
대부분의 광고는 현실이라기보다는 **과장**이 되었다.

➊ exaggerate ⓥ 과장하다, 부풀리다

PLAN
8

1183 omit

[oumít]

Ⓥ 빠뜨리다, 생략하다

Do not **omit** the period when a sentence ends with an email address. 문장이 이메일 주소로 끝날 때 마침표를 **빠뜨리지** 마라.

Some steps may be **omitted** in the process.
몇몇 단계는 그 과정에서 **생략되어도** 된다.

➕ omission Ⓝ 생략; 빠짐

발표 · 선언 · 진술

1184 disclose

[disklóuz]

Ⓥ 밝히다, 폭로하다 ≡ reveal

I prefer not to **disclose** my identity on the Internet.
나는 인터넷에서 나에 대해 **밝히지** 않는 것을 선호한다.

Once **disclosed**, the secret is lost. 일단 **폭로되면** 비밀은 상실된다.

➕ disclosure Ⓝ 밝힘, 폭로

1185 announce

[ənáuns]

Ⓥ 발표하다, 공고하다

The government **announced** a new healthcare reform plan.
정부는 새로운 의료 개혁 계획을 **발표했다.**

➕ announcement Ⓝ 발표, 공표

1186 declaration

[dèkləréiʃən]

Ⓝ 1 선언(서) 2 (세관·세무서의) 신고(서)

1 The UN adopted the Universal **Declaration** of Human Rights in 1948. 유엔은 1948년에 세계 인권 **선언**을 채택했다.

2 a **declaration** of income 소득 **신고**

➕ declare Ⓥ 1 선언하다 2 신고하다

1187 swear

[swεər]

swear-swore-sworn

Ⓥ 1 맹세[선서]하다(by, on) 2 단언하다(to) 3 욕하다(at)

1 The witness **swore** on the Bible that he would tell the truth. 그 목격자는 성서에 손을 얹고 진실을 말할 것을 **맹세했다.**

2 **swear** to one's honesty 자신의 정직함을 **단언하다**

3 He cursed and **swore** at me. 그는 내게 악담과 **욕설을** 퍼부었다.

1188 exclaim

[ikskléim]

Ⓥ 탄성을 지르다; 소리치다, 외치다

She **exclaimed**, "What a beautiful beach it is!"
그녀는 "정말 아름다운 해변이에요!" 하고 **탄성을 질렀다.**

"Becky, what are you talking about?" Mom **exclaimed**.
"Becky, 무슨 말을 하는 거니?" 하고 엄마가 **소리쳤다.**

➕ exclamation Ⓝ 감탄, 탄성, 절규

🔎 cf. exclamation mark 감탄 부호, 느낌표(!)

1189
notify
[nóutəfài]

Ⓥ 통지하다, 통고하다　🟰 inform

We will **notify** you of our decision by email.
우리는 우리의 결정을 이메일로 **통지할** 것입니다.

🔖 notify A of B: A에게 B를 통지하다

➕ notification ⓝ 통지, 통고

1190
confess
[kənfés]

Ⓥ (과실·죄를) 자백[고백]하다, 실토하다

The guard **confessed** that he had not done his duty.
그 경비원은 자신이 임무를 수행하지 않았다고 **자백했다**.

➕ confession ⓝ 고백, 자백, 실토

1191
acknowledge
[æknɑ́lidʒ]

Ⓥ 1 인정[자인]하다　2 (편지 등의) 도착[수령]을 통지하다

1 The government **acknowledged** that the tax was unfair.
정부는 그 세금이 부당하다는 것을 **인정했다**.

2 I **acknowledge** your email.　이메일은 **잘 받았습니다**.

➕ acknowledgement ⓝ 1 승인, 용인　2 (책에 있는) 감사의 말

1192
straightforward
[strèitfɔ́:rwərd]

ⓐ 1 정직한, 솔직한　2 (일이) 간단한

1 His greatest strength is that he is **straightforward** and clear.
그의 가장 커다란 장점은 **정직하며** 명확하다는 것이다.

2 There is no **straightforward** process of the application of knowledge to practice.
지식을 실제에 적용하는 것에는 **간단한** 과정이 없다.

1193
remark
[rimɑ́:rk]

ⓝ 1 언급　2 주목　Ⓥ 언급하다, 말하다

n. 1 Personal attacks and rude **remarks** will not be allowed.
인신공격과 무례한 **언급**은 용인되지 않을 것이다.

2 be worthy of **remark**　**주목**할 만한 가치가 있다

v. She **remarked** that it was amazing how fast her children had grown up.
그녀는 아이들이 얼마나 빨리 자랐는지 놀랍다고 **말했다**.

➕ remarkable ⓐ 주목할 만한, 현저한

1194
state
[steit]

Ⓥ 진술하다, 말하다　ⓝ 1 국가; 주　2 상태, 형세

v. The president **stated** that the peace talks would continue.
대통령은 평화 회담이 계속될 것이라고 **말했다**.

n. 1 Canada is a welfare **state**.　캐나다는 복지 **국가**이다.

2 a very good **state** of health　아주 좋은 건강 **상태**

➕ statement ⓝ 진술　|　statesman ⓝ 정치가

1195 **utter** ☆
[ʌ́tər]

ⓥ 말하다, 발언하다 ⓐ 완전한

v. She seemingly **uttered** something, but I couldn't hear it.
그녀는 뭔가를 **말하는** 것 같았지만 나는 알아들을 수 없었다.

a. In **utter** darkness, I couldn't even see my hand.
완전한 어둠 속에서 나는 내 손조차 볼 수 없었다.

➊ utterance ⓝ 발언 | utterly ⓐⓓ 완전히, 전적으로(= completely)

기타

1196 **flatter** ★★
[flǽtər]

ⓥ 아첨하다, 우쭐하게 하다

The servant **flattered** his master by telling him he was a good poet.
하인은 주인에게 훌륭한 시인이라고 말하면서 **아첨했다**.

➊ flattery ⓝ 아첨 | flattering ⓐ (옷·사진 등이) 매력적으로 보이게 하는

1197 **reference** ★★★
[réfərəns]

ⓝ 1 언급 2 참고, 참조

1 The book is full of **references** to jazz musicians.
그 책은 재즈 음악가들에 대한 **언급**으로 가득하다.

2 make **reference** to the glossary 용어 풀이를 **참조**하다

➊ refer ⓥ 1 언급하다(to) 2 참고[참조]하다(to)

1198 **inquiry** ☆
[inkwáiəri]

ⓝ 1 질문, 문의 2 연구, 탐구

1 A letter of **inquiry** asks for specific information.
질문 편지[**질의서**]는 특정 정보를 요청한다.

2 an **inquiry** into the origin of religions 종교의 기원에 관한 **연구**

➊ inquire ⓥ 묻다, 문의하다

1199 **tempt** ★★
[tempt]

ⓥ 유혹하다, 부추기다

The serpent **tempted** Eve to eat the fruit from the Tree of Knowledge. 뱀은 선악과를 먹도록 이브를 **유혹했다**.

ⓜ be tempted to *do*: ~하라고 유혹받다, ~하고 싶다
➊ temptation ⓝ 유혹

1200 **interrupt** ★★
[ìntərʌ́pt]

ⓥ 가로막다, 저지하다; 중단시키다

The loud noise **interrupted** the story, and the children complained.
그 시끄러운 소음이 이야기를 **가로막았고** 아이들이 투덜거렸다.

interrupt someone in the middle of his/her speech
중간에 누군가의 말을 **중단시키다**

➊ interruption ⓝ 가로막음, 방해; 중지

빈칸에 알맞은 우리말 뜻 또는 영어 단어를 써넣어 워드맵을 완성하시오.

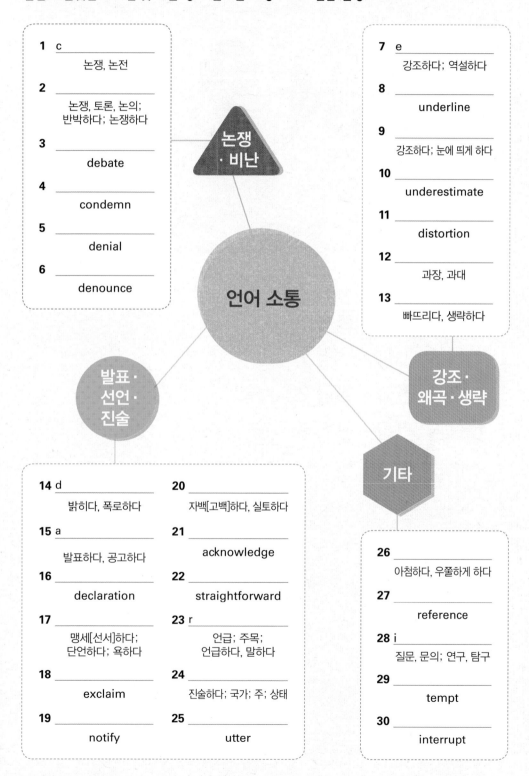

논쟁 · 비난

1 c_____
논쟁, 논전

2 _____
논쟁, 토론, 논의;
반박하다; 논쟁하다

3 _____
debate

4 _____
condemn

5 _____
denial

6 _____
denounce

언어 소통

강조 · 왜곡 · 생략

7 e_____
강조하다; 역설하다

8 _____
underline

9 _____
강조하다; 눈에 띄게 하다

10 _____
underestimate

11 _____
distortion

12 _____
과장, 과대

13 _____
빠뜨리다, 생략하다

발표 · 선언 · 진술

14 d_____
밝히다, 폭로하다

15 a_____
발표하다, 공고하다

16 _____
declaration

17 _____
맹세[선서]하다;
단언하다; 욕하다

18 _____
exclaim

19 _____
notify

20 _____
자백[고백]하다, 실토하다

21 _____
acknowledge

22 _____
straightforward

23 r_____
언급; 주목;
언급하다, 말하다

24 _____
진술하다; 국가; 주; 상태

25 _____
utter

기타

26 _____
아첨하다, 우쭐하게 하다

27 _____
reference

28 i_____
질문, 문의; 연구, 탐구

29 _____
tempt

30 _____
interrupt

PLAN 9

인간

adolescence 청소년기
console 위로하다
hardship 고난, 고초, 곤경

auditory 청각의, 귀의
shiver 떨다; 떨림
glance 흘긋 봄[보다]

인생

신체
·
행위

인간

clinical
임상의
swollen
부어 오른
antibiotic
항생제

건강
·
의학

chronic
만성적인
insomnia
불면증
vaccination
예방 접종

metabolism 물질대사
artery 동맥
psychiatry 정신 의학

Day 41 인생

mature 성숙하다; 성숙한	adulthood 성인기	spouse 배우자	nurture 양육(하다)
infant 유아	upbringing 양육	funeral 장례식	ancestor 조상

성장 · 가족

1201 ★★
maturity
[mətʃúərəti]

ⓝ 성숙, 완숙

One of the signs of **maturity** is intellectual curiosity.
성숙의 징후 중 하나는 지적 호기심이다.

➕ mature ⓥ 성숙하다 ⓐ 성숙한

1202 ★★
phase
[feiz]

ⓝ (발달·변화의) 단계, 국면

The teenage years are the **phase** of the beginning of becoming independent in life.
십 대 시절은 삶에서 자립적이 되기 시작하는 **단계**이다.

1203
pregnancy
[prégnənsi]

ⓝ 임신

do[take] a **pregnancy** test· **임신** 진단 테스트를 하다
This drug should not be taken during **pregnancy**.
이 약은 **임신** 중에 복용해서는 안 된다.

➕ pregnant ⓐ 임신한

1204 ★
newborn
[nú:bɔ̀:rn]

ⓐ 갓난 ⓝ 신생아

Newborn babies cannot tell the difference between night and day.
갓난아기는 밤과 낮 사이의 차이를 구별할 수 없다.

Newborns have very sensitive skin that needs special attention.
신생아들은 각별한 주의를 필요로 하는 매우 민감한 피부를 가지고 있다.

다의어

1205 ★
infancy
[ínfənsi]

ⓝ 1 유아기 2 (발달의) 초창기

1 **Infancy** is the period of most rapid growth after birth.
   유아기는 생후 가장 급속한 성장의 시기이다.

2 The mobile payment industry is still in its **infancy**.
   모바일 결제 산업은 아직도 **초창기**에 있다.

➕ infant ⓝ 유아, 갓난아기
★ cf. childhood 유년기

★★
1206

sibling
[síbliŋ]

ⓝ 형제자매

Siblings resemble each other in part for genetic reasons.
형제자매는 부분적으로는 유전적 이유로 서로 닮는다.

📖 sibling rivalry 형제자매 간의 경쟁(심)

★★
1207

adolescence
[ædəlésəns]

ⓝ 청소년기

Adolescence is often referred to as a period of storm and stress.
청소년기는 흔히 격정과 스트레스의 시기로 일컬어진다.

➕ adolescent ⓝ 청소년
💮 cf. adulthood 성인기

1208

puberty
[pjú:bərti]

ⓝ 사춘기

Puberty starts between ages 8 and 13 in girls and ages 9 and 15 in boys.
사춘기는 여자아이의 경우에는 8~13세 사이, 남자아이의 경우에는 9~15세 사이에 시작된다.

★★
1209

elderly
[éldərli]

ⓐ 나이가 지긋한, 연로한

Elderly people need helping hands to take care of them in their daily lives.
연로한 분들의 일상생활에서 그들을 돌볼 도움의 손길이 필요하다.

📖 the elderly 어르신들, 노년층

1210

father-in-law
[fá:ðərinlɔ̀:]

ⓝ 장인, 시아버지

My **father-in-law** is in poor health, and my wife takes care of him.
장인어른의 건강이 안 좋으셔서 아내가 돌보아 드린다.

💮 cf. mother-in-law 장모, 시어머니
      brother-in-law 처남, 매부, 시아주버니 등
      sister-in-law 형수, 처제, 시누이 등

★★
1211

anniversary
[ænəvə́:rsəri]

ⓝ (해마다의) 기념일, 기념제

My grandparents have their 50th wedding **anniversary** this year.
나의 조부모님은 올해 50번째 결혼 **기념일**을 맞으신다.

1212 burial
[bériəl]

① 매장, 매장식

After the funeral, the **burial** was held at the Oak Woods Cemetery. 장례식 후에 **매장식**은 Oak Woods 묘지에서 치러졌다.

➕ bury [béri] ⓥ 매장하다

✿ 발음에 주의할 것.

1213 grief
[gri:f]

① 슬픔, 비탄

Grief is associated with the loss of a loved one. **슬픔**은 사랑하는 이를 잃은 것과 관련된다.

👄 good grief! 맙소사! 세상에! (놀람 · 짜증을 표현)

➕ grieve ⓥ 몹시 슬퍼하다

1214 mourn
[mɔːrn]

ⓥ (죽음을) 애도하다; 슬퍼하다 **≡** grieve

People all over the country **mourned** for those killed in the shooting. 전국의 모든 사람들이 총격에서 죽임을 당한 이들을 **애도했다**.

👄 mourn for ~ : ~의 죽음을 애도하다

1215 deceased
[disíːst]

ⓐ 사망한, 고인의

The **deceased** left behind three children and a wife. 고인은 세 명의 자녀와 아내를 남겼다.

👄 the deceased 고인

➕ decease ⓝ 사망

다의어

1216 console
[kənsóul]

ⓥ 위로하다, 위문하다 **①** 콘솔, 제어 장치

v. Many people **consoled** the family of the deceased. 많은 사람들이 고인의 가족을 **위로했다**.

n. a game **console** 게임 **콘솔**[비디오 게임기]

➕ consolation ⓝ 위로, 위안

다의어

1217 identification
[aidèntəfikéiʃən]

① 1 신분(증) **≡** ID 2 **신원 (확인)** 3 일체화, 동일시

1 use one's passport as **identification** 여권을 **신분증**으로 사용하다

2 Fingerprints are used for the **identification** of unknown dead bodies. 미상의 시체 **신원 확인**을 위해 지문이 사용된다.

3 **identification** with characters 등장인물과의 **일체화**

➕ identify 1 (신원 등을) 확인하다 2 동일시하다(**with**)

1218 inherit
[inhérit]

ⓥ 상속받다, 물려받다

My father **inherited** the land from my grandfather.
나의 아버지는 할아버지로부터 그 땅을 **상속받았다**.

➊ inheritance ⓝ 상속 | heir ⓝ 상속인

1219 widow
[wídou]

ⓝ 미망인

The **widow** inherited the property from her husband after his death. 그 **미망인**은 남편 사망 후 그에게서 재산을 상속받았다.

✪ cf. widower 홀아비

다의어

1220 succession
[səkséʃən]

ⓝ 1 잇따라 일어남, 연속 2 계승(권), 상속(권)

1 A witness said that he heard five or six explosions in **succession**.
한 목격자는 **잇따라** 대여섯 번의 폭발음을 들었다고 말했다.

2 The king's oldest son is the first in **succession** to the throne.
왕의 장자가 첫 번째 왕위 **계승권**을 가지고 있다.

➊ succeed ⓥ 1 성공하다 2 상속[계승]하다
successive ⓐ 1 잇따른 2 상속의
✪ 동사 succeed의 두 가지 뜻에 대한 각각의 형용사형이 있음에 주의할 것.
cf. successful (성공한, 성공적인)

1221 descendant
[diséndənt]

ⓝ 자손, 후예 ⊖ancestor 선조, 조상

We must preserve a clean environment for our **descendants**.
우리는 우리의 **자손들**을 위해 깨끗한 환경을 보존해야 한다.

➊ descend ⓥ 내려가다

1222 lifespan
[láifspæn]

ⓝ 수명

We can expect an average **lifespan** to reach 100 before too long.
우리는 머지 않아 평균 **수명**이 100세에 도달하는 것을 기대할 수 있다.

✪ cf. longevity 장수

인생 역정

1223 destiny
[déstəni]

ⓝ 운명, 숙명 ⊜fate

Be confident of your ability to work out your own **destiny**.
자신의 **운명**을 개척하는 여러분 자신의 능력을 확신하세요.

➊ destine ⓥ 운명 짓다 | be destined to *do*: ~할 운명이다

PLAN 9

1224 ★★
communal
[kəmjúːnəl]

ⓐ 공동의, 공공의

The villagers obtained their water from a **communal** well.
마을 사람들은 **공동** 우물로부터 물을 얻었다.

Parks are regarded as **communal** property.
공원은 **공공** 재산으로 여겨진다.

➕ commune ⓝ 생활 공동체 | community ⓝ 공동체 사회, 지역 사회

다의어

1225
affiliation
[əfiliéiʃən]

ⓝ 1 (개인의 정치·종교적) 소속   2 (단체의) 제휴, 가맹

1 Humans need social **affiliation** and strive to belong to social groups.
인간은 사회적 **소속**이 필요하며 사회 집단에 소속되기 위해 노력한다.

2 a formal **affiliation** between two organizations
두 조직 사이의 공식적인 **제휴**

➕ affiliate ⓥ 1 제휴하다   2 가입하다

1226
reciprocal
[risíprəkəl]

ⓐ 상호의, 호혜적인   ⁼ mutual

Healthy relationships are **reciprocal**, with give and take on both sides.
건강한 관계는 **상호적이며** 양측이 주고받는다.

➕ reciprocity ⓝ 상호성, 상호 관계

1227 ★★
hardship
[háːrdʃip]

ⓝ 고난, 고초, 곤경

Students face many **hardships** in the course of their education.
학생은 교육 과정에서 많은 **고난**을 겪게 된다.

1228 ★★
adversity
[ædvə́ːrsəti / əd-]

ⓝ 역경, 불행

Without **adversity**, there will be no learning and no growth.
역경이 없다면 어떤 배움도, 어떤 성장도 없을 것이다.

➕ adverse ⓐ 역의, 불리한

1229 ★
famine
[fǽmin]

ⓝ 기근, 식량 부족

Somalia fell into a severe drought followed by a **famine**.
소말리아는 심한 가뭄에 빠졌고 **기근**이 이어졌다.

1230 ★★
undergo
[ʌ̀ndərgóu]
undergo-underwent-undergone

ⓥ 경험하다, 겪다; 당하다, 입다

He **underwent** many hardships before he could attain his ambition.   야망을 이루기 전에 그는 많은 고난을 **겪었다.**

undergo great financial loss   커다란 재정적 손실을 **당하다**

빈칸에 알맞은 우리말 뜻 또는 영어 단어를 써넣어 워드맵을 완성하시오.

성장·가족

1 _____
성숙, 완숙

2 _____
phase

3 _____
임신

4 _____
newborn

5 i _____
유아기; 초창기

6 _____
형제자매

7 a _____
청소년기

8 _____
puberty

9 _____
나이가 지긋한, 연로한

10 _____
장인, 시아버지

11 _____
anniversary

인생

죽음·상속

12 _____
burial

13 _____
슬픔, 비탄

14 _____
mourn

15 _____
deceased

16 c _____
위로[위문]하다;
제어 장치

17 _____
identification

18 i _____
상속받다, 물려받다

19 _____
widow

20 _____
succession

21 d _____
자손, 후예

22 _____
lifespan

인생 역정

23 d _____
운명, 숙명

24 _____
communal

25 _____
affiliation

26 _____
reciprocal

27 h _____
고난, 고초, 곤경

28 _____
adversity

29 _____
기근, 식량 부족

30 u _____
경험하다, 겪다;
당하다, 입다

Day 42 신체 · 행위

physical 신체의 | flesh 살 | sense 감각; 느끼다 | sight/vision 시력
frown 얼굴을 찡그리다 | posture 자세 | grab 붙잡다 | tremble 떨다

신체 · 감각

1231 sensory
[sénsəri]

ⓐ 감각[지각]의, 감각[지각] 기관의

Skin is a **sensory** organ with the ability to perceive many sensations.
피부는 많은 감각을 지각할 수 있는 **감각** 기관이다.

➕ sensation ⓝ 감각, 지각

1232 auditory
[ɔ́ːditɔ̀ːri]

ⓐ 청각의, 청각 기관의, 귀의

Dolphins have an extremely fast **auditory** nervous response.
돌고래는 극히 빠른 **청**신경 반응을 가지고 있다.

다의어

1233 optical
[ɑ́ptikəl]

ⓐ 1 눈의, 시각의 2 광학의

1 Eyeglasses are **optical** aids that improve visual clarity.
　안경은 시각적 선명도를 개선하는 **시각** 보조 기기이다.

2 communications using **optical** fiber cable
　광섬유 케이블을 이용한 통신 수단

🌟 cf. visual 시각의, 시각적인; 시력의

1234 numb
[nʌm]

ⓐ (추위 따위로) 감각을 잃은 ⓥ 마비시키다

My hands and feet went **numb** in the icy water.
내 손과 발은 얼음물 속에서 **감각을 잃었다**.
👄 go numb 감각을 잃다, 마비되다
I sensed the **numbing** effect of the painkillers.
나는 진통제의 **마비** 효과를 감지했다.

➕ numbness ⓝ 감각을 잃음, 마비됨
🌟 b는 묵음으로, 발음하지 않는다.

1235 itchy
[ítʃi]

ⓐ 가려운

A common cause of **itchy** eyes is an allergic reaction.
가려운 눈의 일반적인 원인 하나는 알레르기 반응이다.

➕ itch ⓝ 가려움 ⓥ 가렵다; 가렵게 하다
　itchiness ⓝ 가려움증

1236 drowsy
[dráuzi]

ⓐ 졸리는, 꾸벅꾸벅 조는   ⊜ sleepy

Drowsy driving is nearly as dangerous as drunk driving.
졸음 운전은 거의 음주 운전만큼이나 위험하다.

These pills can make you **drowsy**.
이 약을 먹으면 **졸릴** 수 있다.

➕ drowsiness ⓝ 졸림

★★
1237 dizzy
[dízi]

ⓐ 현기증 나는, 어지러운

I felt **dizzy** after going up and down those steps.
나는 그 계단을 오르내리고 난 후에 **현기증**을 느꼈다.

➕ dizziness ⓝ 현기증, 어지러움

1238 muscular
[mʌ́skjələr]

ⓐ 근육의; 근육질의

Muscular strength can be enhanced by weightlifting exercises. 근력은 역기 운동에 의해 강화될 수 있다.

a slender, **muscular** woman 날씬한 **근육질의** 여성

➕ muscle ⓝ 근육

무의식적 행위

1239 snore
[snɔːr]

ⓥ 코를 골다   ⓝ 코골이, 코 고는 소리

Nighttime **snoring** may signal other health issues.
밤에 **코를 고는 것**은 다른 건강 문제의 신호일지도 모른다.

a very loud **snore** 매우 큰 코 고는 소리

★★
1240 shiver
[ʃívər]

ⓥ (추위·공포 등으로 몸을) 떨다   ⊜ tremble   ⓝ 떨림, 전율

The little kids **shivered** in the cold morning air.
꼬마 아이들이 찬 아침 공기에 **몸을 떨었다**.

The news of his death sent a **shiver** through me.
그의 사망 소식은 나에게 **전율**을 주었다.

★★
1241 sneeze
[sniːz]

ⓝ 재채기 (소리)   ⓥ 재채기하다

I tried to suppress a **sneeze** but failed.
나는 **재채기**를 참으려고 했지만 실패했다.

The room was dusty, so I **sneezed** several times.
그 방은 먼지투성이여서 나는 여러 차례 **재채기를 했다**.

★1242 choke
[tʃouk]

ⓥ 질식시키다; 숨이 막히다

The smoke **choked** him, provoking a cough.
연기가 그를 **질식시켰고** 기침을 일으켰다.

choke with dust 먼지로 **숨이 막히다**

1243 suffocate
[sʌfəkèit]

ⓥ 질식사하다; 질식시키다; 숨이 막히다

It is dangerous to leave your dog in a car in hot weather because it can **suffocate**.
질식사할 수 있기 때문에 더운 날씨에 개를 차 안에 남겨두는 것은 위험하다.

I felt like I was **suffocating** after running for 5 minutes.
나는 5분 동안 달리고 나서 **숨이 막히는** 듯 느꼈다.

➕ suffocation ⓝ 질식

1244 inhale
[inhéil]

ⓥ 숨을 들이쉬다   ⟷ exhale 숨을 내쉬다

Inhale deeply, and then slowly exhale.
숨을 깊게 **들이쉬고**, 그런 다음 천천히 내쉬세요.

★1245 blink
[bliŋk]

ⓥ 눈을 깜박거리다

The first shock came when the mannequin **blinked**.
첫 번째 공포는 마네킹이 **눈을 깜박거렸을** 때 찾아왔다.

★1246 overhear
[òuvərhíər]
overhear-overheard-overheard

ⓥ 우연히[어깨 너머로] 듣다

I **overheard** their conversation, and they were talking about me!
나는 **우연히** 그들의 대화를 **들었는데**, 그들은 나에 대해 이야기하고 있었어!

★1247 glimpse
[glimps]

ⓝ 얼핏 봄, 일별   ⓥ 얼핏 보다

The hunter caught a **glimpse** of an animal in the bushes.
사냥꾼은 덤불숲에서 짐승의 모습을 **얼핏 보았다**.

🔖 catch a glimpse of ~: ~을 얼핏 보다

I **glimpsed** her at the reception.
나는 피로연에서 그녀를 **얼핏 보았다**.

다의어

★1248 stumble
[stʌmbl]

ⓥ 1 비틀거리며 걷다; 넘어지다
2 우연히 보다[마주치다](on, upon, across)

1 She **stumbled** as if she were drunk.
그녀는 마치 술에 취한 듯 **비틀거렸다**.

2 I **stumbled** upon the rare book in a second-hand bookstore.
나는 그 희귀한 책을 중고 서점에서 **우연히 발견했다**.

1249
stare
[stɛər]

ⓥ 쳐다보다, 응시하다(at)　ⓝ 응시

It is rude to **stare** at your phone during a conversation.
대화 중에 전화기를 **쳐다보는** 것은 무례한 행동이다.
stare somebody in the face　얼굴을 **쳐다보다**
He gave me a long **stare**.　그는 나를 오랫동안 **응시**했다.

🌀 cf. gaze 물끄러미 보다, 응시하다

다의어

1250
glare
[glɛər]

ⓥ 1 노려보다　2 강렬하게 비추다
ⓝ 1 눈부신 빛; 섬광　2 노려봄

v. 1 We **glared** at each other for a long time.
우리는 오랫동안 서로를 **노려보았다**.

2 The sun **glared** down on the beach.
태양이 눈부시게 해변에 **내리쬐었다**.

n. 1 Only the **glare** of streetlights coming in the window
illuminated the room.
창문으로 들어오는 가로등의 **불빛**만이 그 방을 밝혔다.

2 She gave me an icy **glare** instead of an answer.
그녀는 대답 대신 나를 차갑게 **노려보았다**.

1251
glance
[glæns]

ⓝ 흘긋 봄, 일견　ⓥ 흘긋 보다(at)

At first **glance**, I recognized that the phrase was a quote.
처음에 **흘긋 보고서** 나는 그 어구가 인용구라는 것을 알았다.
🏵 at first glance 흘긋 보고서

The storekeeper **glanced** at me and said, "What do you
need?"
가게 주인이 나를 **흘긋 보더니** "뭐가 필요하세요?"라고 말했다.

다의어

1252
seize
[si:z]

ⓥ 1 붙잡다, 붙들다　2 (의미를) 파악하다, 이해하다

1 She **seized** the knob of the door and twisted it open.
그녀는 문의 손잡이를 **잡고는** 그것을 돌려 문을 열었다.

2 **seize** the point of an argument　주장의 요점을 **파악하다**

🌀 cf. carpe diem (= seize the day) 현재를 즐겨라

다의어

1253
grasp
[græsp]

ⓥ 1 움켜쥐다, 붙잡다　2 파악하다　ⓝ 1 움켜쥠　2 파악

v. 1 I **grasped** the rope and held it tightly.
나는 밧줄을 **움켜쥐고** 단단히 붙잡았다.

2 **grasp** the full situation　전체 상황을 **파악하다**

n. 1 I tried to slip from his **grasp** but failed.
나는 그가 **움켜쥔 상태**에서 빠져나가려 했지만 실패했다.

🌀 cf. grip 붙잡다 | snap 낚아채다, 움켜쥐다

^{★★}
1254 **squeeze**

[skwi:z]

ⓥ 1 꽉 쥐다　2 (무리하게) 끼워[밀어] 넣다

1 She **squeezed** my hand so hard it hurt.
그녀가 내 손을 너무 **꽉 쥐어** 손이 아팠다.

2 Do not try to **squeeze** all of your ideas onto a single page.
네 모든 생각을 한 페이지에 **끼워 넣으려** 하지 마라.

^{★★}
1255 **embrace**

[imbréis]

ⓥ 1 얼싸안다, 껴안다, 포옹하다　ⓔhug　2 받아들이다

1 The two old friends **embraced** each other warmly.
그 두 오랜 친구는 따뜻하게 서로를 **얼싸안았다**.

2 **embrace** new technology and innovation
새로운 기술과 혁신을 **받아들이다**

[★]
1256 **crawl**

[krɔ:l]

ⓥ 기다, 포복하다　ⓝ 기어가기, 서행

He **crawled** under the fence and reached the other side.
그는 담장 아래로 **기어** 반대쪽에 도달했다.

My computer slowed to a **crawl** for no apparent reason.
뚜렷한 이유 없이 내 컴퓨터 속도가 **매우 느려졌다**.

^{★★}
1257 **juggle**

[dʒʌ́gl]

ⓥ 절묘하게 다루다; 조작하다

The skilled engineer **juggled** several devices at a time.
그 숙련된 엔지니어는 한 번에 여러 기기들을 **다루었다**.

➕ juggling ⓝ 공 던지기 곡예

1258 **crouch**

[krautʃ]

ⓥ 웅크리다　ⓝ 웅크림

He **crouched** in a corner, shivering from the cold.
그는 추위로 몸을 떨면서 구석에서 **웅크리고 있었다**.

sit on the floor in a **crouch** 바닥에 웅크리고 앉다

[★]
1259 **pound**

[paund]

ⓥ 1 쾅쾅 치다　2 부수다　3 (심장이) 쿵쾅거리다
ⓝ 1 파운드(영국 화폐 단위)　2 파운드(무게 단위: 453.6g)

v. 1 Bob, who was generally so mild, **pounded** his fist on the desk in anger.
평소에는 순한 Bob이 화가 나서 주먹으로 책상을 **쾅쾅 쳤다**.

2 The powerful waves **pounded** the boat to pieces.
강력한 파도가 배를 산산조각으로 **부쉈다**.

3 My heart began to **pound**. 내 심장이 **쿵쾅거리기** 시작했다.

1260 **trample**

[trǽmpl]

ⓥ 짓밟다, 쿵쿵거리며 걷다

The lawn was **trampled** and suffered severe damage.
잔디밭이 **짓밟혀** 큰 손상을 입었다.

빈칸에 알맞은 우리말 뜻 또는 영어 단어를 써넣어 워드맵을 완성하시오.

1 _____
sensory

2 _____
auditory

3 _____
optical

4 _____
numb

5 _____
가려운

6 d _____
졸리는, 꾸벅꾸벅 조는

7 d _____
현기증 나는, 어지러운

8 _____
muscular

9 _____
코를 골다; 코골이

10 _____
shiver

11 _____
재채기 (소리); 재채기하다

12 c _____
질식시키다; 숨이 막히다

13 _____
suffocate

14 _____
inhale

15 _____
눈을 깜박거리다

16 _____
overhear

17 _____
glimpse

18 _____
비틀거리며 걷다;
넘어지다; 우연히 보다

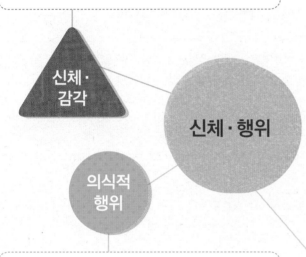

신체·감각

신체·행위

의식적 행위

무의식적 행위

19 s _____
쳐다보다, 응시(하다)

20 _____
glare

21 _____
glance

22 _____
seize

23 _____
움켜쥐다; 움켜쥠;
파악(하다)

24 s _____
꽉 쥐다; 끼워 넣다

25 _____
embrace

26 _____
기다, 포복하다; 기어가기

27 _____
juggle

28 _____
crouch

29 p _____
쾅쾅 치다; 부수다;
쿵쾅거리다; 파운드

30 _____
trample

Day **43** 건강 · 의학 1

진료 · 증상

1261 clinical
[klínikəl]

ⓐ 임상의

The vaccine had been approved after **clinical** experiments.
그 백신은 **임상** 실험을 거친 후 승인되었다.

➕ clinic ⓝ 1 병원, 병동   2 진료, (의료 관련) 강습

1262 appointment
[əpɔ́intmənt]

ⓝ 1 (진찰·방문의) 예약, 약속   2 임명, 지명

1 I have an **appointment** with Dr. Harper at 2:00.
저는 2시에 Harper 박사님과 **(진료) 예약**이 있습니다.

2 Congratulations on your recent **appointment** to chairman.
최근에 의장으로 **임명**되신 것을 축하합니다.

➕ appoint ⓥ 1 임명[지명]하다   2 (시간·장소 등을) 정하다

1263 diagnosis
[dàiəgnóusis]

ⓝ 진단(법); 원인 규명

The physician made the **diagnosis** of food poisoning.
의사가 식중독 **진단**을 내렸다.

🖐 make a diagnosis 진단하다

➕ diagnose ⓥ 진단하다; 원인을 규명하다 | diagnostic ⓐ 진단(상)의

1264 symptom
[símptəm]

ⓝ 1 (병의) 증상, 증세   2 (문제의) 징후, 조짐

1 Chest pain is a typical **symptom** of a heart attack.
흉부 통증은 심장 마비의 전형적 **증상**이다.

2 The incident can be seen as a **symptom** of widespread moral collapse.
그 사건은 광범위한 도덕의 붕괴를 나타내는 **징후**로 간주될 수 있다.

1265 vomit
[vámit]

ⓥ 구토하다

An overdose of the drug can cause nausea, diarrhea, and **vomiting**.
그 약을 과다 복용하면 메스꺼움, 설사, **구토**가 일어날 수 있다.

⭐ cf. nausea 메스꺼움 | diarrh(o)ea 설사

1266 discomfort
[diskʌ́mfərt]

ⓝ 가벼운 통증[병], 불편

I have some **discomfort** in my left side just below my ribs.
나는 갈비뼈 바로 아래 왼쪽 옆구리에 **가벼운 통증**이 있다.

1267 rash
[ræʃ]

ⓝ 발진(發疹), 뾰루지

A **rash** is one of the symptoms of measles.
발진은 홍역의 증상 중 하나이다.

1268 swollen
[swóuln]

ⓐ 부어 오른

You cannot play tennis with a **swollen** wrist.
손목이 **부어 오른** 상태로 테니스를 칠 수는 없다.

➕ swell (-swelled-swollen/swelled) ⓥ 부어 오르다

1269 irritation
[ìrətéiʃən]

ⓝ 1 노여움, 짜증　2 염증

1 Shrugging the shoulders may be a gesture of **irritation**.
어깨를 으쓱하는 것은 **짜증**을 나타내는 제스처일 수 있다.

2 Skin **irritation** causes acne and aging.
피부 **염증**은 여드름과 노화를 야기한다.

➕ irritate ⓥ 1 화나게 하다　2 염증을 일으키다　|　irritant ⓝ 자극물[제]

✪ cf. acne 여드름

1270 sprain
[sprein]

ⓥ (발목·손목 등을) 삐다　≡ twist

I **sprained** my ankle when going down the stairs.
나는 계단을 내려가다가 발목을 **삐었다**.

1271 tumor
[tú:mər]

ⓝ 종양, 종기

Many times **tumors** must be removed by surgery.
많은 경우 **종양**은 수술에 의해 제거되어야 한다.

➕ tumorous ⓐ 종양의

1272 lump
[lʌmp]

ⓝ 1 덩어리　2 혹, 종기, 부스럼

1 a **lump** of hard cheese 딱딱한 치즈 한 **덩어리**

2 I had a fight yesterday and got a big **lump** on my head.
나는 어제 싸움을 해서 머리에 커다란 **혹**이 생겼다.

1273 ailment
[éilmənt]

ⓝ (고질적인) 병, 우환

His **ailment** made the trip too miserable to continue.
그는 (고질적인) 병 때문에 너무 괴로워 여행을 지속할 수 없었다.

★1274 surgical
[sə́ːrdʒikəl]

ⓐ 외과의, 수술의

She needs a **surgical** procedure for the birth of her baby.
그녀는 분만을 위해 **외과** 수술이 필요하다.

🔧 a surgical procedure 외과 수술
surgical equipment[instruments] 수술 도구

➕ surgeon ⓝ 외과의, 외과 의사 | surgery ⓝ 수술

1275 transplant
ⓝ [trǽnsplænt]
ⓥ [trænsplǽnt]

ⓝ (장기) 이식 ⓥ (장기를) 이식하다; (식물을) 옮겨 심다

An organ **transplant** is the only treatment for end-state organ failure.
장기 **이식**은 장기 부전 말기 상태에 대한 유일한 치료법이다.

Each year, about 120,000 organs are **transplanted** from one human being to another.
매년 약 12만 개의 장기가 한 사람에게서 다른 사람에게로 **이식된다**.

➕ transplantation ⓝ (장기) 이식

🔍 trans-(변화 · 이동) + plant(심다)

★1276 therapeutic
[θèrəpjúːtik]

ⓐ 치료의, 치료법의

Many essential oils have **therapeutic** effects.
많은 방향유가 **치료** 효과를 가지고 있다.

➕ therapy ⓝ 치료(법) | therapist ⓝ 치료사

다의어

★1277 remedy
[rémədi]

ⓝ 1 요법, 치료법[약] 2 개선 ⓥ 고치다; 개선하다

n. 1 Ginger tea is a home **remedy** for the common cold.
생강차는 일반적인 감기에 대한 가정 **요법**이다.

v. Urgent action is needed to **remedy** the situation.
상황을 **개선하기** 위해 긴급한 행동이 필요하다.

➕ remedial ⓐ 1 치료(상)의 2 개선의

다의어

1278 injection
[indʒékʃən]

ⓝ 1 주사 ＝shot 2 주입

1 In many cases, **injections** work faster than tablets or pills.
많은 경우 **주사**가 정제나 알약보다 효과가 더 빠르다.

2 fuel **injection** into the engine 엔진으로의 연료 **주입**

sustain
★★
1279
[səstéin]

ⓥ 1 유지하다 ⊜maintain **2 (부상·손해를) 입다** ⊜suffer
3 부양하다 ⊜support

1 Do not **sustain** the same posture for long.
같은 자세를 오랫동안 **유지하지** 마십시오.

2 In American football, players often **sustain** serious head injuries.
미식축구에서 선수들은 종종 심한 머리 부상을 **입는다**.

3 food production to **sustain** a growing global population
증가하는 세계 인구를 **부양하기** 위한 식량 생산

hospitalize
★
1280
[háspitəlàiz]

ⓥ 입원시키다

I was **hospitalized** with a horrible kidney infection for 5 days.
나는 심한 신장 감염으로 5일간 **입원했다**.

➊ hospitalization ⓝ 입원; 입원 기간

discharge
★★
1281
[distʃɑ́ːrdʒ]

ⓥ 1 퇴원시키다; 직위를 해제하다 2 방출하다
ⓝ 1 퇴원 2 방출

v. 1 The patient was **discharged** from the hospital after 5 weeks.
그 환자는 5주 후에 병원에서 **퇴원했다**.

n. 1 the day of **discharge** 퇴원 날짜

2 control over the **discharge** of toxic waste
유독성 폐기물 **방출** 규제

alleviate
★
1282
[əlíːvièit]

ⓥ 완화하다, 경감하다, 누그러뜨리다 ⊜relieve

Some strongly scented oils can help **alleviate** flu symptoms.
일부 향이 강한 기름은 독감 증상을 **완화하는** 데 도움이 될 수 있다.

➊ alleviation ⓝ (고통의) 경감, 완화

rehabilitation
★
1283
[rìːhəbilətéiʃən]

ⓝ 재활, 회복

Yoga can be a therapy for the **rehabilitation** of sports injury.
요가는 스포츠 부상의 **재활**을 위한 치료법이 될 수 있다.

➊ rehabilitate ⓥ 재활시키다, 회복시키다

약

medication
★
1284
[mèdəkéiʃən]

ⓝ 약물 치료[처리], 투약(법)

Many people rely on **medication** to treat depression.
많은 사람들이 우울증 치료를 위해 **약물 치료**에 의존한다.

➊ medicate ⓥ 약으로 치료하다

1285 **pharmaceutical**
[fὰːrməsúːtikəl]

ⓐ 제약(학)의, 약사의

Are animal experiments inevitable in **pharmaceutical** R&D?
제약 연구에서 동물 실험은 피할 수 없는가?

➕ pharmacy ⓝ 약국; 약학 | pharmacist ⓝ 약사

1286 **medicinal**
★★
[mədísənəl]

ⓐ 약용의, 의약의

You can grow **medicinal** plants in your very own garden.
여러분은 바로 여러분 자신의 정원에서 **약용** 식물을 기를 수 있습니다.

medicinal properties of substances
물질의 **의약** 성분

1287 **dosage**
[dóusidʒ]

ⓝ (약의 1회분) 복용[투약]량; 투약

The **dosage** of a drug varies from younger to older people.
약의 **복용량**은 연령에 따라 다르다.

➕ dose ⓝ 약의 1회분 ⓥ 복용시키다

다의어

1288 **prescription**
★★
[priskrípʃən]

ⓝ 1 처방(전) 2 규정, 법규

1 The patient must ask the doctor for a **prescription**.
환자는 의사에게 **처방전**을 요청해야 한다.

2 a **prescription** for safety 안전 **규정**

➕ prescribe ⓥ 1 처방하다 2 규정하다

1289 **antibiotic**
★
[æntibaiάtik]

ⓝ 항생제, 항생 물질 ⓐ 항생제의, 항생 물질의

The abuse of **antibiotics** can cause serious side effects.
항생제 남용은 심각한 부작용을 초래할 수 있다.

antibiotic treatment **항생제** 치료

ⓒ cf. anesthetic 마취제

1290 **placebo**
[pləsíːbou]

ⓝ 위약, 가짜 약

A **placebo** is often used for its psychological effects.
위약은 흔히 심리적 효과를 위해 사용된다.

☙ placebo effect 플라시보 효과(위약 투여에 의한 심리적 효과로 실제로 증세가 호전되는 것)

빈칸에 알맞은 우리말 뜻 또는 영어 단어를 써넣어 워드맵을 완성하시오.

1 c _____
임상의

2 _____
예약, 약속; 임명, 지명

3 _____
diagnosis

4 _____
증상, 증세; 징후, 조짐

5 _____
구토하다

5 _____
discomfort

7 _____
rash

8 _____
부어 오른

9 _____
노여움, 짜증; 염증

10 _____
sprain

11 t _____
종양, 종기

12 _____
lump

13 _____
ailment

14 _____
surgical

15 _____
transplant

16 _____
therapeutic

17 _____
remedy

18 _____
injection

19 s _____
유지하다; (부상 등을)
입다; 부양하다

20 _____
hospitalize

21 d _____
퇴원(시키다); 방출(하다)

22 _____
alleviate

23 _____
rehabilitation

진료 · 증상

건강 · 의학 1

약

수술 · 치료

24 _____
medication

25 _____
pharmaceutical

26 _____
medicinal

27 _____
dosage

28 _____
처방(전); 규정, 법규

29 _____
antibiotic

30 _____
위약, 가짜 약

PLAN
9

Day 44 건강 · 의학 2

disease 질병　　　　cancer 암　　　　　food poisoning 식중독　　stroke 뇌졸중
heart attack 심장 마비[발작]　plague 전염병　　influenza 유행성 독감　immune 면역의

질병

1291 afflict
[əflíkt]

ⓥ (병에) 걸리게 하다; 괴롭히다

300,000 Filipinos are **afflicted** with tuberculosis every year.
30만 명의 필리핀 사람들이 해마다 결핵에 **걸린다.**

🔖 be afflicted with[by] ~ : (병에) 걸리다, ~으로 고생하다

➕ affliction ⓝ 병; 고통, 고뇌

1292 impair
[impéər]

ⓥ 손상하다, 해치다

Extremely loud noises can **impair** your hearing permanently.
매우 큰 소음은 청력을 영구적으로 **손상시킬** 수 있다.

➕ impairment ⓝ (신체 기능의) 저하, 장애

1293 chronic
[kránik]

ⓐ 만성적인

chronic heart disease　만성 심장 질환
Teens suffer from **chronic** stress due to homework.
십 대들이 숙제로 인해 **만성** 스트레스에 시달리고 있다.

➕ chronically ⓐⓓ 만성적으로

1294 progression
[prəgréʃən]

ⓝ 진전; (병의) 진행　🟰 progress

The **progression** of cancer can be delayed by a plant-based diet.
채식 위주의 식단으로 암의 **진행**을 지연시킬 수 있다.

➕ progress ⓝ 진전, 진행, 발전　ⓥ 진행하다
progressive ⓐ 1 진보적인　2 (병 등이) 진행성인, 점진적인

1295 syndrome
[síndroum]

ⓝ 증후군

Down's **syndrome** is a kind of genetic disorder.
다운 **증후군**은 일종의 유전자 질환이다.

Imposter **syndrome** is a belief that you are not as capable as others think.
가면 **증후군**은 자신이 다른 사람들이 생각하는 것만큼 유능하지 않다고 믿는 것이다.

1296 ★★
allergic
[ələ́ːrdʒik]

ⓐ 알레르기가 있는; 알레르기(성)의

I'm **allergic** to nuts.　나는 견과류에 **알레르기**가 있어.

Some people have **allergic** reactions to antibiotics.
어떤 사람들은 항생제에 **알레르기** 반응을 보인다.

ⓦ be allergic to ~: 1 ~에 알레르기가 있다　2 ~을 무척 싫어하다
➕ allergy ⓝ 알레르기, 과민성

1297
cavity
[kǽvəti]

ⓝ 충치

You may have a toothache due to a **cavity**.
충치 때문에 치통이 생길 수 있다.

PLAN
9

1298 ★
diabetes
[dàiəbíːtiz / -is]

ⓝ 당뇨병

If you have **diabetes**, your diet is the core of your treatment plan.
당뇨병이 있다면 식사가 치료 계획의 핵심이다.

ⓘ -s로 끝나지만 단수 취급한다.

1299 ★
obesity
[oubíːsəti]

ⓝ 비만

The number-one cause of diabetes is **obesity**.
당뇨병의 제1원인은 **비만**이다.

➕ obese ⓐ 비만의

1300
fracture
[frǽktʃər]

ⓝ 골절　ⓥ 부러뜨리다; 부러지다

I was diagnosed with complex **fractures** requiring surgery.
나는 수술이 필요한 복합 **골절** 진단을 받았다.

My brother **fractured** his arm while wrestling.
내 형은 레슬링을 하다가 팔을 **부러뜨렸다**.

ⓦ simple fracture 단순 골절
　　complex[compound] fracture 복합 골절

1301
insomnia
[insɑ́mniə]

ⓝ 불면증

For many people, excessive caffeine can cause **insomnia**.
많은 사람들에게 과도한 카페인이 **불면증**의 원인이 될 수 있다.

1302 ★★
asthma
[æzmə / æs-]

ⓝ 천식

Patients with **asthma** should avoid unnecessary outdoor physical activities.
천식 환자들은 불필요한 야외 신체 활동을 피해야 한다.

1303
hypertension
[hàipərténʃən]

ⓝ 고혈압(증) ＝ high blood pressure

Hypertension is directly linked to high cholesterol levels.
고혈압은 높은 콜레스테롤 수치와 직결된다.

🔍 hyper-(과도한) + tension(긴장, 압력)

장애

1304 ★★
disabled
[diséibld]

ⓐ 장애를 입은, 불구가 된; 무력하게 된

Parking spaces for the **disabled** are located near the entrance.
장애인 주차 구역은 입구 가까이에 위치한다.

🏷 the disabled (집합적) 장애인
➕ disability ⓝ 장애, 불구

다의어

1305 ★★
disorder
[disɔ́:rdər]

ⓝ 1 장애, 질환 2 무질서 3 엉망, 어수선함 ↔ order 질서, 정돈

1 An eating **disorder** can be triggered by dieting.
   다이어트가 섭식 **장애**를 유발할 수 있다.
2 Social **disorder** leads to immoral behavior.
   사회적 **무질서**는 부도덕한 행동으로 이어진다.
3 The office was in a state of **disorder**.
   사무실은 **엉망**인 상태였다.

1306
abnormal
[æbnɔ́:rməl]

ⓐ 비정상적인, 불규칙한 ↔ normal 정상적인

Chest pain occurs due to **abnormal** blood pressure.
흉부 통증은 **비정상적인** 혈압 때문에 발생한다.

➕ abnormality ⓝ 이상, 비정상; 기형, 불구

1307
deformity
[difɔ́:rməti]

ⓝ 기형(물), 불구

The regular wearing of high heels results in the **deformity** of the foot.
주기적인 하이힐 착용은 발의 **기형**을 가져온다.

➕ deform ⓥ 변형시키다

1308 lame
[leim]

ⓐ 1 다리를 저는, 절룩거리는 2 어설픈, 궁색한

1 He is **lame** in one leg and now walks on crutches.
그는 한쪽 다리를 **절게** 되어 이제는 목발을 짚고 걷는다.

2 a **lame** attempt **어설픈** 시도
a **lame** excuse **궁색한** 변명

1309 paralysis
[pərǽləsis]

ⓝ 마비, 불수

Poisons and infections may cause **paralysis**.
독이나 감염은 **마비**를 일으킬 수 있다.

➕ paralyze ⓥ 마비시키다

1310 malfunction
[mælfʌ́ŋkʃən]

ⓝ 기능 불량

The **malfunction** of liver leads to various metabolic disorders.
간 **기능 장애**[간 **부전증**]는 다양한 물질대사 장애로 이어진다.

✿ mal-(나쁜, 잘못된) + function(기능)
cf. dysfunction 기능 장애, 부전

1311 immunity
[imjú:nəti]

ⓝ 면역, 면역성

This protein strengthens your **immunity** to infections.
이 단백질은 감염에 대한 **면역성**을 강화해 준다.

➕ immune ⓐ 면역의, 면역이 된 | immunize ⓥ 면역이 되게 하다

1312 antibody
[ǽntibàdi]

ⓝ 항체

Each **antibody** has a unique target known as the antigen.
각 **항체**는 항원이라고 알려진 고유한 표적을 가진다.

✿ anti-(반대되는, 방지하는) + body(체)
cf. antigen 항원

1313 vaccination
[væksənéiʃən]

ⓝ 예방 접종

Vaccinations can be thought of as active immunization.
예방 접종은 능동적인 면역성 부여로 여겨질 수 있다.

➕ vaccinate ⓥ ~에게 예방 접종하다 | vaccine ⓝ 백신, 종두

1314 hygiene
[háidʒi:n]

ⓝ 위생, 위생학

Dental **hygiene** begins with brushing your teeth at least twice a day.
치아 **위생**은 최소 하루 두 번의 양치질로 시작된다.

1315 sanitary
[sǽnətèri / -təri]

ⓐ (공중) 위생의, 보건상의

The five-star hotel restaurant violated food **sanitary** regulations.
그 5성급 호텔 음식점이 식품 **위생** 규정을 위반했다.

➕ sanitation ⓝ (공중) 위생 (시설)

1316 sterilize
[stérəlàiz]

ⓥ 살균하다, 소독하다

All surgical instruments must be **sterilized** before use.
모두 수술 기구들은 사용 전에 **살균되어야** 한다.

➕ sterile ⓐ 살균된, 무균의 | sterilization ⓝ 살균(법), 소독(법)

감염 · 전염병

1317 epidemic
[èpədémik]

ⓝ 유행병, 전염병 ⓐ 유행성[전염성]의

The MERS **epidemic** killed more than 70 people in Korea.
메르스 **전염병**으로 한국에서 70명 이상이 사망했다.

Measles is a highly **epidemic** disease prevalent worldwide.
홍역은 전 세계적으로 유행하는 **전염성** 높은 질병이다.

✪ cf. pandemic 전국적인[전 세계적인] 유행병

*1318 outbreak
[áutbrèik]

ⓝ (전쟁·유행병 등의) 발생, 발발, 창궐

The **outbreak** of epidemics is considered an emergency situation.
전염병의 **발생**은 비상 상황으로 여겨진다.

the **outbreak** of the Second World War
제2차 세계대전의 **발발**

✪ cf. break out 발발하다, 발생하다

**1319 infection
[infékʃən]

ⓝ 감염, 전염

Call your doctor immediately if you notice symptoms of **infection**.
감염 증상을 알아채면 즉시 의사에게 전화하십시오.

➕ infect ⓥ 감염시키다, 전염시키다 | infectious ⓐ 감염성의

*1320 contagious
[kəntéidʒəs]

ⓐ (접촉) 전염성의

In most of us, the flu is **contagious** for about a week.
우리들의 대부분에게서 독감은 약 일주일간 **전염성이 있다**.

➕ contagion ⓝ 접촉 전염(병), 감염

Daily Check-up

빈칸에 알맞은 우리말 뜻 또는 영어 단어를 써넣어 워드맵을 완성하시오.

1 _____
afflict

2 _____
impair

3 _____
만성적인

4 _____
progression

5 _____
증후군

6 _____
알레르기가 있는;
알레르기(성)의

7 _____
cavity

8 _____
diabetes

9 o _____
비만

10 _____
fracture

11 _____
insomnia

12 _____
asthma

13 _____
hypertension

14 _____
장애를 입은; 무력하게 된

15 _____
disorder

16 _____
비정상적인, 불규칙한

17 _____
deformity

18 l _____
다리를 저는; 어설픈

19 _____
마비, 불수

20 _____
malfunction

장애

질병

건강·의학 2

면역·
위생

감염·
전염병

21 _____
immunity

22 _____
antibody

23 _____
vaccination

24 _____
hygiene

25 _____
sanitary

26 _____
sterilize

27 _____
epidemic

28 _____
outbreak

29 i _____
감염, 전염

30 _____
contagious

Day **45** 건강 · 의학 3

생리학

1321 **physiological**
[fìziəládʒikəl]

ⓐ 생리학의, 생리적인

Sleep is one of the most basic **physiological** needs.
수면은 가장 기본적인 **생리적** 욕구 중 하나이다.

➕ physiology ⓝ 생리학; 생리 기능[현상]

1322 **metabolism**
[mətǽbəlìzm]

ⓝ 물질[신진]대사

The body's **metabolism** is responsible for energy production.
몸의 **물질대사**는 에너지 생산을 책임진다.

➕ metabolic ⓐ 물질[신진]대사의

1323 **digestion**
[daidʒéstʃən / di-]

ⓝ 1 **소화** 2 이해, 터득

1 The **digestion** of a regular meal takes about 6-7 hours.
보통 식사의 **소화**는 6시간에서 7시간이 걸린다.

2 thorough **digestion** of reading materials
읽기 자료의 철저한 **이해**

➕ digest ⓥ 소화하다 | digestive ⓐ 소화의; 소화를 돕는

🔍 cf. indigestion 소화 불량

1324 **ingestion**
[indʒéstʃən]

ⓝ (음식물) 섭취

The **ingestion** of protein is recommended during aerobic exercise. 유산소 운동 중에는 단백질 **섭취**가 권장된다.

1325 **enzyme**
[énzaim]

ⓝ 효소

Digestive **enzymes** help break down the food we eat.
소화 **효소**는 우리가 먹는 음식을 분해하는 데 도움을 준다.

1326 **gland**
[glænd]

ⓝ 분비샘

Glands produce specific chemicals called hormones.
분비샘은 호르몬이라고 불리는 특정한 화학 물질을 생산한다.

➕ glandular ⓐ 분비샘의

1327 secrete
[sikríːt]

ⓥ **분비하다**

The stomach **secretes** acids and enzymes that digest food.
위는 음식을 소화시키는 산과 효소를 **분비한다.**

➕ secretion ⓝ 분비
✪ secret(비밀; 비밀의)과 혼동하지 않도록 주의할 것.

1328 salivate
[sǽləvèit]

ⓥ **침을 내다**

These cakes smell so good that they are making me **salivate.**
이 케이크는 냄새가 너무 좋아서 나는 **침이 난다.**

➕ saliva ⓝ 침, 타액

PLAN
9

신체 기관

1329 artery
[ɑ́ːrtəri]

ⓝ **동맥**

Arteries carry the blood from the heart to tissues.
동맥은 혈액을 심장에서 조직으로 운반한다.

✪ cf. vein 정맥

1330 respiratory
[réspərətɔ̀ːri]

ⓐ **호흡의, 호흡기의**

Colds and viruses attack **respiratory** organs.
감기와 바이러스는 **호흡기**를 공격한다.

respiratory diseases such as asthma and pneumonia
천식, 폐렴과 같은 **호흡기** 질환

➕ respiration ⓝ 호흡 (작용)

1331 abdominal
[æbdɑ́mənəl]

ⓐ **복부의, 배의**

Severe **abdominal** pain can be caused by food poisoning.
심한 **복부** 통증이 식중독에 의해 야기될 수 있다.

➕ abdomen ⓝ 배, 복부(= belly)

1332 spinal
[spáinəl]

ⓐ **척추의; 등뼈의, (어류) 가시의**

Many professional rugby players sustain **spinal** injuries.
많은 프로 럭비 선수들이 **척추** 부상을 당한다.

🦴 spinal cord 척수
➕ spine ⓝ 1 척추, 등뼈   2 가시

1333	**intestine** [intéstin]	ⓝ 장(腸), 창자 The large **intestine** absorbs any leftover water. 대**장**은 남아 있는 물을 모두 흡수한다. 🔖 the large intestine 대장 ǀ the small intestine 소장 ➕ intestinal ⓐ 장의, 내장의
★1334	**retina** [rétənə]	ⓝ 망막 The human eye sees light with the pupil and the **retina**. 인간의 눈은 동공과 **망막**으로 빛을 본다. ➕ retinal ⓐ 망막의 🔍 cf. pupil 동공, 눈동자 ǀ eyeball 안구 ǀ iris 홍채

다의어

★1335	**vessel** [vésəl]	ⓝ 1 관, 혈관 2 용기, 그릇 3 배, 선박 1 The two main types of blood **vessels** are arteries and veins. **혈관**의 두 주요 유형은 동맥과 정맥이다. 2 storage **vessels** for fruits and vegetables 과일과 채소 저장 **용기** 3 Around 360 cruise **vessels** operate on the ocean today. 오늘 약 360대의 크루즈 **선박**[유람선]이 해상에서 운행한다.

다의어

★1336	**cellular** [séljələr]	ⓐ 1 세포의 2 무선[휴대] 전화의 1 Severe burns cause **cellular** damage to your skin. 심한 화상은 피부에 **세포** 손상을 일으킨다. 2 a **cellular** phone **휴대** 전화 ➕ cell ⓝ 세포 ★ '휴대 전화'를 나타내는 표현으로는 cellular phone, cell (phone), mobile (phone) 등이 있다.

의학 분야

★1337	**psychiatry** [saikáiətri]	ⓝ 정신 의학; 정신병 치료법 Sigmund Freud is the father of modern **psychiatry**. 지그문트 프로이트는 현대 **정신 의학**의 아버지이다. ➕ psychiatrist ⓝ 정신과 의사
★1338	**neurological** [njurəláddʒikəl]	ⓐ 신경계의, 신경학적인 Alzheimer's disease is a **neurological** disorder. 알츠하이머병은 **신경계** 질환이다. ➕ neurology ⓝ 신경학 ǀ neurologist ⓝ 신경과 전문의, 신경학자

---

*
1339 **affective**

[əféktiv]

ⓐ 정서의, 감정의

Reduced sunlight is the primary cause of seasonal **affective** disorder. 일광 감소가 계절성 **정서** 장애(SAD)의 주요 원인이다.

➕ affection ⓝ 애정, 애착

1340 **phobia**

[fóubiə]

ⓝ (특정 사물·활동·상황에 대한) 공포증, 병적 공포

Phobias are characterized by an unrealistic fear.
공포증의 특징은 비현실적인 공포이다.

⭐ cf. acrophobia 고소 공포증 | agoraphobia 광장 공포증
aerophobia 비행 공포증

**
1341 **amnesia**

[æmníːʒə / -ʒiə]

ⓝ 기억 상실(증), 건망증

When **amnesia** strikes, people can forget everything about their lives.
기억 상실증이 일어나면, 사람들은 자신의 삶에 대한 모든 것을 잊어버릴 수 있다.

---

*
1342 **cosmetic**

[kɑzmétik]

ⓐ 성형의; 미용의, 화장(품)의

I think **cosmetic** surgery helps enhance self-esteem.
나는 **성형** 수술이 자긍심을 향상시키는 데 도움이 된다고 생각한다.

♨ cosmetic surgery 성형 수술 | cosmetic industry 미용 산업
cosmetic products 화장품

➕ **cosmetics** ⓝ 화장품

**
1343 **complication**

[kàmplikéiʃən]

ⓝ 합병증

Skin irritation is a frequent **complication** of cosmetic surgery.
피부 염증은 성형 수술의 빈번한 **합병증**이다.

다의어

***
1344 **delivery**

[dilívəri]

ⓝ 1 배달, 납품 2 분만, 해산 3 연설, 강연

1 The order must be paid on **delivery**.
그 주문은 **배달** 시에 대금이 지급되어야 한다.

2 Cesarean section is performed when natural **delivery** is not safe.
제왕 절개술은 자연 **분만**이 안전하지 않을 때 시행된다.

3 His passionate **delivery** inspired the audience.
그의 열정적인 **연설**은 청중을 고취시켰다.

1345 **abortion**

[əbɔ́ːrʃən]

ⓝ 낙태, 임신 중절 (수술)

Abortion and unwanted pregnancy are highly correlated.
낙태와 원치 않은 임신은 매우 관련이 깊다.

➕ **abort** ⓥ 1 중지하다 2 임신을 중절하다

1346 mortality
[mɔːrtǽləti]

ⓝ 사망자 수, 사망률

Infant **mortality** has been dramatically reduced around the world. 전 세계에서 영아 **사망률**은 크게 감소되어 왔다.

📖 infant / child / maternal mortality 영아 / 유아 / 산모 사망률

➕ mortal ⓐ 죽을 운명의(↔ immortal 불멸의)

다의어

1347 fatality
[feitǽləti / fə-]

ⓝ 1 사망자 (수) 2 치사성, 치사율

1 the number of traffic **fatalities**
교통사고 **사망자** 수

2 the extremely high **fatality** of the Ebola virus
에볼라 바이러스의 극히 높은 **치사성**

Different forms of cancer have different **fatality** rates.
상이한 형태의 암은 상이한 **치사율**을 보인다.

➕ fatal ⓐ 치명적인

★★ 1348 starvation
[stɑːrvéiʃən]

ⓝ 굶주림, 기아

Many wild animals die of **starvation** during severe winters.
많은 야생 동물들이 혹한의 겨울철 동안에 **굶어** 죽는다.

📖 die of starvation 굶어 죽다

➕ starve ⓥ 굶주리다, 굶어 죽다

다의어

★ 1349 terminal
[tə́ːrmənəl]

ⓐ 1 말기의, 불치의 ＝incurable 2 **치명적인** ＝fatal
ⓝ 1 종점, 터미널 2 컴퓨터 단말기

a. 1 **Terminal** patients need special care in their last days.
말기 환자들은 마지막 날들에 특별한 보살핌을 필요로 한다.

2 Cancer, though **terminal**, can be fully treated if detected in its early stages.
암은 **치명적이지만** 초기에 발견되면 완치될 수 있다.

n. 1 railway / bus **terminal** 기차의 **종착역** / 버스 **터미널**

2 Local **terminals** are linked to the central computer.
로컬 **단말기들**이 중앙 컴퓨터에 연결되어 있다.

★ 1350 anatomy
[ənǽtəmi]

ⓝ 해부학, 해부

The study of the **anatomy** helps us explain physiological phenomena.
해부학 연구는 우리가 생리 현상을 설명하는 데 도움이 된다.

➕ anatomical ⓐ 해부의, 해부학상의

cf. autopsy 검시, 부검

빈칸에 알맞은 우리말 뜻 또는 영어 단어를 써넣어 워드맵을 완성하시오.

1 _____
physiological

2 _____
metabolism

3 _____
소화; 이해, 터득

4 _____
ingestion

5 _____
enzyme

6 _____
gland

7 _____
secrete

8 _____
salivate

생리학

신체 기관

9 _____
artery

10 _____
respiratory

11 _____
abdominal

12 _____
spinal

13 _____
장, 창자

14 _____
retina

15 _____
관, 혈관; 그릇; 선박

16 _____
cellular

건강 · 의학 3

의학 분야

사망

17 _____
psychiatry

18 _____
neurological

19 _____
affective

20 _____
phobia

21 _____
amnesia

22 _____
성형의; 미용의, 화장(품)의

23 _____
complication

24 _____
배달; 분만, 해산; 연설

25 _____
abortion

26 _____
mortality

27 _____
fatality

28 _____
굶주림, 기아

29 _____
말기의; 치명적인;
종점; 컴퓨터 단말기

30 _____
anatomy

PLAN
9

Day 45 건강 · 의학 3 ★ 297

PLAN 10
수능 Path

sympathetic 동정적인
sorrowful 슬픔에 찬
leisurely 한가로운

registration 등록
requirement 자격
respectively 각각

심경
·
분위기

실용문
·
도표

수능
path

숙어
·
관용구

구동사

call for
~을 요구하다
cope with
~에 대처하다
turn down
~을 거절하다

be bound to do
~할 수밖에 없다
in terms of
~ 면에서
have to do with
~와 관계가 있다

drop by 잠깐 들르다
come up with ~을 생각해 내다
prefer A to B B보다 A를 선호하다

Day 46 심경 · 분위기

Must-Know Words

thankful 감사하는　　encourage 격려하다　　delight 기쁨　　joyful 기쁜

satisfy 만족시키다　　embarrass 당황시키다　　frighten 놀라게 하다　　mysterious 신비로운

긍정적 심경

1351 ★★★ fascinate
[fǽsənèit]

ⓥ 매료시키다, 매혹시키다

Everyone was **fascinated** by her voice and moves.
모든 사람이 그녀의 목소리와 동작에 **매료되었다**.

➕ fascinated ⓐ 매료된, 반한 ｜ fascinating ⓐ 매혹적인
fascination ⓝ 매혹, 매료

1352 ★★★ grateful
[gréitfəl]

ⓐ 감사하는, 고마워하는

I'm so **grateful** to you for your love and support.
당신의 사랑과 후원에 진정 **감사합니다**.

➕ gratitude ⓝ 감사, 고마워함

1353 ★★ anticipate
[æntísəpèit]

ⓥ 기대하다; 예감하다

Everyone is eagerly **anticipating** the onset of spring.
모든 사람이 봄의 시작을 간절히 **기대하고** 있다.

➕ anticipation ⓝ 기대; 예감

1354 ★★★ amuse
[əmjúːz]

ⓥ 즐겁게 하다, 재미나게 하다

The author **amuses** readers with comical situations.
그 작가는 익살스런 상황으로 독자들을 **즐겁게 해준다**.

➕ amused ⓐ 즐거워하는, 재미있어하는 ｜ amusing ⓐ 재미있는
amusement ⓝ 즐거움, 재미; 오락
amusement park ⓝ 놀이공원

❓ amaze(깜짝 놀라게 하다)와 혼동하지 않도록 주의할 것.

1355 ★★★ sympathetic
[sìmpəθétik]

ⓐ 동정적인, 인정 있는　＝compassionate

I'm **sympathetic** to starving children in Africa.
나는 아프리카의 굶주리고 있는 아이들을 **동정한다**.

🔅 sympathetic to[toward] ~: ~을 동정하는

➕ sympathy ⓝ 동정, 불쌍히 여김 ｜ sympathize ⓥ 동정하다; 공감하다

composed
[kəmpóuzd]

★ 1356

ⓐ 침착한, 차분한

He appeared **composed**, but I could see the nervousness in his eyes. 그는 **침착해** 보였지만 나는 그의 눈에서 초조함을 볼 수 있었다.

다의어

relieve
[rilíːv]

★★★ 1357

ⓥ 1 안도하게 하다　2 (고통·부담 등을) 경감하다, 덜다
　 3 구제[구조, 구원]하다

1 I was finally **relieved** to hear that I was completely cured.
　나는 내가 완치되었다는 말을 듣고서 마침내 **안도하였다**.

2 Try this exercise to **relieve** pain in your lower back.
　허리의 통증을 **경감하기** 위해 이 운동을 시도해 보세요.

3 **relieve** people from poverty 사람들을 가난에서 **구제하다**

➕ relieved ⓐ 마음이 놓이는, 안도한
　relief ⓝ 1 안심　2 경감　3 구제[구원, 구호, 구조]

PLAN
10

부정적 심경

distress
[distrés]

★★ 1358

ⓝ 고통, 비탄　ⓥ 슬프게 하다, 괴롭히다

One in five adults suffers from severe psychological **distress**.
성인 5명 중 1명이 심한 심리적 **고통**에 시달리고 있다.

She was **distressed** to see her son crying.
그녀는 아들이 울고 있는 것을 보고 **슬펐다**.

puzzle
[pʌ́zl]

★★★ 1359

ⓥ 당혹스럽게 하다　ⓝ 수수께끼, 퍼즐

I was **puzzled** by the unexpected turn of events.
나는 사건들의 예기치 못한 전개에 **당혹스러웠다**.

solve a **puzzle** 수수께끼를 풀다

➕ puzzled ⓐ 당황스러운, 어리둥절한

perplex
[pərpléks]

★ 1360

ⓥ 혼란에 빠뜨리다, 당혹스럽게 하다

We were **perplexed** as to how to overcome the situation.
우리는 그 상황을 어떻게 극복할지를 몰라 **혼란에 빠졌다**.

➕ perplexed ⓐ 당혹스러워하는(= puzzled)　|　perplexity ⓝ 당혹, 난처

resentful
[rizéntfəl]

★ 1361

ⓐ 분개한, 분해하는

The author was **resentful** about the unfair criticism.
그 작가는 부당한 비판에 **분개했다**.

➕ resent ⓥ 분개하다　|　resentment ⓝ 분개

[*] 1362 **indifference**
[indífərəns]

ⓝ 무관심, 냉담　≡ disinterest

Indifference is much more harmful than anger or hatred.
무관심은 분노나 증오보다 훨씬 더 해롭다.

➕ indifferent ⓐ 무관심한

---

^{**} 1363 **sorrowful**
[sɔ́roufəl]

ⓐ 슬픔에 찬, 비탄에 잠긴

When she lifted her **sorrowful** eyes, they were heavy with tears.　그녀가 슬픔에 찬 눈을 들어 올렸을 때, 눈에는 눈물이 가득 고여 있었다.

➕ sorrow ⓝ 슬픔, 비애

다의어

^{***} 1364 **frustrate**
[frʌ́streit]

ⓥ 1 좌절시키다　≡ discourage　2 헛되게 하다

1　We were **frustrated** by the loss of a golden opportunity.
우리는 황금 같은 기회를 잃은 것에 대해 좌절했다.

2　I **frustrated** her attempt to steal my wallet.
나는 내 지갑을 훔치려는 그녀의 시도를 헛되게 하였다.

➕ frustrated ⓐ 좌절감을 느끼는　|　frustrating ⓐ 좌절감을 주는
frustration ⓝ 좌절, 실패, 차질

---

^{**} 1365 **apologetic**
[əpàlədʒétik]

ⓐ 미안해하는, 사과하는

His words were **apologetic**, but his tone was not.
그는 말로는 미안해했지만, 어조는 그렇지 않았다.

➕ apologize ⓥ 사과하다　|　apology ⓝ 사과

---

^{**} 1366 **regretful**
[rigrétfəl]

ⓐ 후회하는; 유감으로 생각하는

I feel **regretful** about my decision to study abroad.
나는 해외에서 공부하기로 한 결정을 후회한다.

I am **regretful** to give this negative review.
이 부정적인 논평을 하게 되어 유감입니다.

➕ regret ⓝ 후회; 유감　ⓥ 후회하다; 유감스러워 하다

다의어

^{***} 1367 **depressed**
[diprést]

ⓐ 1 침울한, 우울한　2 내리눌린　3 불황의

1　Most people get **depressed** when they lose their jobs.
대부분의 사람들은 일자리를 잃을 때 침울해한다.

2　When **depressed**, the lever acts as a switch.
내리눌렸을 때, 그 레버는 스위치 역할을 한다.

3　Agriculture has become a **depressed** industry.
농업은 불황 산업이 되었다.

➕ depress ⓥ 1 침울하게 하다　2 침체시키다　3 내리누르다
depression ⓝ 1 우울(증)　2 침체, 불황　3 내리누름

1368 bewilder
[biwíldər]

ⓥ 어리둥절하게 하다, 당황하게 하다

I was **bewildered** by the sight of his strange behavior.
나는 그의 이상한 행동을 보고 **어리둥절했다**.

➕ bewildered ⓐ 당황한, 어리둥절한 | bewilderment ⓝ 어리둥절함

 다의어

1369 outrage
[áutrèidʒ]

ⓥ 격분시키다 ⓝ 1 격분 2 위반 행위

v. In 1838, American citizens were **outraged** by the British action. 1838년에 미국 시민들은 영국의 행위에 **격분했다**.

n. 1 public **outrage** 대중의 **분노**
2 **outrage** against the law **불법 행위**

➕ outraged ⓐ 격분한 | outrageous ⓐ 터무니없는, 불합리한

1370 annoyance
[ənóiəns]

ⓝ 짜증, 불쾌감; 곤란(한 것)

Mosquitoes cause nothing but itching and **annoyance**.
모기는 가려움과 **짜증**을 일으킬 뿐이다.

She often puts me to **annoyance**. 그녀는 종종 나를 **곤란**하게 한다.

➕ annoy ⓥ 짜증 나게 하다 | annoying ⓐ 짜증 나는
annoyed ⓐ 짜증 난

1371 discouraged
[diskʌ́ridʒd]

ⓐ 낙담한, 낙심한 ⟷ encouraged 용기가 나는

We are often **discouraged** by the critical voices surrounding us.
우리는 흔히 우리를 둘러싼 비판의 목소리에 **낙심하게** 된다.

➕ discourage ⓥ 낙담시키다(⟷ encourage 격려하다)
discouraging ⓐ 낙담하게 하는(⟷ encouraging 고무적인)
discouragement ⓝ 낙담, 실망(⟷ encouragement 격려, 장려)

다의어

1372 desperate
[déspərit]

ⓐ 1 절망적인 2 필사적인, 절박한

1 We were in a **desperate** situation due to a lack of material.
우리는 물자 부족으로 인해 **절망적인** 상황에 있었다.

2 a **desperate** effort to keep the sinking ship afloat
침몰하는 배를 물에 떠 있게 하려는 **필사적인** 노력

She was **desperate** for a job because she had to pay her rent.
그녀는 집세를 내야 했기 때문에 일자리를 구하는 것에 **필사적**이었다.

➕ desperately ⓐⓓ 필사적으로, 몹시

1373 jealous
[dʒéləs]

ⓐ 질투하는, 시샘하는

My friends were **jealous** of me for having such good luck.
내 친구들은 내가 그런 행운을 얻은 것에 대해 나를 **질투했다**.

➕ jealousy ⓝ 질투, 시샘

PLAN
10

***
1374 **envious**
[énviəs]

ⓐ 부러워하는, 시샘하는

The poor girl was **envious** of people who'd gone to college.
그 가난한 소녀는 대학에 간 사람들을 **부러워했다**.

➕ envy ⓝ 부러움, 시샘 ⓥ 부러워하다

분위기

*
1375 **pastoral**
[pǽstərəl]

ⓐ 전원적인, 목가적인

This painting of a **pastoral** scene features cattle and a boy.
전원적인 풍경의 이 그림은 소떼와 한 소년을 담고 있다.

**
1376 **leisurely**
[líːʒərli]

ⓐ 한가로운, 여유 있는

Two penguins are taking a **leisurely** stroll on the nearby iceberg.
두 마리의 펭귄이 근처의 빙산에서 **한가로운** 산책을 하고 있다.

➕ leisure ⓝ 여가

**
1377 **monotonous**
[mənátənəs]

ⓐ 단조로운, 지루한

The song talks about a man tired of the **monotonous** life in the city.
그 노래는 도시의 **단조로운** 삶에 싫증 난 한 남자에 대해 이야기한다.

➕ monotony ⓝ 단조로움

**
1378 **solitary**
[sálitèri / -təri]

ⓐ 쓸쓸한, 적막한; 고독한

A young woman was standing on a **solitary** beach in the twilight.
한 여자가 황혼 속에서 **쓸쓸한** 해변에 서 있었다.

a **solitary** traveler in the rain 빗속의 한 **고독한** 나그네

➕ solitude ⓝ 고독

**
1379 **urgent**
[ə́ːrdʒənt]

ⓐ 긴급한, 위급한

We are in **urgent** need of a new energy strategy.
우리는 새로운 에너지 전략이 **긴급히** 필요하다.

➕ urgency ⓝ 긴급

1380 **melancholic**
[mèlənkálik]

ⓐ 우울한; 우울증의

The film captures the **melancholic** atmosphere of the city.
그 영화는 그 도시의 **우울한** 분위기를 포착하고 있다.

➕ melancholy ⓝ 우울, 울적함

Daily Check-up

빈칸에 알맞은 우리말 뜻 또는 영어 단어를 써넣어 워드맵을 완성하시오.

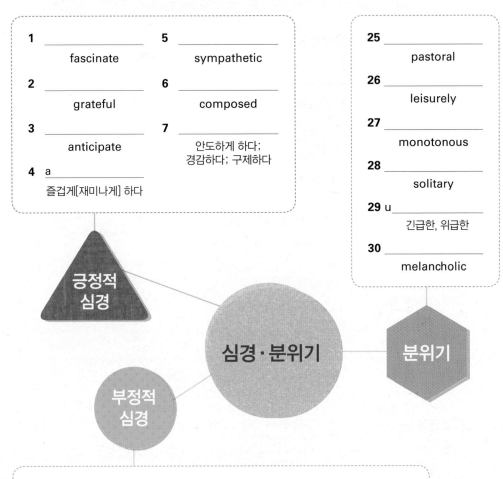

1 _____
fascinate

2 _____
grateful

3 _____
anticipate

4 a _____
즐겁게[재미나게] 하다

5 _____
sympathetic

6 _____
composed

7 _____
안도하게 하다;
경감하다; 구제하다

25 _____
pastoral

26 _____
leisurely

27 _____
monotonous

28 _____
solitary

29 u _____
긴급한, 위급한

30 _____
melancholic

긍정적
심경

심경·분위기

분위기

부정적
심경

8 _____
distress

9 p _____
당혹스럽게 하다; 수수께끼

10 _____
perplex

11 _____
resentful

12 _____
indifference

13 s _____
슬픔에 찬, 비탄에 잠긴

14 f _____
좌절시키다; 헛되게 하다

15 _____
apologetic

16 _____
후회하는; 유감으로 생각하는

17 d _____
침울한; 내리눌린; 불황의

18 _____
bewilder

19 _____
outrage

20 _____
annoyance

21 d _____
낙담한, 낙심한

22 _____
desperate

23 _____
질투하는, 시샘하는

24 e _____
부러워하는, 시샘하는

Day 47 실용문 · 도표

Must-Know Words

include 포함하다	submit 제출하다	per ~당	opportunity 기회
monthly 월례의	decline 감소(하다)	steadily 꾸준히	combine 합치다

행사 · 대회

★★★ 1381 annual
[ǽnjuəl]

ⓐ 연례의, 연 1회의

ABB Fest is an **annual** event held during Family Month.
ABB Fest는 가정의 달 동안에 개최되는 **연례** 행사이다.

➕ annually ⓐⓓ 매년, 해마다

🔍 cf. biennial 격년의, 2년 1회의 | biennale 비엔날레, 격년 행사

★★★ 1382 participation
[pɑ:rtìsəpéiʃən]

ⓝ 참가, 참여

Participation in the contest is limited to high school students.
대회 **참가**는 고등학생들에게 한정됩니다.

➕ participate ⓥ 참가[참여]하다(in) | participant ⓝ 참가자

🔍 cf. take part in ~: ~에 참가[참여]하다

★★ 1383 enrollment
[enróulmənt]

ⓝ 등록; 입학

Enrollment for the course begins on March 21.
그 강좌의 **등록**은 3월 21일에 시작된다.

Korea's **enrollment** rates for college are almost second to none in the world.
한국의 대학 **입학률**은 세계에서 거의 최고이다.

➕ enroll ⓥ 등록하다; 입학시키다

다의어

★★★ 1384 competition
[kὰmpətíʃən]

ⓝ 1 경쟁 2 대회, 경기

1 **Competition** among local airlines is getting more intense.
지역 항공사들 사이의 **경쟁**이 점점 치열해지고 있다.

2 We invite art students to take part in our design **competition**.
우리의 디자인 **대회**에 참가하도록 예술 전공 학생들을 초대합니다.

🏆 win a competition 대회에서 우승하다

➕ compete ⓥ 겨루다, 경쟁하다 | competitor ⓝ 경쟁자
competitive ⓐ 경쟁의, 경쟁력이 있는

🔍 cf. contest 대회, 경연 | derby 경기, 경주

***
1385 **registration**
[rèdʒəstréiʃən]

🔵 등록

Registration is free, but space is limited, so sign up now.
등록은 무료지만 자리가 제한적이니 지금 신청하세요.

➕ register ⓥ 등록하다

**
1386 **entry**
[éntri]

🔵 1 (대회 등의) 참가　2 출품작

1 There is no **entry** fee.　참가비는 무료입니다.
2 Only one **entry** per person is allowed.
　1인당 한 **작품**만 출품할 수 있습니다.

➕ enter ⓥ 참가하다 ｜ entrant ⓝ (대회) 참가자
🔍 cf. entrance 입구

***
1387 **submission**
[səbmíʃən]

🔵 1 제출, 제출물　2 항복, 복종

1 **Submissions** must be received no later than May 14.
　작품 **제출**은 늦어도 5월 14일까지 접수되어야 합니다.
2 refuse **submission** to the invading armies
　침략군에게 **항복**을 거부하다

➕ submit ⓥ 1 제출하다　2 복종하다

***
1388 **fee**
[fi:]

🔵 ~비, 요금, 수수료

The nonrefundable entry **fee** is $30 for up to five works.
환불되지 않는 참가**비**는 다섯 작품까지 30달러입니다.

🔍 cf. fare (교통) 요금 ｜ rate (임대) 요금, 사용료

***
1389 **advance**
[ədvǽns]

🔵 1 진보하다　2 (일정을) 앞당기다　🔵 1 진보, 발전　2 선불, 선금

ⓥ. 1 Technology **advances** as scientific discoveries are
　　applied.　기술은 과학적 발견이 응용되면서 **진보한다**.
　2 For **advanced** registration, visit the website.
　　사전 등록을 하시려면 웹사이트를 방문하세요.
ⓝ. 1 the **advance** in telecommunication networks
　　원격 통신망의 **진보**
　2 ask for an **advance** on one's salary
　　봉급을 **선불**해달라고 요청하다

🏆 in advance 미리, 사전에

---

*
1390 **eligible**
[élidʒəbəl]

🅰 (참가) 자격이 있는　🟰 qualified

Only 6th-10th grade students are **eligible** to participate in the
contest.　오직 6학년에서 10학년까지의 학생만이 대회 **참가 자격이 있습니다.**

1391 ★★★
award
[əwɔ́ːrd]

ⓥ 수여하다, (상을) 주다　ⓝ (부상이 딸린) 상

The best three teams will be **awarded** cash prizes.
최우수 세 팀에게는 상금이 **수여될** 것입니다.

An **awards** ceremony will be held in December for the winners.
수상자들을 위한 시**상**식이 12월에 열릴 것입니다.

다의어

1392 ★★★
admission
[ədmíʃən]

ⓝ 1 입장(료)　2 입학 (허가)　3 시인, 자백

1 All **admission** fees are discounted on Tuesdays.
　매주 화요일에는 모든 **입장**료가 할인됩니다.

2 take a standardized **admission** exam
　표준화된 **입학** 시험을 치르다

3 His silence was an **admission** of his guilt.
　그의 침묵은 유죄임을 **시인하는 것**이었다.

➕ admit ⓥ 1 시인[인정]하다　2 입장[입학]을 허가하다

다의어

1393 ★
complimentary
[kàmpləméntəri]

ⓐ 1 무료의　2 칭찬의

1 We offer **complimentary** refreshments to all of our guests.
　우리는 모든 고객들에게 **무료** 다과를 제공합니다.

2 receive **complimentary** remarks from customers
　고객들로부터 **칭찬의** 말을 듣다

➕ compliment ⓝ 칭찬　ⓥ 칭찬하다
🔍 complementary(상호 보완적인)와 혼동하지 않도록 주의할 것.

1394 ★★★
requirement
[rikwáiərmənt]

ⓝ 자격, 필요조건

What are the **requirements** for the application?
지원 **자격**은 무엇인가요?

➕ require ⓥ 요구하다

1395 ★★★
category
[kǽtəgɔ̀ːri]

ⓝ 부문, 범주

The competition is divided into the following three **categories**.
대회는 다음의 세 **부문**으로 나누어집니다.

➕ categorize ⓥ 범주화하다

1396 ★
criterion
[kraitíəriən]

ⓝ 기준, 척도 (*pl.* criteria)

There are three judging **criteria** in the contest.
대회에는 세 가지의 심사 **기준**이 있습니다.

1397 soar [sɔːr]

ⓥ 급상승하다, 치솟다

Last month, home sales **soared** to a new record in our area.
지난달에 우리 지역에서 주택 판매가 **급상승하여** 새로운 기록을 세웠다.

1398 growth [grouθ]

ⓝ 증가; 성장

Population **growth** was more rapid than expected during the past decade.
인구 **증가**는 지난 10년 동안에 예상보다 더 급속했다.

the relationship between economic **growth** and employment
경제 **성장**과 고용 사이의 상관관계

다의어

1399 decline [dikláin]

ⓥ 1 감소하다 2 (정중히) 거절하다 ⓝ 하락, 감소, 저하

v. 1 The number of Americans reading printed newspapers continues to **decline**.
인쇄된 신문을 읽는 미국인들의 수가 계속 **감소하고** 있다.

2 **decline** an offer[invitation] 제안[초대]을 **정중히 거절하다**

n. a sharp **decline** in the standard of living
생활 수준의 급격한 **하락**

PLAN 10

1400 gradually [grǽdʒuəli]

ⓐⓓ 서서히, 점차, 단계[점진]적으로

Mobile computers have **gradually** been introduced into educational contexts.
휴대용 컴퓨터가 **서서히** 교육 상황에 도입되어 왔다.

1401 dramatically [drəmǽtikəli]

ⓐⓓ 극적으로, 눈부시게

Consumption **dramatically** increased between 1985 and 2010. 소비는 1985년과 2010년 사이에 **극적으로** 증가했다.

➕ dramatic ⓐ 극적인

다의어

1402 steep [stiːp]

ⓐ 1 급격한 2 가파른

1 There has been a **steep** decline in the birth rate in almost all member states.
거의 모든 회원국에서 출생률의 **급격한** 감소가 있었다.

2 The hotel is on a **steep** hill. 그 호텔은 **가파른** 언덕 위에 있다.

1403 triple [trípl]

ⓥ 세 배가 되다; 세 배로 증가하다 ⓐ 세 배의 ＝threefold

The melting rate of glaciers has **tripled** during the last decade. 빙하의 융해 속도가 지난 10년 동안에 **세 배로 증가했다.**

🔍 cf. double ⓥ 두 배가 되다; 두 배로 증가하다 ⓐ 두 배의
quadruple ⓥ 네 배가 되다; 네 배로 증가하다 ⓐ 네 배의

1404 ★★
selected
[siléktid]

ⓐ 선별된, 선택된

This chart shows the minority population of five **selected** regions in China.
이 도표는 중국의 **선별된** 5개 지역의 소수 민족 인구를 보여 준다.

➕ select ⓥ 선별[선택]하다 | selective ⓐ 선택적인, 까다로운

1405 ★
respondent
[rispándənt]

ⓝ (조사의) 응답자

The survey shows 85% of **respondents** own a smartphone.
조사는 **응답자**의 85%가 스마트폰을 갖고 있다는 것을 보여 준다.

➕ response ⓝ 응답; 반응 | respond ⓥ 응답하다; 반응[감응]하다

1406 ★★
proportion
[prəpɔ́ːrʃən]

ⓝ 비(比), 비율

For Asian mothers, the **proportion** of college graduates is 30.2%. 아시아계 어머니들의 경우, 대학 졸업자의 **비율**이 30.2%이다.
proportion of five to one 1대 5의 **비율**

➕ proportional ⓐ (~에) 비례하는

1407 ★★
counterpart
[káuntərpàːrt]

ⓝ 대응하는 사람[것]

European companies invest less in R&D than their U.S. **counterparts**.
유럽의 기업들은 미국의 기업들보다 연구·개발에 투자를 덜 한다.

1408 ★★
respectively
[rispéktivli]

ⓐⓓ 각각, 개별적으로

Coal and oil account for 20% and 40% of energy sources **respectively**. 석탄과 석유가 **각각** 에너지원의 20%와 40%를 차지한다.

➕ respective ⓐ 각각의

1409 ★★★
relatively
[rélətivli]

ⓐⓓ 비교적, 상대적으로

The composition of the Indian labor force **relatively** remained the same. 인도의 노동력 구성은 **비교적** 동일하게 유지되었다.

➕ relative ⓐ 상대적인 ⓝ 친척

다의어

1410 ★
projection
[prədʒékʃən]

ⓝ 1 추정(치), 예상 2 투사, 영사 3 돌출부, 돌기

1 The graph shows the world population and **projections** to 2100. 도표는 세계 인구와 2100년 **추정치**를 보여 준다.
2 the **projection** of 3D images on a screen
스크린에 **투사**된 입체 영상
3 a big **projection** on the wall 벽의 커다란 **돌출부**

➕ project ⓥ 1 추정[예측]하다 2 투사[영사]하다 3 툭 튀어나오게 하다
4 계획[입안]하다 ⓝ 계획, 프로젝트

빈칸에 알맞은 우리말 뜻 또는 영어 단어를 써넣어 워드맵을 완성하시오.

1 _____
연례의, 연 1회의

2 p _____
참가, 참여

3 _____
enrollment

4 _____
경쟁; 대회, 경기

5 _____
registration

6 e _____
참가; 출품작

7 _____
submission

8 _____
~비, 요금, 수수료

9 _____
advance

10 _____
eligible

11 _____
수여하다, (상을) 주다; 상

12 _____
입장(료); 입학 (허가); 시인

13 _____
complimentary

14 _____
자격, 필요조건

15 _____
부문, 범주

16 _____
criterion

17 _____
soar

18 _____
growth

19 d _____
감소하다; 거절하다; 하락

20 _____
gradually

21 d _____
극적으로, 눈부시게

22 _____
급격한; 가파른

23 _____
triple

PLAN 10

행사 · 대회

실용문 · 도표

도표: 증가와 감소

도표: 기타 용어

24 s _____
선별된, 선택된

25 _____
respondent

26 _____
proportion

27 _____
counterpart

28 _____
respectively

29 _____
비교적, 상대적으로

30 _____
projection

Day 48 구동사 1

자동사+전치사

*** 1411 call for

~을 요구하다, ~을 필요로 하다

Anti-poverty groups are **calling for** an immediate increase in income assistance.
빈곤 추방 단체는 수입 보조의 즉각적인 증가를 **요구한다.**

Driving in wet weather **calls for** very high levels of alertness.
비 오는 날씨에 운전하는 것은 고도의 주의를 **필요로 한다.**

* 1412 stand for

~을 상징하다, ~을 의미하다

Red usually **stands for** love while yellow signifies friendship.
빨간색은 보통 사랑을 **상징하고,** 반면에 노란색은 우정을 의미한다.

Do you know what FIFA **stands for**?
너는 FIFA가 무엇을 **의미하는지** 아니?

다의어

** 1413 compensate for

1 ~을 보상하다 2 ~을 만회하다

1 The offender must **compensate for** the damage caused by his or her act.
가해자는 자신의 행동에 의해 야기된 피해를 **보상해야** 한다.

2 The company had to find a way to **compensate for** the loss.
그 회사는 손실을 **만회할** 방법을 찾아야 했다.

🄴 make up for

** 1414 count on / upon

~에 기대다[의지하다]

We can always **count on** our family to be there for us when we need them.
우리는 우리가 필요로 할 때 곁에 있어 항상 **기댈** 수 있는 가족들이 있다.

🄴 depend on, rely on, turn to, resort to

** 1415 draw on / upon

~을 이용하다

Humans have **drawn on** nature for resources and ideas.
인간은 자원과 아이디어를 (얻기) 위해 자연을 **이용해** 왔다.

1416	**dwell on / upon**

～을 깊이[곰곰이] 생각하다

You don't need to **dwell on** this subject to become an expert.
여러분이 전문가가 되기 위해 이 문제를 **깊이 생각할** 필요는 없다.

> ☆ dwell in은 '～에 거주하다'라는 의미이다.
> → Primitive people used to dwell in caves.
> 　원시인들은 동굴에 거주했었다.

★★★ 1417	**consist of**

～으로 구성되다

The committee **consists of** a chair and nine additional members.
그 위원회는 위원장과 아홉 명의 추가적인 위원들**로 구성된다**.

> ☰ be comprised of, comprise, be made up of
> ☆ consist in은 '～에 있다'라는 의미이다.
> → The beauty of the soul consists in truth and wisdom.
> 　영혼의 아름다움은 진실과 지혜에 있다.

★ 1418	**approve of**

～에 찬성하다, ～을 승인하다

76 percent of those who voted **approved of** the new treaty.　투표자의 76퍼센트가 그 새로운 조약에 **찬성했다**.

1419	**dispose of**

～을 처리하다

There is no proven way to safely **dispose of** nuclear waste.　핵폐기물을 안전하게 **처리하는** 입증된 방법은 없다.

★★★ 1420	**result in**

～의 결과를 낳다

A small mistake may **result in** a big loss for the company.
하나의 작은 실수가 회사의 커다란 손실**이라는 결과를 낳을** 수 있다.

> ☆ 반대 표현으로 result from은 '～의 결과이다'라는 뜻이다.
> → The fire had resulted from carelessness.
> 　그 화재는 부주의의 결과였다.

다의어

★★★ 1421	**engage in**

1 ～을 하다　2 ～에 참여[관여]하다

1 You need to **engage in** vigorous physical activity for about an hour a day.
하루에 한 시간 정도 왕성한 신체 활동을 **할** 필요가 있다.

2 Many people want to **engage in** charity and help others.
많은 사람들이 자선 활동에 **참여하여** 다른 이들을 돕고 싶어 한다.

**
1422　**cope with**

~에 대처하다

The best way to **cope with** stress is to develop long-term strategies.
스트레스에 **대처하는** 가장 좋은 방법은 장기적인 전략을 개발하는 것이다.

다의어

***
1423　**deal with**

1 ~을 다루다　2 ~을 처리하다

1　The paper **deals with** the effects of climate change on crop yields.
　그 논문은 농작물 산출에 대한 기후 변화의 영향을 **다룬다.**
2　We must **deal with** this problem with great care.
　우리는 매우 주의 깊게 이 문제를 **처리해야** 한다.

　⭐ deal의 동사 변화형은 deal-dealt-dealt이다.

*
1424　**stand by**

대기하다

Medical staffers were **standing by** at a first-aid station.
의료진이 구급 치료소에서 **대기하고** 있었다.

**
1425　**run into**

~와 우연히 만나다[마주치다]

The area is so wild that you may **run into** wild animals.
그 지역은 야생 동물과 **마주칠** 수도 있을 만큼 야생 상태이다.

　⊟ come across, run across, bump into, stumble upon

1426　**do without**

~ 없이 지내다[견디다]

Can you **do without** your smartphone for a day?
여러분은 하루 동안 스마트폰 **없이** 지낼 수 있는가?

다의어

**
1427　**go through**

1 ~을 살펴보다[조사하다]　2 ~을 겪다[거치다]
3 ~을 다 써버리다

1　I **went through** the report and picked some fascinating statistics.
　나는 그 보고서를 **살펴보고** 몇몇 매혹적인 통계를 골랐다.
2　We all **go through** hard times at some points of our lives.
　우리 모두는 삶의 어느 시점에서 어려운 시기를 **겪는다.**
3　This way, they **went through** all their money in less than a year.
　이런 식으로 그들은 1년도 안 되어 모든 돈을 **써버렸다.**

1428 ★★★ **figure out**

~을 파악하다

Can you **figure out** the relationship between the two variables?
여러분은 두 변수 사이의 상관관계를 **파악할** 수 있는가?

다의어

1429 **put out**

1 (쓰레기 등을) 내다 놓다   2 (불을) 끄다   3 생산하다

1 **Put** the garbage **out** at least an hour before pickup time.
쓰레기를 적어도 수거 시간 1시간 전에 **내다 놓으시오.**

2 Fire extinguishers help **put out** small fires before they get bigger.
소화기는 불이 커지기 전에 작은 불을 **끄는** 데 도움이 된다.

3 Her small factory **puts out** 200 items of clothing per day.
그녀의 작은 공장은 하루에 200여 품목의 의류를 **생산한다.**

1430 ★★★ **point out**

~을 지적[언급]하다

The report **points out** the importance of administrative support.
그 보고서는 행정적 지원의 중요성을 **지적하고** 있다.

1431 ★★★ **fill in / out**

~을 작성하다

Fill in[out] the application form and send it to us by November 5.
지원서 양식을 **작성하여** 11월 5일까지 저희에게 보내주세요.

1432 **give off**

(소리·냄새·열·빛 등을) 내다[발하다]

Driver Alert Alarm **gives off** an alarm sound when you nod off while driving.
운전자 경보 시스템은 운정 중에 졸 때 경고음을 **낸다.**

A ripe peach **gives off** a sweet scent.
잘 익은 복숭아는 향긋한 냄새를 **낸다.**

1433 ★ **lay off**

~을 해고하다

In 1981, the company **laid off** one-third of its employees.
1981년에 그 회사는 직원의 3분의 1을 **해고했다.**

🔹 lay off는 많은 인원을 정리 해고할 때 쓰는 표현이며, 개인을 해고할 때에는 dismiss나 fire 등을 쓴다.

다의어

1434 ★★
put aside

1 ~을 (한쪽으로) 치우다　2 ~을 따로 남겨두다

1　Please **put** your phone **aside** while I'm talking to you.　내가 이야기를 할 동안에는 전화기를 좀 **치워라.**

2　It's a good idea to **put** some money **aside** for emergencies.
비상사태를 대비해 얼마의 돈을 **따로 남겨두는** 것은 좋은 생각이다.

다의어

1435 ★★★
take on

1 (모습·색깔 등을) 띠다　2 (책임·역할을) 맡다

1　The tree's leaves **take on** different colors depending on the season.
그 나무의 잎은 계절에 따라 다른 색깔을 **띤다.**

2　She **took on** the role of spokesperson for the organization.
그녀는 그 조직의 대변인 역할을 **맡았다.**

다의어

1436 ★★★
pick up

1 ~을 차에 태우다　2 ~을 찾아오다　3 (습관을) 들이다

1　I have to **pick up** my son from school.
나는 아들을 학교에서 **태워야** 한다.

2　**pick up** clothes from the cleaner's
세탁소에서 옷을 **찾아오다**

3　try to **pick up** a reading habit
독서 습관을 **들이려고** 노력하다

1437 ★
turn down

~을 거절하다

I decided to **turn down** the job offer and to finish my degree.
나는 그 일자리 제안을 **거절하고** 학위를 마치기로 결정했다.

1438 ★★
bring about

~을 초래[유발]하다

A simple mental change may **bring about** real change in your life.
단순한 정신적 변화가 삶의 진정한 변화를 **초래할** 수 있다.

1439 ★★
get over

~을 극복하다

I can **get over** any obstacles that block my path.
나는 나의 길을 막는 어떠한 장애물도 **극복할** 수 있다.

1440 ★★
throw away

~을 버리다

When you **throw** garbage **away**, does it disappear?
쓰레기를 **버리면** 그것이 사라질까?

빈칸에 알맞은 우리말 뜻 또는 영어를 써넣어 워드맵을 완성하시오.

1 _____ call for	7 _____ consist of	13 _____ ~을 다루다; 처리하다
2 _____ ~을 상징하다, 의미하다	8 _____ approve of	14 _____ stand by
3 _____ compensate for	9 _____ dispose of	15 _____ ~와 우연히 만나다
4 _____ count on	10 _____ ~의 결과를 낳다	16 _____ do without
5 _____ draw on	11 _____ engage in	17 _____ ~을 살펴보다[조사하다]; 겪다[거치다]; 다 써버리다
6 _____ dwell on	12 _____ cope with	

자동사 +전치사

구동사 1

타동사 +부사

18 _____ ~을 파악하다	23 _____ lay off	27 _____ ~을 거절하다
19 _____ put out	24 _____ put aside	28 _____ bring about
20 _____ ~을 지적[언급]하다	25 _____ take on	29 _____ ~을 극복하다
21 _____ ~을 작성하다	26 _____ 차에 태우다; 찾아오다; (습관을) 들이다	30 _____ ~을 버리다
22 _____ give off		

Day 49 구동사 2

자동사+부사

★★
1441 drop by

잠깐 들르다, 불시에 찾아가다

I **dropped by** my friend's place to borrow a textbook.
나는 교과서를 한 권 빌리려고 친구 집에 **들렀다**.

〓 drop in, stop by, call on

다의어

★★
1442 break down

1 고장 나다   2 나빠지다, 쇠하다
3 나누다; 나누어지다   4 허물다

1 My car **broke down** suddenly in the middle of the road.
내 차가 갑자기 도로 한가운데서 **고장 났다**.

2 His health **broke down** after he started working in the mines.
그의 건강은 광산에서 일하기 시작한 후에 **나빠졌다**.

3 Try to **break down** your budget by week or month.
예산을 주 또는 월 단위로 **나누려고** 노력하라.

4 **break down** social barriers
사회적 장벽을 **허물다**

★
1443 carry on

계속하다; 계속 가다

You must **carry on** if you are to win.
여러분은 승리하고자 한다면 **계속해야만** 한다.

Carry on until you get to the intersection.
교차로에 이를 때까지 **계속 가세요**.

★
1444 pass away

돌아가시다, 사망하다

My beloved grandmother **passed away** at the age of 90.
나의 사랑하는 할머니는 90세의 연세로 **돌아가셨다**.

★★
1445 stay up

깨어 있다, 자지 않다

That night, we **stayed up** till midnight and talked about life and love.
그날 밤 우리는 인생과 사랑에 대해 이야기하며 자정까지 **깨어 있었다**.

다의어

1446 break up

1 부서지다; 부수다
2 (모임이) 파하다; (모임을) 해산시키다
3 헤어지다

1 The ship **broke up** on the rocks and sank within an hour.
그 배는 암초에 부딪쳐 **부서져서** 한 시간 내에 침몰했다.

2 The party **broke up** at midnight, and they went their separate ways.
파티는 자정에 **파했고** 그들은 각자의 길을 갔다.

3 **break up** with one's boyfriend / girlfriend
남자친구 / 여자친구와 **헤어지다**

⭐ 1, 2번 뜻일 경우 타동사로 쓰이기도 한다.

PLAN 10

동사+부사+전치사

1447 catch up with

~을 따라잡다, ~을 따라가다

Slow down so that I can **catch up with** you.
내가 너를 **따라잡을** 수 있게 속도를 늦춰라.

⭐ cf. keep up with ~을 놓치지 않고 따르다, ~와 연락하고 지내다

1448 come up with

(해결책 등을) 생각해 내다, 찾아내다

We'll have to **come up with** a good solution for that problem.
우리는 그 문제에 대한 좋은 해결책을 **생각해 내야** 할 것이다.

1449 come down with

(별로 심각하지 않은 병에) 걸리다, (병이) 들다

When you **come down with** the flu, you typically feel aches and pains.
독감에 **걸렸을** 때는 보통 온몸이 쑤시고 아프다.

1450 do away with

~을 버리다, ~을 없애다

We need to **do away with** some of the unnecessary projects.
우리는 그 불필요한 계획들의 일부를 **버릴** 필요가 있다.

= get rid of

1451 get along with

~와 잘[사이 좋게] 지내다

Spare no effort to **get along with** your colleagues.
동료들과 **잘 지내기** 위한 노력을 아끼지 마세요.

The new student seems to **get along with** his classmates.
새로 온 학생은 반 친구들과 **잘 지내는** 듯 보인다.

★ 1452 get down to

~에 착수하다

Build a relationship before you **get down to** business.
사업에 **착수하기** 전에 관계를 맺어라.

★ 1453 live up to

~에 부응하다

Our resort will **live up to** your expectations for relaxation.
저희 리조트는 휴양에 대한 여러분의 기대에 **부응할** 것입니다.

다의어

★ 1454 make up for

1 ~을 만회[벌충]하다   2 ~을 보상하다

1 He bought her some flowers to **make up for** being late.
그는 늦은 것을 **만회하기** 위해 그녀에게 꽃을 사주었다.

2 You should **make up for** the loss you caused.
당신이 끼친 손해를 반드시 **보상해야** 합니다.

⊟ compensate for

1455 put up with

~을 참다

I couldn't **put up with** the harsh treatment given to me.
나는 내게 가해진 가혹한 처사를 **참을** 수 없었다.

⊟ stand, tolerate

★★ 1456 run out of

~을 다 써버리다

I was **running out of** time but still couldn't find the answer.
나는 시간을 **다 써버리고** 있었지만 여전히 답을 찾을 수 없었다.

1457 stand up for

~을 지지하다, ~을 옹호하다

He overcame his great fears and **stood up for** justice and equality.
그는 커다란 두려움을 극복하고 정의와 평등을 **지지했다.**

⊟ support

1458 sign up for
★★★

~을 신청하다, ~에 가입하다

I **signed up for** a scuba diving class.
나는 스쿠버다이빙 수업을 **신청했다.**

sign up for a subscription to a magazine
잡지 정기 구독을 **신청하다**

1459 look up to

~을 존경하다, ~을 우러러보다

Students **look up to** their teachers as figures of authority.
학생들은 권위를 가진 인물로서 그들의 선생님을 **존경한다.**

↔ look down on ~: ~을 깔보다

다의어

1460 hold on to
★

1 ~을 고수하다   2 ~을 꼭 잡다

1 **Hold on to** your dreams and never let go!
여러분의 꿈을 **고수하고** 절대로 놓지 마세요!
≡ cling to, stick to, adhere to
2 **hold on to** the rope   밧줄을 **꼭 잡다**

동사+*A*+전치사+*B*

1461 convert *A* to / into *B*
★★

A를 B로 전환하다[바꾸다]

An engine **converts** heat energy **into** mechanical energy.
엔진은 열에너지를 기계 에너지로 **전환한다.**

≡ turn *A* into *B*

1462 deprive *A* of *B*
★

A에게서 B를 빼앗다[박탈하다]

Unemployment **deprives** the economy **of** part of its resource base.
실업은 경제에서 자원 기반의 일부를 **빼앗는다.**

≡ rob *A* of *B*, rid *A* of *B*

1463 provide *A* with *B*
★★★

A에게 B를 공급[제공]하다

The ecosystem **provides** us **with** drinking water and oxygen to breathe.
생태계는 우리에게 마실 물과 호흡할 산소를 **공급한다.**

≡ provide *B* for *A*

1464
replace A with B

A를 B로 대체하다

It is not difficult to **replace** fossil fuels **with** renewable energy.
화석 연료를 재생 가능한 에너지로 **대체하는** 것은 어렵지 않다.

1465
regard A as B

A를 B로 간주하다

People **regard** the cross **as** a symbol of Christianity.
사람들은 십자가를 기독교의 상징으로 **간주한다**.

= see A as B, view A as B, think of A as B, consider A B, deem A B

1466
impose A on B

A를 B에게 부과하다

The U.S. **imposed** tariffs **on** $34 billion of imports from China.
미국은 중국에서 수입한 340억 달러 상당의 수입품에 관세를 **부과하였다**.

1467
name A after B

B의 이름을 따서 A의 이름을 짓다

The city **named** the bridge **after** a local civil-rights activist.
시는 한 지역 민권 운동가의 **이름을 따서** 그 다리의 **이름을 지었다**.

1468
compare A with / to B

A와 B를 비교하다, A를 B에 비교하다

Your child will **compare** what you say **with** what you do.
여러분의 자녀는 여러분의 말과 행동을 **비교할** 것이다.

1469
remind A of B

A에게 B를 상기시키다

The earthquake **reminded** us **of** the importance of disaster prevention.
그 지진은 우리에게 재난 방지의 중요성을 **상기시켰다**.

1470
prefer A to B

B보다 A를 선호하다

I **prefer** taking care of myself **to** being taken care of by others.
나는 남들에게 돌봄을 받는 것보다 스스로를 돌보는 것을 **선호한다**.

Ⓠ A와 B가 to부정사인 경우에는 「prefer A (rather) than B」의 형태로 쓴다.
→ I prefer to walk rather than drive.
나는 운전하는 것보다 걷는 것을 선호한다.

빈칸에 알맞은 우리말 뜻 또는 영어를 써넣어 워드맵을 완성하시오.

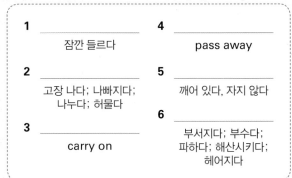

1 _____
잠깐 들르다

2 _____
고장 나다; 나빠지다;
나누다; 허물다

3 _____
carry on

4 _____
pass away

5 _____
깨어 있다, 자지 않다

6 _____
부서지다; 부수다;
파하다; 해산시키다;
헤어지다

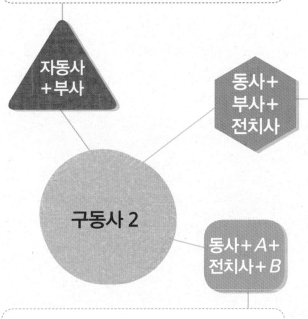

자동사 +부사

동사+ 부사+ 전치사

구동사 2

동사+A+ 전치사+B

7 _____
~을 따라잡다, 따라가다

8 _____
come up with

9 _____
come down with

10 _____
do away with

11 _____
~와 잘[사이 좋게] 지내다

12 _____
get down to

13 _____
live up to

14 _____
make up for

15 _____
~을 참다

16 _____
~을 다 써버리다

17 _____
stand up for

18 _____
~을 신청하다

19 _____
~을 존경하다, 우러러보다

20 _____
hold on to

21 _____
convert A to/into B

22 _____
deprive A of B

23 _____
A에게 B를 공급[제공]하다

24 _____
A를 B로 대체하다

25 _____
regard A as B

26 _____
impose A on B

27 _____
B의 이름을 따서 A의
이름을 짓다

28 _____
A와 B를 비교하다

29 _____
A에게 B를 상기시키다

30 _____
prefer A to B

Day 50 | 숙어 · 관용구

be+★+to+동사원형

1471 ★★★ be about to *do*

막 ~하려고 하다

I **was about to** leave when the front door blew open.
내가 **막** 나가**려고 할** 때 현관문이 벌컥 열렸다.

1472 ★★★ be likely to *do*

~하기 쉽다, ~하는 경향이 있다

The elderly **are likely to** take multiple medications.
어르신들은 다수의 약물을 복용하기 **쉽다.**

Cats **are** more **likely to** get hit by cars at night than dogs.
고양이는 개들보다 밤에 차에 치이는 **경향이** 더 **많다.**

≡ be prone to *do*, be apt to *do*

다의어

1473 ★★★ be supposed to *do*

1 ~할 예정이다   2 ~해야 하다
3 ~할[인] 것으로 여겨지다

1 The final **is supposed to** kick off at 2.
결승전은 2시에 시작될 **예정이다.**

2 Every staff member **is supposed to** wear an identity card.
모든 직원은 신분증을 착용**해야 한다.**

3 College **is supposed to** be the best years of a person's life.
대학은 한 사람의 삶에서 최고의 시절**로 여겨진다.**

1474 ★★ be bound to *do*

~할 수밖에 없다, ~하게 되어 있다

They **are bound to** adopt the commission's advice.
그들은 위원회의 조언을 채택**할 수밖에 없다.**

We **were bound to** meet at some point.
우리는 어느 시점에서 만나게 **되어 있었다**(만날 운명이었다).

1475 ★ be obliged to *do*

~하지 않을 수 없다

These people **were obliged to** leave their homes due to the civil war.
이 사람들은 내전 때문에 고향을 등지**지 않을 수 없었다.**

🔍 cf. feel obliged to *do*: ~해야 할 의무감을 느끼다
→ I felt obliged to describe my present situation.
나는 내 현재 상황을 설명해야 할 의무감을 느꼈다.

전치사+명사+전치사

1476 **at the cost of**

~을 희생하고

Our ancestors defended our country **at the cost of** their lives.
우리의 선조들은 목숨을 희생하면서 우리나라를 수호했다.

⊜ at the price of, at the expense of

1477 **in accordance with**

~에 따라, ~에 부합되게

Dress appropriately **in accordance with** the school's dress code.
학교의 복장 규정에 따라 적절하게 복장을 착용해 주세요.

1478 **for the sake of**

~을 위해

I've made donations **for the sake of** the welfare of the homeless.
나는 노숙자들의 복지를 위해 기부를 해 왔다.

1479 **on account of**

~ 때문에

Why should the natural world suffer **on account of** human mistakes?
왜 자연 세계가 인간의 실수 때문에 고통당해야 하는가?

1480 **on behalf of**

~을 대신[대표]하여

Representatives make decisions **on behalf of** their constituents.
하원 의원들은 유권자들을 대신[대표]하여 결정을 내린다.

🔄 cf. in behalf of ~을 도우려고, ~을 위해

1481 **in terms of**

~ 면에서, ~의 견지에서

Our products are competitive both **in terms of** cost and quality.
우리의 상품은 비용과 품질 두 가지 면에서 모두 경쟁력이 있다.

1482 **in spite of**

~에도 불구하고

In spite of the heavy snow, all those invited made it to the party.
폭설에도 불구하고 초대받은 모든 이들이 파티에 왔다.

⊜ despite

1483 ★★
take ~ for granted

~을 당연하게 여기다

We **take** food **for granted**, but it is a luxury for many people.
우리는 음식을 당연하게 여기지만 그것은 많은 이들에게 사치이다.

We **take** it **for granted** that our family will love us forever.
우리는 가족이 우리를 영원히 사랑하리라는 것을 당연하게 여긴다.

1484 ★★
have difficulty (in) -ing

~하는 데 어려움을 겪다

The elderly **have difficulty** walking for long periods of time.
어르신들은 장시간 동안 걷는 것에 어려움을 겪는다.

≡ have trouble -ing, have a hard time -ing

1485 ★★★
look forward to

~을 고대하다, ~을 손꼽아 기다리다

Readers are **looking forward to** your next novel.
독자들이 당신의 다음 소설을 고대하고 있습니다.

I **look forward to** seeing you again.
나는 너를 다시 만나기를 손꼽아 기다려.

❖ look forward to 뒤에는 명사(구) 또는 동명사가 온다.

1486
get in the way of

~에 방해가 되다

Words **get in the way of** us listening to music.
말은 우리가 음악을 감상하는 것에 방해가 된다.

1487 ★★
get rid of

~을 없애다, ~을 제거하다; ~을 내쫓다

You'd better **get rid of** unwanted items before you move.
여러분은 이사하기 전에 불필요한 물건들을 없애는 것이 좋습니다.

I'll do anything to **get rid of** my annoying neighbor.
나는 귀찮은 이웃을 내쫓기 위해서라면 무엇이든 하겠다.

1488 ★★★
take advantage of

~을 이용하다

We need to **take advantage of** the opportunity we have now.
우리는 우리가 지금 가진 기회를 이용할 필요가 있다.

They **took advantage of** me as a tour guide.
그들은 여행 가이드로 나를 이용했다.

[★]1489 fall short of

~에 못 미치다

His performance **fell short of** our expectations.
그의 수행 능력은 우리의 기대에 **못 미쳤다.**

1490 have a way with

~을 잘 다루다, ~을 취급하는 요령을 알고 있다

He was elected because he **has a way with** words, not because he is smart.
그가 당선된 것은 말을 **잘하기** 때문이지 똑똑해서가 아니다.

---

^{★★}1491 have to do with

~와 관계가 있다

What does it **have to do with** me?
그게 저와 무슨 **상관이죠?**

⚙ cf. have something to do with ~와 먼가 관계가 있다
   have nothing to do with ~와 아무런 관계가 없다
   have little to do with ~와 관계가 거의 없다
   → His sudden retirement had something to do with health problems.
     그의 갑작스런 은퇴는 건강 문제와 먼가 관계가 있었다.
     I had nothing to do with his accident.
     나는 그의 사고와 아무런 관계도 없었다.

형용사 구문

[★]1492 be accustomed to

~에 익숙하다

Fishermen **are accustomed to** reading the seas in all kinds of weather.
어부들은 온갖 종류의 날씨 속에서 바다를 읽는 데 **익숙하다.**

≡ be used to
⚙ 뒤에는 명사(구) 또는 동명사가 온다.

다의어

[★]1493 be subject to

1 ~의 영향을 받다   2 ~에 속박되다

1 Fireworks shows **are** always **subject to** weather conditions.
  불꽃놀이 쇼는 항상 기상 상태의 **영향을 받는다.**

2 The commerce of the colony **was subject to** many regulations.
  그 식민지의 상업은 많은 규제에 **속박되었다.**

---

^{★★}1494 be aware of

~을 알다

Medical staffers must **be aware of** security measures to protect patients.
의료진은 환자를 보호하기 위한 안전 조치를 **알아야** 한다.

★★
1495 **be capable of**

~을 할 수 있다, ~을 할 능력이 있다

The new radar **is capable of** detecting targets 100km away.
그 새로운 레이더는 100킬로미터 거리에 있는 표적을 탐지할 **수 있다**.

🟰 be able to *do*

ⓐ be capable of 뒤에는 명사(구) 또는 동명사가 오지만 be able to 뒤에는 동사원형이 온다.

기타

1496 **by no means**

결코 ~이 아닌

The greenhouse effect in and of itself is **by no means** harmful.
온실 효과 그 자체만으로는 **결코** 해롭**지 않다**.

ⓐ cf. by all means 물론, 좋고말고

★★
1497 **when it comes to**

~에 관한 한

When it comes to basketball, Michael Jordan is still untouchable.
농구**에 관한 한**, 마이클 조던은 여전히 난공불락이다.

★★
1498 **in the face of**

~에도 불구하고

What's the secret to staying positive **in the face of** adversity?
역경**에도 불구하고** 계속 긍정적일 수 있는 비결은 무엇인가?

1499 **second to none**

어느 것에도[아무에게도] 뒤지지 않는

Our products are **second to none** when it comes to quality.
우리 제품은 품질에 관한 한 **어느 것에도 뒤지지 않습니다**.

1500 **by accident**

우연히

Many of the biggest scientific discoveries happened **by accident**.
가장 위대한 과학적 발견 중 많은 것이 **우연히** 일어났다.

🟰 by chance, accidentally

빈칸에 알맞은 우리말 뜻 또는 영어를 써넣어 워드맵을 완성하시오.

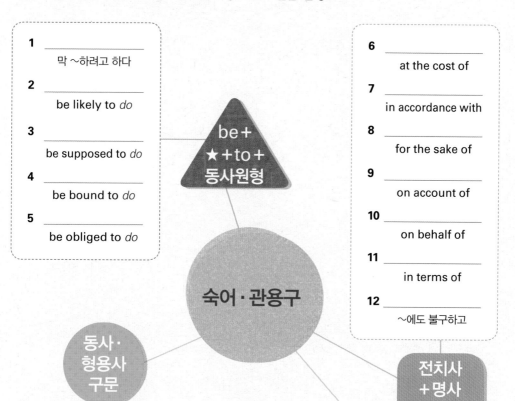

be+★+to+동사원형

1 _____
막 ~하려고 하다

2 _____
be likely to *do*

3 _____
be supposed to *do*

4 _____
be bound to *do*

5 _____
be obliged to *do*

전치사+명사+전치사

6 _____
at the cost of

7 _____
in accordance with

8 _____
for the sake of

9 _____
on account of

10 _____
on behalf of

11 _____
in terms of

12 _____
~에도 불구하고

숙어·관용구

동사·형용사 구문

13 _____
take ~ for granted

14 _____
have difficulty *-ing*

15 _____
~을 고대하다

16 _____
get in the way of

17 _____
~을 없애다; 내쫓다

18 _____
take advantage of

19 _____
fall short of

20 _____
have a way with

21 _____
have to do with

22 _____
be accustomed to

23 _____
be subject to

24 _____
~을 알다

25 _____
be capable of

기타

26 _____
by no means

27 _____
when it comes to

28 _____
in the face of

29 _____
second to none

30 _____
우연히

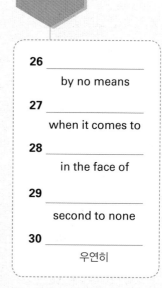

PLAN
10

ANSWER KEY

PLAN 1 자연

Day 1 생태계 · 식물

1 ecological **2** 생태계 **3** biological
4 biodiversity **5** 생물 자원; 생물량 **6** 생물권
7 habitat **8** 서식하다; 거주하다 **9** colony
10 본래대로의, 손대지 않은 **11** 소멸, 사라짐
12 threaten **13** 꽃; 개화, 만발; 꽃을 피우다
14 floral **15** 줄기, 대; 유래하다 **16** 화밀, 꿀
17 pollen **18** photosynthesis **19** 이산화탄소
20 penetrate **21** 흡수; 몰두, 열중 **22** 싹이 트다,
발아하다; 새싹 **23** (꽃이) 피다; (꽃의) 만발
24 wither **25** 휴면하는, 잠복의 **26** 식물, 식생
27 키 작은 나무, 관목 **28** 다년생 식물; 다년생의
29 seaweed **30** 균류, 버섯

Day 2 동물 · 미생물

1 reptile **2** 초식 동물 **3** predator **4** 수중의,
수생의 **5** 영장류 **6** 지배적인, 우세한 **7** 위계,
서열 **8** 적응하는, 적응을 돕는 **9** 위장하다; 위장
10 흉내, 모방 **11** 천연색 **12** 동면하다 **13** 공생의,
공생하는 **14** exotic **15** 우리에 갇힌, 사로잡힌;
포로 **16** migrate **17** 한 무리[떼], 묶음; 꾸리다,
묶다 **18** 알을 낳다, 산란하다; 알 **19** hatch
20 번식; 사육 **21** 번식, 생식 **22** offspring
23 기르다; 사육[재배]하다, 후방의; 뒤 **24** 고치
25 유충, 애벌레 **26** microorganism **27** 세균,
병균 **28** 분해시키다 **29** rotten
30 부패[부식]하다, 썩다; 부패

Day 3 자연 · 기후

1 climatic **2** 수분, 습기 **3** 습기, 습도
4 pressure **5** 증발, 발산 **6** 대기의, 기압의
7 phenomenon **8** 섭씨의 **9** precipitation
10 방사(선), 복사(열, 에너지) **11** ultraviolet
12 latitude **13** 경도 **14** 적도 **15** tropical
16 온대(성)의; 온화한; 온건한 **17** arctic
18 남극의, 남극 지방의; 남극 지역 **19** polar
20 continental **21** 육생의, 지상의; 지구(상)의
22 erosion **23** 협곡 **24** 지대; 지형, 지세
25 해양의, 바다의 **26** 해협; 쪼들림, 궁핍
27 peninsula **28** tidal **29** 해류, 기류; 물살;
최근의 **30** glacier

Day 4 환경 보존 · 자연재해

1 보존[보호]하다; 절약하다 **2** 보존[보전]하다;
자연 보호 구역 **3** (환경 파괴 없이) 지속 가능한
4 재생할 수 있는; 갱신 가능한 **5** 이용하다,
동력화하다 **6** 되찾다; 재생[재활용]하다
7 alternative **8** endangered **9** extinction
10 외래의; 지구 밖의; 외국인 체류자; 외계인
11 invasion **12** 붕괴[분열]시키다; 혼란시키다
13 삼림 벌채 **14** 사막화 **15** 악화되다, 저하되다
16 굴욕, 수모; 악화, 저하 **17** discard **18** 1회용의
19 pollutant **20** (합성) 세제 **21** 쓰레기 매립지
22 오염시키다, 더럽히다 **23** emission
24 disastrous **25** 대재앙, 큰 재해 **26** erupt
27 눈사태; 쇄도, 공세 **28** drought
29 황폐화시키다 **30** 재해, 사고, 재난; 사상자 수

Day 5 영양 · 식품

1 nutritious **2** 영양소 **3** 자양분을 주다; 육성하다
4 영양실조, 영양 부족 **5** 탄수화물 **6** 흠뻑 젖은;
포화의, 포화 상태의 **7** supplement **8** 대용하다,
바꾸다; 대체(물) **9** 건강에 좋은; 건전한; 신중한
10 dietary **11** edible **12** 식품, 식량 **13** 다과,
가벼운 음식; 원기 회복 **14** 요리(법), 요리 솜씨
15 성분, 원료, 재료; 구성 요소 **16** recipe
17 seasoning **18** intake **19** 게걸스럽게 먹다;
집어삼키다 **20** 직물, 천; 식감, 질감 **21** 밍밍한,
특별한 맛이 나지 않는 **22** crisp **23** spicy
24 상한; 신선하지 않은 **25** 미식가; 미식가를 위한,
고급의 **26** refrigerate **27** 첨가물, 첨가제
28 발효시키다 **29** 만기, 만료; 호기, 숨을 내쉼
30 spoilage

PLAN 2 학문

Day 6 철학 · 역사

1 philosophical **2** theoretical **3** 뼈대, 체제
4 명제, 진술; 제안, 제의 **5** 전제 **6** 개념의,
개념상의 **7** idealism **8** 정립하다; 설립하다;
수립하다; 확립하다 **9** (r)easoning **10** 이론적
근거[설명] **11** hypothesis **12** 귀납적인, 추리의
13 오류, 허위, 잘못된 생각 **14** 임의적인, 멋대로의
15 (e)xistence **16** 존재, 실재; 출석, 참석
17 ethical **18** 도덕(성), 도의(성) **19** 역설,

패러독스　**20** dilemma　**21** 시대, 시기
22 연대기, 역사　**23** 고대, (고대) 유물
24 prehistoric　**25** 원시의, 원시 시대의, 야만의
26 medieval　**27** imperial　**28** 현대의; 동시대의; 동시대인　**29** 원인의; 인과의　**30** 유적, (역사적) 기념물; 기념비

Day 7　고고학 · 인류학 · 심리학

1 고고학의　**2** anthropology　**3** 유물
4 excavate　**5** 토착의, 원산의　**6** (호주) 원주민의, 토착민의　**7** 잔재, 잔존물　**8** 인지의, 인식의
9 perception　**10** 잠재 의식의　**11** uncover
12 상황적인; 문맥상의　**13** manipulate
14 강화하다, 보강하다　**15** 동기 (부여); 욕구
16 stimulus　**17** persuasive　**18** 양면적인
19 instinctive　**20** 타고난　**21** 내재하는, 본래의
22 intuition　**23** 외적인, 비본질적인　**24** 내적인, 본질적인　**25** assimilate　**26** 사회화
27 내면화하다　**28** 애착, 집착; 부착(물); 첨부(물)
29 affection　**30** self-esteem

Day 8　과학 일반 · 수학 · 생물학

1 실험 · 관찰에 의한, 경험적인　**2** objective
3 변하기 쉬운, 일정치 않은; 변수　**4** 변하지 않는, 일정한; 상수　**5** 모의 실험[훈련]　**6** 조사하다; 탐사하다; 우주 탐사선　**7** 연구하다; 조사하다, 수사하다　**8** measurement　**9** 셈(의), 산수[산술](의)　**10** calculate　**11** subtract
12 나눗셈; 분할, 분열　**13** 분수; 조각, 파편; 소량
14 기능; 함수; 행사; 기능하다　**15** 기하학의, 기하학적 도형의　**16** symmetry　**17** vertical
18 diameter　**19** statistics　**20** 확률; 있음직함, 가망; 개연성　**21** 도식, 도해　**22** 숫자; 도형; 그림; 몸매; 인물; 생각하다; 계산하다　**23** 수렴하다; 한데 모아지다　**24** genetic(al)　**25** (형질) 유전
26 수정하다, 변경하다; 수식하다　**27** zoological
28 botany　**29** 퇴화하다; 나빠지다
30 돌연변이를 하다, 변화하다

Day 9　지구과학 · 물리학

1 지질학의; 지질의　**2** astronomical　**3** 별자리
4 하늘의; 천체의　**5** lunar　**6** 지구 밖의; 외계 생물
7 천문대, 기상[관상]대, 관측소　**8** orbit　**9** satellite
10 자전; 회전　**11** 혁명; 공전; 회전　**12** 입자, 미립자; 극히 작은 조각　**13** frequency　**14** 부력
15 vacuum　**16** spatial　**17** 시간의, 시간적인

18 fusion　**19** 굴절하다; 굴절시키다　**20** 상승; 등정, 등반　**21** descent　**22** 마찰; 알력, 불화
23 vibration　**24** 추력, 밀기; 밀다, 밀어내다
25 gravity　**26** expansion　**27** 수축; 병에 걸림
28 가속하다; 속력이 더해지다　**29** velocity
30 물속에 잠그다; 잠기다

Day 10　화학 · 정보 · 기술

1 용해되다, 녹다; 용해시키다　**2** solution
3 응결되다[시키다]; 농축하다　**4** concentration
5 압축하다, 압착하다　**6** toxic　**7** 분자; 미분자
8 synthetic　**9** 화합물; 합성의; 합성하다
10 formula　**11** 반응식, 방정식　**12** 배열; 구성
13 연소; 산화　**14** 부호화[암호화]하다; 입력하다
15 복구[회수]하다; 검색하다　**16** 편집하다, 편찬하다
17 delete　**18** anonymity　**19** interactive
20 접속 장치, 접점; 연동[호환]되다　**21** artificial
22 매달다, 달다; 중지하다　**23** 특허(권); 특허권을 주다　**24** 최첨단의, 최신식인　**25** 장치, 기기, 기구
26 circuit　**27** 전기 제품[기구]　**28** generate
29 획기적인 발전[발견, 약진]; 타결, 성공　**30** 특징; 장치; 이목구비; 특징을 이루다; 두드러지게 하다

Daily Check-up

PLAN 3 문화 활동

Day 11　문학

1 literature　**2** 운문, 시　**3** 서정시(의); 노래 가사
4 rhyme　**5** 글, 구절; 통로; (시간의) 경과
6 paragraph　**7** biography　**8** 신화, 신화집
9 narrative　**10** plot　**11** 등장인물; 성격; 문자
12 의인화[인격화]하다　**13** 은유, 암유　**14** literal
15 비유적인; 수식이 많은　**16** rhetorical
17 풍자 (문학)　**18** 풍자, 빈정거림　**19** ironically
20 (c)ite　**21** (q)uotation　**22** 일화, 기담
23 진부한 표현　**24** 서문, 서언, 머리말　**25** entitle
26 이해(력)　**27** summary　**28** 금언, 격언, 좌우명
29 interpret　**30** translate

Day 12　언어 · 연극 · 출판

1 언어의, 언어학의　**2** vocabulary　**3** 용어 풀이, 용어집　**4** 용어; 기간; 조건; 사이; 칭하다　**5** idiom
6 속어, 은어　**7** 동의어, 유의어　**8** 음성의, 음성학의
9 grammatical　**10** fluent　**11** 숙달(도), 능숙함,

실력 **12** 읽고 쓰는 능력 **13** 능력, 적성
14 bilingual **15** dialect **16** pronunciation
17 억양, 인토네이션 **18** theatrical **19** 극작가,
각본가 **20** 비극; 비극적인 사건 **21** 각색, 번안;
적응, 순응 **22** rehearsal **23** 원고, 필사본
24 draft **25** 개정하다; 바꾸다 **26** 교정보다
27 각주 **28** publish **29** copyright
30 subscribe

Day 13 예술 · 건축

1 미학[미술]의; 심미적인 **2** 감상하다; 인식하다;
고마워하다 **3** 박수갈채; 칭찬 **4** masterpiece
5 갈채(를 보내다), 환호(하다) **6** 묘사하다, 그리다
7 복원, 복구, 회복 **8** abstract **9** 자화상
10 sculpture **11** statue **12** 관점, 시각;
원근(화)법 **13** composer **14** 지휘자; 전도체,
도체 **15** score **16** 즉흥 연주를 하다
17 연주[노래] 목록, 레퍼토리 **18** instrument
19 독주회, 독창회 **20** accompany **21** architect
22 풍경, 경치; 조경하다 **23** 조명 **24** 통풍,
환기 (장치) **25** (a)dorn **26** 꾸밈, 장식(품)
27 불연성의, 내화의 **28** 절연, 단열, 방음
29 배관 (공사) **30** exterior

Day 14 문화 · 종교

1 heritage **2** (n)orm **3** conform **4** 민족성,
민족 의식 **5** ritual **6** 전파, 확산 **7** 이행, 변천;
과도기 **8** 이민자(의), 이주자(의) **9** minority
10 편견(을 갖게 하다) **11** (p)rejudice
12 고정 관념; 정형화하다 **13** racial **14** 차별하다;
구별하다 **15** 인종 차별, 분리 정책 **16** adjust
17 용인하다; 참다 **18** 미신 **19** 예배(를 보다),
숭배(하다) **20** sermon **21** 설교하다, 전도하다
22 신도들; 모임, 집합 **23** divine **24** 신성한,
성스러운 **25** 세속의; 비종교적인 **26** immortal
27 예언; 예언력 **28** 예언하다 **29** (성지) 순례 여행
30 missionary

Day 15 교육

1 academic **2** 교육[교과] 과정 **3** discipline
4 의무적인, 필수의 **5** 중등(학교)의; 제2의
6 tuition **7** scholarship **8** 특권; 특전 **9** enroll
10 semester **11** 시작되다[하다] **12** 휴식 시간;
휴회 **13** 출석, 출근, 참석(자 수) **14** absence
15 수학여행, 소풍 **16** auditorium **17** 전학하다;
갈아타다; 전학; 환승 **18** 중퇴자, 탈락자 **19** expel

20 (4년제 학교의) 2학년생 **21** 전공(하다); 전공자;
주요한 **22** lecture **23** 대학생(의), 학부생(의)
24 diploma **25** 박사 학위 **26** thesis
27 직업(상)의 **28** 연구소, 학원; 개설하다
29 졸업생, 동창생 **30** 교직원, 교수진; 기능, 능력

Daily Check-up

PLAN 4 경제

Day 16 1차 산업

1 agriculture **2** cultivate **3** 물을 댐, 관개
4 저수지 **5** variety **6** 노동 집약적인
7 pesticide **8** 비료 **9** 퇴비; 퇴비로 만들다
10 생산하다; 농산물 **11** yield **12** harvest
13 과수원 **14** 익다, 원숙하다 **15** organic
16 livestock **17** 가금; 새[닭]고기 **18** ranch
19 dairy **20** 길들이다; 재배하다
21 수분[가루받이]하다 **22** fisherman **23** 어업,
수산업; (양)어장 **24** 문화; 양식(하다); 배양(하다)
25 목재 **26** 광업, 채광 **27** mineral **28** 이용,
개발; 착취 **29** extract **30** 고갈[소모]시키다

Day 17 경제 일반 · 제조업

1 (경제) 부문 **2** agreement **3** 관세 (제도)
4 barrier **5** domestic **6** (경기) 후퇴, 침체
7 gross **8** 노동 인구, 노동력 **9** unemployment
10 급상승하다, 치솟다 **11** (특허권·저작권) 사용료;
왕족 **12** 화폐의, 통화의 **13** 동기, 유인, 장려(책, 금)
14 currency **15** 유통, 순환; 발행 부수
16 capital **17** 통화 수축 **18** construction
19 섬유, 직물 **20** assembly **21** 자동화
22 maintenance **23** 창고(형 상점)
24 distribute **25** 상품 **26** merchant **27** 상품,
물자; 일용품 **28** 도매(의) **29** (g)uarantee
30 (품질) 보증(서)

Day 18 기업 활동

1 (c)orporation **2** 사업, 기업(체); 사업 계획
3 사업, 기업(체); 사업 계획 **4** 주식회사의,
유한 책임의 **5** recruit **6** monopoly
7 민영화하다 **8** (u)tility **9** 대행사; 기관, 청, 국
10 organizational **11** 회계(학) **12** 수익, 소득;
세입 **13** 수익성이 있는 **14** (a)sset **15** 파산한;
파산자 **16** 파산한, 무일푼의 **17** inventory

18 결함이 있는　19 (f)ulfill　20 실행[이행]하다;
도구　21 추측[추정]하다; 투기하다　22 (t)actics
23 commercial　24 검사, 조사; 시찰, 검열
25 홍보[선전, 광고]하다　26 (l)aunch
27 출시[공개](하다); 놓다　28 certificate
29 (흡수) 합병　30 위원회; 수수료; 의뢰(하다)

Day 19 직장 · 금융

1 관리자[직]의　2 중역, 경영 간부; 중역의; 집행의
3 promotion　4 부하 (직원); 하급의　5 전 직원;,
인사과　6 department　7 (w)age　8 수당,
보조금; 혜택(을 얻다)　9 수당, 급여; 용돈
10 어머님, 모성　11 union　12 applicant
13 (일시) 해고 (기간)　14 종료, 종결　15 resign
16 퇴직, 은퇴　17 자영업의　18 거래; 업무 처리
19 deposit　20 withdraw　21 지출, 소비
22 담보, 저당　23 property　24 토지, 사유지
25 lease　26 할부, 월부, 납입금　27 pension
28 insurance　29 적용[보증] 범위; 보도
30 수령인; 수령하는

Day 20 운송 · 관광

1 기간 시설, 산업 기반　2 혼잡, 정체, 붐빔
3 efficiency　4 (대중)교통, 운송　5 commute
6 수송, 발송, 선적, 출하　7 freight
8 배송[발송](하다)　9 pedestrian　10 교차로,
교차점　11 비용, 지출　12 accommodation
13 reservation　14 취소; 해제　15 (c)onfirm
16 늘이다, 연장하다　17 홍보용 (소)책자　18 여정,
여행 일정 계획(서)　19 souvenir　20 노점상,
행상인　21 attraction　22 면세의, 세금 없는
23 departure　24 탑승[출항]하다; 착수하다
25 passenger　26 짐칸; 객실　27 attendant
28 destination　29 풀다, 벗기다　30 소지품,
소유물

PLAN 5 사회

Day 21 통치

1 군주제, 군주 국가　2 govern　3 regime
4 (r)eign　5 영토; 세력권　6 boundary
7 창립자, 설립자　8 institution　9 유산,
이어[물려]받은 것　10 tyranny　11 독재자,

절대 권력자　12 (o)ppress　13 해방, 석방
14 riot　15 무정부 (상태)　16 chaotic
17 반역자; 역적　18 betray　19 난민, 피난민;
망명자　20 추방하다; 망명 (생활)　21 추방하다,
내쫓다　22 unification　23 united　24 정치가
25 authority　26 office　27 취임시키다
28 appoint　29 지명[추천]된 사람　30 부[대리]의;
대리인[역]

Day 22 입법 · 선거

1 법률을 제정하다　2 합법의, 적법의　3 헌법; 구성
4 code　5 (e)nact　6 수정(안), 개정(안)
7 abolish　8 (b)an　9 공급, 지급; 조항, 규정
10 규정, 규칙; 규제; 조절　11 조목, 조항; (문법) 절
12 (c)ongress　13 (영국) 의회; 하원
14 (미국) 하원 의원; 대표(하는)　15 senate
16 개회 중; 회기; 수업 시간　17 agenda
18 만장일치의　19 당파심이 강한 (사람)
20 opposition　21 공화주의자(의); 공화당의
22 democratic　23 (e)lectoral　24 지구, 지역
25 poll　26 비밀 투표; 투표용지; 투표하다
27 candidate　28 예비의, 준비의; 준비
29 majority　30 결과, 성과

Day 23 사법

1 사법(권), 재판권　2 법률[재판, 사법]상의
3 justice　4 dignity　5 최고의, 최상의
6 juvenile　7 observance　8 따르다, 응하다
9 (a)bide　10 의무적인, 필수의　11 (o)bligation
12 명령, 의무, 책임; 반드시 해야 하는
13 책임이 있는; ~하기 쉬운　14 책임이 있는;
설명할 수 있는　15 enforce　16 소송, 고소
17 trial　18 (a)ccuse　19 (c)harge　20 피고(의)
21 검사, 기소자　22 (a)ttorney　23 증언, 증거,
증명　24 sentence　25 평결; 판단, 의견
26 청원(서), 탄원(서); 청원하다　27 penalty
28 유죄를 입증[선고]하다; 죄수　29 뇌물 (수수 행위)
30 corrupt

Day 24 행정 · 치안

1 행정(부), 관리, 경영　2 federal　3 내각; 캐비닛
4 (정부의) 부; 내각　5 secretary　6 자치 도시의,
지방 자치의　7 자치(권); 자율성　8 군　9 주; 성,
도; 지방, 지역　10 council　11 bureau
12 (v)iolation　13 (o)ffense　14 침해, 위반, 위배
15 침해[침범]하다, 방해하다　16 suspect

17 criminal　**18** 살인(죄), 살인 행위　**19** (h)ostage
20 주거 침입(죄)　**21** 밀수(입)　**22** theft　**23** 사기,
협잡　**24** 희롱, 괴롭힘　**25** suburban　**26** 도시화
27 대도시의; 수도(권)의　**28** arrest　**29** detective
30 투옥하다, 수감하다

Day 25 외교 · 군사

1 diplomacy　**2** 수뇌, 정상; 정점, 꼭대기
3 negotiation　**4** 화해, 조정; 조화, 조율　**5** treaty
6 resolution　**7** 동맹(국), 제휴, 연합　**8** 제재; 재가,
인가; 재가하다　**9** 주권, 종주권　**10** 중립 (상태)
11 security　**12** (r)ivalry　**13** (a)mbassador
14 대사관　**15** 대표자, 대리(인); 위임하다
16 (c)onquest　**17** 약혼; 교전; 관여; 고용
18 (o)ccupy　**19** 진압하다; 정복하다　**20** 배치하다,
전개하다　**21** 도발, 자극　**22** 반격(하다), 역습(하다)
23 폭격[포격]하다; 퍼붓다　**24** (t)riumph
25 defeat　**26** retreat　**27** 항복하다; 포기하다
28 troop　**29** 해군 제독; 사령관　**30** veteran

Daily Check-up

PLAN 6 사물

Day 26 수량 · 밀도

1 수량화하다　**2** density　**3** (m)ultitude
4 풍부한, 많은　**5** 풍부하다, 많이 있다　**6** 풍부한, 충
분한　**7** 충분한, 넉넉한; 광대한　**8** 상당한,
꽤 많은　**9** 풍요로운, 유복한　**10** (n)umerous
11 (c)ountless　**12** 무수한, 셀 수 없이 많은
13 막대한, 광대한　**14** (e)normous　**15** 풍부한,
사치스러운　**16** (v)ast　**17** 필요 이상의, 과다한
18 (e)xcessive　**19** surplus　**20** (s)ufficient
21 충분한; 적당한　**22** 충분한, 상당한; 실제적인
23 다시 채우다　**24** moderate　**25** (s)carce
26 드묾, 희소성, 희귀　**27** 결핍, 부족　**28** 희박한,
드문드문한　**29** 빈약한, 불충분한　**30** 적자, 부족

Day 27 규모 · 정도 · 세기

1 영역, 범위　**2** (e)xtent　**3** 크기, 치수; 차원; 양상
4 (m)agnitude　**5** 거대한　**6** (m)assive
7 거대한, 엄청난; 굉장한　**8** 넓은　**9** (e)xtensive
10 강렬한, 극심한　**11** 강력한, 센　**12** 원기 왕성한;
강건한　**13** (e)nlarge　**14** 풍요롭게 하다
15 확대하다; 증대시키다　**16** (m)ultiply

17 확대[확장]하다; 증폭하다　**18** (a)ccumulate
19 recharge　**20** complement　**21** 튼튼히 하다,
강화하다　**22** (e)nhance　**23** (s)trengthen
24 (l)essen　**25** (d)iminish　**26** 점점 줄다,
감소되다　**27** 줄다, 위축되다　**28** 삭감하다,
단축하다　**29** (u)ndermine　**30** 악화시키다

Day 28 물리적 속성

1 (f)ragile　**2** (d)elicate　**3** 기력이 없는, 연약한
4 부서지기[깨지기] 쉬운　**5** 튼튼한, 억센, 건강한
6 건장한; 단단한, 억센　**7** flexible
8 탄력(성)이 있는　**9** 단단함; 엄격함, 엄중함
10 slippery　**11** sticky　**12** 부착되다, 붙다;
고수하다　**13** (t)ransparent　**14** (b)lurry
15 피상적인; 표면(상)의　**16** (i)dentical
17 uniform　**18** 단일의, 동종[동질]의　**19** 같은,
등가의, 상당하는　**20** 비유, 유사(점), 유추
21 유사(성), 닮음　**22** (p)arallel　**23** (우연의) 일치,
동시 발생　**24** 동시성을 가지다, 동시에 발생하다
25 고정된, 정적인　**26** 움직이지 않는, 정주한
27 (d)ynamic　**28** 유형적인, 분명한　**29** virtual
30 초자연적인, 불가사의한

Day 29 상황적 특성

1 (p)ersistent　**2** 일관된, 일치되는
3 (c)ontinuous　**4** (p)ermanent　**5** 영구[영원]한,
불멸의　**6** 영속하는, 끊임없는　**7** (s)tability
8 균형, 평형 상태　**9** universal　**10** 흔히 볼 수 있는,
도처에 있는　**11** temporary　**12** 즉각적인, 즉시의;
순간의　**13** 이동성, 가동성　**14** 오르내리다,
변동하다　**15** (o)ccasional　**16** 애매[모호]한,
분명하지 않은　**17** 막연함, 애매함, 어렴풋함
18 (o)bscure　**19** 죽다; 멸망하다　**20** alternate
21 계속되는, 진행하는　**22** (p)rosper
23 (f)lourish　**24** (t)hrive　**25** 명백한, 명확한,
명료한　**26** (v)ivid　**27** 활발한; 원기 왕성한
28 눈에 잘 띄는; 두드러진　**29** 동시에 일어나는,
동시의　**30** 자연스럽게 일어나는, 자발적인

Day 30 양상

1 (s)pectacle　**2** 장대한, 장려한　**3** 좋은, 훌륭한;
멋진　**4** (e)xtraordinary　**5** 눈부신; 훌륭한;
총명한　**6** 복잡한　**7** 정교한, 복잡한　**8** 복잡성
9 복잡한, 뒤얽힌　**10** (e)laborate　**11** (c)oncise
12 정확(성), 정밀(성)　**13** (a)ccuracy
14 통일성 있는, 논리 정연한　**15** 집중적인, 철저한;

집약적인　**16** (t)horough　**17** (s)pecific
18 특이한, 독특한　**19** 순전한, 단순한; 순수한
20 어리석음, 불합리　**21** 우스꽝스러운, 터무니없는
22 (a)brupt　**23** 외부의, 밖의　**24** internal
25 shallow　**26** 지대한; 깊은, 심오한　**27** 우월한,
우위의; 상관　**28** inferior　**29** 정교한, 절묘한
30 조잡한, 거친

Daily Check-up

PLAN 7 판단

Day 31 태도·자세

1 (p)assionate　**2** 열성적인, 열광적인
3 (e)arnest　**4** 성실한, 양심적인　**5** (c)andid
6 신중한, 조심성 있는　**7** 사려 깊은, 배려하는
8 punctual　**9** 세심한, 매우 신중한　**10** (a)lert
11 주의[조심]하는, 신중한　**12** (d)iscreet
13 예방 조치　**14** 실용주의적인, 현실적인
15 주의를 기울이는; 경청하는　**16** (c)ompassion
17 공감, 감정 이입　**18** 이타적인　**19** 공평한,
편견 없는　**20** (t)olerant　**21** 충심 어린; 따뜻한
22 예의 바른, 정중한　**23** 품위, 고상, 단정, 예의 바름
24 (a)rrogant　**25** 자랑하는, 허풍 떠는
26 반항적인, 다루기 힘든　**27** 도전적인, 반항적인
28 radical　**29** 권위적인; 권위 있는
30 subjective

Day 32 성격·성향

1 (i)nclination　**2** (t)endency　**3** 덕망 높은, 고결한
4 진실성, 정직　**5** (s)incerity　**6** 올바른, 정직한
7 진정한; 진짜의　**8** sober　**9** 자비심 많은,
인정 많은　**10** 관대함, 아량, 너그러움
11 (m)erciful　**12** 우호적인, 친화적인
13 sociable　**14** (o)utgoing　**15** 외향적인 사람
16 introvert　**17** 말수가 적은; 예약된
18 stubborn　**19** 소심함, 겁　**20** (c)owardly
21 passive　**22** 우유부단한, 분명하지 않은
23 (t)houghtless　**24** 장난기 어린; 악의적인
25 태평한, 느긋한　**26** (o)ptimistic　**27** 비관적인,
염세적인　**28** greedy　**29** (i)nsane　**30** 괴팍한,
괴짜인; 괴짜

Day 33 기질

1 (t)emperament　**2** 기질, 성격, 경향; 성향　**3** 근
면한, 부지런한　**4** (d)iligent　**5** 인내(력), 참을성,
끈기　**6** 인내(력); 지구력　**7** (h)umble　**8** 겸손,
겸양　**9** (m)odesty　**10** 순종하는, 유순한
11 (l)oyalty　**12** 애국적인, 애국의　**13** (t)hrifty
14 검약한, 소박한　**15** (l)uxurious
16 낭비벽이 심한; 사치스러운　**17** (v)anity
18 정제된; 세련된, 품위 있는　**19** 우아(함), 고상,
기품　**20** 민감한, 예민한　**21** ~에 민감한;
~에 걸리기 쉬운　**22** (v)ulnerable　**23** 감상에 젖는,
다정다감한　**24** 야만스러운, 미개한　**25** 잔인한,
사나운; 야만의　**26** 잔혹함, 잔인함　**27** 잔인한;
가차 없는　**28** 무정한, 무자비한　**29** (m)alicious
30 (c)unning

Day 34 위상·능력·의지

1 유명한, 명성이 있는　**2** 저명한; 돌출한; 두드러지는
3 걸출한, 탁월한　**4** 명문의, 명성 있는　**5** celebrity
6 (n)otable　**7** reputation　**8** 악명 높은
9 qualified　**10** 초보자, 초심자　**11** (e)xpertise
12 재치 있는, 꾀바른　**13** 기략[지략]이 풍부한,
수완이 좋은　**14** 능숙한, 숙련된, 정통한
15 (s)ensible　**16** 서투른, 솜씨 없는
17 (h)elpless　**18** 바치다, 전념하다; 헌납하다
19 (c)ommitment　**20** 헌신; 전념
21 (d)etermined　**22** 애원하다, 간청하다
23 (간)청하다, 졸라대다　**24** (e)ager　**25** (a)nxious
26 열성적인, 열심인　**27** 갈망[열망]하다
28 (a)spire　**29** 신념, 확신; 유죄 판결
30 abandon

Day 35 의사 표현

1 단호한, 단언적인　**2** (i)nsistent　**3** argument
4 주도, 선도, 솔선; 계획　**5** 주장하다; 경쟁하다
6 (a)pprove　**7** (c)onsent　**8** 동의(하다), 찬성(하다)
9 긍정의, 승낙의; 확인하는　**10** (a)dvocate
11 지지자, 옹호자　**12** 호의적인; 알맞은
13 환대하는　**14** 반대, 이의　**15** (o)ppose
16 (d)isapprove　**17** 의견을 달리하다; 불찬성
18 거절, 기각　**19** 일축하다; 해산시키다; 해고하다
20 마음 내키지 않는, 꺼리는　**21** (u)nwilling
22 주저하는, 머뭇거리는　**23** 회의적인, 의심 많은
24 (c)ynical　**25** 적대적인　**26** (o)pponent
27 경멸[멸시]하다, 얕보다　**28** (c)ontempt
29 aggressive　**30** 한탄하다, 슬퍼하다; 한탄

PLAN 8 정신 활동

Day 36 사고 작용

1 (c)onsideration   2 심사숙고하다; 명상하다
3 숙고하다, 깊이 생각하다   4 숙고하다; 고의적인
5 reflect   6 회고(하다), 회상(하다)
7 (m)editation   8 사로잡다, 열중하게 하다
9 distract   10 separate   11 분별[식별]하다;
인식하다   12 구별하다, 구분하다   13 통합하다,
합병하다   14 포함하다, 통합하다
15 (~로) 생각하다, 간주하다   16 (~에) 돌리다;
특성   17 (원인·동기 등을 ~에) 돌리다
18 상호 관련되다[시키다]   19 (v)isualize
20 마음속에 그리다, 상상하다   21 (i)llustrate
22 증명해 보이다; 시위를 벌이다   23 정통하게 하다,
잘 알게 하다   24 (i)nference   25 suggestion
26 귀납법, 귀납 추리   27 (a)ssumption   28 평가
29 평가하다, 판단하다   30 그릇된 생각, 오해

Day 37 인지 영역

1 (i)ntellectual   2 적성, 소질, 재능   3 foster
4 촉진하다, 조장하다   5 흥미를 갖게 하다
6 촉발하다; 방아쇠(를 당기다); 계기   7 노력하다,
애쓰다; 노력   8 분석의, 분석적인   9 (t)rait
10 (c)haracteristic   11 구별, 차별; 특성, 특질
12 일관성, 한결같음; 일치   13 일반화
14 (a)ssociate   15 연속, 연쇄; 순서, 차례
16 이후의, 다음의   17 단순화하다   18 (n)otion
19 의미하다, 뜻하다   20 명확[분명]하게 하다
21 (d)efinition   22 document   23 방해하다;
막다, 차단하다   24 방해하다, 지연시키다
25 (s)uspicion   26 모순; 반박, 반대
27 (망상 등에) 사로잡히게 하다   28 (i)llusion
29 미혹, 기만; 망상, 미망   30 혼동하다;
당혹하게 하다

Day 38 평가

1 필수 불가결한   2 필연적인   3 중대한, 중요한
4 매우 중요한, 중대한   5 빠뜨릴 수 없는, 필수의
6 필수의; 필요조건   7 중추적인, 중요한   8 vital
9 (f)undamental   10 principal   11 (u)ltimate
12 critical   13 매우 귀중한   14 관련(성); 타당성
15 하찮은, 사소한   16 (t)rivial   17 중요하지 않은;
가장자리의   18 쓸모없는, 무익한   19 부차적인;
일어나기 쉬운   20 disadvantage   21 역(逆)의,

반대의; 불운한   22 양립하는, 모순되지 않는
23 실행 가능한, 실용적인   24 상당하는, 필적하는
25 그럴듯한, 정말 같은   26 명백한, 분명한; 드러내다
27 근원적인, 기초가 되는   28 명백한, 명시적인
29 implicit   30 함축, 내포, 암시; 영향

Day 39 상호 작용

1 mutual   2 influential   3 (i)nform   4 지시;
사용 설명(서); 교육   5 direction   6 관리하다,
감독하다   7 조정하다; 편성하다   8 행사하다,
가하다; 발휘하다   9 (v)erify   10 정당함을 입증하다;
유효하게 하다   11 증명[보증]하다   12 (t)esify
13 (e)nlighten   14 구체화하다, 유형화하다
15 권한[자격, 능력]을 주다   16 (c)ollaborate
17 타협(하다); 해치다   18 (c)ompliment
19 (c)redit   20 개입하다; 중재하다   21 친목회,
재회   22 금(지)하다, 허락하지 않다
23 (p)rohibition   24 억제하다; 방해[방지]하다
25 (i)nterfere   26 방해하다, 훼방하다
27 (r)estrict   28 한정하다; 가두다, 감금하다
29 자제하다, 억제하다; 참다   30 강제[강요]하다;
제약하다

Day 40 언어 소통

1 (c)ontroversy   2 dispute   3 토론(하다),
논쟁(하다)   4 힐난하다, 나무라다   5 부인, 부정;
인정하지 않음   6 비난[공격]하다; 탄핵하다
7 (e)mphasize   8 강조하다; 밑줄을 긋다
9 highlight   10 과소평가하다, 경시하다
11 왜곡, 비틀기   12 exaggeration   13 omit
14 (d)isclose   15 (a)nnounce   16 선언(서);
신고(서)   17 swear   18 탄성을 지르다; 소리치다
19 통지하다, 통고하다   20 confess
21 인정[자인]하다; 도착[수령]을 통지하다
22 정직한, 솔직한; 간단한   23 (r)emark   24 state
25 말하다, 발언하다; 완전한   26 flatter   27 언급;
참고, 참조   28 (i)nquiry   29 유혹하다, 부추기다
30 가로막다; 중단시키다

PLAN 9 인간

Day 41 인생

1 maturity   2 단계, 국면   3 pregnancy   4 갓난;
신생아   5 (i)nfancy   6 sibling   7 (a)dolescence
8 사춘기   9 elderly   10 father-in-law
11 기념일, 기념제   12 매장(식)   13 grief
14 애도하다; 슬퍼하다   15 사망한, 고인의
16 (c)onsole   17 신분(증); 신원 (확인); 일체화
18 (i)nherit   19 미망인   20 연속; 계승(권), 상속(권)
21 (d)escendant   22 수명   23 (d)estiny
24 공동의, 공공의   25 소속; 제휴, 가맹   26 상호의,
호혜적인   27 (h)ardship   28 역경, 불행
29 famine   30 (u)ndergo

Day 42 신체 · 행위

1 감각[지각]의   2 청각의, 귀의   3 눈의, 시각의;
광학의   4 감각을 잃은; 마비시키다   5 itchy
6 (d)rowsy   7 (d)izzy   8 근육의, 근육질의
9 snore   10 (몸을) 떨다; 떨림, 전율   11 sneeze
12 (c)hoke   13 질식하다; 숨이 막히다
14 숨을 들이쉬다   15 blink   16 우연히[어깨 너머로]
듣다   17 얼핏 봄[보다]   18 stumble   19 (s)tare
20 노려보다; 강렬하게 비추다; 눈부신 빛; 노려봄
21 흘긋 봄[보다]   22 붙잡다, 붙들다; 파악하다
23 grasp   24 (s)queeze   25 포옹하다;
받아들이다   26 crawl   27 절묘하게 다루다;
조작하다   28 웅크리다; 웅크림   29 (p)ound
30 짓밟다, 쿵쿵거리며 걷다

Day 43 건강 · 의학 1

1 (c)linical   2 appointment   3 진단(법);
원인 규명   4 symptom   5 vomit
6 가벼운 통증[병], 불편   7 발진, 뽀루지   8 swollen
9 irritation   10 (발목 · 손목 등을) 삐다
11 (t)umor   12 덩어리; 혹, 종기, 부스럼
13 (고질적인) 병, 우환   14 외과의, 수술의
15 (장기) 이식(하다)   16 치료(법)의   17 요법,
치료법[약]; 개선(하다); 고치다   18 주사; 주입
19 (s)ustain   20 입원시키다   21 (d)ischarge
22 완화하다, 경감하다   23 재활, 회복
24 약물 치료[처리], 투약(법)   25 제약(학)의, 약사의
26 약용의, 의약의   27 (1회분) 복용[투약]량; 투약
28 prescription   29 항생제(의), 항생 물질(의)
30 placebo

Day 44 건강 · 의학 2

1 (병에) 걸리게 하다; 괴롭히다   2 손상하다, 해치다
3 chronic   4 진전; (병의) 진행   5 syndrome
6 allergic   7 충치   8 당뇨병   9 (o)besity
10 골절; 부러뜨리다; 부러지다   11 불면증   12 천식
13 고혈압(증)   14 disabled   15 장애, 질환;
무질서; 엉망   16 abnormal   17 기형(물), 불구
18 (l)ame   19 paralysis   20 기능 불량
21 면역(성)   22 항체   23 예방 접종   24 위생(학)
25 (공중) 위생의, 보건상의   26 살균하다, 소독하다
27 유행병; 유행성의   28 발생, 발발, 창궐
29 (i)nfection   30 (접촉) 전염성의

Day 45 건강 · 의학 3

1 생리학의, 생리적인   2 물질[신진]대사
3 digestion   4 섭취   5 효소   6 분비샘
7 분비하다   8 침을 내다   9 동맥   10 호흡(기)의
11 복부의, 배의   12 척추의; 등뼈의, 가시의
13 intestine   14 망막   15 vessel   16 세포의;
무선[휴대] 전화의   17 정신 의학; 정신병 치료법
18 신경계의, 신경학적인   19 정서의, 감정의
20 공포증, 병적 공포   21 기억 상실(증), 건망증
22 cosmetic   23 합병증   24 delivery   25 낙태,
임신 중절 (수술)   26 사망자 수, 사망률   27 사망자
(수); 치사성[율]   28 starvation   29 terminal
30 해부학, 해부

PLAN 10 수능 Path

Day 46 심경 · 분위기

1 매료[매혹]시키다   2 감사하는, 고마워하는
3 기대하다; 예감하다   4 (a)muse   5 동정적인,
인정 있는   6 침착한, 차분한   7 relieve   8 고통,
비탄; 슬프게 하다   9 (p)uzzle   10 혼란에 빠뜨리다,
당혹스럽게 하다   11 분개한, 분해하는   12 무관심,
냉담   13 (s)orrowful   14 (f)rustrate
15 미안해하는, 사과하는   16 regretful
17 (d)epressed   18 어리둥절하게[당황하게] 하다
19 격분시키다; 격분; 위반 행위   20 짜증, 불쾌감;
곤란(한 것)   21 (d)iscouraged   22 절망적인;
필사적인, 절박한   23 jealous   24 (e)nvious
25 전원적인, 목가적인   26 한가로운, 여유 있는
27 단조로운, 지루한   28 쓸쓸한, 적막한; 고독한
29 (u)rgent   30 우울한; 우울증의

Day 47 실용문 · 도표

1 annual **2** (p)articipation **3** 등록; 입학
4 competition **5** 등록 **6** (e)ntry **7** 제출(물);
항복, 복종 **8** fee **9** 진보하다; 앞당기다; 진보;
선불 **10** (참가) 자격이 있는 **11** award
12 admission **13** 무료의; 칭찬의
14 requirement **15** category **16** 기준, 척도
17 급상승하다, 치솟다 **18** 증가; 성장
19 (d)ecline **20** 서서히, 점차, 단계적으로
21 (d)ramatically **22** steep **23** 세 배가 되다;
세 배의 **24** (s)elected **25** 응답자 **26** 비, 비율
27 대응하는 사람[것] **28** 각각, 개별적으로
29 relatively **30** 추정(치), 예상; 투사; 돌출부

Day 48 구동사 1

1 ~을 요구하다, 필요로 하다 **2** stand for
3 ~을 보상하다; 만회하다 **4** ~에 기대다[의지하다]
5 ~을 이용하다 **6** ~을 깊이[곰곰이] 생각하다
7 ~으로 구성되다 **8** ~에 찬성하다, ~을 승인하다
9 ~을 처리하다 **10** result in **11** ~을 하다;
~에 참여[관여]하다 **12** ~에 대처하다 **13** deal
with **14** 대기하다 **15** run into
16 ~ 없이 지내다[견디다] **17** go through
18 figure out **19** 내다 놓다; (불을) 끄다; 생산하다
20 point out **21** fill in/out **22** 내다[발하다]
23 ~을 해고하다 **24** ~을 치우다; 따로 남겨두다
25 (모습 등을) 띠다; (책임을) 맡다 **26** pick up
27 turn down **28** ~을 초래[유발]하다
29 get over **30** throw away

Day 49 구동사 2

1 drop by **2** break down **3** 계속하다; 계속 가다
4 돌아가시다, 사망하다 **5** stay up **6** break up
7 catch up with **8** 생각해 내다, 찾아내다
9 (병에) 걸리다, (병이) 들다 **10** ~을 버리다, 없애다
11 get along with **12** ~에 착수하다
13 ~에 부응하다 **14** ~을 만회[벌충]하다; 보상하다
15 put up with **16** run out of **17** ~을 지지하다,
옹호하다 **18** sign up for **19** look up to
20 ~을 고수하다, 꼭 잡다 **21** A를 B로 전환하다
[바꾸다] **22** A에게서 B를 빼앗다[박탈하다]
23 provide A with B **24** replace A with B
25 A를 B로 간주하다 **26** A를 B에게 부과하다
27 name A after B **28** compare A with/to B
29 remind A of B **30** B보다 A를 선호하다

Day 50 숙어 · 관용구

1 be about to do **2** ~하기 쉽다, ~하는 경향이
있다 **3** ~할 예정이다; ~해야 한다; ~할[인] 것으로
여겨지다 **4** ~할 수밖에 없다, ~하게 되어 있다
5 ~하지 않을 수 없다 **6** ~을 희생하고
7 ~에 따라, ~에 부합되게 **8** ~을 위해
9 ~ 때문에 **10** ~을 대신[대표]하여 **11** ~ 면에서,
~의 견지에서 **12** in spite of **13** ~을 당연하게
여기다 **14** ~하는 데 어려움을 겪다
15 look forward to **16** ~에 방해가 되다
17 get rid of **18** ~을 이용하다
19 ~에 못 미치다 **20** ~을 잘 다루다, ~을 취급하는
요령을 알고 있다 **21** ~와 관계가 있다
22 ~에 익숙하다 **23** ~의 영향을 받다;
~에 속박되다 **24** be aware of
25 ~을 할 수 있다, ~을 할 능력이 있다 **26** 결코
~이 아닌 **27** ~에 관한 한 **28** ~에도 불구하고
29 어느 것에도[아무에게도] 뒤지지 않는
30 by accident

Index

나만의 주제별 영단어 학습 플래너

VOCA
PLANNER

수능 필수

DARAKWON

누적
테스트

★ 빈칸에 알맞은 우리말 뜻 또는 영어를 쓰시오.

Days 1-2

1.	ecological	_____	16.	꽃의	_____
2.	colony	_____	17.	식물, 식생	_____
3.	penetrate	_____	18.	번식, 생식	_____
4.	stem	_____	19.	본래대로의	_____
5.	inhabit	_____	20.	꽃가루, 화분	_____
6.	reptile	_____	21.	균류, 버섯	_____
7.	disappearance	_____	22.	외래의; 이국적인	_____
8.	adaptive	_____	23.	싹이 트다; 새싹	_____
9.	migrate	_____	24.	위협하다	_____
10.	symbiotic	_____	25.	위계, 서열	_____
11.	spawn	_____	26.	새끼, 자손	_____
12.	breeding	_____	27.	생물 다양성	_____
13.	absorption	_____	28.	지배적인	_____
14.	hatch	_____	29.	세균, 병균	_____
15.	camouflage	_____	30.	동면하다	_____

Days 2-3

1.	decay	_____	16.	수중의	_____
2.	rear	_____	17.	포식자	_____
3.	herbivore	_____	18.	빙하	_____
4.	primate	_____	19.	분해시키다	_____
5.	coloration	_____	20.	흉내, 모방	_____
6.	temperate	_____	21.	남극의	_____
7.	cocoon	_____	22.	압력, 압박	_____
8.	polar	_____	23.	미생물	_____
9.	pack	_____	24.	습기, 습도	_____
10.	radiation	_____	25.	적도	_____
11.	atmospheric	_____	26.	썩은	_____
12.	caterpillar	_____	27.	기후의	_____
13.	evaporation	_____	28.	북극의	_____
14.	precipitation	_____	29.	대륙(성)의	_____
15.	captive	_____	30.	협곡	_____

Days 3-4   맞은 개수   /30

1.	moisture		16.	압력, 압박
2.	emission		17.	멸종, 사멸, 절멸
3.	terrestrial		18.	침입; 침해
4.	preserve		19.	현상
5.	latitude		20.	되찾다; 재생하다
6.	renewable		21.	폐기하다
7.	peninsula		22.	침식, 부식
8.	strait		23.	경도
9.	ultraviolet		24.	조수의
10.	current		25.	삼림 벌채
11.	sustainable		26.	지대; 지형
12.	tropical		27.	쓰레기 매립지
13.	disrupt		28.	사막화
14.	centigrade		29.	악화되다
15.	avalanche		30.	오염 물질

Days 4-5   맞은 개수   /30

1.	disastrous		16.	가뭄
2.	detergent		17.	멸종 위기에 처한
3.	casualty		18.	발효시키다
4.	additive		19.	황폐화시키다
5.	recipe		20.	오염시키다
6.	conserve		21.	식용의
7.	expiration		22.	대재앙
8.	alternative		23.	굴욕; 악화
9.	devour		24.	아삭아삭한
10.	nutrient		25.	분화하다
11.	harness		26.	요리(법), 요리 솜씨
12.	alien		27.	매운
13.	refreshment(s)		28.	냉장하다, 냉동하다
14.	substitute		29.	1회용의
15.	gourmet		30.	상한

★ 빈칸에 알맞은 우리말 뜻 또는 영어를 쓰시오.

Days 5-6 맞은 개수 /30

1.	nutritious	_____	16.	흠뻑 젖은; 포화의	_____
2.	texture	_____	17.	섭취	_____
3.	establish	_____	18.	뼈대, 체제	_____
4.	spoilage	_____	19.	밍밍한	_____
5.	dietary	_____	20.	추론, 추리	_____
6.	chronicle	_____	21.	윤리적인	_____
7.	wholesome	_____	22.	탄수화물	_____
8.	inductive	_____	23.	영양실조	_____
9.	foodstuff	_____	24.	임의적인	_____
10.	nourish	_____	25.	명제, 진술; 제안	_____
11.	medieval	_____	26.	이론의	_____
12.	supplement	_____	27.	존재; 현존	_____
13.	contemporary	_____	28.	조미, 양념	_____
14.	idealism	_____	29.	이론적 근거[설명]	_____
15.	ingredient	_____	30.	도덕(성)	_____

Days 6-7 맞은 개수 /30

1.	monument	_____	16.	역설	_____
2.	philosophical	_____	17.	발굴하다	_____
3.	epoch	_____	18.	제국(주의)의	_____
4.	fallacy	_____	19.	사회화	_____
5.	anthropology	_____	20.	자긍심, 자존감	_____
6.	dilemma	_____	21.	가설, 가정	_____
7.	primitive	_____	22.	개념(상)의	_____
8.	prehistoric	_____	23.	인지의	_____
9.	attachment	_____	24.	토착의	_____
10.	antiquity	_____	25.	고고학의	_____
11.	assimilate	_____	26.	전제	_____
12.	uncover	_____	27.	애정; 감정	_____
13.	presence	_____	28.	원인의; 인과의	_____
14.	intrinsic	_____	29.	타고난	_____
15.	artifact	_____	30.	본능적인, 직감적인	_____

Days 7-8   맞은 개수 /30

1. aboriginal _____
2. persuasive _____
3. variable _____
4. perception _____
5. motivation _____
6. objective _____
7. contextual _____
8. investigate _____
9. internalize _____
10. constant _____
11. inherent _____
12. calculate _____
13. arithmetic _____
14. remnant _____
15. extrinsic _____

16. 강화하다 _____
17. 빼다 _____
18. 측정(법), 측량 _____
19. 모의 실험 _____
20. 직관(력), 직감 _____
21. 지름, 직경 _____
22. 자극(물) _____
23. 양면적인 _____
24. 동물학의 _____
25. 통계(학), 통계 자료 _____
26. 잠재 의식의 _____
27. 유전 _____
28. 대칭 _____
29. 조작하다 _____
30. 도식 _____

Days 8-9   맞은 개수 /30

1. probe _____
2. function _____
3. degenerate _____
4. figure _____
5. particle _____
6. fraction _____
7. empirical _____
8. revolution _____
9. botany _____
10. converge _____
11. mutate _____
12. astronomical _____
13. probability _____
14. frequency _____
15. extraterrestrial _____

16. 공간의 _____
17. 기하학의 _____
18. 유전의 _____
19. 지질학의; 지질의 _____
20. 별자리 _____
21. 수정하다; 수식하다 _____
22. 나눗셈; 분할 _____
23. 굴절하다; 굴절시키다 _____
24. 수직의, 세로의 _____
25. 자전; 회전 _____
26. 상승; 등정, 등반 _____
27. 시간의 _____
28. 천문대, 기상대 _____
29. 하늘의; 천체의 _____
30. 하강; 하산 _____

★ 빈칸에 알맞은 우리말 뜻 또는 영어를 쓰시오.

Days 9-10 맞은 개수 /30

1.	vacuum	_____	16.	진동	_____
2.	satellite	_____	17.	팽창; 확장	_____
3.	condense	_____	18.	독성의	_____
4.	thrust	_____	19.	중력	_____
5.	fusion	_____	20.	전기 제품	_____
6.	solution	_____	21.	물속에 잠그다	_____
7.	orbit	_____	22.	식, 공식	_____
8.	friction	_____	23.	속도	_____
9.	synthetic	_____	24.	삭제하다	_____
10.	contraction	_____	25.	달의	_____
11.	concentration	_____	26.	배열; 구성	_____
12.	buoyancy	_____	27.	분자; 미분자	_____
13.	accelerate	_____	28.	익명(성)	_____
14.	dissolve	_____	29.	압축하다	_____
15.	compound	_____	30.	장치, 기기	_____

Days 10-11 맞은 개수 /30

1.	combustion	_____	16.	문학; 문헌	_____
2.	retrieve	_____	17.	쌍방향의	_____
3.	narrative	_____	18.	풍자	_____
4.	patent	_____	19.	단락	_____
5.	equation	_____	20.	신화	_____
6.	breakthrough	_____	21.	생산하다; 발생시키다	_____
7.	suspend	_____	22.	수사적인, 수사학의	_____
8.	figurative	_____	23.	회로; 순환, 순회	_____
9.	encode	_____	24.	아이러니하게도	_____
10.	rhyme	_____	25.	최첨단의	_____
11.	literal	_____	26.	은유, 암유	_____
12.	feature	_____	27.	인공의	_____
13.	interface	_____	28.	편집하다	_____
14.	sarcasm	_____	29.	운문, 시	_____
15.	plot	_____	30.	의인화하다	_____

Days 11-12   맞은 개수 / 30

1. entitle _____
2. quotation _____
3. competence _____
4. character _____
5. glossary _____
6. satire _____
7. lyric _____
8. cliché _____
9. theatrical _____
10. translate _____
11. draft _____
12. passage _____
13. footnote _____
14. term _____
15. subscribe _____

16. 이해, 이해력 _____
17. 언어(학)의 _____
18. 유창한 _____
19. 전기 (문학) _____
20. 음성(학)의 _____
21. 발음 _____
22. 교정보다 _____
23. 서문 _____
24. 일화 _____
25. 해석하다; 통역하다 _____
26. 요약, 개요 _____
27. 동의어, 유의어 _____
28. 비극; 비극적인 사건 _____
29. 인용하다 _____
30. 숙달(도) _____

Days 12-13   맞은 개수 / 30

1. masterpiece _____
2. literacy _____
3. abstract _____
4. composer _____
5. publish _____
6. appreciate _____
7. restoration _____
8. applause _____
9. bilingual _____
10. adaptation _____
11. recital _____
12. revise _____
13. insulation _____
14. copyright _____
15. ornament _____

16. 극작가 _____
17. 속어, 은어 _____
18. 원고, 필사본 _____
19. 억양 _____
20. 사투리 _____
21. 건축가 _____
22. 문법의 _____
23. 조각, 조소 _____
24. 리허설 _____
25. 관용적인 표현 _____
26. 어휘 _____
27. 즉흥 연주를 하다 _____
28. 상, 조각상 _____
29. 자화상 _____
30. 외부; 외부의 _____

★ 빈칸에 알맞은 우리말 뜻 또는 영어를 쓰시오.

Days 13-14   맞은 개수   /30

1.	landscape	16.	배관 (공사)
2.	diffusion	17.	묘사하다
3.	score	18.	편견(을 갖게 하다)
4.	adorn	19.	용인하다; 참다
5.	conform	20.	규범, 기준
6.	repertoire	21.	신의, 신성의
7.	acclaim	22.	악기; 기구
8.	aesthetic	23.	인종의, 종족의
9.	ritual	24.	민족성
10.	accompany	25.	불연성의
11.	immigrant	26.	설교
12.	perspective	27.	통풍, 환기
13.	conductor	28.	조명
14.	minority	29.	고정 관념; 정형화하다
15.	transition	30.	유산, 전통

Days 14-15   맞은 개수   /30

1.	curriculum	16.	미신
2.	adjust	17.	2학년생
3.	secondary	18.	예언하다
4.	bias	19.	수업료, 등록금; 수업
5.	worship	20.	신성한, 성스러운
6.	congregation	21.	설교하다, 전도하다
7.	prophecy	22.	의무적인, 필수의
8.	discriminate	23.	논제; 논문
9.	scholarship	24.	선교사; 선교의
10.	enroll	25.	졸업생, 동창생
11.	pilgrimage	26.	불멸의
12.	segregation	27.	학업의, 학문의
13.	discipline	28.	특권; 특전
14.	secular	29.	직업(상)의
15.	semester	30.	수학여행, 소풍

Days 15-16 맞은 개수 /30

1. expel _____
2. recess _____
3. doctorate _____
4. lecture _____
5. commence _____
6. agriculture _____
7. transfer _____
8. reservoir _____
9. attendance _____
10. variety _____
11. undergraduate _____
12. absence _____
13. institute _____
14. major _____
15. cultivate _____
16. 교직원, 교수진; 기능 _____
17. 유기농의; 유기체의 _____
18. 농약, 살충제 _____
19. 목장, 사육장 _____
20. 익다, 원숙하다 _____
21. 졸업장, 졸업 증서 _____
22. 퇴비; 퇴비로 만들다 _____
23. 강당, 대형 강의실 _____
24. 물을 댐, 관개 _____
25. 수확; 수확하다 _____
26. 낙농(업) _____
27. 중퇴자, 탈락자 _____
28. 가축(류) _____
29. 비료 _____
30. 어부, 어민 _____

Days 16-17 맞은 개수 /30

1. agreement _____
2. culture _____
3. yield _____
4. labor-intensive _____
5. circulation _____
6. produce _____
7. poultry _____
8. assembly _____
9. capital _____
10. orchard _____
11. pollinate _____
12. domestic _____
13. mineral _____
14. domesticate _____
15. incentive _____
16. 부문 _____
17. 이용, 개발; 착취 _____
18. 목재 _____
19. 장벽, 장애(물) _____
20. 화폐의, 통화의 _____
21. 관세 _____
22. 어업, 수산업; 어장 _____
23. 광업, 채광 _____
24. 섬유, 직물 _____
25. 고갈시키다 _____
26. 자동화 _____
27. 실업 _____
28. 추출하다; 추출물 _____
29. 유지, 보수, 관리 _____
30. 통화 수축 _____

★ 빈칸에 알맞은 우리말 뜻 또는 영어를 쓰시오.

Days 17-18

맞은 개수 /30

1.	warehouse	16.	(무역) 상인
2.	cooperation	17.	건설, 건조
3.	guarantee	18.	보증, 보증서
4.	workforce	19.	회계, 회계학
5.	wholesale	20.	독점, 전매
6.	agency	21.	(경기) 후퇴, 침체
7.	currency	22.	수익성이 있는
8.	royalty	23.	파산한, 무일푼의
9.	utility	24.	본사, 본부
10.	recruit	25.	결함이 있는
11.	commodity	26.	총체의, 총계의
12.	revenue	27.	이행하다
13.	skyrocket	28.	조직의, 기관의
14.	asset	29.	상품
15.	distribute	30.	재고품, 재고 목록

Days 18-19

맞은 개수 /30

1.	inspection	16.	사업, 기업; 사업 계획
2.	speculate	17.	지원자, 신청자
3.	personnel	18.	퇴직, 은퇴
4.	bankrupt	19.	증명서, 증서
5.	benefit	20.	방책, 전술
6.	incorporated	21.	민영화하다
7.	department	22.	임금, 급료
8.	release	23.	사임하다
9.	commercial	24.	홍보하다
10.	implement	25.	조합, 동맹, 협회
11.	allowance	26.	해고
12.	launch	27.	자영업의
13.	subordinate	28.	담보, 저당
14.	managerial	29.	합병
15.	commission	30.	지출, 소비

Days 19-20

1. withdraw _____
2. transaction _____
3. recipient _____
4. executive _____
5. congestion _____
6. property _____
7. freight _____
8. deposit _____
9. maternity _____
10. infrastructure _____
11. coverage _____
12. commute _____
13. promotion _____
14. lease _____
15. expense _____

16. 수송, 발송, 선적 _____
17. 토지, 사유지 _____
18. 홍보용 책자 _____
19. (대중)교통, 운송 _____
20. 보험 _____
21. 효율(성); 능률 _____
22. 늘이다, 연장하다 _____
23. 연금, 장려금 _____
24. 기념품, 선물 _____
25. 취소; 해제 _____
26. 종료, 종결 _____
27. 면세의 _____
28. 확인하다 _____
29. 할부; 납입금 _____
30. 출발, 떠남 _____

Days 20-21

1. pedestrian _____
2. vendor _____
3. accommodation _____
4. embark _____
5. itinerary _____
6. attendant _____
7. dispatch _____
8. reign _____
9. reservation _____
10. institution _____
11. compartment _____
12. territory _____
13. monarchy _____
14. attraction _____
15. oppress _____

16. 승객, 탑승객 _____
17. 독재자 _____
18. 통치하다 _____
19. 교차로 _____
20. 경계, 한계, 범위 _____
21. 해방, 석방 _____
22. 목적지, 행선지 _____
23. 무정부 (상태) _____
24. 소지품; 소유물 _____
25. 혼돈된, 무질서한 _____
26. 풀다, 벗기다 _____
27. 배반[배신]하다 _____
28. 창립자, 설립자 _____
29. 연합된, 단결된 _____
30. 폭정, 폭압 _____

Days 21-22

맞은 개수　/30

1.	exile		16.	법령화하다	
2.	statesman		17.	지명된 사람	
3.	constitution		18.	통일; 통합	
4.	riot		19.	금지하다	
5.	office		20.	의회, 국회	
6.	regime		21.	유산	
7.	traitor		22.	임명하다	
8.	clause		23.	상원	
9.	provision		24.	취임시키다	
10.	authority		25.	폐지하다	
11.	refugee		26.	선거의; 선거인의	
12.	code		27.	만장일치의	
13.	banish		28.	합법의, 적법의	
14.	deputy		29.	지구; 지역	
15.	regulation		30.	안건, 의사 일정	

Days 22-23

맞은 개수　/30

1.	partisan		16.	의무적인, 필수의	
2.	session		17.	법률을 제정하다	
3.	preliminary		18.	변호사, 대리인	
4.	ballot		19.	결과, 성과	
5.	jurisdiction		20.	증언, 증거	
6.	poll		21.	준수, 지킴	
7.	amendment		22.	다수, 대부분	
8.	republican		23.	소송, 고소	
9.	comply		24.	평결, 판단	
10.	parliament		25.	최고의, 최상의	
11.	obligation		26.	집행하다, 시행하다	
12.	opposition		27.	재판; 정의	
13.	democratic		28.	존엄(성); 품위	
14.	abide		29.	피고; 피고의	
15.	representative		30.	후보자; 지원자	

Days 23-24   맞은 개수   /30

1. accuse _____
2. county _____
3. trial _____
4. cabinet _____
5. juridical _____
6. sentence _____
7. secretary _____
8. charge _____
9. imperative _____
10. ministry _____
11. liable _____
12. convict _____
13. province _____
14. accountable _____
15. bureau _____

16. 청원; 청원하다 _____
17. 자치(권); 자율성 _____
18. 뇌물; 뇌물 수수 행위 _____
19. 검사, 기소자 _____
20. 인질, 볼모 _____
21. 부패한; 부패시키다 _____
22. 소년의, 아동의 _____
23. 자치 도시의 _____
24. 위반, 위배 _____
25. 주거 침입 _____
26. 행정, 관리, 경영 _____
27. 침해하다 _____
28. 살인, 살인 행위 _____
29. 형, 형벌, 처벌 _____
30. 밀수 _____

Days 24-25   맞은 개수   /30

1. criminal _____
2. arrest _____
3. summit _____
4. offense _____
5. diplomacy _____
6. suspect _____
7. federal _____
8. sovereignty _____
9. metropolitan _____
10. council _____
11. reconciliation _____
12. alliance _____
13. detective _____
14. resolution _____
15. ambassador _____

16. 도시화 _____
17. 희롱, 괴롭힘 _____
18. 정복 _____
19. 사기, 협잡 _____
20. 협상, 교섭 _____
21. 투옥하다 _____
22. 절도 _____
23. 침해, 위반 _____
24. 안보; 보안 _____
25. 조약, 협정 _____
26. 경쟁, 대항 _____
27. 중립 _____
28. 배치하다, 전개하다 _____
29. 교외의, 근교의 _____
30. 대사관 _____

★ 빈칸에 알맞은 우리말 뜻 또는 영어를 쓰시오.

Days 25-26

1.	delegate	_____	16.	철수하다	_____
2.	admiral	_____	17.	충분한; 적당한	a_____
3.	defeat	_____	18.	상당한, 꽤 많은	_____
4.	triumph	_____	19.	적자, 부족	_____
5.	counterattack	_____	20.	다수, (수가) 많음	_____
6.	density	_____	21.	과도한, 지나친	_____
7.	engagement	_____	22.	수량화하다	_____
8.	sanction	_____	23.	결핍, 부족	_____
9.	occupy	_____	24.	무수한	c_____
10.	troop	_____	25.	막대한, 광대한	i_____
11.	ample	_____	26.	도발, 자극	_____
12.	bombard	_____	27.	부족한, 드문	_____
13.	veteran	_____	28.	필요 이상의	_____
14.	subdue	_____	29.	풍부한, 많은	a_____
15.	surrender	_____	30.	다시 채우다	_____

Days 26-27

1.	innumerable	_____	16.	거대한; 무시무시한	_____
2.	rarity	_____	17.	튼튼히 하다	_____
3.	plentiful	_____	18.	풍요로운, 유복한	_____
4.	substantial	_____	19.	재충전하다	_____
5.	abound	_____	20.	다수의, 많은	_____
6.	surplus	_____	21.	빈약한, 불충분한	_____
7.	scope	_____	22.	매우 큰, 거대한	_____
8.	lavish	_____	23.	향상시키다	_____
9.	enlarge	_____	24.	강력한, 센	_____
10.	vast	_____	25.	희박한, 드문드문한	_____
11.	robust	_____	26.	확대하다, 증대시키다	_____
12.	moderate	_____	27.	거대한	_____
13.	extent	_____	28.	넓은	_____
14.	sufficient	_____	29.	광범위한, 광대한	_____
15.	massive	_____	30.	줄(어들)다; 줄이다	_____

Days 27-28

맞은 개수 /30

1. dimension _____
2. flexible _____
3. multiply _____
4. sticky _____
5. shrink _____
6. accumulate _____
7. brittle _____
8. delicate _____
9. diminish _____
10. magnitude _____
11. undermine _____
12. complement _____
13. stout _____
14. superficial _____
15. amplify _____

16. 탄력(성)이 있는 _____
17. 풍요롭게 하다 _____
18. 강렬한, 극심한 _____
19. 기력이 없는, 연약한 _____
20. 점점 줄다, 감소되다 _____
21. 연약한 _____
22. 삭감하다, 단축하다 _____
23. 미끄러운 _____
24. 악화시키다 _____
25. 동일한 _____
26. 단단함; 엄격함 _____
27. 강화하다 _____
28. 단일의, 동종의 _____
29. 튼튼한, 억센, 건장한 _____
30. 흐릿한 _____

Days 28-29

맞은 개수 /30

1. resemblance _____
2. supernatural _____
3. adhere _____
4. eternal _____
5. parallel _____
6. temporary _____
7. uniform _____
8. virtual _____
9. ubiquitous _____
10. persistent _____
11. equilibrium _____
12. tangible _____
13. instantaneous _____
14. perpetual _____
15. occasional _____

16. 움직이지 않는 _____
17. 동시성을 가지다 _____
18. 일관된, 일치되는 _____
19. 고정된, 정적인 _____
20. 비유, 유사, 유추 _____
21. 일치, 동시 발생 _____
22. 영구적인, 불변의 _____
23. 투명한 _____
24. 안정(성) _____
25. 같은, 등가의 _____
26. 지속적인, 부단한 _____
27. 이동성, 가동성 _____
28. (역)동적인; 활력이 넘치는 _____
29. 보편적인; 전 세계적인 _____
30. 오르내리다 _____

★ 빈칸에 알맞은 우리말 뜻 또는 영어를 쓰시오.

Days 29-30
맞은 개수 /30

1. thrive _____	16. 복잡한 c _____
2. extraordinary _____	17. 애매한, 모호한 a _____
3. vivid _____	18. 특이한, 독특한 _____
4. splendid _____	19. 정확(성), 정밀(성) _____
5. vigorous _____	20. 동시에 일어나는 _____
6. vagueness _____	21. 어리석음, 불합리 _____
7. sophisticated _____	22. 계속되는 _____
8. spontaneous _____	23. 장대한, 장려한 _____
9. alternate _____	24. 명백한, 명확한 _____
10. flourish _____	25. 번영하다 p _____
11. perish _____	26. 간결한, 간명한 _____
12. accuracy _____	27. 철저한, 완전한 _____
13. obscure _____	28. 눈에 잘 띄는; 두드러진 _____
14. elaborate _____	29. 우스꽝스러운 _____
15. brilliant _____	30. 통일성 있는, 논리 정연한 _____

Days 30-31
맞은 개수 /30

1. sheer _____	16. 내부의, 안의 _____
2. intensive _____	17. 시간을 엄수하는 _____
3. enthusiastic _____	18. 외부의, 밖의 _____
4. intricate _____	19. 신중한 p _____
5. exquisite _____	20. 성실한, 착실한 _____
6. discreet _____	21. 조잡한, 거친 _____
7. superior _____	22. 열등한, 하등의 _____
8. conscientious _____	23. 느닷없는 _____
9. specific _____	24. 사려 깊은 _____
10. meticulous _____	25. 복잡성 _____
11. shallow _____	26. 예방 조치 _____
12. alert _____	27. 열정적인 p _____
13. profound _____	28. 연민, 동정심 _____
14. candid _____	29. 도전적인 _____
15. spectacle _____	30. 공감, 감정 이입 _____

Days 31-32 맞은 개수 /30

1. altruistic _____
2. inclination _____
3. courteous _____
4. sober _____
5. impartial _____
6. integrity _____
7. rebellious _____
8. generosity _____
9. attentive _____
10. authoritative _____
11. radical _____
12. reserved _____
13. cordial _____
14. tolerant _____
15. timidity _____

16. 사교적인 _____
17. 실용주의적인 _____
18. 개방적인 _____
19. 자랑하는 _____
20. 우호적인 _____
21. 주의하는 _____
22. 진심, 진실성 _____
23. 주관적인 _____
24. 교만한 _____
25. 경향, 성향; 추세 _____
26. 완고한 _____
27. 품위, 고상 _____
28. 내향적인 사람 _____
29. 덕망 높은 _____
30. 자비심 많은 _____

Days 32-33 맞은 개수 /30

1. pessimistic _____
2. thoughtless _____
3. loyalty _____
4. diligent _____
5. genuine _____
6. eccentric _____
7. temperament _____
8. extravagant _____
9. merciful _____
10. modesty _____
11. timidity _____
12. insane _____
13. mischievous _____
14. vanity _____
15. frugal _____

16. 외향적인 사람 _____
17. 순종하는 _____
18. 탐욕스러운 _____
19. 수동적인 _____
20. 애국적인 _____
21. 낙관적인 _____
22. 비겁한, 소심한 _____
23. 정제된; 세련된 _____
24. 우유부단한 _____
25. 호화스러운 _____
26. 겸손, 겸양 h
27. 상처받기 쉬운 _____
28. 태평한, 느긋한 _____
29. 우아, 고상, 기품 _____
30. 근면한, 부지런한 i

★ 빈칸에 알맞은 우리말 뜻 또는 영어를 쓰시오.

Days 33-34
맞은 개수 /30

1. relentless _____
2. renowned _____
3. barbaric _____
4. novice _____
5. disposition _____
6. cunning _____
7. endurance _____
8. notable _____
9. prestigious _____
10. malicious _____
11. susceptible _____
12. tactful _____
13. humble _____
14. dedicate _____
15. savage _____

16. 유명인, 명사 _____
17. 잔혹함 _____
18. 감상에 젖는 _____
19. 자격을 갖춘 _____
20. 명성, 평판 _____
21. 알뜰한 t_____
22. 무력한, 무기력한 _____
23. 전문적 지식[기술] _____
24. (간)청하다, 졸라대다 _____
25. 무자비한 _____
26. 민감한, 예민한 _____
27. 인내, 참을성, 끈기 _____
28. 걸출한, 탁월한 _____
29. (굳게) 결심한 _____
30. 서투른 _____

Days 34-35
맞은 개수 /30

1. adept _____
2. abandon _____
3. anxious _____
4. devotion _____
5. prominent _____
6. resourceful _____
7. consent _____
8. despise _____
9. commitment _____
10. aggressive _____
11. conviction _____
12. affirmative _____
13. approve _____
14. aspire _____
15. dismiss _____

16. 갈망하다 _____
17. 열성적인 _____
18. 고집하는 _____
19. 열망하는 e_____
20. 주저하는 _____
21. 현명한 _____
22. 반대하다 _____
23. 악명 높은 _____
24. 마음 내키지 않는 r_____
25. 애원하다, 간청하다 _____
26. 지지자, 옹호자 _____
27. 회의적인 _____
28. 의견을 달리하다 _____
29. 단호한, 단언적인 _____
30. 환대하는 _____

Days 35-36　　　　　　　　　　　　　　맞은 개수　　/30

1. opponent _____
2. reflect _____
3. contend _____
4. separate _____
5. advocate _____
6. distract _____
7. contemplate _____
8. correlate _____
9. assent _____
10. incorporate _____
11. initiative _____
12. attribute _____
13. favorable _____
14. lament _____
15. illustrate _____

16. 논쟁; 주장; 논거 _____
17. 반대, 이의 _____
18. 구별하다, 구분하다 _____
19. 경멸, 모욕 _____
20. 꺼리는　　u_____
21. 거절, 기각 _____
22. 생각하다, 간주하다 _____
23. 승인하지 않다 _____
24. 마음 속에 그리다 v_____
25. 명상, 묵상 _____
26. 냉소적인 _____
27. 추론, 추리 _____
28. 적대적인 _____
29. 고려, 숙고 _____
30. 통합하다, 합병하다 _____

Days 36-37　　　　　　　　　　　　　　맞은 개수　　/30

1. acquaint _____
2. envision _____
3. ponder _____
4. facilitate _____
5. ascribe _____
6. impede _____
7. discern _____
8. signify _____
9. foster _____
10. deliberate _____
11. associate _____
12. demonstrate _____
13. retrospect _____
14. characteristic _____
15. trigger _____

16. 제안; 암시 _____
17. 평가　　e_____
18. 그릇된 생각 _____
19. 평가하다　　a_____
20. 가정, 가설 _____
21. 일관성; 일치 _____
22. 적성, 소질, 재능 _____
23. 사로잡다 _____
24. 분석의 _____
25. 개념, 관념 _____
26. 이후의, 다음의 _____
27. 귀납법 _____
28. 정의 _____
29. 지적인, 지능의 _____
30. 명확하게 하다 _____

★ 빈칸에 알맞은 우리말 뜻 또는 영어를 쓰시오.

Days 37-38

1. endeavor _____
2. obstruct _____
3. momentous _____
4. sequence _____
5. contradiction _____
6. delusion _____
7. document _____
8. marginal _____
9. requisite _____
10. indispensable _____
11. distinction _____
12. trivial _____
13. confound _____
14. adverse _____
15. critical _____

16. 사로잡히게 하다   o _____
17. 일반화 _____
18. 특성, 특징   t _____
19. 궁극적인, 최후의 _____
20. 필연적인 _____
21. 흥미를 갖게 하다 _____
22. 중추적인, 중요한 _____
23. 매우 귀중한 _____
24. 환영, 환상, 환각 _____
25. 의심, 혐의 _____
26. 바탕의, 근본적인 _____
27. 쓸모없는 _____
28. 단순화하다 _____
29. 불리; 단점 _____
30. 관련(성), 타당성 _____

Days 38-39

1. explicit _____
2. exert _____
3. comparable _____
4. compliment _____
5. integral _____
6. instruction _____
7. credit _____
8. implication _____
9. vital _____
10. momentous _____
11. manifest _____
12. coordinate _____
13. principal _____
14. compromise _____
15. enlighten _____

16. 상호의, 서로의 _____
17. 하찮은, 사소한   i _____
18. 증명하다 _____
19. 그럴듯한 _____
20. 개입하다 _____
21. 실행 가능한 _____
22. 양립하는 _____
23. 알리다, 통지하다 _____
24. 근원적인 _____
25. 매우 중요한   c _____
26. 구체화하다 _____
27. 관리하다 _____
28. 영향력 있는 _____
29. 암시적인 _____
30. 협업하다 _____

Days 39-40　　　　　　　　　　　　　　　　　맞은 개수　/30

1.	direction		16.	권한을 주다
2.	constrain		17.	과장, 과대
3.	certify		18.	금지하다　f
4.	interfere		19.	선언; 신고
5.	underline		20.	과소평가하다
6.	prohibition		21.	밝히다, 폭로하다
7.	confine		22.	친목회, 재회
8.	validate		23.	힐난하다
9.	emphasize		24.	아첨하다
10.	coordinate		25.	한정하다　r
11.	hinder		26.	말하다; 완전한
12.	testify		27.	자백하다
13.	omit		28.	부인; 인정하지 않음
14.	debate		29.	논쟁, 논전
15.	inhibit		30.	유혹하다

Days 40-41　　　　　　　　　　　　　　　　　맞은 개수　/30

1.	highlight		16.	질문; 연구
2.	swear		17.	발표하다
3.	infancy		18.	기념일, 기념제
4.	elderly		19.	기근, 식량 부족
5.	interrupt		20.	왜곡, 비틀기
6.	straightforward		21.	성숙, 완숙
7.	state		22.	청소년기
8.	dispute		23.	비난하다, 탄핵하다
9.	newborn		24.	운명, 숙명
10.	acknowledge		25.	임신
11.	father-in-law		26.	상속받다
12.	reference		27.	통지하다
13.	exclaim		28.	단계, 국면
14.	remark		29.	수명
15.	burial		30.	슬픔, 비탄

★ 빈칸에 알맞은 우리말 뜻 또는 영어를 쓰시오.

1.	communal	_____	16.	자손, 후예	_____
2.	succession	_____	17.	눈을 깜박거리다	_____
3.	widow	_____	18.	사망한, 고인의	_____
4.	adversity	_____	19.	기다; 기어가기	_____
5.	shiver	_____	20.	사춘기	_____
6.	console	_____	21.	숨을 들이쉬다	_____
7.	affiliation	_____	22.	애도하다	_____
8.	snore	_____	23.	상호의, 호혜적인	_____
9.	sibling	_____	24.	웅크리다; 웅크림	_____
10.	suffocate	_____	25.	감각의	_____
11.	auditory	_____	26.	근육의; 근육질의	_____
12.	identification	_____	27.	고난, 고초	_____
13.	overhear	_____	28.	짓밟다	_____
14.	undergo	_____	29.	가려운	_____
15.	dizzy	_____	30.	절묘하게 다루다	_____

1.	stumble	_____	16.	증상; 징후	_____
2.	discomfort	_____	17.	발진	_____
3.	numb	_____	18.	종양, 종기	_____
4.	diagnosis	_____	19.	삐다	_____
5.	grasp	_____	20.	포옹하다; 받아들이다	_____
6.	optical	_____	21.	이식; 이식하다	_____
7.	irritation	_____	22.	질식시키다	_____
8.	glare	_____	23.	떨다; 떨림	_____
9.	squeeze	_____	24.	구토하다	_____
10.	stare	_____	25.	입원시키다	_____
11.	glimpse	_____	26.	부어 오른	_____
12.	sneeze	_____	27.	졸리는	_____
13.	appointment	_____	28.	치료의	_____
14.	seize	_____	29.	주사; 주입	_____
15.	pound	_____	30.	임상의	_____

Days 43-44 맞은 개수 /30

1.	medicinal	16.	충치
2.	alleviate	17.	재활, 회복
3.	diabetes	18.	진전; 진행
4.	lump	19.	복용량, 투약
5.	allergic	20.	비만
6.	sustain	21.	만성적인
7.	ailment	22.	비정상적인
8.	antibiotic	23.	퇴원(시키다)
9.	surgical	24.	면역(성)
10.	pharmaceutical	25.	위약, 가짜 약
11.	fracture	26.	위생(학)
12.	insomnia	27.	약물 치료, 투약
13.	prescription	28.	기능 불량
14.	disabled	29.	증후군
15.	remedy	30.	기형, 불구

Days 44-45 맞은 개수 /30

1.	disorder	16.	살균하다
2.	digestion	17.	전염성의
3.	paralysis	18.	감염, 전염
4.	artery	19.	항체
5.	afflict	20.	위생의, 보건상의
6.	epidemic	21.	호흡(기)의
7.	spinal	22.	합병증
8.	hypertension	23.	물질[신진]대사
9.	abdominal	24.	발생, 발발, 창궐
10.	lame	25.	성형의; 미용의
11.	asthma	26.	낙태, 임신 중절 (수술)
12.	salivate	27.	손상하다, 해치다
13.	vaccination	28.	사망자 수
14.	physiological	29.	장, 창자
15.	retina	30.	공포증

★ 빈칸에 알맞은 우리말 뜻 또는 영어를 쓰시오.

Days 45-46 맞은 개수 /30

1. vessel _____
2. neurological _____
3. ingestion _____
4. relieve _____
5. amnesia _____
6. gland _____
7. sympathetic _____
8. psychiatry _____
9. fatality _____
10. secrete _____
11. delivery _____
12. cellular _____
13. puzzle _____
14. terminal _____
15. outrage _____

16. 굶주림, 기아 _____
17. 짜증; 곤란 _____
18. 매료[매혹]시키다 _____
19. 침착한, 차분한 _____
20. 효소 _____
21. 분개한 r_____
22. 정서의, 감정의 _____
23. 부러워하는 _____
24. 혼란에 빠뜨리다 p_____
25. 어리둥절하게 하다 b_____
26. 해부(학) _____
27. 즐겁게 하다 _____
28. 낙담한, 낙심한 _____
29. 감사하는 _____
30. 미안해하는 _____

Days 46-47 맞은 개수 /30

1. pastoral _____
2. desperate _____
3. submission _____
4. distress _____
5. advance _____
6. regretful _____
7. anticipate _____
8. entry _____
9. melancholic _____
10. leisurely _____
11. depressed _____
12. frustrate _____
13. complimentary _____
14. registration _____
15. decline _____

16. 단조로운 _____
17. 질투하는 _____
18. 자격, 필요조건 _____
19. 급상승하다 _____
20. 참가, 참여 _____
21. 슬픔에 찬 _____
22. 부문, 범주 _____
23. 서서히, 점차 _____
24. ～비, 요금 _____
25. 무관심 _____
26. 증가; 성장 _____
27. 쓸쓸한 _____
28. 긴급한 _____
29. 연례의 _____
30. 기준, 척도 _____

Days 47-48   맞은 개수   /30

1. steep   16. ~에 찬성하다
2. counterpart   17. 극적으로
3. award   18. ~의 결과를 낳다
4. relatively   19. 선별된, 선택된
5. call for   20. ~을 파악하다
6. competition   21. 등록, 입학
7. dwell on   22. ~에 대처하다
8. projection   23. 비, 비율
9. deal with   24. ~으로 구성되다
10. admission   25. 각각, 개별적으로
11. engage in   26. ~ 없이 지내다
12. respondent   27. 자격이 있는
13. triple   28. ~에 기대다
14. dispose of   29. ~을 버리다
15. lay off   30. ~을 지적[언급]하다

Days 48-49   맞은 개수   /30

1. compensate for   16. 대기하다
2. break up   17. ~을 따라잡다
3. put aside   18. ~을 작성하다
4. give off   19. 잠깐 들르다
5. put out   20. ~을 거절하다
6. pass away   21. ~에 부응하다
7. stand for   22. 깨어 있다
8. go through   23. ~을 극복하다
9. run into   24. ~을 이용하다
10. do away with   25. ~와 잘 지내다
11. pick up   26. ~을 초래하다
12. get down to   27. ~을 신청하다
13. take on   28. ~을 존경하다
14. hold on to   29. ~을 생각해 내다
15. carry on   30. A를 B로 간주하다

★ 빈칸에 알맞은 우리말 뜻 또는 영어를 쓰시오.

Days 49-50

맞은 개수 /30

1. name *A* after *B* _____
2. be bound to *do* _____
3. stand up for _____
4. break down _____
5. in accordance with _____
6. deprive *A* of *B* _____
7. in terms of _____
8. convert *A* into *B* _____
9. take advantage of _____
10. make up for _____
11. get in the way of _____
12. be supposed to *do* _____
13. impose *A* on *B* _____
14. take ~ for granted _____
15. have a way with _____

16. ~을 참다 _____
17. A를 B로 대체하다 _____
18. ~을 대표하여 _____
19. ~을 다 써버리다 _____
20. ~을 위해 _____
21. A에게 B를 상기시키다 _____
22. (병에) 걸리다 _____
23. ~을 고대하다 _____
24. ~하지 않을 수 없다 _____
25. A에게 B를 공급하다 _____
26. ~하는 데 어려움을 겪다 _____
27. B보다 A를 선호하다 _____
28. A와 B를 비교하다 _____
29. ~에 관한 한 _____
30. 막 ~하려고 하다 _____

ANSWER ✿✿ KEY

1 생태학의, 생태계의   2 군체, 군집; 식민지
3 침투하다, 관통하다   4 줄기; 유래하다
5 서식하다; 거주하다   6 파충류   7 소멸, 사라짐
8 적응하는, 적응을 돕는   9 이동하다; 이주하다
10 공생의, 공생하는   11 알을 낳다; 알   12 번식;
사육   13 흡수; 몰두   14 부화하다[시키다]; 부화
15 위장하다; 위장   16 floral   17 vegetation
18 reproduction   19 intact   20 pollen
21 fungus   22 exotic   23 sprout
24 threaten   25 hierarchy   26 offspring
27 biodiversity   28 dominant   29 germ
30 hibernate

Days 2-3

1 부패하다; 부패   2 기르다; 후방의; 뒤   3 초식 동물
4 영장류   5 천연색   6 온대(성)의; 온화한; 온건한
7 고치   8 극지의, 남극[북극]의   9 한 무리; 묶음;
꾸리다   10 방사(선), 복사(열, 에너지)   11 대기의,
기압의   12 유충, 애벌레   13 증발, 발산
14 강수(량), 강우(량)   15 우리에 갇힌; 포로
16 aquatic   17 predator   18 glacier
19 decompose   20 mimicry   21 antarctic
22 pressure   23 microorganism
24 humidity   25 equator   26 rotten
27 climatic   28 arctic   29 continental
30 canyon

Days 3-4

1 수분, 습기   2 배출; 배기가스   3 육생의, 지상의;
지구(상)의   4 보존하다; 자연 보호 구역   5 위도
6 재생할 수 있는, 갱신 가능한   7 반도   8 해협;
쪼들림   9 자외선; 자외선의   10 해류, 기류; 물살;
최근의   11 지속 가능한   12 열대의   13 붕괴시키다;
혼란시키다   14 섭씨의   15 눈사태; 쇄도
16 pressure   17 extinction   18 invasion
19 phenomenon   20 reclaim   21 discard

22 erosion   23 longitude   24 tidal
25 deforestation   26 terrain   27 landfill
28 desertification   29 deteriorate
30 pollutant

Days 4-5

1 재난의; 불길한   2 세제   3 재해; 사상자 수
4 첨가물, 첨가제   5 조리법; 비법   6 보존하다;
절약하다   7 만기; 숨을 내쉼   8 대안(의);
양자택일(의)   9 게걸스럽게 먹다   10 영양소
11 이용하다, 동력화하다   12 외래의; 지구 밖의;
외국인 체류자; 외계인   13 다과; 원기 회복
14 대용하다; 대체(물)   15 미식가; 미식가를 위한
16 drought   17 endangered   18 ferment
19 devastate   20 contaminate   21 edible
22 catastrophe   23 degradation   24 crisp
25 erupt   26 cuisine   27 spicy   28 refrigerate
29 disposable   30 stale

Days 5-6

1 영양분이 풍부한   2 직물; 식감   3 정립하다;
설립하다; 수립하다; 확립하다   4 부패, 손상
5 식사의, 음식의, 식이의   6 연대기   7 건강에 좋은;
건전한; 신중한   8 귀납적인   9 식품, 식량
10 자양분을 주다; 육성하다   11 중세의; 중세 풍의
12 보충(제); 보충하다   13 현대의; 동시대의;
동시대인   14 이상주의; 관념론   15 성분, 원료,
재료; 구성 요소   16 saturated   17 intake
18 framework   19 bland   20 reasoning
21 ethical   22 carbohydrate   23 malnutrition
24 arbitrary   25 preposition   26 theoretical
27 existence   28 seasoning   29 rationale
30 morality

1 유적, 기념물; 기념비   2 철학의, 철학적인
3 시대, 시기   4 오류, 허위   5 인류학   6 딜레마,
진퇴양난   7 원시의, 야만의   8 유사 이전의, 선사
시대의   9 애착; 부착; 첨부   10 고대, (고대) 유물
11 동화되다; 흡수하다   12 밝히다, 폭로하다
13 존재; 출석   14 내적인   15 유물   16 paradox
17 excavate   18 imperial   19 socialization
20 self-esteem   21 hypothesis
22 conceptual   23 cognitive   24 indigenous
25 archaeological   26 premise   27 affection
28 causal   29 innate   30 instinctive

1 (호주) 원주민의, 토착민의   2 설득적인   3 변하기
쉬운; 변수   4 지각, 인식, 인지   5 동기 (부여); 욕구
6 객관적인; 목적, 목표   7 상황적인; 문맥상의
8 연구하다; 조사하다   9 내면화하다   10 변하지
않는; 상수   11 내재하는   12 계산하다; 평가하다
13 셈, 산수; 셈의, 산수의   14 잔재   15 외적인
16 reinforce   17 subtract   18 measurement
19 simulation   20 intuition   21 diameter
22 stimulus   23 ambivalent   24 zoological
25 statistics   26 subconscious   27 heredity
28 symmetry   29 manipulate   30 diagram

1 조사하다; 우주 탐사선   2 기능; 함수; 행사;
기능하다   3 퇴화하다; 나빠지다   4 숫자; 도형;
그림; 몸매; 생각[계산]하다   5 입자; 극히 작은 조각
6 분수; 조각; 소량   7 실험·관찰에 의한; 경험적인
8 혁명; 공전; 회전   9 식물학   10 수렴하다;
집중되다   11 돌연변이를 하다   12 천문학의;
천문학적인   13 확률; 가망; 개연성   14 빈도;
진동수   15 지구 밖의; 외계 생물   16 spatial
17 geometric(al)   18 genetic(al)
19 geological   20 constellation   21 modify

22 division   23 refract   24 vertical
25 rotation   26 ascent   27 temporal
28 observatory   29 celestial   30 descent

1 진공; 공백   2 인공위성; 위성   3 응결되다;
응결시키다   4 추력; 밀다   5 융합; 결합   6 해결(책);
용액; 용해   7 궤도; 궤도를 돌다   8 마찰; 알력
9 합성의, 인조의   10 수축; 병에 걸림   11 집중;
농도   12 부력   13 가속하다   14 용해되다;
용해시키다   15 화합물; 합성의; 합성하다
16 vibration   17 expansion   18 toxic
19 gravity   20 appliance   21 submerge
22 formula   23 velocity   24 delete
25 lunar   26 configuration   27 molecule
28 anonymity   29 compress   30 apparatus

1 연소; 산화   2 복구하다; 검색하다   3 이야기;
이야기의   4 특허(권); 특허권을 주다   5 반응식,
방정식   6 획기적인 발전[발견]; 타결   7 매달다;
중지하다   8 비유적인; 수식이 많은   9 부호화하다;
입력하다   10 운; 운을 맞추다   11 글자 그대로의
12 특징; 장치; 이목구비; ~의 특징을 이루다;
두드러지게 하다   13 접속 장치; 접점; 연동되다
14 풍자, 빈정거림   15 줄거리; 음모; 작은 지면
16 literature   17 interactive   18 satire
19 paragraph   20 mythology   21 generate
22 rhetorical   23 circuit   24 ironically
25 state-of-the-art   26 metaphor
27 artificial   28 compile   29 verse
30 personify

1 제목을 붙이다; 권리를 주다   2 인용, 인용구
3 능력, 적성   4 등장인물; 성격; 문자   5 용어 풀이

6 풍자   7 서정시(의); 노래 가사   8 진부한 표현
9 무대의, 연극의   10 번역하다; 옮기다   11 초고;
징병; 초고를 집필하다; 징집하다   12 글; 통로;
(시간의) 경과   13 각주   14 용어; 기간; 조건; 사이;
칭하다   15 구독하다; 기부하다
16 comprehension   17 linguistic
18 fluent   19 biography   20 phonetic
21 pronunciation   22 proofread
23 preface   24 anecdote   25 interpret
26 summary   27 synonym   28 tragedy
29 cite   30 proficiency

Days 12-13

1 걸작   2 읽고 쓰는 능력   3 추상적인; 추상화;
개요   4 작곡가   5 출판하다; 발표하다   6 감상하다;
인식하다; 고마워하다   7 복원, 복구, 회복
8 박수갈채; 칭찬   9 2개 국어를 쓰는 (사람)
10 각색; 적응   11 독주회, 독창회   12 개정하다;
바꾸다   13 절연, 단열, 방음   14 저작권;
저작권으로 보호하다   15 꾸밈, 장식
16 playwright   17 slang   18 manuscript
19 intonation   20 dialect   21 architect
22 grammatical   23 sculpture   24 rehearsal
25 idiom   26 vocabulary   27 improvise
28 statue   29 self-portrait   30 exterior

Days 13-14

1 풍경, 경치; 조경하다   2 전파, 확산   3 득점; 악보;
20개[명]   4 꾸미다, 장식하다   5 순응하다, 따르다
6 연주 목록   7 갈채; 갈채를 보내다   8 미학의;
심미적인   9 의식; 의식의   10 동반하다; 반주하다
11 이민자; 이민자의   12 관점; 원근법   13 지휘자;
전도체, 도체   14 소수; 소수 민족; 미성년   15 이행;
과도기   16 plumbing   17 depict
18 prejudice   19 tolerate   20 norm
21 divine   22 instrument   23 racial
24 ethnicity   25 fireproof   26 sermon

27 ventilation   28 illumination
29 stereotype   30 heritage

Days 14-15

1 교육[교과] 과정   2 적응하다; 조절하다   3 중등의;
제2의   4 편견; 편견을 갖게 하다   5 예배, 숭배;
예배를 보다   6 신도들; 모임   7 예언; 예언력
8 차별하다; 구별하다   9 장학금; 학문   10 입학하다,
등록하다   11 (성지) 순례 여행   12 인종 차별,
분리 정책   13 훈육; 학문 분야; 훈육하다
14 세속의; 비종교적인   15 한 학기
16 superstition   17 sophomore   18 foretell
19 tuition   20 sacred   21 preach
22 compulsory   23 thesis   24 missionary
25 alumnus   26 immortal   27 academic
28 privilege   29 vocational   30 excursion

Days 15-16

1 퇴학시키다; 쫓아내다   2 휴식 시간; 휴회
3 박사 학위   4 강의(하다); 훈계(하다)   5 시작되다
[하다], 개시하다   6 농업, 농경   7 전학하다;
갈아타다; 전학; 환승   8 저수지   9 출석, 출근, 참석
10 다양성; 품종   11 대학생의; 대학생   12 결석;
결여   13 연구소; 개설하다   14 전공하다; 전공(자);
주요한   15 경작하다; 계발하다   16 faculty
17 organic   18 pesticide   19 ranch   20 ripen
21 diploma   22 compost   23 auditorium
24 irrigation   25 harvest   26 dairy
27 dropout   28 livestock   29 fertilizer
30 fisherman

Days 16-17

1 협정, 조약; 합의   2 문화; 양식; 양식[배양]하다
3 산출(물); 수확(량); 산출하다; 양보하다
4 노동 집약적인   5 유통, 순환; 발행 부수
6 생산하다; 농산물   7 가금; 새[닭]고기   8 조립;

집회 **9** 자본; 수도; 대문자(의); 사형의 **10** 과수원
11 수분하다 **12** 국내의; 가정의 **13** 광물; 미네랄
14 길들이다; 재배하다 **15** 동기, 유인, 장려(책, 금)
16 sector **17** exploitation **18** timber
19 barrier **20** monetary **21** tariff **22** fishery
23 mining **24** textile **25** deplete
26 automation **27** unemployment
28 extract **29** maintenance **30** deflation

1 창고; 창고형 상점 **2** 기업, 주식회사 **3** 보증(서);
보증하다 **4** 노동 인구, 노동력 **5** 도매; 도매의
6 대행사; 기관 **7** 통화, 화폐 **8** 사용료; 왕족
9 공공 설비; 유용, 유익 **10** 채용하다, 모집하다
11 상품; 일용품 **12** 수익; 세입 **13** 급상승하다,
치솟다 **14** 자산, 재산 **15** 유통시키다; 분배하다
16 merchant **17** construction **18** warranty
19 accounting **20** monopoly **21** recession
22 profitable **23** broke **24** headquarters
25 defective **26** gross **27** fulfill
28 organizational **29** merchandise
30 inventory

Days 18-19

1 검사; 시찰 **2** 추측하다; 투기하다 **3** 전 직원;
인사과 **4** 파산한; 파산자 **5** 수당; 혜택; 혜택을
얻다 **6** 주식회사의, 유한 책임의 **7** 부; 학부; 매장
8 출시하다; 놓다; 석방하다; 발표; 발사; 석방
9 상업의; 상업 광고 **10** 실행하다; 도구 **11** 수당;
용돈 **12** 출시하다; 발사하다; 출시; 발사
13 부하 (직원); 하급의 **14** 관리자의, 관리직의
15 위원회; 수수료; 의뢰; 의뢰하다
16 enterprise **17** applicant **18** retirement
19 certificate **20** tactics **21** privatize
22 wage **23** resign **24** publicize **25** union
26 layoff **27** self-employed **28** mortgage
29 merger **30** expenditure

Days 19-20

1 물러나다; 인출하다 **2** 거래; 업무 처리 **3** 수령인;
수령하는 **4** 중역; 중역의; 집행의 **5** 혼잡, 정체,
붐빔 **6** 재산; 특성 **7** 화물; 화물 운송 **8** 예치하다;
퇴적시키다; 예금; 매장량 **9** 어머니임, 모성
10 기간 시설, 산업 기반 **11** 적용 범위; 보도
12 통근하다; 통근 **13** 승진; 판매 촉진; 장려
14 임대; 임대하다 **15** 비용, 지출 **16** shipment
17 estate **18** brochure **19** transit
20 insurance **21** efficiency **22** prolong
23 pension **24** souvenir **25** cancellation
26 termination **27** duty-free **28** confirm
29 installment **30** departure

Days 20-21

1 보행자; 보행하는 **2** 노점상, 행상인 **3** 숙박 (시설);
편의 도모 **4** 탑승하다; 착수하다 **5** 여정, 여행 일정
계획 **6** 승무원; 수반되는 **7** 배송하다; 배송
8 치세, 통치; 군림하다 **9** 예약; 꺼려함 **10** 제도;
기관; 시행 **11** 짐칸; 객실 **12** 영토; 세력권
13 군주제, 군주 국가 **14** 끌림; 명소; 매력;
끌어당김 **15** 탄압하다, 억압하다 **16** passenger
17 dictator **18** govern **19** intersection
20 boundary **21** liberation **22** destination
23 anarchy **24** belongings **25** chaotic
26 unfasten **27** betray **28** founder
29 united **30** tyranny

Days 21-22

1 추방하다; 망명 **2** 정치가 **3** 헌법; 구성 **4** 폭동;
폭동을 일으키다 **5** 사무실; 관직; 지위; 직무
6 정권; 제도 **7** 반역자; 역적 **8** 조목, 조항; 절
9 공급; 조항 **10** 권한; 당국; 권위자 **11** 난민;
망명자 **12** 법전; 규정; 암호 **13** 추방하다, 내쫓다
14 부[대리]의; 대리인 **15** 규정; 규제; 조절
16 enact **17** nominee **18** unification
19 ban **20** congress **21** legacy

22 appoint 23 senate 24 inaugurate
25 abolish 26 electoral 27 unanimous
28 legitimate 29 district 30 agenda

1 범죄의; 형사상의; 범죄자 2 체포하다; 체포
3 수뇌, 정상; 정점 4 위반; 기분 상함; 공격
5 외교; 권모술수 6 용의자; 의심하다 7 연방의,
합중국의 8 주권, 종주권 9 대도시의; 수도의
10 (지방) 의회, 평의회 11 화해; 조화 12 동맹,
제휴, 연합 13 형사; 탐정 14 결의; 해결; 결심
15 대사; 사절 16 urbanization
17 harassment 18 conquest 19 fraud
20 negotiation 21 imprison 22 theft
23 infringement 24 security 25 treaty
26 rivalry 27 neutrality 28 deploy
29 suburban 30 embassy

1 당파심이 강한; 당파심이 강한 사람 2 개회 중;
수업 시간 3 예비의; 준비 4 비밀 투표; 투표용지;
투표하다 5 사법(권), 재판권 6 투표; 투표 결과;
여론 조사 7 수정(안), 개정(안) 8 공화국의;
공화당의; 공화주의자; 공화당원 9 따르다, 응하다
10 의회; 하원 11 의무, 책무 12 반대; 야당
13 민주주의의; 민주당의 14 준수하다, 지키다
15 하원 의원; 대표; 대표하는 16 mandatory
17 legislate 18 attorney 19 outcome
20 testimony 21 observance 22 majority
23 lawsuit 24 verdict 25 supreme
26 enforce 27 justice 28 dignity
29 defendant 30 candidate

1 대표자; 위임[파견]하다 2 해군 제독; 사령관
3 패배시키다; 패배 4 승리; 승리를 거두다 5 반격;
반격하다 6 밀도; 농도 7 약혼; 교전; 관여; 고용
8 제재; 재가; 재가하다 9 점령하다; 차지하다
10 군대; 떼; 무리 짓다 11 충분한; 광대한
12 폭격하다; 퍼붓다 13 퇴역 군인; 노련한
14 진압하다; 정복하다 15 항복하다; 포기하다
16 retreat 17 (a)dequate 18 considerable
19 deficit 20 multitude 21 excessive
22 quantify 23 deficiency 24 (c)ountless
25 (i)mmense 26 provocation 27 scarce
28 redundant 29 (a)bundant 30 replenish

1 고소하다; 비난하다 2 군 3 재판; 시행; 고난
4 내각; 캐비닛 5 법률상의, 재판상의 6 판결[형]을
내리다; 판결; 문장 7 비서; 장관 8 기소하다;
청구하다; 책임을 지우다; 충전하다 9 명령;
반드시 해야 하는 10 부; 내각 11 책임이 있는;
~하기 쉬운 12 ~의 유죄를 입증하다; 죄인
13 주; 성; 지방 14 책임이 있는; 설명할 수 있는
15 관청; 청, 국 16 petition 17 autonomy
18 bribery 19 prosecutor 20 hostage
21 corrupt 22 juvenile 23 municipal
24 violation 25 burglary 26 administration
27 intrude 28 homicide 29 penalty
30 smuggling

1 무수한 2 드묾, 희소성, 희귀 3 풍부한, 충분한
4 충분한; 실제적인 5 풍부하다, 많이 있다
6 잉여의; 잉여; 흑자 7 영역, 범위 8 풍부한,
사치스러운 9 확대하다, 넓히다 10 막대한; 광대한
11 원기 왕성한; 강건한 12 알맞은; 절제하는;
온화한 13 정도, 범위; 넓이, 크기, 규모 14 충분한,
족한 15 거대한; 대량의 16 tremendous
17 fortify 18 affluent 19 recharge

20 numerous   21 meager   22 enormous
23 enhance   24 potent   25 sparse
26 magnify   27 gigantic   28 spacious
29 extensive   30 lessen

Days 27-28

1 크기; 차원; 일면   2 유연성[융통성]이 있는
3 증식하다; 곱셈하다   4 끈적끈적한   5 줄다,
위축되다   6 축적되다; 축적하다   7 부서지기[깨지기]
쉬운   8 섬세한; 가냘픈   9 감소하다; 폄하하다
10 규모; 진도   11 손상시키다, 해치다   12 보충하다;
보충(물)   13 단단한, 억센   14 피상적인; 표면(상)의
15 확대하다; 증폭하다   16 elastic   17 enrich
18 intense   19 feeble   20 dwindle
21 fragile   22 curtail   23 slippery
24 aggravate   25 identical   26 rigidity
27 strengthen   28 homogeneous
29 sturdy   30 blurry

Days 28-29

1 유사(성), 닮음   2 초자연적인   3 부착되다;
고수하다   4 영구[영원]한, 불멸의   5 유사한,
평행하는; 유사하다; 유사성   6 일시적인; 임시의
7 획일적인; 제복   8 사실상의; 가상의   9 흔히 볼
수 있는   10 지속적인   11 균형, 평형 상태
12 유형적인   13 즉각적인; 순간의   14 영속하는,
끊임없는   15 가끔씩의   16 stationary
17 synchronize   18 consistent   19 static
20 analogy   21 coincidence   22 permanent
23 transparent   24 stability   25 equivalent
26 continuous   27 mobility   28 dynamic
29 universal   30 fluctuate

Days 29-30

1 잘 자라다; 번성하다   2 특이한; 비범한   3 생생한;
선명한   4 좋은; 멋진   5 활발한; 원기 왕성한

6 막연함, 애매함   7 정교한, 복잡한   8 자연스럽게
일어나는   9 번갈아 일어나다; 교대의; 하나 걸러서의;
교류의   10 번영하다; 우거지다   11 죽다; 멸망하다
12 정확(도), 정밀(도)   13 모호하게 하다; 불명료한
14 공들인; 정교하게 만들다   15 눈부신; 훌륭한;
총명한   16 (c)omplicated   17 (a)mbiguous
18 peculiar   19 precision   20 simultaneous
21 absurdity   22 ongoing   23 magnificent
24 obvious   25 (p)rosper   26 concise
27 thorough   28 conspicuous
29 ridiculous   30 coherent

Days 30-31

1 순전한; 순수한   2 집중적인; 집약적인
3 열성적인, 열광적인   4 복잡한, 뒤얽힌   5 정교한,
절묘한   6 신중한, 분별 있는   7 우월한; 상관
8 성실한, 양심적인   9 특정한; 구체적인   10 세심한
11 얕은; 피상적인   12 경계하는; 경보; 경계시키다
13 지대한; 깊은   14 솔직한, 정직한   15 장관,
구경거리   16 internal   17 punctual
18 external   19 (p)rudent   20 earnest
21 coarse   22 inferior   23 abrupt
24 considerate   25 complexity
26 precaution   27 (p)assionate
28 compassion   29 defiant   30 empathy

Days 31-32

1 이타적인   2 성향; 기울기   3 예의 바른
4 술에 취하지 않은; 냉철한   5 공평한, 편견 없는
6 진실성, 정직   7 반항적인   8 관대함   9 주의를
기울이는; 경청하는   10 권위적인; 권위 있는
11 급진적인; 근본적인; 급진파; −기   12 말수가
적은; 예약된   13 충심 어린; 따뜻한   14 관대한;
내성이 있는   15 소심함, 겁   16 sociable
17 pragmatic   18 outgoing   19 boastful
20 amicable   21 cautious   22 sincerity
23 subjective   24 arrogant   25 tendency

26 stubborn　27 decency　28 introvert
29 virtuous　30 benevolent

Days 32-33

1 비관적인　2 분별 없는, 생각 없는　3 충성, 충의
4 근면한, 부지런한　5 진정한; 진짜의　6 괴팍한,
괴짜인; 괴짜　7 기질, 성질　8 낭비벽이 심한;
사치스러운　9 자비로운　10 겸손; 수수함
11 소심함, 겁　12 제정신이 아닌　13 장난기 어린;
악의적인　14 허영; 허무　15 검약한, 소박한
16 extrovert　17 obedient　18 greedy
19 passive　20 patriotic　21 optimistic
22 cowardly　23 refined　24 indecisive
25 luxurious　26 (h)umility　27 vulnerable
28 easygoing　29 elegance
30 (i)ndustrious

Days 33-34

1 잔인한; 가차 없는　2 유명한　3 야만스러운,
미개한　4 초보자　5 기질; 경향　6 교활한;
약삭빠른　7 인내; 지구력　8 저명한; 두드러진
9 명문의, 명성 있는　10 악의적인, 심술궂은
11 ~에 민감한; ~에 걸리기 쉬운　12 재치 있는,
꾀바른　13 겸손한; 비천한; 초라한　14 바치다;
전념하다　15 잔인한; 야만의　16 celebrity
17 brutality　18 sentimental　19 qualified
20 reputation　21 (t)hrifty　22 helpless
23 expertise　24 solicit　25 ruthless
26 sensitive　27 perseverance　28 eminent
29 determined　30 clumsy

Days 34-35

1 능숙한　2 단념하다; 버리다　3 열망하는;
걱정하는　4 헌신, 전념　5 저명한; 돌출한
6 기략이 풍부한　7 동의; 동의하다　8 경멸하다,
멸시하다　9 서약; 전념; 실행　10 공격적인

11 신념; 유죄 판결　12 긍정의; 확언하는
13 승인하다; 찬성하다　14 열망하다, 대망을 품다
15 일축하다; 해산시키다; 해고하다　16 yearn
17 zealous　18 insistent　19 (e)ager
20 hesitant　21 sensible　22 oppose
23 notorious　24 (r)eluctant　25 plead
26 proponent　27 skeptical　28 dissent
29 assertive　30 hospitable

Days 35-36

1 적; 반대자　2 되돌아보다; 반영하다; 반사하다
3 주장하다; 경쟁하다　4 분리하다; 별개의
5 옹호하다; 옹호자　6 주의를 산만하게 하다
7 심사숙고하다; 명상하다　8 상호 관련되다[시키다]
9 동의하다; 동의　10 포함하다, 통합하다　11 주도,
선도; 계획　12 ~에 돌리다; 특성　13 호의적인;
알맞은　14 한탄하다; 한탄　15 예증하다, 설명하다
16 argument　17 objection　18 distinguish
19 contempt　20 (u)nwilling　21 rejection
22 deem　23 disapprove　24 (v)isualize
25 meditation　26 cynical　27 inference
28 hostile　29 consideration　30 integrate

Days 36-37

1 정통하게 하다, 잘 알게 하다　2 마음속에 그리다;
상상하다　3 숙고하다, 깊이 생각하다　4 촉진하다,
조장하다　5 ~에 돌리다　6 방해하다, 지연시키다
7 분별하다; 인식하다　8 의미하다, 뜻하다
9 기르다; 촉진하다; 수양의　10 숙고하다;
고의적인　11 관련시키다; 연합하다; 교제하다
12 증명해 보이다; 시위를 벌이다　13 회고하다;
회고　14 특징; 특징적인　15 촉발하다;
방아쇠(를 당기다)　16 suggestion
17 (e)valuation　18 misconception
19 (a)ssess　20 assumption
21 consistency　22 aptitude　23 preoccupy
24 analytic(al)　25 notion　26 subsequent

27 induction 28 definition 29 intellectual
30 clarify

Days 37-38

1 노력하다; 노력 2 방해하다, 차단하다 3 중대한,
중요한 4 연속; 순서 5 모순; 반박 6 미혹; 망상
7 문서; 기록하다 8 중요하지 않은; 가장자리의
9 필수의; 필요조건 10 필수 불가결한 11 구별;
특성 12 하찮은, 대단치 않은 13 혼동하다;
당혹하게 하다 14 역의; 불행한 15 비평의;
결정적인; 위급한 16 (o)bsess
17 generalization 18 (t)rait 19 ultimate
20 inevitable 21 intrigue 22 pivotal
23 invaluable 24 illusion 25 suspicion
26 fundamental 27 futile 28 simplify
29 disadvantage 30 relevance

Days 38-39

1 명백한, 명시적인 2 행사하다, 가하다 3 상당하는,
비교되는 4 칭찬; 칭찬하다 5 빠뜨릴 수 없는
6 지시; 교육 7 공로를 인정하다; 공적; 학점; 신용
8 함축, 내포, 암시 9 지극히 중요한; 생기 넘치는
10 중대한, 중요한 11 명백한; 드러내다
12 조정하다; 편성하다 13 주요한; 교장
14 타협; 타협하다, 해치다 15 깨우치다; 계몽하다
16 mutual 17 (i)nsignificant 18 verify
19 plausible 20 intervene 21 viable
22 compatible 23 inform 24 underlying
25 (c)rucial 26 embody 27 supervise
28 influential 29 implicit 30 collaborate

Days 39-40

1 방향; 사용 설명(서); 지휘 2 강제하다; 제약하다
3 증명하다 4 방해하다; 간섭하다 5 강조하다;
밑줄을 긋다 6 금지, 금령 7 한정하다; 가두다
8 정당함을 입증하다; 유효하게 하다 9 강조하다;

역설하다 10 조정하다; 편성하다 11 방해하다,
훼방하다 12 증언하다; 증명하다 13 빠뜨리다,
생략하다 14 토론하다; 토론 15 억제하다;
방해하다 16 empower 17 exaggeration
18 (f)orbid 19 declaration
20 underestimate 21 disclose 22 reunion
23 condemn 24 flatter 25 (r)estrict
26 utter 27 confess 28 denial
29 controversy 30 tempt

Days 40-41

1 강조하다; 가장 밝은 부분 2 맹세하다; 단언하다;
욕하다 3 유아기; 초창기 4 나이가 지긋한
5 가로막다; 중단시키다 6 정직한, 솔직한; 간단한
7 진술하다; 국가; 주; 상태 8 논쟁; 반박하다;
논쟁하다 9 갓난; 신생아 10 인정하다; 도착을
통지하다 11 장인, 시아버지 12 언급; 참고
13 탄성을 지르다; 소리치다 14 언급; 주목;
언급하다 15 매장(식) 16 inquiry
17 announce 18 anniversary 19 famine
20 distortion 21 maturity 22 adolescence
23 denounce 24 destiny 25 pregnancy
26 inherit 27 notify 28 phase 29 lifespan
30 grief

Days 41-42

1 공동의, 공공의 2 잇따라 일어남; 계승, 상속
3 미망인 4 역경, 불행 5 떨다; 떨림 6 위로하다;
콘솔 7 소속; 제휴 8 코를 골다; 코골이
9 형제자매 10 질식사하다; 숨이 막히다
11 청각의 12 신분; 신원; 일체화 13 우연히 듣다
14 경험하다; 당하다 15 현기증 나는
16 descendant 17 blink 18 deceased
19 crawl 20 puberty 21 inhale 22 mourn
23 reciprocal 24 crouch 25 sensory
26 muscular 27 hardship 28 trample
29 itchy 30 juggle

1 비틀거리며 걷다; 우연히 보다 2 가벼운 통증; 불편 3 감각을 잃은; 마비시키다 4 진단; 원인 규명 5 움켜쥐다; 움켜쥠; 파악(하다) 6 눈의, 시각의; 광학의 7 노여움, 짜증; 염증 8 노려보다; 강렬하게 비추다; 섬광; 노려봄 9 꽉 쥐다; 끼워 넣다 10 쳐다보다; 응시(하다) 11 얼핏 봄; 얼핏 보다 12 재채기; 재채기하다 13 예약; 임명 14 붙잡다; 파악하다 15 쾅쾅 치다; 부수다; 파운드 16 symptom 17 rash 18 tumor 19 sprain 20 embrace 21 transplant 22 choke 23 shiver 24 vomit 25 hospitalize 26 swollen 27 drowsy 28 therapeutic 29 injection 30 clinical

1 약용의, 의약의 2 완화하다 3 당뇨병 4 덩어리; 혹 5 알레르기가 있는; 알레르기의 6 유지하다; 입다; 부양하다 7 병, 우환 8 항생제(의); 항생 물질(의) 9 외과의; 수술의 10 제약의, 약사의 11 골절; 부러뜨리다; 부러지다 12 불면증 13 처방; 규정 14 장애를 입은; 무력하게 된 15 요법; 고치다 16 cavity 17 rehabilitation 18 progression 19 dosage 20 obesity 21 chronic 22 abnormal 23 discharge 24 immunity 25 placebo 26 hygiene 27 medication 28 malfunction 29 syndrome 30 deformity

1 장애; 무질서; 엉망 2 소화; 이해 3 마비, 불수 4 동맥 5 (병에) 걸리게 하다; 괴롭히다 6 유행병; 유행성의 7 척추의; 등뼈의 8 고혈압 9 복부의, 배의 10 다리를 저는; 어설픈 11 천식 12 침을 내다 13 예방 접종 14 생리학의, 생리적인 15 망막 16 sterilize 17 contagious 18 infection 19 antibody 20 sanitary

21 respiratory 22 complication 23 metabolism 24 outbreak 25 cosmetic 26 abortion 27 impair 28 mortality 29 intestine 30 phobia

1 관, 혈관; 용기; 선박 2 신경계의 3 섭취 4 안도하게 하다; 경감하다; 구제하다 5 기억 상실 6 분비샘 7 동정적인 8 정신 의학; 정신병 치료법 9 사망자 (수); 치사성 10 분비하다 11 배달; 분만; 연설 12 세포의; 무선[휴대] 전화의 13 당혹스럽게 하다; 수수께끼 14 말기의; 치명적인; 종점; 컴퓨터 단말기 15 격분시키다; 격분; 위반 행위 16 starvation 17 annoyance 18 fascinate 19 composed 20 enzyme 21 (r)esentful 22 affective 23 envious 24 (p)erplex 25 (b)ewilder 26 anatomy 27 amuse 28 discouraged 29 grateful 30 apologetic

1 전원적인 2 절망적인; 필사적인 3 제출; 항복 4 고통; 슬프게 하다 5 진보하다; 앞당기다; 진보; 선불 6 후회하는; 유감으로 생각하는 7 기대하다; 예감하다 8 참가; 출품작 9 우울한; 우울증의 10 한가로운 11 침울한; 내리눌린; 불황의 12 좌절시키다; 헛되게 하다 13 무료의; 칭찬의 14 등록 15 감소하다; 거절하다; 하락 16 monotonous 17 jealous 18 requirement 19 soar 20 participation 21 sorrowful 22 category 23 gradually 24 fee 25 indifference 26 growth 27 solitary 28 urgent 29 annual 30 criterion

1 급격한; 가파른 2 대응하는 사람[것] 3 수여하다;
상 4 비교적, 상대적으로 5 ~을 요구하다 6 경쟁;
대회 7 ~을 깊이 생각하다 8 추정; 투사; 돌출부
9 ~을 다루다; ~을 처리하다 10 입장; 입학; 시인
11 ~을 하다; ~에 참여하다 12 응답자
13 세 배가 되다; 세 배의 14 ~을 처리하다
15 해고하다 16 approve of 17 dramatically
18 result in 19 selected 20 figure out
21 enrollment 22 cope with 23 proportion
24 consist of 25 respectively
26 do without 27 eligible 28 count on
29 throw away 30 point out

1 ~을 보상하다; ~을 만회하다 2 부서지다;
파하다; 헤어지다 3 ~을 치우다; 따로 남겨두다
4 내다[발하다] 5 내다 놓다; 끄다; 생산하다
6 돌아가시다, 사망하다 7 ~을 상징하다
8 ~을 살펴보다; ~을 겪다 9 ~와 우연히 만나다
10 ~을 버리다 11 차에 태우다; 찾아오다;
(습관을) 들이다 12 ~에 착수하다 13 띠다; 맡다
14 ~을 고수하다 15 계속하다; 계속 가다
16 stand by 17 catch up with 18 fill in/out
19 drop by 20 turn down 21 live up to
22 stay up 23 get over 24 draw on
25 get along with 26 bring about
27 sign up for 28 look up to
29 come up with 30 regard A as B

1 B의 이름을 따서 A의 이름을 짓다
2 ~할 수밖에 없다 3 ~을 지지하다 4 고장 나다;
나빠지다; 나누다 5 ~에 따라
6 A에게서 B를 빼앗다 7 ~ 면에서
8 A를 B로 전환하다 9 ~을 이용하다
10 ~을 만회하다; ~을 보상하다
11 ~에 방해가 되다 12 ~할 예정이다;
~해야 한다; ~할 것으로 여겨지다
13 A를 B에게 부과하다 14 ~을 당연히 여기다
15 ~을 잘 다루다 16 put up with
17 replace A with B 18 on behalf of
19 run out of 20 for the sake of
21 remind A of B 22 come down with
23 look forward to 24 be obliged to *do*
25 provide A with B
26 have difficulty (in) -*ing*
27 prefer A to B 28 compare A to/with B
29 when it comes to 30 be about to *do*

나만의 학습 플래너

Day 1

Date 년 월 일

외운 단어에 체크!

- ☐ ecological
- ☐ ecosystem
- ☐ biological
- ☐ biodiversity
- ☐ biomass
- ☐ biosphere
- ☐ habitat
- ☐ inhabit
- ☐ colony
- ☐ intact
- ☐ disappearance
- ☐ threaten
- ☐ blossom
- ☐ floral
- ☐ stem

- ☐ nectar
- ☐ pollen
- ☐ photosynthesis
- ☐ carbon dioxide
- ☐ penetrate
- ☐ absorption
- ☐ sprout
- ☐ bloom
- ☐ wither
- ☐ dormant
- ☐ vegetation
- ☐ shrub
- ☐ perennial
- ☐ seaweed
- ☐ fungus

✎ TO-DO LIST

- ☐ 표제어와 예문 읽기
- ☐ 파생어 외우기
- ☐ MP3 듣기
- ☐ Daily Check-up 풀기
- ☐ 틀린 단어 복습하기
- ☐
- ☐
- ☐
- ☐

★ 새로 알게 된 단어

★ 아직 못 외운 단어

Day 2

Date 년 월 일

- ☐ reptile
- ☐ herbivore
- ☐ predator
- ☐ aquatic
- ☐ primate
- ☐ dominant
- ☐ hierarchy
- ☐ adaptive
- ☐ camouflage
- ☐ mimicry
- ☐ coloration
- ☐ hibernate
- ☐ symbiotic
- ☐ exotic
- ☐ captive

- ☐ migrate
- ☐ pack
- ☐ spawn
- ☐ hatch
- ☐ breeding
- ☐ reproduction
- ☐ offspring
- ☐ rear
- ☐ cocoon
- ☐ caterpillar
- ☐ microorganism
- ☐ germ
- ☐ decompose
- ☐ rotten
- ☐ decay

✎ TO-DO LIST

- ☐ 표제어와 예문 읽기
- ☐ 파생어 외우기
- ☐ MP3 듣기
- ☐ Daily Check-up 풀기
- ☐ 누적테스트 풀기
- ☐ 틀린 단어 복습하기
- ☐
- ☐
- ☐

★ 새로 알게 된 단어

★ 아직 못 외운 단어

Day 3

Date   년   월   일

- ☐ climatic
- ☐ moisture
- ☐ humidity
- ☐ pressure
- ☐ evaporation
- ☐ atmospheric
- ☐ phenomenon
- ☐ centigrade
- ☐ precipitation
- ☐ radiation
- ☐ ultraviolet
- ☐ latitude
- ☐ longitude
- ☐ equator
- ☐ tropical

- ☐ temperate
- ☐ arctic
- ☐ antarctic
- ☐ polar
- ☐ continental
- ☐ terrestrial
- ☐ erosion
- ☐ canyon
- ☐ terrain
- ☐ marine
- ☐ strait
- ☐ peninsula
- ☐ tidal
- ☐ current
- ☐ glacier

✎ TO-DO LIST

- ☐ 표제어와 예문 읽기
- ☐ 파생어 외우기
- ☐ MP3 듣기
- ☐ Daily Check-up 풀기
- ☐ 누적테스트 풀기
- ☐ 틀린 단어 복습하기
- ☐
- ☐
- ☐

★ 새로 알게 된 단어

★ 아직 못 외운 단어

Day 4

Date   년   월   일

- ☐ conserve
- ☐ preserve
- ☐ sustainable
- ☐ renewable
- ☐ harness
- ☐ reclaim
- ☐ alternative
- ☐ endangered
- ☐ extinction
- ☐ alien
- ☐ invasion
- ☐ disrupt
- ☐ deforestation
- ☐ desertification
- ☐ deteriorate

- ☐ degradation
- ☐ discard
- ☐ disposable
- ☐ pollutant
- ☐ detergent
- ☐ landfill
- ☐ contaminate
- ☐ emission
- ☐ disastrous
- ☐ catastrophe
- ☐ erupt
- ☐ avalanche
- ☐ drought
- ☐ devastate
- ☐ casualty

✎ TO-DO LIST

- ☐ 표제어와 예문 읽기
- ☐ 파생어 외우기
- ☐ MP3 듣기
- ☐ Daily Check-up 풀기
- ☐ 누적테스트 풀기
- ☐ 틀린 단어 복습하기
- ☐
- ☐
- ☐

★ 새로 알게 된 단어

★ 아직 못 외운 단어

Day 5 Date 년 월 일

- [ ] nutritious
- [ ] nutrient
- [ ] nourish
- [ ] malnutrition
- [ ] carbohydrate
- [ ] saturated
- [ ] supplement
- [ ] substitute
- [ ] wholesome
- [ ] dietary
- [ ] edible
- [ ] foodstuff
- [ ] refreshment
- [ ] cuisine
- [ ] ingredient
- [ ] recipe
- [ ] seasoning
- [ ] intake
- [ ] devour
- [ ] texture
- [ ] bland
- [ ] crisp
- [ ] spicy
- [ ] stale
- [ ] gourmet
- [ ] refrigerate
- [ ] additive
- [ ] ferment
- [ ] expiration
- [ ] spoilage

✏️ TO-DO LIST

- [ ] 표제어와 예문 읽기
- [ ] 파생어 외우기
- [ ] MP3 듣기
- [ ] Daily Check-up 풀기
- [ ] 누적테스트 풀기
- [ ] 틀린 단어 복습하기
- [ ] Review Test 풀기
- [ ]
- [ ]

★ 새로 알게 된 단어

★ 아직 못 외운 단어

Day 6 Date 년 월 일

- [ ] philosophical
- [ ] theoretical
- [ ] framework
- [ ] proposition
- [ ] premise
- [ ] conceptual
- [ ] idealism
- [ ] establish
- [ ] reasoning
- [ ] rationale
- [ ] hypothesis
- [ ] inductive
- [ ] fallacy
- [ ] arbitrary
- [ ] existence
- [ ] presence
- [ ] ethical
- [ ] morality
- [ ] paradox
- [ ] dilemma
- [ ] epoch
- [ ] chronicle
- [ ] antiquity
- [ ] prehistoric
- [ ] primitive
- [ ] medieval
- [ ] imperial
- [ ] contemporary
- [ ] causal
- [ ] monument

✏️ TO-DO LIST

- [ ] 표제어와 예문 읽기
- [ ] 파생어 외우기
- [ ] MP3 듣기
- [ ] Daily Check-up 풀기
- [ ] 누적테스트 풀기
- [ ] 틀린 단어 복습하기
- [ ]
- [ ]
- [ ]

★ 새로 알게 된 단어

★ 아직 못 외운 단어

- □ arch(a)eological
- □ anthropology
- □ artifact = artefact
- □ excavate
- □ indigenous
- □ aboriginal
- □ remnant
- □ cognitive
- □ perception
- □ subconscious
- □ uncover
- □ contextual
- □ manipulate
- □ reinforce
- □ motivation
- □ stimulus
- □ persuasive
- □ ambivalent
- □ instinctive
- □ innate
- □ inherent
- □ intuition
- □ extrinsic
- □ intrinsic
- □ assimilate
- □ socialization
- □ internalize
- □ attachment
- □ affection
- □ self-esteem

✎ **TO-DO LIST**

- □ 표제어와 예문 읽기
- □ 파생어 외우기
- □ MP3 듣기
- □ Daily Check-up 풀기
- □ 누적테스트 풀기
- □ 틀린 단어 복습하기
- □
- □
- □

★ 새로 알게 된 단어

★ 아직 못 외운 단어

- □ empirical
- □ objective
- □ variable
- □ constant
- □ simulation
- □ probe
- □ investigate
- □ measurement
- □ arithmetic
- □ calculate
- □ subtract
- □ division
- □ fraction
- □ function
- □ geometric(al)
- □ symmetry
- □ vertical
- □ diameter
- □ statistics
- □ probability
- □ diagram
- □ figure
- □ converge
- □ genetic(al)
- □ heredity
- □ modify
- □ zoological
- □ botany
- □ degenerate
- □ mutate

✎ **TO-DO LIST**

- □ 표제어와 예문 읽기
- □ 파생어 외우기
- □ MP3 듣기
- □ Daily Check-up 풀기
- □ 누적테스트 풀기
- □ 틀린 단어 복습하기
- □
- □
- □

★ 새로 알게 된 단어

★ 아직 못 외운 단어

Day 9

Date   년   월   일

- ☐ geological
- ☐ astronomical
- ☐ constellation
- ☐ celestial
- ☐ lunar
- ☐ extraterrestrial
- ☐ observatory
- ☐ orbit
- ☐ satellite
- ☐ rotation
- ☐ revolution
- ☐ particle
- ☐ frequency
- ☐ buoyancy
- ☐ vacuum

- ☐ spatial
- ☐ temporal
- ☐ fusion
- ☐ refract
- ☐ ascent
- ☐ descent
- ☐ friction
- ☐ vibration
- ☐ thrust
- ☐ gravity
- ☐ expansion
- ☐ contraction
- ☐ accelerate
- ☐ velocity
- ☐ submerge

★ 새로 알게 된 단어

★ 아직 못 외운 단어

Day 10

Date   년   월   일

- ☐ dissolve
- ☐ solution
- ☐ condense
- ☐ concentration
- ☐ compress
- ☐ toxic
- ☐ molecule
- ☐ synthetic
- ☐ compound
- ☐ formula
- ☐ equation
- ☐ configuration
- ☐ combustion
- ☐ encode
- ☐ retrieve

- ☐ compile
- ☐ delete
- ☐ anonymity
- ☐ interactive
- ☐ interface
- ☐ artificial
- ☐ suspend
- ☐ patent
- ☐ state-of-the-art
- ☐ apparatus
- ☐ circuit
- ☐ appliance
- ☐ generate
- ☐ breakthrough
- ☐ feature

★ 새로 알게 된 단어

★ 아직 못 외운 단어

Day 11

- ☐ literature
- ☐ verse
- ☐ lyric
- ☐ rhyme
- ☐ passage
- ☐ paragraph
- ☐ biography
- ☐ mythology
- ☐ narrative
- ☐ plot
- ☐ character
- ☐ personify
- ☐ metaphor
- ☐ literal
- ☐ figurative

- ☐ rhetorical
- ☐ satire
- ☐ sarcasm
- ☐ ironically
- ☐ cite
- ☐ quotation
- ☐ anecdote
- ☐ cliché
- ☐ preface
- ☐ entitle
- ☐ comprehension
- ☐ summary
- ☐ maxim
- ☐ interpret
- ☐ translate

✎ TO-DO LIST

- ☐ 표제어와 예문 읽기
- ☐ 파생어 외우기
- ☐ MP3 듣기
- ☐ Daily Check-up 풀기
- ☐ 누적테스트 풀기
- ☐ 틀린 단어 복습하기
- ☐
- ☐
- ☐

★ 새로 알게 된 단어

★ 아직 못 외운 단어

Day 12

- ☐ linguistic
- ☐ vocabulary
- ☐ glossary
- ☐ term
- ☐ idiom
- ☐ slang
- ☐ synonym
- ☐ phonetic
- ☐ grammatical
- ☐ fluent
- ☐ proficiency
- ☐ literacy
- ☐ competence
- ☐ bilingual
- ☐ dialect

- ☐ pronunciation
- ☐ intonation
- ☐ theatrical
- ☐ playwright
- ☐ tragedy
- ☐ adaptation
- ☐ rehearsal
- ☐ manuscript
- ☐ draft
- ☐ revise
- ☐ proofread
- ☐ footnote
- ☐ publish
- ☐ copyright
- ☐ subscribe

✎ TO-DO LIST

- ☐ 표제어와 예문 읽기
- ☐ 파생어 외우기
- ☐ MP3 듣기
- ☐ Daily Check-up 풀기
- ☐ 누적테스트 풀기
- ☐ 틀린 단어 복습하기
- ☐
- ☐
- ☐

★ 새로 알게 된 단어

★ 아직 못 외운 단어

Day 13

Date 년 월 일

- □ aesthetic
- □ appreciate
- □ applause
- □ masterpiece
- □ acclaim
- □ depict
- □ restoration
- □ abstract
- □ self-portrait
- □ sculpture
- □ statue
- □ perspective
- □ composer
- □ conductor
- □ score

- □ improvise
- □ repertoire
- □ instrument
- □ recital
- □ accompany
- □ architect
- □ landscape
- □ illumination
- □ ventilation
- □ adorn
- □ ornament
- □ fireproof
- □ insulation
- □ plumbing
- □ exterior

✎ TO-DO LIST

- □ 표제어와 예문 읽기
- □ 파생어 외우기
- □ MP3 듣기
- □ Daily Check-up 풀기
- □ 누적테스트 풀기
- □ 틀린 단어 복습하기
- □
- □
- □

★ 새로 알게 된 단어

★ 아직 못 외운 단어

Day 14

Date 년 월 일

- □ heritage
- □ norm
- □ conform
- □ ethnicity
- □ ritual
- □ diffusion
- □ transition
- □ immigrant
- □ minority
- □ bias
- □ prejudice
- □ stereotype
- □ racial
- □ discriminate
- □ segregation

- □ adjust
- □ tolerate
- □ superstition
- □ worship
- □ sermon
- □ preach
- □ congregation
- □ divine
- □ sacred
- □ secular
- □ immortal
- □ prophecy
- □ foretell
- □ pilgrimage
- □ missionary

✎ TO-DO LIST

- □ 표제어와 예문 읽기
- □ 파생어 외우기
- □ MP3 듣기
- □ Daily Check-up 풀기
- □ 누적테스트 풀기
- □ 틀린 단어 복습하기
- □
- □
- □

★ 새로 알게 된 단어

★ 아직 못 외운 단어

Day 15

- □ academic
- □ curriculum
- □ discipline
- □ compulsory
- □ secondary
- □ tuition
- □ scholarship
- □ privilege
- □ enroll
- □ semester
- □ commence
- □ recess
- □ attendance
- □ absence
- □ excursion

- □ auditorium
- □ transfer
- □ dropout
- □ expel
- □ sophomore
- □ major
- □ lecture
- □ undergraduate
- □ diploma
- □ doctorate
- □ thesis
- □ vocational
- □ institute
- □ alumnus
- □ faculty

TO-DO LIST

- □ 표제어와 예문 읽기
- □ 파생어 외우기
- □ MP3 듣기
- □ Daily Check-up 풀기
- □ 누적테스트 풀기
- □ 틀린 단어 복습하기
- □ Review Test 풀기
- □
- □

★ 새로 알게 된 단어

★ 아직 못 외운 단어

Day 16

- □ agriculture
- □ cultivate
- □ irrigation
- □ reservoir
- □ variety
- □ labor-intensive
- □ pesticide
- □ fertilizer
- □ compost
- □ produce
- □ yield
- □ harvest
- □ orchard
- □ ripen
- □ organic

- □ livestock
- □ poultry
- □ ranch
- □ dairy
- □ domesticate
- □ pollinate
- □ fisherman
- □ fishery
- □ culture
- □ timber
- □ mining
- □ mineral
- □ exploitation
- □ extract
- □ deplete

TO-DO LIST

- □ 표제어와 예문 읽기
- □ 파생어 외우기
- □ MP3 듣기
- □ Daily Check-up 풀기
- □ 누적테스트 풀기
- □ 틀린 단어 복습하기
- □
- □
- □

★ 새로 알게 된 단어

★ 아직 못 외운 단어

Day 17   Date   년   월   일

- [ ] sector
- [ ] agreement
- [ ] tariff
- [ ] barrier
- [ ] domestic
- [ ] recession
- [ ] gross
- [ ] workforce
- [ ] unemployment
- [ ] skyrocket
- [ ] royalty
- [ ] monetary
- [ ] incentive
- [ ] currency
- [ ] circulation

- [ ] capital
- [ ] deflation
- [ ] construction
- [ ] textile
- [ ] assembly
- [ ] automation
- [ ] maintenance
- [ ] warehouse
- [ ] distribute
- [ ] merchandise
- [ ] merchant
- [ ] commodity
- [ ] wholesale
- [ ] guarantee
- [ ] warranty

✎ TO-DO LIST

- [ ] 표제어와 예문 읽기
- [ ] 파생어 외우기
- [ ] MP3 듣기
- [ ] Daily Check-up 풀기
- [ ] 누적테스트 풀기
- [ ] 틀린 단어 복습하기
- [ ]
- [ ]
- [ ]

★ 새로 알게 된 단어

★ 아직 못 외운 단어

Day 18   Date   년   월   일

- [ ] corporation
- [ ] enterprise
- [ ] headquarters
- [ ] incorporated
- [ ] recruit
- [ ] monopoly
- [ ] privatize
- [ ] utility
- [ ] agency
- [ ] organizational
- [ ] accounting
- [ ] revenue
- [ ] profitable
- [ ] asset
- [ ] bankrupt

- [ ] broke
- [ ] inventory
- [ ] defective
- [ ] fulfill
- [ ] implement
- [ ] speculate
- [ ] tactics
- [ ] commercial
- [ ] inspection
- [ ] publicize
- [ ] launch
- [ ] release
- [ ] certificate
- [ ] merger
- [ ] commission

✎ TO-DO LIST

- [ ] 표제어와 예문 읽기
- [ ] 파생어 외우기
- [ ] MP3 듣기
- [ ] Daily Check-up 풀기
- [ ] 누적테스트 풀기
- [ ] 틀린 단어 복습하기
- [ ]
- [ ]
- [ ]

★ 새로 알게 된 단어

★ 아직 못 외운 단어

Day 19   Date   년   월   일

- □ managerial
- □ executive
- □ promotion
- □ subordinate
- □ personnel
- □ department
- □ wage
- □ benefit
- □ allowance
- □ maternity
- □ union
- □ applicant
- □ layoff
- □ termination
- □ resign

- □ retirement
- □ self-employed
- □ transaction
- □ deposit
- □ withdraw
- □ expenditure
- □ mortgage
- □ property
- □ estate
- □ lease
- □ installment
- □ pension
- □ insurance
- □ coverage
- □ recipient

✎ TO-DO LIST

- □ 표제어와 예문 읽기
- □ 파생어 외우기
- □ MP3 듣기
- □ Daily Check-up 풀기
- □ 누적테스트 풀기
- □ 틀린 단어 복습하기
- □
- □
- □

★새로 알게 된 단어   ★아직 못 외운 단어

Day 20   Date   년   월   일

- □ infrastructure
- □ congestion
- □ efficiency
- □ transit
- □ commute
- □ shipment
- □ freight
- □ dispatch
- □ pedestrian
- □ intersection
- □ expense
- □ accommodation
- □ reservation
- □ cancellation
- □ confirm

- □ prolong
- □ brochure
- □ itinerary
- □ souvenir
- □ vendor
- □ attraction
- □ duty-free
- □ departure
- □ embark
- □ passenger
- □ compartment
- □ attendant
- □ destination
- □ unfasten
- □ belongings

✎ TO-DO LIST

- □ 표제어와 예문 읽기
- □ 파생어 외우기
- □ MP3 듣기
- □ Daily Check-up 풀기
- □ 누적테스트 풀기
- □ 틀린 단어 복습하기
- □ Review Test 풀기
- □
- □

★새로 알게 된 단어   ★아직 못 외운 단어

Day 21

Date   년   월   일

- ☐ monarchy
- ☐ govern
- ☐ regime
- ☐ reign
- ☐ territory
- ☐ boundary
- ☐ founder
- ☐ institution
- ☐ legacy
- ☐ tyranny
- ☐ dictator
- ☐ oppress
- ☐ liberation
- ☐ riot
- ☐ anarchy
- ☐ chaotic
- ☐ traitor
- ☐ betray
- ☐ refugee
- ☐ exile
- ☐ banish
- ☐ unification
- ☐ united
- ☐ statesman
- ☐ authority
- ☐ office
- ☐ inaugurate
- ☐ appoint
- ☐ nominee
- ☐ deputy

✎ TO-DO LIST

- ☐ 표제어와 예문 읽기
- ☐ 파생어 외우기
- ☐ MP3 듣기
- ☐ Daily Check-up 풀기
- ☐ 누적테스트 풀기
- ☐ 틀린 단어 복습하기
- ☐
- ☐
- ☐

★ 새로 알게 된 단어

★ 아직 못 외운 단어

Day 22

Date   년   월   일

- ☐ legislate
- ☐ legitimate
- ☐ constitution
- ☐ code
- ☐ enact
- ☐ amendment
- ☐ abolish
- ☐ ban
- ☐ provision
- ☐ regulation
- ☐ clause
- ☐ congress
- ☐ parliament
- ☐ representative
- ☐ senate
- ☐ session
- ☐ agenda
- ☐ unanimous
- ☐ partisan
- ☐ opposition
- ☐ republican
- ☐ democratic
- ☐ electoral
- ☐ district
- ☐ poll
- ☐ ballot
- ☐ candidate
- ☐ preliminary
- ☐ majority
- ☐ outcome

✎ TO-DO LIST

- ☐ 표제어와 예문 읽기
- ☐ 파생어 외우기
- ☐ MP3 듣기
- ☐ Daily Check-up 풀기
- ☐ 누적테스트 풀기
- ☐ 틀린 단어 복습하기
- ☐
- ☐
- ☐

★ 새로 알게 된 단어

★ 아직 못 외운 단어

Day 23

Date   년   월   일

- ☐ jurisdiction
- ☐ juridical
- ☐ justice
- ☐ dignity
- ☐ supreme
- ☐ juvenile
- ☐ observance
- ☐ comply
- ☐ abide
- ☐ mandatory
- ☐ obligation
- ☐ imperative
- ☐ liable
- ☐ accountable
- ☐ enforce
- ☐ lawsuit
- ☐ trial
- ☐ accuse
- ☐ charge
- ☐ defendant
- ☐ prosecutor
- ☐ attorney
- ☐ testimony
- ☐ sentence
- ☐ verdict
- ☐ petition
- ☐ penalty
- ☐ convict
- ☐ bribery
- ☐ corrupt

★ 새로 알게 된 단어   ★ 아직 못 외운 단어

Day 24

Date   년   월   일

- ☐ administration
- ☐ federal
- ☐ cabinet
- ☐ ministry
- ☐ secretary
- ☐ municipal
- ☐ autonomy
- ☐ county
- ☐ province
- ☐ council
- ☐ bureau
- ☐ violation
- ☐ offense
- ☐ infringement
- ☐ intrude
- ☐ suspect
- ☐ criminal
- ☐ homicide
- ☐ hostage
- ☐ burglary
- ☐ smuggling
- ☐ theft
- ☐ fraud
- ☐ harassment
- ☐ suburban
- ☐ urbanization
- ☐ metropolitan
- ☐ arrest
- ☐ detective
- ☐ imprison

★ 새로 알게 된 단어   ★ 아직 못 외운 단어

Day 25 | Date 　년　　월　　일

- ☐ diplomacy
- ☐ summit
- ☐ negotiation
- ☐ reconciliation
- ☐ treaty
- ☐ resolution
- ☐ alliance
- ☐ sanction
- ☐ sovereignty
- ☐ neutrality
- ☐ security
- ☐ rivalry
- ☐ ambassador
- ☐ embassy
- ☐ delegate
- ☐ conquest
- ☐ engagement
- ☐ occupy
- ☐ subdue
- ☐ deploy
- ☐ provocation
- ☐ counterattack
- ☐ bombard
- ☐ triumph
- ☐ defeat
- ☐ retreat
- ☐ surrender
- ☐ troop
- ☐ admiral
- ☐ veteran

✎ TO-DO LIST

- ☐ 표제어와 예문 읽기
- ☐ 파생어 외우기
- ☐ MP3 듣기
- ☐ Daily Check-up 풀기
- ☐ 누적테스트 풀기
- ☐ 틀린 단어 복습하기
- ☐ Review Test 풀기
- ☐
- ☐

★ 새로 알게 된 단어　　　　　★ 아직 못 외운 단어

Day 26 | Date 　년　　월　　일

- ☐ quantify
- ☐ density
- ☐ multitude
- ☐ abundant
- ☐ abound
- ☐ plentiful
- ☐ ample
- ☐ considerable
- ☐ affluent
- ☐ numerous
- ☐ countless
- ☐ innumerable
- ☐ immense
- ☐ enormous
- ☐ lavish
- ☐ vast
- ☐ redundant
- ☐ excessive
- ☐ surplus
- ☐ sufficient
- ☐ adequate
- ☐ substantial
- ☐ replenish
- ☐ moderate
- ☐ scarce
- ☐ rarity
- ☐ deficiency
- ☐ sparse
- ☐ meager
- ☐ deficit

✎ TO-DO LIST

- ☐ 표제어와 예문 읽기
- ☐ 파생어 외우기
- ☐ MP3 듣기
- ☐ Daily Check-up 풀기
- ☐ 누적테스트 풀기
- ☐ 틀린 단어 복습하기
- ☐
- ☐
- ☐

★ 새로 알게 된 단어　　　　　★ 아직 못 외운 단어

Day 27

Date   년   월   일

- ☐ scope
- ☐ extent
- ☐ dimension
- ☐ magnitude
- ☐ gigantic
- ☐ massive
- ☐ tremendous
- ☐ spacious
- ☐ extensive
- ☐ intense
- ☐ potent
- ☐ robust
- ☐ enlarge
- ☐ enrich
- ☐ magnify

- ☐ multiply
- ☐ amplify
- ☐ accumulate
- ☐ recharge
- ☐ complement
- ☐ fortify
- ☐ enhance
- ☐ strengthen
- ☐ lessen
- ☐ diminish
- ☐ dwindle
- ☐ shrink
- ☐ curtail
- ☐ undermine
- ☐ aggravate

✎ TO-DO LIST

- ☐ 표제어와 예문 읽기
- ☐ 파생어 외우기
- ☐ MP3 듣기
- ☐ Daily Check-up 풀기
- ☐ 누적테스트 풀기
- ☐ 틀린 단어 복습하기
- ☐
- ☐
- ☐

★ 새로 알게 된 단어   ★ 아직 못 외운 단어

Day 28

Date   년   월   일

- ☐ fragile
- ☐ delicate
- ☐ feeble
- ☐ brittle
- ☐ sturdy
- ☐ stout
- ☐ flexible
- ☐ elastic
- ☐ rigidity
- ☐ slippery
- ☐ sticky
- ☐ adhere
- ☐ transparent
- ☐ blurry
- ☐ superficial

- ☐ identical
- ☐ uniform
- ☐ homogeneous
- ☐ equivalent
- ☐ analogy
- ☐ resemblance
- ☐ parallel
- ☐ coincidence
- ☐ synchronize
- ☐ static
- ☐ stationary
- ☐ dynamic
- ☐ tangible
- ☐ virtual
- ☐ supernatural

✎ TO-DO LIST

- ☐ 표제어와 예문 읽기
- ☐ 파생어 외우기
- ☐ MP3 듣기
- ☐ Daily Check-up 풀기
- ☐ 누적테스트 풀기
- ☐ 틀린 단어 복습하기
- ☐
- ☐
- ☐

★ 새로 알게 된 단어   ★ 아직 못 외운 단어

Day 29

Date   년   월   일

- ☐ persistent
- ☐ consistent
- ☐ continuous
- ☐ permanent
- ☐ eternal
- ☐ perpetual
- ☐ stability
- ☐ equilibrium
- ☐ universal
- ☐ ubiquitous
- ☐ temporary
- ☐ instantaneous
- ☐ mobility
- ☐ fluctuate
- ☐ occasional

- ☐ ambiguous
- ☐ vagueness
- ☐ obscure
- ☐ perish
- ☐ alternate
- ☐ ongoing
- ☐ prosper
- ☐ flourish
- ☐ thrive
- ☐ obvious
- ☐ vivid
- ☐ vigorous
- ☐ conspicuous
- ☐ simultaneous
- ☐ spontaneous

✎ TO-DO LIST

- ☐ 표제어와 예문 읽기
- ☐ 파생어 외우기
- ☐ MP3 듣기
- ☐ Daily Check-up 풀기
- ☐ 누적테스트 풀기
- ☐ 틀린 단어 복습하기
- ☐
- ☐
- ☐

★ 새로 알게 된 단어   ★ 아직 못 외운 단어

Day 30

Date   년   월   일

- ☐ spectacle
- ☐ magnificent
- ☐ splendid
- ☐ extraordinary
- ☐ brilliant
- ☐ complicated
- ☐ sophisticated
- ☐ complexity
- ☐ intricate
- ☐ elaborate
- ☐ concise
- ☐ precision
- ☐ accuracy
- ☐ coherent
- ☐ intensive

- ☐ thorough
- ☐ specific
- ☐ peculiar
- ☐ sheer
- ☐ absurdity
- ☐ ridiculous
- ☐ abrupt
- ☐ external
- ☐ internal
- ☐ shallow
- ☐ profound
- ☐ superior
- ☐ inferior
- ☐ exquisite
- ☐ coarse

✎ TO-DO LIST

- ☐ 표제어와 예문 읽기
- ☐ 파생어 외우기
- ☐ MP3 듣기
- ☐ Daily Check-up 풀기
- ☐ 누적테스트 풀기
- ☐ 틀린 단어 복습하기
- ☐ Review Test 풀기
- ☐
- ☐

★ 새로 알게 된 단어   ★ 아직 못 외운 단어

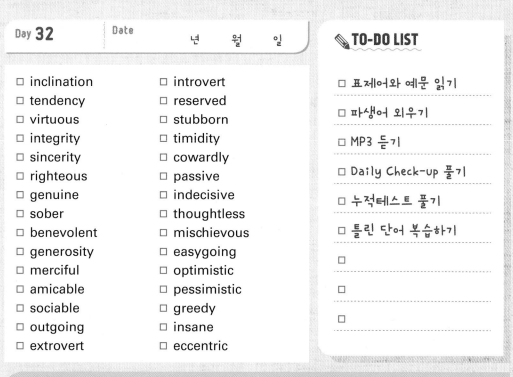

Day 31 Date 　년　　월　　일

- ☐ passionate
- ☐ enthusiastic
- ☐ earnest
- ☐ conscientious
- ☐ candid
- ☐ prudent
- ☐ considerate
- ☐ punctual
- ☐ meticulous
- ☐ alert
- ☐ cautious
- ☐ discreet
- ☐ precaution
- ☐ pragmatic
- ☐ attentive

- ☐ compassion
- ☐ empathy
- ☐ altruistic
- ☐ impartial
- ☐ tolerant
- ☐ cordial
- ☐ courteous
- ☐ decency
- ☐ arrogant
- ☐ boastful
- ☐ rebellious
- ☐ defiant
- ☐ radical
- ☐ authoritative
- ☐ subjective

✎ TO-DO LIST

- ☐ 표제어와 예문 읽기
- ☐ 파생어 외우기
- ☐ MP3 듣기
- ☐ Daily Check-up 풀기
- ☐ 누적테스트 풀기
- ☐ 틀린 단어 복습하기
- ☐
- ☐
- ☐

★ 새로 알게 된 단어

★ 아직 못 외운 단어

Day 32 Date 　년　　월　　일

- ☐ inclination
- ☐ tendency
- ☐ virtuous
- ☐ integrity
- ☐ sincerity
- ☐ righteous
- ☐ genuine
- ☐ sober
- ☐ benevolent
- ☐ generosity
- ☐ merciful
- ☐ amicable
- ☐ sociable
- ☐ outgoing
- ☐ extrovert

- ☐ introvert
- ☐ reserved
- ☐ stubborn
- ☐ timidity
- ☐ cowardly
- ☐ passive
- ☐ indecisive
- ☐ thoughtless
- ☐ mischievous
- ☐ easygoing
- ☐ optimistic
- ☐ pessimistic
- ☐ greedy
- ☐ insane
- ☐ eccentric

✎ TO-DO LIST

- ☐ 표제어와 예문 읽기
- ☐ 파생어 외우기
- ☐ MP3 듣기
- ☐ Daily Check-up 풀기
- ☐ 누적테스트 풀기
- ☐ 틀린 단어 복습하기
- ☐
- ☐
- ☐

★ 새로 알게 된 단어

★ 아직 못 외운 단어

Day 33 | Date 년 월 일

- [ ] temperament
- [ ] disposition
- [ ] industrious
- [ ] diligent
- [ ] perseverance
- [ ] endurance
- [ ] humble
- [ ] humility
- [ ] modesty
- [ ] obedient
- [ ] loyalty
- [ ] patriotic
- [ ] thrifty
- [ ] frugal
- [ ] luxurious
- [ ] extravagant
- [ ] vanity
- [ ] refined
- [ ] elegance
- [ ] sensitive
- [ ] susceptible
- [ ] vulnerable
- [ ] sentimental
- [ ] barbaric
- [ ] savage
- [ ] brutality
- [ ] relentless
- [ ] ruthless
- [ ] malicious
- [ ] cunning

✎ TO-DO LIST

- [ ] 표제어와 예문 읽기
- [ ] 파생어 외우기
- [ ] MP3 듣기
- [ ] Daily Check-up 풀기
- [ ] 누적테스트 풀기
- [ ] 틀린 단어 복습하기
- [ ]
- [ ]
- [ ]

★ 새로 알게 된 단어   ★ 아직 못 외운 단어

Day 34 | Date 년 월 일

- [ ] renowned
- [ ] prominent
- [ ] eminent
- [ ] prestigious
- [ ] celebrity
- [ ] notable
- [ ] reputation
- [ ] notorious
- [ ] qualified
- [ ] novice
- [ ] expertise
- [ ] tactful
- [ ] resourceful
- [ ] adept
- [ ] sensible
- [ ] clumsy
- [ ] helpless
- [ ] dedicate
- [ ] commitment
- [ ] devotion
- [ ] determined
- [ ] plead
- [ ] solicit
- [ ] eager
- [ ] anxious
- [ ] zealous
- [ ] yearn
- [ ] aspire
- [ ] conviction
- [ ] abandon

✎ TO-DO LIST

- [ ] 표제어와 예문 읽기
- [ ] 파생어 외우기
- [ ] MP3 듣기
- [ ] Daily Check-up 풀기
- [ ] 누적테스트 풀기
- [ ] 틀린 단어 복습하기
- [ ]
- [ ]
- [ ]

★ 새로 알게 된 단어   ★ 아직 못 외운 단어

Day 35   Date   년   월   일

- ☐ assertive
- ☐ insistent
- ☐ argument
- ☐ initiative
- ☐ contend
- ☐ approve
- ☐ consent
- ☐ assent
- ☐ affirmative
- ☐ advocate
- ☐ proponent
- ☐ favorable
- ☐ hospitable
- ☐ objection
- ☐ oppose

- ☐ disapprove
- ☐ dissent
- ☐ rejection
- ☐ dismiss
- ☐ reluctant
- ☐ unwilling
- ☐ hesitant
- ☐ skeptical
- ☐ cynical
- ☐ hostile
- ☐ opponent
- ☐ despise
- ☐ contempt
- ☐ aggressive
- ☐ lament

✏ **TO-DO LIST**

- ☐ 표제어와 예문 읽기
- ☐ 파생어 외우기
- ☐ MP3 듣기
- ☐ Daily Check-up 풀기
- ☐ 누적테스트 풀기
- ☐ 틀린 단어 복습하기
- ☐ Review Test 풀기
- ☐
- ☐

★ 새로 알게 된 단어   ★ 아직 못 외운 단어

Day 36   Date   년   월   일

- ☐ consideration
- ☐ contemplate
- ☐ ponder
- ☐ deliberate
- ☐ reflect
- ☐ retrospect
- ☐ meditation
- ☐ preoccupy
- ☐ distract
- ☐ separate
- ☐ discern
- ☐ distinguish
- ☐ integrate
- ☐ incorporate
- ☐ deem

- ☐ attribute
- ☐ ascribe
- ☐ correlate
- ☐ visualize
- ☐ envision
- ☐ illustrate
- ☐ demonstrate
- ☐ acquaint
- ☐ inference
- ☐ suggestion
- ☐ induction
- ☐ assumption
- ☐ evaluation
- ☐ assess
- ☐ misconception

✏ **TO-DO LIST**

- ☐ 표제어와 예문 읽기
- ☐ 파생어 외우기
- ☐ MP3 듣기
- ☐ Daily Check-up 풀기
- ☐ 누적테스트 풀기
- ☐ 틀린 단어 복습하기
- ☐
- ☐
- ☐

★ 새로 알게 된 단어   ★ 아직 못 외운 단어

Day 37

Date　년　월　일

- ☐ intellectual
- ☐ aptitude
- ☐ foster
- ☐ facilitate
- ☐ intrigue
- ☐ trigger
- ☐ endeavor
- ☐ analytic(al)
- ☐ trait
- ☐ characteristic
- ☐ distinction
- ☐ consistency
- ☐ generalization
- ☐ associate
- ☐ sequence

- ☐ subsequent
- ☐ simplify
- ☐ notion
- ☐ signify
- ☐ clarify
- ☐ definition
- ☐ document
- ☐ obstruct
- ☐ impede
- ☐ suspicion
- ☐ contradiction
- ☐ obsess
- ☐ illusion
- ☐ delusion
- ☐ confound

✎ TO-DO LIST

- ☐ 표제어와 예문 읽기
- ☐ 파생어 외우기
- ☐ MP3 듣기
- ☐ Daily Check-up 풀기
- ☐ 누적테스트 풀기
- ☐ 틀린 단어 복습하기
- ☐
- ☐
- ☐

★ 새로 알게 된 단어　　　　　★ 아직 못 외운 단어

Day 38

Date　년　월　일

- ☐ indispensable
- ☐ inevitable
- ☐ momentous
- ☐ crucial
- ☐ integral
- ☐ requisite
- ☐ pivotal
- ☐ vital
- ☐ fundamental
- ☐ principal
- ☐ ultimate
- ☐ critical
- ☐ invaluable
- ☐ relevance
- ☐ insignificant

- ☐ trivial
- ☐ marginal
- ☐ futile
- ☐ incidental
- ☐ disadvantage
- ☐ adverse
- ☐ compatible
- ☐ viable
- ☐ comparable
- ☐ plausible
- ☐ manifest
- ☐ underlying
- ☐ explicit
- ☐ implicit
- ☐ implication

✎ TO-DO LIST

- ☐ 표제어와 예문 읽기
- ☐ 파생어 외우기
- ☐ MP3 듣기
- ☐ Daily Check-up 풀기
- ☐ 누적테스트 풀기
- ☐ 틀린 단어 복습하기
- ☐
- ☐
- ☐

★ 새로 알게 된 단어　　　　　★ 아직 못 외운 단어

Day 39 | Date 년 월 일

- [ ] mutual
- [ ] influential
- [ ] inform
- [ ] instruction
- [ ] direction
- [ ] supervise
- [ ] coordinate
- [ ] exert
- [ ] verify
- [ ] validate
- [ ] certify
- [ ] testify
- [ ] enlighten
- [ ] embody
- [ ] empower
- [ ] collaborate
- [ ] compromise
- [ ] compliment
- [ ] credit
- [ ] intervene
- [ ] reunion
- [ ] forbid
- [ ] prohibition
- [ ] inhibit
- [ ] interfere
- [ ] hinder
- [ ] restrict
- [ ] confine
- [ ] restrain
- [ ] constrain

✎ TO-DO LIST

- [ ] 표제어와 예문 읽기
- [ ] 파생어 외우기
- [ ] MP3 듣기
- [ ] Daily Check-up 풀기
- [ ] 누적테스트 풀기
- [ ] 틀린 단어 복습하기
- [ ]
- [ ]
- [ ]

★ 새로 알게 된 단어

★ 아직 못 외운 단어

Day 40 | Date 년 월 일

- [ ] controversy
- [ ] dispute
- [ ] debate
- [ ] condemn
- [ ] denial
- [ ] denounce
- [ ] emphasize
- [ ] underline
- [ ] highlight
- [ ] underestimate
- [ ] distortion
- [ ] exaggeration
- [ ] omit
- [ ] disclose
- [ ] announce
- [ ] declaration
- [ ] swear
- [ ] exclaim
- [ ] notify
- [ ] confess
- [ ] acknowledge
- [ ] straightforward
- [ ] remark
- [ ] state
- [ ] utter
- [ ] flatter
- [ ] reference
- [ ] inquiry
- [ ] tempt
- [ ] interrupt

✎ TO-DO LIST

- [ ] 표제어와 예문 읽기
- [ ] 파생어 외우기
- [ ] MP3 듣기
- [ ] Daily Check-up 풀기
- [ ] 누적테스트 풀기
- [ ] 틀린 단어 복습하기
- [ ] Review Test 풀기
- [ ]
- [ ]

★ 새로 알게 된 단어

★ 아직 못 외운 단어

Day 41

Date   년   월   일

- □ maturity
- □ phase
- □ pregnancy
- □ newborn
- □ infancy
- □ sibling
- □ adolescence
- □ puberty
- □ elderly
- □ father-in-law
- □ anniversary
- □ burial
- □ grief
- □ mourn
- □ deceased
- □ console
- □ identification
- □ inherit
- □ widow
- □ succession
- □ descendant
- □ lifespan
- □ destiny
- □ communal
- □ affiliation
- □ reciprocal
- □ hardship
- □ adversity
- □ famine
- □ undergo

✎ TO-DO LIST

- □ 표제어와 예문 읽기
- □ 파생어 외우기
- □ MP3 듣기
- □ Daily Check-up 풀기
- □ 누적테스트 풀기
- □ 틀린 단어 복습하기
- □
- □
- □

★ 새로 알게 된 단어

★ 아직 못 외운 단어

Day 42

Date   년   월   일

- □ sensory
- □ auditory
- □ optical
- □ numb
- □ itchy
- □ drowsy
- □ dizzy
- □ muscular
- □ snore
- □ shiver
- □ sneeze
- □ choke
- □ suffocate
- □ inhale
- □ blink
- □ overhear
- □ glimpse
- □ stumble
- □ stare
- □ glare
- □ glance
- □ seize
- □ grasp
- □ squeeze
- □ embrace
- □ crawl
- □ juggle
- □ crouch
- □ pound
- □ trample

✎ TO-DO LIST

- □ 표제어와 예문 읽기
- □ 파생어 외우기
- □ MP3 듣기
- □ Daily Check-up 풀기
- □ 누적테스트 풀기
- □ 틀린 단어 복습하기
- □
- □
- □

★ 새로 알게 된 단어

★ 아직 못 외운 단어

Day **43**   Date   년   월   일

- ☐ clinical
- ☐ appointment
- ☐ diagnosis
- ☐ symptom
- ☐ vomit
- ☐ discomfort
- ☐ rash
- ☐ swollen
- ☐ irritation
- ☐ sprain
- ☐ tumor
- ☐ lump
- ☐ ailment
- ☐ surgical
- ☐ transplant
- ☐ therapeutic
- ☐ remedy
- ☐ injection
- ☐ sustain
- ☐ hospitalize
- ☐ discharge
- ☐ alleviate
- ☐ rehabilitation
- ☐ medication
- ☐ pharmaceutical
- ☐ medicinal
- ☐ dosage
- ☐ prescription
- ☐ antibiotic
- ☐ placebo

★ 새로 알게 된 단어   ★ 아직 못 외운 단어

Day **44**   Date   년   월   일

- ☐ afflict
- ☐ impair
- ☐ chronic
- ☐ progression
- ☐ syndrome
- ☐ allergic
- ☐ cavity
- ☐ diabetes
- ☐ obesity
- ☐ fracture
- ☐ insomnia
- ☐ asthma
- ☐ hypertension
- ☐ disabled
- ☐ disorder
- ☐ abnormal
- ☐ deformity
- ☐ lame
- ☐ paralysis
- ☐ malfunction
- ☐ immunity
- ☐ antibody
- ☐ vaccination
- ☐ hygiene
- ☐ sanitary
- ☐ sterilize
- ☐ epidemic
- ☐ outbreak
- ☐ infection
- ☐ contagious

★ 새로 알게 된 단어   ★ 아직 못 외운 단어

Day 45

Date 　　년　　월　　일

- □ physiological
- □ metabolism
- □ digestion
- □ ingestion
- □ enzyme
- □ gland
- □ secrete
- □ salivate
- □ artery
- □ respiratory
- □ abdominal
- □ spinal
- □ intestine
- □ retina
- □ vessel

- □ cellular
- □ psychiatry
- □ neurological
- □ affective
- □ phobia
- □ amnesia
- □ cosmetic
- □ complication
- □ delivery
- □ abortion
- □ mortality
- □ fatality
- □ starvation
- □ terminal
- □ anatomy

✎ TO-DO LIST

- □ 표제어와 예문 읽기
- □ 파생어 외우기
- □ MP3 듣기
- □ Daily Check-up 풀기
- □ 누적테스트 풀기
- □ 틀린 단어 복습하기
- □ Review Test 풀기
- □
- □

★ 새로 알게 된 단어　　　　　★ 아직 못 외운 단어

Day 46

Date 　　년　　월　　일

- □ fascinate
- □ grateful
- □ anticipate
- □ amuse
- □ sympathetic
- □ composed
- □ relieve
- □ distress
- □ puzzle
- □ perplex
- □ resentful
- □ indifference
- □ sorrowful
- □ frustrate
- □ apologetic

- □ regretful
- □ depressed
- □ bewilder
- □ outrage
- □ annoyance
- □ discouraged
- □ desperate
- □ jealous
- □ envious
- □ pastoral
- □ leisurely
- □ monotonous
- □ solitary
- □ urgent
- □ melancholic

✎ TO-DO LIST

- □ 표제어와 예문 읽기
- □ 파생어 외우기
- □ MP3 듣기
- □ Daily Check-up 풀기
- □ 누적테스트 풀기
- □ 틀린 단어 복습하기
- □
- □
- □

★ 새로 알게 된 단어　　　　　★ 아직 못 외운 단어

Day 47

Date 년 월 일

- ☐ annual
- ☐ participation
- ☐ enrollment
- ☐ competition
- ☐ registration
- ☐ entry
- ☐ submission
- ☐ fee
- ☐ advance
- ☐ eligible
- ☐ award
- ☐ admission
- ☐ complimentary
- ☐ requirement
- ☐ category

- ☐ criterion
- ☐ soar
- ☐ growth
- ☐ decline
- ☐ gradually
- ☐ dramatically
- ☐ steep
- ☐ triple
- ☐ selected
- ☐ respondent
- ☐ proportion
- ☐ counterpart
- ☐ respectively
- ☐ relatively
- ☐ projection

★ 새로 알게 된 단어

★ 아직 못 외운 단어

Day 48

Date 년 월 일

- ☐ call for
- ☐ stand for
- ☐ compensate for
- ☐ count on/upon
- ☐ draw on/upon
- ☐ dwell on/upon
- ☐ consist of
- ☐ approve of
- ☐ dispose of
- ☐ result in
- ☐ engage in
- ☐ cope with
- ☐ deal with
- ☐ stand by
- ☐ run into

- ☐ do without
- ☐ go through
- ☐ figure out
- ☐ put out
- ☐ point out
- ☐ fill in/out
- ☐ give off
- ☐ lay off
- ☐ put aside
- ☐ take on
- ☐ pick up
- ☐ turn down
- ☐ bring about
- ☐ get over
- ☐ throw away

★ 새로 알게 된 단어

★ 아직 못 외운 단어

Day 49

☐ drop by
☐ break down
☐ carry on
☐ pass away
☐ stay up
☐ break up
☐ catch up with
☐ come up with
☐ come down with
☐ do away with
☐ get along with
☐ get down to
☐ live up to
☐ make up for
☐ put up with

☐ run out of
☐ stand up for
☐ sign up for
☐ look up to
☐ hold on to
☐ convert *A* to / into *B*
☐ deprive *A* of *B*
☐ provide *A* with *B*
☐ replace *A* with *B*
☐ regard *A* as *B*
☐ impose *A* on *B*
☐ name *A* after *B*
☐ compare *A* with / to *B*
☐ remind *A* of *B*
☐ prefer *A* to *B*

✎ TO-DO LIST

☐ 표제어와 예문 읽기
☐ 파생어 외우기
☐ MP3 듣기
☐ Daily Check-up 풀기
☐ 누적테스트 풀기
☐ 틀린 단어 복습하기
☐
☐
☐

★ 새로 알게 된 단어

★ 아직 못 외운 단어

Day 50

☐ be about to *do*
☐ be likely to *do*
☐ be supposed to *do*
☐ be bound to *do*
☐ be obliged to *do*
☐ at the cost of
☐ in accordance with
☐ for the sake of
☐ on account of
☐ on behalf of
☐ in terms of
☐ in spite of
☐ take ~ for granted
☐ have difficulty (in) *-ing*
☐ look forward to

☐ get in the way of
☐ get rid of
☐ take advantage of
☐ fall short of
☐ have a way with
☐ have to do with
☐ be accustomed to
☐ be subject to
☐ be aware of
☐ be capable of
☐ by no means
☐ when it comes to
☐ in the face of
☐ second to none
☐ by accident

✎ TO-DO LIST

☐ 표제어와 예문 읽기
☐ 파생어 외우기
☐ MP3 듣기
☐ Daily Check-up 풀기
☐ 누적테스트 풀기
☐ 틀린 단어 복습하기
☐ Review Test 풀기
☐
☐

★ 새로 알게 된 단어

★ 아직 못 외운 단어